한반도 통일과 외교해법

이종선 저

우 사

머리말

한반도 통일에 대한 우리 국민들의 의식에 관한 보고서는 한반도 문제와 관련한 학술회의나 언론매체 등을 통하여 때때로 나오고 있다. 대체적으로 본 그 내용의 핵심은 우리 국민들은 한반도 통일에 대한 적극적 의지를 표명하기보다는 남북한 분단을 인정하고 현 상태의 유지를 바라는 소극적 통일관을 갖고 있는 것으로 드러나고 있다. 특히 젊은 세대일수록 한반도 통일에 대한 소극적 태도는 더 크게 부각되는 모습도 보이고 있다. 이 점은 한반도 통일이 구체적으로 진척되는 과정에서 극복되어야 할 사안으로 보인다. 한국 내부의 여론은 한반도 통일의 미래와 직결되기 때문이다.

그 이유를 어디서 찾을 수 있을까? 세 가지 관점, 즉 한국 내부의 여론, 북한의 대남정책, 그리고 한반도 주변국들의 태도가 그 원인을 찾는 데 큰 틀로서의 출발점이 될 것이다. 첫 번 째로 지적될 수 있는 것은 통일비용이다. 통일 이후에 지불되어야 할 엄청난 경제적 비용을 고려해 보면, 그것을 감당해야 할 우리 국민들의 부담감은 충분하게 이해될 수도 있다. 특히 국내외적 경제적 상황이 어려운 시점에는 한반도 통일에 대한 논의가 큰 주목을 받지 못하고 주변부로 밀려나고 있다. 통일비용을 구체적으로 추산한다는 것은 무척 어려운 일임은 분명하지만, 통일비용의 필요성, 통일비용의 마련에 대한 대안의 제시, 그리고 통일비용과 관련한 국민적 합의의 도출 노력 등은 꾸준히 지속될 필요가 있다. 비록 통일비용의 문제가 한국 내부의 여론을 결정짓는 충분조건은 아닐지라도 적어도 필요조건으로서의 기능은 수행한다고 할 수 있기 때문이다.

두 번째로 제기되는 것은 북한의 태도이다. 우리 국민들은 북한이 냉전의 종식 이후에 직면하고 있는 외교적 및 경제적 어려움을 잘 인식하고 있으며, 그 결과 북한에 대한 경제적 지원 — 만일 그것이 군사적으로 전용되지 않는다는 장치만 확보된다면 — 에 인색하지 않는 모습도 보이고 있다. 그렇지만 북한이 그동안 취한 대남 공격적인 자세 — 핵실험 및 미사일 시험발사를 포함하여 — 가 한민족의 동질성과 민족공동체 형성을 위한 소중한 계기가 될 수 있는 남북한 교류의 실현을 막는 제한 요인으로서 작용한 것은 분명하다고 할 수 있다. 비록 북한은 자신들의 대남 공격적인 태도가 한국 및 미국의 대북정책에 기인한다고 주장하고 있지만, 그러한 태도가 유연하게 바뀌지 않을 경우 한반도 통일에 대한 우리 국민들의 시각은 소극성을 벗어나기 어려울 것으로 보인다.

세 번째는 한반도 주변국들의 태도와 관련되어 있다. 독일 통일은 주변국들의 변화를 적극적으로 수용한 동·서독의 독일 국민들이 만들어 낸 결과물이었다는 관점에서 볼 때, 한반도 통일도 남·북한 국민들의 통일에 대한 확고한 의지와 함께 주변국들의 정책 변화와 그것이 한반도에 미치는 영향을 면밀하게 주시할 필요가 있다. 그렇지만 독일의 경우와는 달리 한반도 주변국들이 한반도 통일에의 관심도는 상대적으로 크지 않다. 그렇기 때문에 한반도 통일문제는 남북한 당사국이 주도권을 갖고 그 문제 해결을 추진할 수 있는 대외적인 여건을 본질적으로 갖추고 있다고 할 수 있다.

그렇지만 북한 핵 및 미사일 문제는 주변국들의 관심을 공통적으로 이끌어 낼 만한 세계적인 사안이며, 그리고 통일한국의 형성과정 및 기본적인 성격이 어떠한 방향을 띨 것인가의 의문점은 한반도 주변국들의 공통적인 이해관계를 반영하고 있다. 따라서 한반도 주변국들의 관심은 통일과정에서 자국이 입을 수 있는 피해를 최소화하고, 나아가 통일한국의 정체성이 자국과 얼마나 합치할 수 있는가에 초점을 맞추고 있다고 할 수 있다. 이러한 맥락에서 볼 때, 통일한국은 한반도 주변국들의 이해관계를 합리적으로 조정하고, 특히 동북아의 정치적 구조의 새로운 형성에 있어 통일한국이 기여할 수 있는 긍정적인 역할을 제시하는 데 중점을 둘 필요가 있다.

현 시점이 보여 주듯이 남북한관계가 큰 진전을 보지 못하고 정체되어 있는 상황이라면 한반도 통일을 향한 시발점은 어디서 찾을 수 있을까? 남·북한

간의 직접적인 고위급 접촉, 나아가 정상회담이 그 기폭제가 될 수 있지만 그것만으로도 충분하지 않다는 것이 지난 두 번에 걸친 남북한 정상회담이 보여주었다. 한국 내부의 여론 지지를 충분하게 받지 못하고 주변국들의 동의를 구하지 못할 경우에는 정상회담이 성사되어 그 합의문이 타결되었다고 하더라도 그 실행이 성공적으로 이루어진다는 것은 보장하기 어렵기 때문이다.

그렇다면 한반도 문제의 교착상태를 타개하기 위한 단초를 어디서 찾을 수 있을 것인가? 저자는 그 타개 방안이 한반도 주변국들의 이해관계를 고려한 외교적 해법의 모색에 있다고 믿고 있다. 그 목적은 북한을 국제사회의 책임이 있는 일원으로 등장시킴으로써 북한 내부의 개혁과 개방을 추구하고 나아가 과거로의 회귀를 더욱 어렵게 만드는 데 있다. 이러한 시도는 한반도 통일에 대한 한국 내부의 여론 형성에도 기여할 것으로 보기 때문이다. 구체적으로 미·북관계 및 북·일관계의 개선과 함께 평화협정 체결의 중요성이 여기에 있으며, 그리고 북한 핵문제의 궁극적인 해결방안이 모색될 필요가 있다는 주장은 이러한 시각을 반영하고 있다. 그리고 이러한 사안에 대한 해결방식은 북한의 비핵화를 위한 6자회담이 제공한 역사적 교훈에서 찾을 수 있다. 그렇게 되면 한반도 통일을 위한 정치적 밑그림은 완성되는 것이며, 통일한국의 모습도 구체화되는 단계에 돌입하게 될 것이다.

『한반도 통일과 외교해법』이라는 제목을 가진 본서의 구성은 다음과 같다. 제1장은 북·일관계의 개선의 현황, 전망 및 일본의 대북한 정책에 관한 분석이 이루어질 것이다. 제2장은 미·북관계의 개선의 효과, 한계 및 전망과 관련한 연구가 조망될 것이다. 제3장은 북한핵 문제, 평화협정 그리고 6자회담의 문제가 다루어질 것이다. 그리고 제4장은 한반도 통일과 미·북관계와의 연관성, 그리고 한반도 통일방식에 대한 분석이 그 논의의 대상이 될 것이다.

본서는 지난 15여년 간 남북한 문제를 연구해 오면서 준비해 왔던 자료들을 바탕으로 정리된 것이다. 본서에는 이미 작성되었지만 아직 발간되지 않은 논문들도 게재되어 있지만 상당 부분은 저자가 학술회의 등에서 발표하고 학회지에 발간한 것들임을 밝혀 두고자 한다. 그리고 정책 논문들의 일반적인 특징이 그러듯이 본서의 논문들도 시기적으로 다소 적절하지 못한 부분도 있지만, 그 논문이 주는 시사점을 얻어 내기에는 충분하다고 믿고 있다.

끝으로, 본서의 출간을 흔쾌히 허락해 주신 도서출판 삼우사의 조병철 대표님과 관계자 여러분께도 아울러 감사의 말씀을 드리고 싶다. 아울러 본서의 부족한 부분은 전적으로 저자의 책임임을 밝히고자 한다.

2015년 12월
눈 덮인 신어산 자락에서
이 종 선

차 례

제 1 장 북·일관계

Ⅰ. 북·일관계 개선의 현황과 전망 ······ 3
1. 서 론 · 3
2. 북·일관계 개선의 전개과정 · 4
3. 북·일관계 개선의 특징 · 15
4. 결론: 북·일관계 개선의 전망 · 21

Ⅱ. 일본의 대북한 정책: 변화와 전망 ······ 27
1. 일본의 대북한 전략의 기조 · 27
2. 미·일동맹과 북한 · 29
3. 동북아 안보환경의 변화와 일본의 선택 · 32
4. 한반도 통일과 일본 · 34
5. 일본의 대북한 정책에 대한 전망 · 37

제 2 장 미·북관계

Ⅰ. 미·북관계 개선: 전망 및 대응방안 ······ 45
1. 서 론 · 45
2. 미·북관계 개선의 배경 · 46
3. 미·북관계 개선의 전개과정 · 55

4. 미·북관계 개선의 전망 · 64
5. 한국의 대응방안 · 86
6. 결 론 · 95

Ⅱ. 미·북관계 개선의 효과 및 한계 103
1. 서 론 · 103
2. 제네바 합의문과 미·북관계 개선 · 104
3. 미·북관계 개선의 효과 · 108
4. 미·북관계 개선의 지속성과 제약요인 · 115
5. 결론: 미·북관계 개선과 한국 · 125
[부록] 미·북관계 개선 일지 · 131

제 3 장 북한 핵문제와 평화협정

Ⅰ. 북한 핵문제의 다자적 접근: 문제점과 전망 165
1. 서 론 · 165
2. 북핵 위기의 본질 · 166
3. 북핵 위기의 다자적 해법과 주변국들의 태도 · 172
4. 북한의 대응 · 189
5. 결 론 · 195

Ⅱ. 북·미평화협정 체결의 가능성과 한계 201
1. 서론: 평화협정 체결의 상징적 의미 · 201
2. 평화협정을 보는 남북한의 시각 · 203
3. 북한의 평화협정 체결 주장의 배경 및 특징 · 207
4. 북·미평화협정 체결 주장의 문제점 · 212
5. 결론: 북·미평화협정 체결의 전망 · 220

제 4 장 한반도 통일

I. 미·북관계 개선과 한반도 통일 ………… 227

1. 서 론 · 227
2. 탈냉전과 미·북관계의 변화요인 · 228
3. 미·북관계 개선의 진척과 특징 · 233
4. 미·북관계 개선의 효과 · 238
5. 결론: 미·북관계의 전망과 한반도 통일 · 243

II. 한반도 통일방식과 대외적 과제 ………… 249

1. 서 론 · 249
2. 한반도 통일의 방식 · 250
3. 한반도 통일과 남북한 변수 · 260
4. 한반도 통일과 대외적 도전 · 267
5. 결 론 · 271

찾아보기 ………… 277

제 1 장

북·일관계

Ⅰ. 북·일관계 개선의 현황과 전망
Ⅱ. 일본의 대북한정책: 변화와 전망

Ⅰ. 북·일관계 개선의 현황과 전망*

1. 서 론

북한 핵문제를 다루기 위한 6자회담은 그동안 큰 부침을 겪었으며, 앞으로도 상당 기간 동안 그럴 가능성이 농후한 실정이다. 6자회담인 다자회담은 그 속성상 투표에 의존할 수 없는 실정이며, 대부분의 경우에 만장일치에 가까울 정도의 지지를 필요로 하기 때문이다. 게다가 비록 6자회담에 참여하는 각국들의 이해관계가 한반도의 비핵화 추구라는 큰 틀에서는 일치할 수도 있지만 그 목적을 달성하기 위하여 북한에 제공되어야 할 정치적 및 경제적 지원의 규모 및 성격, 그리고 그것이 향후 한반도를 포함한 동북아의 국제질서에 미치는 영향 등을 고려할 경우, 북한 핵문제가 쉽게 해결되기 바라는 기대, 그 자체가 너무 순진한 발상일 수 있다. 그럼에도 불구하고 한반도 문제의 국제적 성격을 고려해 볼 때, 6자회담은 북한 핵문제의 종국적 해결을 위하여 반드시 거쳐야 하는 수순으로서 필요조건일 수밖에 없다.

그동안 진행되어 온 6자회담을 살펴보면 남북한, 미국 및 중국이 주도적인 역할을 하였고, 러시아와 일본은 보조적인 기능을 담당한 것으로 보이며, 그리고 그 가운데 특히 북·미관계가 사실상 핵심적인 요소였음은 부인하기 어렵다. 그리하여 한반도 문제를 연구하는 대다수 전문가들은 이들 4개국, 특히 북·미관계에 초점을 맞추어 논의를 전개해 왔다.[1]

본 논문은 이러한 기존의 논의 방향과는 다른 시각, 즉 한반도 문제의 해결에서 다소 소외감을 느끼고 있는 국가들, 일본 및 러시아 중에서 일본에 초점을 맞추고자 한다. 러시아와 북한의 관계는 근본적으로 비적대적 성격을 띠고 있기 때문에 북·러관계의 갈등은—만일 존재한다고 하더라도—한반도 문제의 해결을 위한 전체적인 구도에 부정적인 영향을 미치기는 어려운 실정인 반면, 북·일관계는 적대적 호전성을 여전히 보유하고 있기 때문에 만일 양

* 이종선, “북일관계 개선의 현황과 전망”, 『의정논총』 3, 1(2008), 159~181면.

1) Victor D. Cha and David C. Kang, “Can North Korea be Engaged?” *Survival*, Vol. 45, No. 2(Summer 2004).

국의 갈등이 심화된다면 한반도 문제의 해결은 큰 난관에 봉착할 것으로 보인다. 이러한 관점은 일본은 더 이상 미국의 입장을 무조건 받아들이는 종속적 변수가 아니고, 나아가 북한에 대한 일본의 경제적 지원이 없다면 한반도 문제의 본질적 해결은 어려울 것이라는 판단에 기인한 결과라고 할 수 있으며, 그리고 북·일관계의 개선을 바라보는 시각을 보다 새롭게 검토하고 평가할 필요성을 요구하고 있다.[2] 이를 위해 본 논문은 북·일관계 개선의 전개과정을 살펴보고, 그 과정에서 나타난 특징적인 측면들을 검토한 후에 북·일관계 개선의 향후 전망을 살펴보고자 한다.

2. 북·일관계 개선의 전개과정

북·일관계 개선의 진척상황은 새로운 이슈가 등장할 때마다 큰 변화를 보였다. 북·일 양국간의 쌍무적 이슈로서 식민지 배상금과 납치자 문제가 주요하게 등장했으며, 국제적 이슈로서 북한 핵문제와 이를 둘러싼 관련국들의 이해관계 갈등을 들 수 있다. 이러한 이슈들은 상호 연관성을 띠면서 북·일관계 개선에 큰 영향을 미치고 있다.

1) 냉전과 북·일관계

일본은 1965년에 한·일관계 정상화를 통하여 남한을 '한반도에서의 유일한 합법정부'로 인정함으로써 북한보다는 남한에 대한 우호적인 자세를 견지했다. 그렇지만 일본이 북한과 교역관계를 시도했던 시점은 1961년이었다. 북한과의 교역관계 시도는 — 비록 제한적이었지만 — 향후 일본의 대한반도 정책이 나아갈 방향을 보여 주었다. 이른바, 정경분리 원칙에 입각하여 일본은 자유세계 국가들과의 관계를 우선시했지만, 동시에 공산주의 국가들과의 교역도 그 범위와 폭을 넓힘으로써 자국의 경제성장 속도를 높이려고 했다.

일본의 대한반도 정책은 남북한의 갈등에 깊이 개입하지 않으면서 양국

---

2) Linus Hagstrom, "The Dogma of Japanese Insignificance: The Academic Discourse on North Korea Policy Coordination", *Pacific Affairs*, Vol. 79, No. 3(Fall 2006), pp.390~392.

간에 등거리를 유지하려는 전략이었다. 이후 미국이 아시아에서 군사적 부담을 줄이려는 시도하에 북한의 봉쇄를 위하여 남한을 지원하도록 일본을 압박함에 따라 일본은 등거리 전략의 유지를 더욱 강화했다. 그 결과 1969년의 닉슨-사토 공동성명에서 사토 수상은 남한의 안보는 일본의 안보에 필수적이라는 선언을 하게 되었다.

그러나 남한의 중요성에 관한 조항은 오래 가지 못했다. 닉슨 대통령은 1971년에 중국을 기습방문하였으며, 그 여파로 1972년에는 중·일관계에 화해 분위기가 조성되었다. 이른바 '닉슨 충격'은 일본의 장기적인 대한반도 정책에 깊은 인상을 남겼다. 타나카 수상의 '두 개의 한국' 정책은 이러한 분위기의 산물이었다.[3] 이 정책은 한반도에 두 개의 한국이 존재하여 남북한의 평화공존이 일본이 바라는 외교적 목표임을 천명한 것이었다.

이러한 일본의 대한반도 정책은 한·일관계의 불화를 가져온 원천이었다. 일본은 한·일 국교 정상화를 포기하라는 북한의 요구를 거부하면서, 1970년대 동안 북한과의 비공식적 연결을—주로 일본 사회당 의원들을 통하여—촉진시켰다. 1980년대에 이루어진 북한의 테러행위들, 특히 1983년의 미얀마 폭발사건과 1987년의 KAL기 폭파사건은 일본으로 하여금 대북한 외교적 제재를 취하도록 강요했다. 이후 1988년 북한과의 정치적 관계를 촉구하는 남한의 1988년 선언이 있고 난 후에야 비로소 북한과의 외교관계를 수립하고자 하는 일본의 여망은 실현의 기미를 보였다.

2) 냉전의 종식과 북·일관계

노태우 대통령의 대북정책의 변화는 이른바 북방정책과 맞물려 있었다. 냉전이 끝남에 따라 남한은 북한의 후원자들인 중국과 소련과의 화해를 모색함으로써 북한에 대한 외교적 압박을 가하기 시작했다. 중국이나 러시아 모두 이 지역의 신흥 경제대국인 남한의 요구를 무시할 수 없었다. 북한은 이미 소련의 지지를 더 이상 받지 못했고 중국과의 관계도 냉각되었다.

그 결과, 북한은 남한의 외교적 공세를 무마시키기 위한 수단으로 일본에

---

3) David Fouse, "Japan's Post-Cold War North Korea Policy", *Occasional Paper Series* (Asia-Pacific Center for Security Studies, February 2004), pp.1~2.

관심을 두기 시작했다. 일본은 중국과 러시아에 대항하여 한반도에서 지렛대를 확보할 수 있는 기회를 잡은 셈이다. 북한은 대규모의 자본과 기술을 필요로 한 시점이었고 일본은 이 두 가지 모두를 충족시킬 수 있는 위치에 있었던 것이다.

1989년 1월에 일본 외무성은 북한에 대한 호전적 정책은 더 이상 존재하지 않으며, 전제조건이 없이 한반도 문제와 관련하여 북한과의 대화를 시작할 준비가 되었다는 성명서를 발표했다. 1989년 3월에 이러한 분위기는 타케시타 노보루 수상에 의해서 다시 강조되었다. 북·일 간의 비밀 외교접촉이 재개되었으며, 1990년 9월 자민당과 사회당 양당 대표단이 북한을 방문하여 조선노동당과의 사이에서 조속한 북·일 국교 정상화를 촉구하는 '3당 공동선언'을 발표했다.[4] 그리고 그 선언은 일본으로 하여금 식민지통치 기간 36년간 및 그 이후 45년간 북한 인민들에게 끼친 만행과 손실에 대하여 충분하며 공식적인 사과와 보상을 할 것을 요구했다. 이러한 일본의 조치들은 남한과 미국으로부터 외교적 자율권을 더 많이 확보하려는 의도적 계획임은 분명했으며, 한·미 양국은 이러한 분위기를 사전에 인지하지 못한 상황이었다.

북·일 간에 채택된 이러한 선언은 남한과 미국을 당황하게 하기에 충분했다. 남한은 이미 북한과의 관계개선을 다른 나라들에게 촉구했음에도 불구하고 일본이 그처럼 신속하게 움직일 것으로 예상하지 못했다. 남한은 카네마루가 약속한 수십억 달러의 엄청난 보상비가 남북한 협상에서 방해가 될 것을 우려했으며, 미국도 재정적 지원은 북한의 핵무기 개발에 사용될 가능성이 있기 때문에 북·일관계 정상화의 선결조건으로서 북한 핵시설에 대한 국제원자력기구의 사찰을 허용할 것을 요구했다.

이러한 상황에 직면한 일본은 북·일관계 정상화 정책의 방향을 제시하는 네 가지 원칙을 선언했다.[5] 첫째, 일본은 한반도 전역의 평화와 안전을 증진시키기 위하여 협상을 진행하며, 둘째, 북·일관계 정상화는 한·일간 우호적 관계를 훼손하지 않고. 셋째, 일제 식민통치기간 외의 기간은 보상비에 포함

---

4) 조양현, "북일관계 정상화와 한일관계에의 영향", 『변환기 국제정세와 한국외교 2006』(외교안보연구원, 2007. 4), 263~264면.

5) David Fouse, *supra* note 3, pp.3~4.

시키지 않으며, 그리고 마지막으로, 국제원자력기구의 북한 핵시설 사찰은 일본의 안보에 중요하다는 것이다. 이러한 원칙들은 한·미 양국의 우려와 요구를 직접적으로 수용한 것임은 명백했다.

그 결과 1991년 1월부터 1992년 11월까지 여덟 차례에 걸쳐 북·일 협상이 이루어졌다. 그 회담에서 북한은 이전에 합의된 3당 공동선언을 지키라고 주장한 반면 일본은 새로운 협상 원칙을 고집했다.[6] 결국 1992년 11월 제8차 회담에서 북한 핵문제와 함께 새롭게 제기된 '타구치 야에코(한국명: 이은혜)'라는 일본인 납치 문제를 둘러싸고 회담은 결렬되고 말았다.

3) 1차 북한 핵문제와 북·일관계

미국이 북한 핵시설 사찰을 위하여 보다 강력한 조치들을 검토함에 따라 일본은 자국이 한반도 분쟁 속으로 점점 개입하게 되는 것을 우려하기 시작했다. 이러한 우려는 1993년 5월에 북한이 동해상으로 노동미사일을 시험발사하고 만일 제재조치가 있을 경우 그것은 전쟁선포와 같다는 선언을 했을 때, 그 정점에 도달했다. 미국은 전쟁 가능성을 염두에 두고 일본의 지원을 요구했다. 일본주둔 미군기지의 사용과 함께 미국은 일본으로부터 다양한 형태의 후방지원 — 정보수집, 전함수리 시설 및 일본 민간 항구와 공항 이용 등 — 을 요청했다. 미국은 대북제재를 가할 경우에 대비하여 해상봉쇄에 자위대의 참여를 희망했다.

이러한 사태의 전개에 대하여 일본은 거의 무방비 상태였다. 일본은 자국이 직접 공격을 받지 않은 상태에서 미군을 지원하는 법률조차 마련되어 있지 않았다. 미국은 일본이 보여 준 이러한 준비태세의 미비에 대하여 동맹국으로서의 가치에 대한 우려를 한 반면, 이러한 상황은 미·일동맹의 강화를 위한 새로운 준비를 가능하게 한 계기로서 작용했다. 이와 더불어 일본은 미국에

---

6) 이 회담의 주요 의제는 첫째, 국교정상화에 관한 기본문제(관할권, 한일합병조약의 합법성 문제 등), 둘째, 국교정상화에 수반하는 경제적 문제(재산권 청구권, 전후보상 등), 셋째, 국교정상화와 관련된 국제문제(핵사찰, 남북문제), 넷째, 그 외에 쌍방이 관심을 갖는 문제(재일조선인의 법적 지위 문제, 일본인 배우자 문제 등)였는데, 이에 대한 양국의 입장 차이는 컸다. 그 가운데 양측이 끝까지 대립한 것은 과거 보상 문제를 포함한 두 번째 의제와 북한의 국제원자력기구의 핵사찰 수용을 포함하는 세 번째 의제였다. 조양현, 앞의 논문, 264면.

대한 외교적 지원을 도모했다. 일본은 1994년 10월의 제네바 합의문에 따라 설립된 한반도에너지개발기구에 재정적 지원을 수락했으며, 그 결과 경수로 건설에 드는 비용 가운데 20%인 8억달러를 지원하기로 약속했다.

북한은 미국과 합의문에 서명한 이후 북한경제 회생에 절실하게 요구되는 자본과 기술의 공급원으로서 일본을 다시 보게 되었다. 일본도 북한에 외교적 거점을 수립함에 있어 한·미 양국에 비해 뒤쳐질 것을 우려했다. 그 결과 토미치 무라야마 수상은 북·일관계 정상화를 위한 회담을 재개했다. 남한의 강력한 반발은 주요한 제약요인이었다. 무라야마 수상은 1995년 11월 김영삼 대통령과의 정상회담을 통해 북·일관계 정상화의 속도와 남북한 대화의 진전을 연계시키겠다는 약속을 함으로써 남한의 우려를 불식시켰다.

1996년 4월에 이루어진 빌 클린턴 대통령과 김영삼 대통령의 회담에서 남·북한, 미국 그리고 중국을 포함하는 4자회담이 제안되었을 때, 일본의 외교적 소외감은 한층 강화되었다. 일본은 4자회담에 대하여 공개적인 지지를 표명했음에도 불구하고 한반도에너지개발기구에 지원한 비용이 일본에 전혀 외교적 지렛대를 제공하지 못한 점을 우려했다. 그 결과, 일본은 북·일관계 정상화 시도를 다시 양자관계의 틀 안에서 추진시키게 되었다. 그러나 1997년 1월에 하시모토 수상은 북·일 정상화 회담의 속도를 늦추겠다는 점에 동의했다. 그 이유는 북·일회담이 4자회담을 곤란하게 할 수도 있다는 남한의 우려와 경고를 반영했기 때문이다.

북·일관계 정상화의 조짐이 보이지 않는 시점에 북한은 1998년 8월에 일본열도의 상공을 지나 태평양에 떨어지는 대포동 미사일을 시험발사했다. 일본은 즉각적인 비난을 했으며, 북한에 대한 식량원조의 동결, 한반도에너지개발기구에의 재정적 지원 제공 보류, 그리고 북·일 정상화 회담의 중지를 선언했다. 이러한 조치들 가운데 한반도에너지개발기구에 대한 문제는 한미일 3국의 동맹관계 취약성을 노정시켰다.

일본과 달리 한·미 양국은 대포동 미사일 사건 이후에 대북 강경노선을 취하지 않았다. 남한의 김대중 대통령은 1998년 이후 대북 유화정책을 추구하고 있었으며, 미국의 클린턴 대통령도 제네바 합의문의 준수와 4자회담 지속에 관심을 갖고 있었다. 특히 미국은 한반도에너지개발기구를 통한 비용분담

집행의 연기를 거부했을 뿐만 아니라 미사일 문제 논의를 위한 북한의 참가 대가로 경수로 공급의 시점을 심지어 앞당기려고 했다.

한반도에너지개발기구 지원 문제를 둘러싸고 전개된 미·일 양국의 대치 상태는 일본의 양보로 일단락되었다. 그 대신, 일본은 한·미 양국과 군사적 관계를 증진시키려는 시도를 했다. 특히 일본은 미·일 방위협력지침서를 개정했을 뿐만 아니라 미국과의 전역미사일방어망 구축을 위한 공동연구에 참여하기로 결정했다. 일본은 한·미 양국과의 군사적 공조 역량을 높이는 노력을 함과 동시에 안보에 대한 자국의 통제력을 더욱 확충하는 데에도 큰 관심을 보였다.

일본은 미사일 발사에 대한 정보 공유면에서 그리고 그 사건의 심각성에 대한 인식의 면에서도 미국에 실망감을 나타내었다. 특히 일본은 대포동 미사일이 미래에 탄두를 적재할 수 있다는 사실에도 불구하고 그 사건을 미사일 시험이 아니라 위성발사로서 간주하고 있다는 점에서 더 큰 불안감을 느꼈다. 그 결과, 일본은 1998년 11월에 정보수집 능력을 더 높이고 독자적인 위성감시체계를 구축하기로 결정했다.

그 이후에 진행된 북·미 미사일회담은 일본의 안보에 대한 북한의 위협을 경감시키는 역할을 하지 못했다. 미국은 북한이 미사일 수출과 미국에 도달할 수 있는 장거리 미사일 개발 중단에만 관심을 가지고 있으며, 이미 북한 내에 배치되어 있고 일본열도에 도달 가능한 것으로 추정되는 노동미사일 문제는 다루지 않았다. 게다가 일본은 클린턴 대통령이 북·미관계 정상화를 신속하게 처리할 수도 있다는 점을 우려했다. 그러한 상황이 전개될 경우, 일본도 북한과의 정상화를 추진해야 한다는 압박감을 받게 될 것이고, 중거리 미사일과 일본인 납치자 문제를 위한 북·일협상이 성공적으로 처리되지 못할 수도 있기 때문이다. 일본이 자체적으로 신속하게 북·일관계 정상화를 위한 협상에 다시 돌입한 것은 이러한 배경에서 이해될 수 있다.

일본의 무라야마 전 수상이 끄는 대표단이 북한에 도착했을 때, 북한을 둘러싼 정치적 상황은 이전과 판이하게 달라져 있었다. 남·북한관계와 북·미관계는 호전성을 찾기 어려웠으며, 북한은 서방국가들과의 관계 정상화도 추구하고 있었다. 반면에 일본의 대북 여론은 악화되어 있었다. 북한은 1999년 8

월에 일본에 대하여 새로운 제안을 했다. 그 요지는 북한에 대한 식민통치기간 배상금 외에 김정일 정권 보장과 일본의 군사적 위협 완화였다.

북·일협상은 다시 재개되었다. 미사일 문제와 납치자 문제의 해결을 바라고 있는 일본과 배상금 문제에 큰 관심을 보이고 있는 북한 간의 줄다리기는 계속되었다. 2000년 10월에 개최된 11차회담에서 북·일 양국은 구체적인 의견의 접근을 보이기도 했다. 북한은 자국 거주 일본인 처들의 일본 방문을 허용하는 대신 일본은 북한에 50만톤의 식량을 지원하는 것이었다. 게다가 일본은 북한의 미사일 위협 완화와 납치문제의 만족스러운 해결의 대가로 90억달러 경제적 지원 — 60%의 무상지원과 40%의 차관 — 의사를 밝혔다.[7)]

그러나 일본의 낙관적 기대와는 달리 북한은 경제적 지원 대신에 사과와 결부된 배상금의 명분을 요구했으며, 납치 문제는 정상화와 별개의 것으로 간주했다. 그 결과 북·일협상은 무기한으로 연기되었다. 일본의 기대가 불발로 끝난 배경은 어디에 있을까? 그것은 북·미관계 개선의 맥락에서 찾을 수 있다.

북·일회담이 전개되기 직전인 2000년 10월에 북·미 간에는 고위급 외교 접촉이 있었다. 그 당시는 김정일 위원장이 2000년 10월 9일에 조명록 차수를 특사로 미국을 방문하게 했으며, 클린턴 대통령도 올브라이트 국무장관을 답례로 방북하게 함으로써, 클린턴 대통령의 2000년 11월 북한 방문의 분위기가 고조되었던 시점이었다. 북·일관계 정상화 문제는 북한으로서는 부차적이었던 것이다. 일본의 우려는 증폭되었다. 북·미 간에 미사일 문제가 해결되고 정상화가 이루어지면 중·단거리 미사일 문제와 일본인 납치자 문제는 미해결의 상태로 남게 되는 것이다.

4) 북·일 정상회담과 북·일관계

미국의 정권 교체는 일본에게 새로운 외교적 환경을 제공했다. 2000년 대통령선거 유세 중에서 부시 대통령 후보팀은 클린턴 대통령과는 다른 대북정책을 취할 것이라는 점을 표명했다. 북한의 관심이 다시 일본으로 복귀한 것은 이러한 국제적 환경 탓이기도 하다.[8)] 북한은 2001년 1월, 부시 대통령이

7) David Fouse, *supra* note 3, pp.9~10.
8) Hitoshi Tanaka, "Japan's Viewpoint toward Peace Forum on the Korean Peninsula",

취임한 직후에 북·일 정상회담을 열 것을 제안했다. 그러나 모리 수상은 국내 지지도 하락으로 그러한 제안을 수용할 수 없었다.

고이즈미 수상이 이끄는 신정부가 들어선 2001년 4월에 북·일회담은 신중하게 고려되기 시작되었다. 2001년 가을에 비공식적인 비밀 북·일협상이 진행되었다. 2002년 초반에 북한으로부터 조그만 양보안이 제시되었다. 그것은 부시 대통령이 연두교서에서 북한을 '악의 축'이라고 지칭한 이후의 일이었다. 북한은 2002년 2월에 지난 2년 동안 억류했던 일본 언론인을 석방하는 데 동의했다. 그 한 달 후에는 북한 적십자사가 일본인 '실종자'들의 수색에 들어가겠다는 선언을 했다. 그리고 2002년 4월에는 김정일 위원장이 '실종자' 문제가 북·일 양국의 협상에서 최우선 순위를 차지할 것이라는 점을 표명했다. 이러한 북한의 양보안들은 그 해 7월과 8월의 고위급회담 개최를 용이하게 했으며, 그 회담에서 양국의 정상회담 개최가 결정되었다.

북·일 정상회담이 2002년 9월에 평양에서 개최되었을 때, 고이즈미 수상은 미·일 양국간의 틈새를 노리는 북한의 전략에 말려든다는 비판에 직면했다. 그러나 고이즈미 수상은 북한이 일본인 납치 사실을 공식적으로 인정하는 선언을 이끌어 냄으로써 그러한 비판을 잠재웠다. 이른바 '평양선언'이 그것이다.[9] 그럼에도 불구하고 노동미사일 배치와 결부된 북한 핵문제는 여전히 일본의 안보를 위협하는 요소로 남게 되었다. 더구나 이 시점에서 미국은 북한의 고농축 우라늄 계획을 발표함으로써 북한 핵문제는 새로운 상황으로 급반전되었다.

5) 2차 북한 핵문제와 북·일관계

북한이 일본인 10명을 납치하여 그 가운데 5명은 이미 사망했다는 사실은 일본 여론의 역풍을 맞게 되었다. 북·일 정상화 회담의 향후 지속 여부는 불투명하게 되었다. 일본의 여론은 고이즈미 수상의 외교적 업적을 긍정적으로 평가했지만, 납치 사실의 확인 그 자체는 고농축 우라늄 핵 프로그램의 발견과 함께 일본인들의 정서를 북·일관계 정상화에 반대되는 방향으로 몰아갔다.

Online Series (KINU, June 2006), p.2

9) *Ibid.*, pp.1~2.

일본은 미·일동맹의 긴밀함을 확인하는 동시에 자체적인 방어능력 개선에 착수했다. 일본은 재일 조총련의 북한 송금을 금지하고 모든 북한 선박의 입항을 6개월 단위로 거부하는 조치들을 마련했으며, 북한 미사일의 상당 부분이 일본에서 제조되었다는 미국의 의혹에 따라 일본의 기술수출에 제한을 두기 시작했다. 그리고 미국으로부터 미사일 방어기술을 구입하는 등 적극적인 군사적 대응에 나섰다.

이러한 태도는 1994년 북한 핵문제가 제기되었을 때 일본이 보여 주었던 저자세와 판이하게 다른 공세적인 것이었다. 이러한 태도의 변화는 북한 핵문제를 보는 일본의 시각이 근본적으로 큰 변화를 보이고 있다는 점이다. 일본은 과거에는 북한의 핵무기 개발을 외교적 카드로서 보는 경향이 있었다. 그 결과, 북한 핵문제는 북·미 및 북·일협상에서 북한의 체제안정을 위한 정치적 및 경제적 지원을 확보하기 위한 수단으로서 의미가 부여되었다.

따라서 북한은 안보를 위하여 핵무기를 개발했다는 강경론과는 달리 북한에 대한 유화정책이 큰 힘을 받았던 것이다. 그래서 6자회담에서 미국이 대북 강경정책을 주장함으로써 북한의 양보를 받아내려는 시도를 했을 때, 일본은 중유공급의 재개나 에너지 공급의 필요성을 역설했던 것이다. 물론 일본은 그 대가로 북한으로부터 핵무기개발계획의 철회, 국제원자력기구의 사찰 수용 그리고 미사일 배치나 수출 포기를 구상했다.

그러나 납치자 문제는 일본의 대북 유화정책에 큰 부담으로 남게 되었다. 납치자 가족들과 연관된 집단들이 일본의 언론에 엄청난 영향력을 행사하면서 일본 정부의 대북 강경정책을 요구했다. 심지어 극우세력들은 북한과의 전쟁을 요구하기도 했다. 과거 북한과의 유화정책을 주장했던 사람들은 연약한 부류로서 비난을 받았으며, 심지어 살해위협까지 받기도 했다. 이러한 상황에서 북한의 협력을 얻기 위하여 양보를 주장한다는 것은 정치적 자살행위임이 분명하다. 이렇게 본다면, 만일 북·미 간의 유화적인 분위기가 조성된다면 미·일관계마저 위태로운 상황에 처할 수 있는 셈이다.

북한을 둘러싼 미·일 간의 긴장은 이미 조성되었다. 미국은 6자회담을 통하여 핵무기 개발 포기의 대가로 북한에 어떠한 정치적 및 경제적 양보를 할 것인가를 궁리하고 있었다. 일본이 우려하는 납치자 문제는 6자회담의 관심영역의 밖에 있는 실정이었다. 북·미불가침협정의 체결은 일본의 핵무장 시작을 알리는 신호로써 간주될 것이라는 주장도 있다. 이러한 논리는 심지어 북한이 핵무기 개발을 포기하더라도 생화학무기와 미사일은 여전히 북한의 군사적 수단으로써 일본을 겨냥할 것이라는 점을 지적하고 있다. 대북 유화정책을 통한 북·미관계 개선은 일본에게 더 이상 매력적인 뉴스가 되지 않았다.

2004년 5월에 고이즈미 수상은 제2차 방북을 시도했음에도 불구하고 북·일 간의 갈등의 골은 깊어지고 협상은 결렬되었다. 비록 제2차 북·일 정상회담을 통하여 양국은 2002년 9월의 '평양선언'을 재확인하고 '실종자' 10명의 전면 재조사에 합의하는 등 북·일관계 개선의 돌파구가 열리는 듯 했다. 그러나 북한이 제공한 '요코다 메구미'의 유골이 허위라는 의혹이 제기되면서 일본의 대북 여론은 완전히 냉각되었으며, 북·일관계 정상화 협상은 중단되었다.[10]

그 후 약 1년만에 재개된 양국의 협상은 여전히 납치문제의 해결점을 찾지 못한 채 표류했다. 일본은 납치 생존자 전원의 귀국, 진상규명, 납치 관련 용의자 인도 등을 강하게 주장했으며, 북한은 납치문제는 해결이 종료된 것이라며 더 이상 논의 진행을 거부함으로써 양국의 입장 차이는 좁히지 못했다.

이러한 상황에서 2006년 7월 북한이 미사일 시험발사를 감행함에 따라 일본은 2006년 9월 대북 금융제재에 착수했으며, 2006년 10월에 감행된 북한의 핵실험은 일본의 대북 강경노선을 더욱 강화시켰다. 북한 선박의 입항금지, 북한으로부터의 모든 물품 수입 금지, 북한 국적자의 원칙적 입국 금지, 그리고 일본내 북한자산 동결 및 대북송금 차단 등의 추가조치가 이러한 일본의 분위기를 반영했다. 게다가 이러한 독자적인 제재조치 외에 일본은 국제사회와의 연대 강화와 대북 포위망 구축에 나섰다. 미국과의 협력을 통한 유엔 안보리의 대북제재 결의 채택을 주도했다. 이 같은 강경하고 신속한 조치가 가능한 배경에는 아베 수상의 대북 강경노선과 핵실험으로 인한 일본인들의 안보 불안감 증대가 자리하고 있다.[11]

그러나 일본의 대응방안을 보면 금융 및 경제제재에 불과하며 그 효과도

10) Tsuneo Akaha, "Japanese Policy toward the North Korean Problem", *JAAS,* Vol. 42, No. 3/4 (2007), pp.302~303.
11) 이면우, "일본의 '북핵 히스테리'", 「한국경제」 (2007. 11. 6).

실질적으로 커 보이지 않는다는 점에서 미·일동맹의 중요성이 크게 부각된다고 할 수 있다. 그렇지만 미국의 대북정책에 불만족하는 일본으로서는 핵무장론이 보완적으로 제기될 수 있다.[12] 물론 당장 일본에서 핵무장론이 대세를 이루거나 실제로 정책화될 것 같지 않다. 일본이 핵무장을 하기를 원한다면 먼저 비핵확산조약의 탈퇴가 전제가 되어야 하는데, 국제적 고립을 자초할 가능성이 크다. 그리고 핵무장론은 원자력발전소에 대한 연료공급원의 단절을 의미하기 때문에 산업 전반에 미치는 효과는 감당하기 어려울 정도로 심각할 것이다. 따라서 핵무장론의 대두는 일본인들의 안보 경각심을 제고하고 안보논의의 활성화에 기여하는 효과에 그칠 것으로 보인다.

2007년 9월 후쿠다 내각이 발족하였으며, 미국은 큰 관심을 보이고 있다. 그 이유는 북한 핵문제 해결을 위한 6자회담의 성과를 기대하는 미국은 일본인 납치 문제에 집착했던 아베 정권과는 차이를 보이길 바라기 때문이다.[13] 후쿠다 수상은 북·일관계 정상화에 적극적으로 개입한 전력이 있다. 고이즈미 내각의 관방장관으로서 북·일정상회담과 '평양선언' 합의에 큰 기여를 했다. 2002년 일본에 일시 귀국했던 일본인 납치피해자 5명의 북한송환 문제를 둘러싸고 "일단 돌려보낸 뒤 가족과 함께 다시 귀국시킨다"는 주장을 함으로써 이에 반대하는 아베 관방부상과 대립한 적도 있다. 그리고 후쿠다 수상은 10월 중의원 답변에서도 "북·일국교 정상화가 이루어지지 않으면 진정한 의미에서 2차대전은 끝나지 않은 것"이라며 북·일관계 개선의 역사적 의미를 강조했다.

그렇지만 후쿠다 수상의 개인적인 태도가 북·일관계 정상화에 결정적인 기여를 할 것으로 보이지 않는다. 이미 납치문제는 일본인들의 국민적 관심사로서 자리를 잡았기 때문이다. 납치자 문제의 성공적 해결이 이루어지지 않는다면 일본의 대북 강경입장 변화를 기대하기는 무척 어려운 실정이다.

---

12) 남기정, "북한 핵실험 후 일본의 대북제재와 핵무장론의 전개", 『KNSI 현안진단』, 제55호(2006. 11), 4~6면.

13) 김성철, "일본 후쿠다 내각의 외교정책", 『정세와 정책』(세종연구소, 2007. 11), 14~15면.

3. 북·일관계 개선의 특징

북·일관계 정상화 회담은 개시 이래 일본 내에서 조기 수교를 주장하는 대북 온건론과 수교 반대나 혹은 신중한 대응을 주장하는 대북 강경론 간의 대립구도가 형성되었다.[14] 이들 간의 역학관계는 국제정세의 변화와 새로운 이슈가 제기될 때마다 큰 변화를 보였으며, 회담의 결과에도 큰 영향을 미쳤다. 대북 온건론의 주장의 논거는 과거청산과 전후처리의 조속한 실시, 전방위 외교에 입각한 일본의 지역적 역할 확대, 정상적인 국가관계 수립에 의한 안보위협 및 납치 문제 해결, 그리고 시장진출 등의 경제이익의 확보이다.

한편 대북 강경론자들은 '납치와 같은 범죄행위를 정부가 주도하여 행하는 북한과 같은 국가가 핵무기와 미사일을 보유하는 것'은 일본의 안보에 중대한 위협이며, 따라서 수교보다는 위협의 제거를 우선해야 된다는 북한위협론, 북한체제의 존속이 불확실한 상황에서의 조기수교는 장차 일본의 정치·경제적 부담을 가중시킬 수 있다는 북한붕괴론, 그리고 북·미간 적대관계가 청산되지 않은 상황에서 북·일수교를 서두를 필요가 없다는 대미공조론을 그 근거로 들고 있다.[15]

북·일관계 개선을 향한 첫 발걸음은 대북 온건론자들에 의해 주도되었으며, 북한 핵문제, 미사일 문제, 그리고 납치자 문제가 제기되면서 대북 강경론을 요구하는 여론이 힘을 얻게 되었다. 그러나 북·일관계 개선은 양국만의 쌍무적인 관계의 성격을 띠고 있는 것이 아니라 남한, 미국, 중국 그리고 러시아까지 포함하는 다자적인 측면이 있기 때문에 단순한 북·일 양국간의 관계 정상화를 넘어서서 동북아시아의 정치적 질서의 재편과도 연관이 있는 미묘하고 복잡한 특징을 갖고 있다.

일본은 이 지역의 다른 국가들과 공유하는 이해관계들이 있다. 첫째, 한반도 비핵화가 그것이다. 북한이 핵을 갖는다면 남한과 일본의 핵무장론이 고개를 들 것이며, 그리고 이러한 핵확산 분위기는 한반도 문제에 관련된 당사국들인 6자 모두가 핵무기를 갖는 가장 위험스러운 상황이 될 것이다. 이러한

---

14) 조양현, "북한 핵·미사일 문제에 대한 일본의 대응 및 북·일관계 전망", 『주요국제문제분석』(2006. 12), 3면.

15) 위의 논문, 4면.

맥락에서 볼 때, 북한이 핵무기 개발로써 얻고자 하는 이득은 동북아의 핵확산을 우려하는 국가들의 약점을 파악하고 이용하는 데서 출발하고 있다고 할 수 있다. 그렇다고 해서 일본이 대북 양보만을 통하여 북한 핵개발의 의지와 능력을 약화시킬 수 없을 뿐만 아니라, 대북 강경책만이 모든 문제를 해결할 수 있는 것도 아니라는 점은 큰 딜레마로서 작용하고 있다. 향후 상당 기간 동안 북한핵을 둘러싼 지루한 대치상태가 지속될 가능성이 크고 북·일관계 개선도 이러한 맥락에서 이해될 필요가 있다.

둘째, 북한은 안보상의 보장을 원하고 있다는 점이다. 그러나 일본만의 노력으로 북한체제의 안전을 보장할 수 없다. 게다가 미국은 북한과의 불가침협정 체결을 거부하고 있고, 6자회담에 그 실현방법과 가능성을 떠넘기고 있는 실정이다.

셋째, 북한체제의 붕괴나 한반도에서의 대규모 군사적 충돌은 인도주의적 재앙으로 이어질 것이라는 점에 대하여 일본, 남한, 중국 그리고 러시아는 크게 우려하고 있다. 특히 일본은 수만명의 북한난민들이 일본열도로 몰려들 가능성을 경계하고 있다. 이러한 우려는 북한에 대한 유화적인 태도를 취하는 국가들의 공통적인 인식이라고 할 수 있다.

넷째, 북한의 경제개혁을 기대하고 있다는 점이다. 그러나 어떤 종류의 경제개혁인가, 어느 정도 경제개혁을 해야 하는가, 그리고 북한의 경제개혁에 있어 각 국가들의 역할은 어느 정도 이루어져야 하는가에 대한 의견은 합의를 보지 못하고 있다.

다섯째, 일본은 북한 핵문제가 해결과정에서나 그 이후에도 다른 국가에 비해 상당한 정도의 인도주의적 및 경제적 지원을 북한에 제공해야 한다는 점이다. 현 시점에서 일본은 북한으로부터 가장 큰 군사적 위협을 느끼고 있으며, 그리고 식민지지배에 대한 역사적 배상은 어떤 식으로라도 이루어져야 하기 때문이다. 일본이 북·일관계 정상화에 적극적으로 나서는 배경에는 이러한 시각이 자리하고 있다.

그렇지만 일본은 다른 국가들과는 다른 독특한 이해관계도 가지고 있다. 먼저, 납치자 문제와 같이 북·일 양국만이 쌍무적으로 해결해야 하는 영역도 있다. 다음으로, 일본의 안보는 미국과 밀접하게 연결되어 있으며, 그 결과 일본은 미국의 대북정책에 대하여 거부는 고사하고 반대할 위치에 있지 않다는 점이다. 반면, 중국과 러시아는 그러한 제약으로부터 독립적인 것은 자명하다. 다음으로, 북한에 대한 일본의 우려는 북한의 과거 행동들, 예를 들면 북한 간첩선의 일본 영해 침투나 미사일 발사에 기반을 두고 있지만, 중국과 러시아의 안보 우려는 자신들에 대한 구체적인 행동이 아니라 한반도에서 발발할지 모르는 미래의 군사적 충돌 가능성에 달려 있다는 점이다. 물론 남한의 대북위협 인식은 일본의 그것보다 더욱 복잡한 것은 사실이다. 남한은 북한과 민족적 동질성을 공유하고 있기 때문에 북한으로부터 오는 위협의 강도는 약하게 인식될 수 있지만 일단 한반도에서 무력충돌이 발생할 경우 상황은 확연히 달라질 수밖에 없다.

동북아 국가들 가운데 일본과 남한이 북한에 대한 즉각적인 안보적 우려감을 갖고 있다. 따라서 한·일 양국은 북한의 공격을 저지해야 한다는 점에서 이 지역에 주둔하고 있는 미군의 역할을 충분히 평가하고 있으며, 그 결과 대북정책에 있어 미국과의 의견 조율 필요성을 인식하고 있다. 일본은 1969년 이래로 한국의 안보가 일본에 중요하다는 점을 알고 있으며, 한국도 일본방위정책의 중요성을 잘 이해하고 있다. 만일 북한의 남침이 있을 경우 주일미군은 남한군과 주한미군을 지원하는 데 결정적인 기여를 할 것이기 때문이다.

일본은 북한의 극단적인 변화, 예를 들면 남북한의 군사적 충돌, 북한의 붕괴 그리고 미국의 군사적 개입과 같은 시나리오보다는 점진적 변화를 선호하고 있다. 일본은 클린턴 대통령의 선택적 유화정책과 김대중 대통령의 햇볕정책 같이 북한의 행동을 비적대적으로 유도하는 정책을 지지해 왔으며, 그리고 북·미관계와 남·북한관계 개선은 북·일관계 개선에 우호적인 환경을 조성할 것이라는 믿음을 견지했다. 그리고 일본은 북·일관계 개선은 북한의 개방에 기여할 것이라는 기대를 가졌다. 그러나 북한은 한·미·일 3국 간의 틈을 노리는 전략을 사용하고 있으며, 이 점은 일본의 기대를 무너뜨리기에 충분했다.

1994년 북한 핵문제는 일본의 안보에 직접적으로 위협을 주는 요소로서 작용했다. 클린턴 대통령의 유화정책은 결국 북·미 제네바 합의문을 이끌어 내었으며, 한·일 양국은 한반도에너지개발기구에 공동으로 참여함으로써 그 위기를 벗어났다. 그러나 2001년 부시 행정부는 미국의 대북정책을 급격하게 변화시켰다. 부시 대통령은 클린턴 행정부의 대북정책과는 거리를 두려고 했으며, 남한의 햇볕정책에 대하여 비관적이었다. 북한을 '악의 축'과 동일시하는 부시 대통령의 생각은 미국의 대북정책이 얼마나 변했는지를 극명하게 보여 주었다.

2001년 발생한 9·11테러와 그 후의 '테러와의 전쟁'은 미국의 대북 유화책의 기제를 완전하게 무너뜨리고 말았다. 미국은 미국의 안보를 위협하는 테러집단과 불량국가들에 대하여 선제공격을 감행할 수 있는 새로운 전략을 채택했다.

이러한 사태의 전개는 북·일관계 정상화를 추진했던 일본을 곤란하게 만들기에 충분했다. 미국의 대북정책이 추구하는 궁극적 목표는 여전히 불확실하며, 이러한 점은 일본의 대북정책을 혼란스럽게 하고 있다. 미국은 권력의 중심에서 김정일 위원장을 제거하려는 것인가? 지도자가 누구든지 북한체제의 붕괴를 목적으로 하는 것인지? 북한의 대외정책과 행동의 변화를 추구하는지? 북한체제의 붕괴가 국가로서의 북한 붕괴로 이어지는지? 아니면 남한에 의한 흡수로 연결되는지? 이러한 의문점들은 대답하기 무척 어려운 것임이 틀림이 없다. 현 시점에서 김정일 위원장을 권좌에서 내리는 일도 불가능하게 보이고, 북한체제의 몰락도 실현되기 점점 어렵게 되고 있다. 국가로서의 북한 붕괴는 인도적 관점에서 볼 때 재앙에 가까울 것이며, 한·일 양국에 엄청난 재정적 부담을 지우게 될 것이다. 미국이 북한문제의 군사적 측면에 관심을 집중하고 있는 것은 이러한 이유로서 설명될 수 있지만, 사실상 이러한 일마저도 만만치 않게 여겨진다.

부시 행정부의 단기적 목표는 북한 핵무기와 미사일 개발을 중지시키고 핵무기, 핵물질, 미사일 그리고 미사일 기술의 수출을 방지하며 남한에 대한 재래식 공격능력을 줄이는 데 있다. 북한에 대한 유인책이 제공되지 않은 상태에서 어떻게 이러한 목표들이 달성될 수 있을까? 그러나 부시 행정부는 불량한 행동에 대한 보상에는 반대하고 있다. 한·미·일 3국 모두가 인정하는 것은 이러한 목표들은 다자적 접근으로 달성되어야 한다는 점이다.

일본의 관점에서 볼 때, 군사적 선택은 많은 문제점들을 노정시키고 있다.[16] 첫째, 미국은 북한이 남한이나 일본을 공격할 경우 핵무기 사용을 포함한 다양한 군사적 선택을 할 수 있다는 위협을 하고 있다. 비록 일본은 '당근과 채찍' 수단을 선호하지만 일본 내에서도 북한의 행동 변화와 이러한 방법의 효율성과의 연관성면에서 회의적인 시각을 가진 비판자들이 많이 있다. 게다가 군사적 수단의 사용으로 인한 위기 상황이 조성될 경우 일본의 강경파들은 일본의 재무장을 옹호하는 여론을 형성할 것으로 보인다. 그렇게 되면 동북아의 국제정치적 질서는 위험한 상황에 돌입할 것임은 자명하다. 그렇지만 미국의 대북 선제공격은 남한의 동의를 필요로 할 것이며, 북한의 남침이 없다면 남한으로부터 이러한 동의를 얻어 내기란 불가능할 것이다.

둘째, 이라크와는 달리 북한의 지형은 산악으로 구성되어 있기 때문에 많은 군사시설이 지하에 있어 외부로부터 침공이 어렵다는 점이다. 한편 북한의 8천여 장사포들은 남한을 향하고 있으며, 그 가운데 90%가 미국의 선제공격으로부터 파괴된다고 해도 남한의 인적 및 물적 피해는 대단할 것으로 예측될 수 있다. 물론 일본도 노동미사일의 공격으로부터 면제되는 것은 아니다. 그렇지만 미국의 대북 공격이 이루어진다면, 일본은 동맹국의 의무를 준수하기 위해 미국의 행동을 지지할 것으로 보인다.

한·미관계의 불화나 갈등의 개연성은 일본에게 골치 아픈 문제로서 제기될 수 있다. 노무현 대통령은 한·미 양국의 평등관계를 선호하며 같은 민족으로서 남북한 문제를 보는 경향이 있다. 이렇게 본다면 미국의 대북 선제공격은 남한의 지지를 받기가 무척 어려울 것이다. 이처럼 한·미·일 3국의 대북정책은 중요한 차이점을 가지고 있다. 이들 3국 간의 대북정책을 어떻게 조정하고 합의해 나갈 것인가의 문제가 북한문제의 다자적 해결에 있어 필수적인 요소가 될 것이다. 미국은 핵무기계획의 완전하고 검증 가능하며 돌이킬 수 없는 폐기를 요구하고 있는 반면, 일본은 납치자 문제의 완전한 해결을 대북정책의 중심에 두고 있다. 북한은 그 이전에 북·미 불가침협정과 경제적 지원이 우선적으로 이루어지길 기대하고 있다. 이러한 점에서 북·일관계 정상화 문제는 북·일 양국의 쌍무적인 관계로서 해결되기 어려운 측면이 있다.

---

16) Tsuneo Akaha, *supra* note 10, pp.312~314.

결국 북·일관계 정상화 문제는 한반도 문제를 포함한 동북아 전체의 관심사 맥락에서 파악되어야 한다. 이러한 시각은 북·일관계 개선이 북·미관계나 남·북한관계에도 영향을 줄 수 있으며, 또 역으로 북미관계나 남·북한관계의 개선 진척이 북·일관계에도 영향을 미칠 수 있다는 것을 의미한다.[17] 따라서 북·일관계 개선의 속도와 시점은 한반도 주변국들의 지대한 관심을 받을 수밖에 없다. 북·일관계 정상화는 한반도 주변국들의 복잡한 이해관계 실타래를 푸는 첫 걸음이 될 수도 있지만, 모든 사안이 해결되고 난 뒤에 마무리 수순으로 역할을 할 수도 있다.

일본으로서 가장 바람직한 시나리오는 다자적 접근방법으로 북한 핵문제를 해결하고 동북아의 평화체제를 확보하는 것일 것이다.[18] 이러한 생각은 2002년 북·일정상회담의 결과물인 '평양선언'에서 확인되었다. 그렇지만 이러한 해결방안은 몇 가지 문제점들을 노출시키고 있다.

첫째, 일본은 북한의 핵무기개발계획 포기와 미국의 북한체제 안전보장을 연계시키고 있다. 이러한 과정은 북·미 불가침조약으로 귀결되는데, 이렇게 되면 미·일동맹이 북한의 일본 침략의 경우 어느 정도 실효성을 가지는가 하는게 문제점으로 등장한다. 그렇지만 북한이 핵무기개발계획을 포기할 가능성은 매우 낮다고 할 수 있다. 핵무기 개발은 북·미관계에 있어 북한이 사용할 수 있는 유일한 수단이기 때문이다. 더구나 이러한 시나리오에서 북한이 얻는 대가는 더 이상 협상의 수단으로서 위기상황을 조성하는 능력을 박탈당하는 손실을 가정하고 있다.

그렇다면, 북·미 불가침협정 체결에 임하는 미국의 진정성은 어디서 찾을 수 있을까? 북·미 불가침협정은 선언적 의미가 있는 정치적 제안으로서 실현 가능성은 있지만 법적 구속력이 있으며, 또 절차상 의회의 동의도 구해야 한다는 점에서 미국의 의도에 의문점을 가질 수 있다. 단지 미국은 북한과 핵무기의 연관성을 단절시킴으로써 세계적인 비핵확산조약을 유지시키려는 단기적 전술을 구상하고 있다는 우려도 제기될 수 있다.

둘째, 일본은 북한의 개방을 위한 경제적 지원에 참여할 의사기 있음을

17) 양기웅, "북·일관계와 아베정권의 딜레마", 『KNSI 현안진단』, 제75호(2007. 4), 3~4면.
18) Hitoshi Tanaka, *supra* note 8, pp.4~5.

북·일관계 정상화 협상과정에서 이미 밝혔다. 그렇지만 그 지원은 상당한 정도의 외교적 정상화가 진행된 후에 가능하다는 전제조건을 내세우고 있다. 사실상 북·일 양국의 쌍무적 현안들, 즉 납치자 문제와 미사일 문제 등도 한 걸음도 나아가기 힘들며, 게다가 미국은 북한의 핵무기개발계획이 완전히 철폐되기 전에는 경제적 지원을 반대하고 있는 실정이다.

셋째, 일본은 6자회담 등 다자협정을 통하여 정전협정을 평화협정으로 전환시키고 나아가 한반도 평화체제의 구축을 바라고 있다. 그러나 2007년 남북한 정상회담에서 드러났듯이 한반도 평화체제 문제는 남·북한, 중국 그리고 미국의 4자회담에서 논의되며, 일본과 러시아는 제외될 것으로 보인다. 일본은 한반도 문제의 해결과정에 있어 상당한 정도의 경제적 지원을 제공함에도 불구하고 정치적 종결과정에서 배제된다는 일본 내부에서 큰 논란의 소지를 제공할 가능성이 크다고 할 수 있다.

넷째, 일본은 한반도 미사일 통제체제의 구축에 관심을 보이고 있다. 북한 미사일의 영향력 제어나 감소는 일본의 안보와 직결되며, 이 점은 일본의 핵무장론을 잠재울 수 있는 사안이기도 하다. 그렇지만 이 체제는 미국이 구상하고 있는 미사일 방어체제의 구축과 상치되기 때문에 북한의 미사일뿐만 아니라 중국의 미사일 개발도 우려하고 있는 미국의 정책을 복잡하게 할 가능성이 크다.

4. 결론: 북·일관계 개선의 전망

북·일관계 개선은 쌍무적인 문제의 해결을 필요로 할 뿐만 아니라 한반도 문제에 관심을 갖는 국가들의 이해관계와도 밀접하게 연관되어 있기 때문에 다자적인 접근방법도 요구되는 복잡한 성격을 띠고 있다. 이러한 맥락에서 보면 북·일관계 개선에 가장 큰 영향력을 행사하는 요인들은 두 가지 측면에서 지적될 수 있다. 그 하나는 국내적 요인으로서 납치자 문제이며, 다른 하나는 국제적 요인으로서 북·미관계이다.[19] 이 두 요인들은 일견 서로 관련성이

19) David C. Kang, "Japan: U.S. Partner or Focused on Abductees?" *The Washington Quarterly,* Vol. 28, Nno. 4(Autumn, 2005), pp.114~115.

없는 것처럼 보이지만, 사실상 밀접하게 연관되어 있으며, 그리고 둘 다 만족스럽게 해결되지 않을 경우 북·일관계 개선은 물거품이 될 가능성이 높을 정도로 파괴력을 갖추고 있다.

역으로 생각한다면, 북한은 이 두 가지 요인들로 구성된 큰 틀에서 대일정책을 추진하고 있다고 볼 수 있다. 만일 북한의 입장에서 볼 때, 북·미관계가 악화될 경우 일본에 납치자 문제에 있어 약간의 양보를 함으로써 미국을 긴장시킬 수 있으며, 북·미관계가 순조롭게 될 경우, 북·일관계 개선은 부차적인 문제가 될 것이다. 이러한 분석은 일본으로서는 북한의 대일정책 변화에 너무 민감할 필요가 없다는 것을 함축하고 있다.

일본으로서는 김정일체제의 생존에 최우선의 관심을 두는 북한이 경제적 문제의 해결책인 북·일관계보다는 정치적 및 군사적 해결책인 북·미관계에 있음을 항상 주지할 필요가 있다. 한반도 문제의 본질적 해결을 위한 방정식에 있어 북·미관계 개선은 필수조건이고 북·일관계 개선은 충분조건인 셈이다.

따라서 일본은 북·일관계 정상화 문제를 다룸에 있어 북·미관계 개선을 위한 분위기 조성에 우선적인 관심을 두어야 할 것이다. 일본의 대북정책이 북미관계 개선의 속도와 폭과 양립할 경우 북·일관계 개선도 무리없이 추진될 것이다. 그러나 북·미관계가 악화될 경우, 일본의 선택은 어려워지기 마련이다. 그렇지만 북·미관계의 악화가 일본에게 항상 불리한 것은 아니다. 북한이 유화적인 대일정책을 표명할 것으로 예측되기 때문이다. 그렇다고 해서 이러한 상황에서 너무 앞서갈 경우 미국의 지지를 받기가 곤란한 측면이 있다.

이러한 관점에서 볼 때, 일본은 북·일 양국의 쌍무적 문제에만 집착하여 그 해결방안을 모색하기보다 동북아의 다자적 문제를 우선시하는 태도를 가지는게 바람직할 것으로 보인다. 이러한 관점은 납치자 문제보다 북한 핵문제 해결에 일본의 대북정책이 초점을 맞추는 것이 현실적이라는 것을 보여주고 있다. 다시 말하면, 납치자 문제는 일본으로서 중요한 정서적이고 인도주의적 문제이지만, 이 문제가 북·일관계 정상화 협상의 전제조건으로 자리를 잡아서는 곤란하며, 협상과정에서 제기되고 논의될 수 있다는 것을 의미하고 있다.

결국, 북한 핵문제의 해결은 한반도 문제에 관련된 당사국들의 입장이 조율된 다자협정 형태로 포괄적으로 해결될 수밖에 없는 상황이라고 보면, 이

과정에서 일본의 경제적 지원은 중요한 요소가 될 것임은 분명하다. 만약 김정일 위원장이 북한체제의 정치적 및 군사적 안보를 확신할 경우, 다음 단계는 경제적 안전을 밟는 수순이 될 것이기 때문이다. 그렇게 되면 다자회담에서 일본의 위상은 이전과는 판이하게 다를 것이고, 북·일 양국의 쌍무적 현안들도 다자적 틀 안에서 일본이 원하는 방식으로 논의 및 해결의 과정을 거칠 것이며, 그리고 그 결과 최종적으로 북·일관계 정상화도 자연스럽게 결실을 맺을 것으로 보인다.

참고 문헌

Bibliography

김성철. "일본 후쿠다 내각의 외교정책". 『정세와 정책』, 제139호, 세종연구소, 2007. 11.

남기정. "북한 핵실험 후 일본의 대북제재와 핵무장론의 전개". 『KNSI 현안진단』, 제55호, 2006. 11.

박영호 외 3인. "북한의 '핵무기 보유' 선언 이후 주변 4국의 반응과 향후 정책 전망". 『통일정세분석 2005－04』(통일연구원, 2005. 3).

배정호. "후쿠다 정권의 특징과 대외 및 대북전략". 『통일정세분석 2007－12』(통일연구원, 2007. 11).

양기웅. "북·일관계와 아베정권의 딜레마". 『KNSI 현안진단』, 제75호(2007. 4).

윤덕민. "일·북 국교정상화 문제의 현황과 전망" 『주요국제문제분석』(외교안보연구원, 1997).

이면우. "일북 수교교섭 전망과 한국의 역할". 김영작 · 김기섭 엮음. 『21세기 동북아 공동체 형성의 과제와 전망』 (한울 아카데미, 2006).

_____. "일본의 '북핵 히스테리'". 「한국경제」(2007. 11. 6).

조양현. "북일관계 정상화와 한일관계에의 영향". 『변환기 국제정세와 한국외교』(외교안보연구원, 2007. 4).

_____. "북한 핵 · 미사일문제에 대한 일본의 대응 및 북·일관계 전망". 『주요국제문제분석』(외교안보연구원, 2006. 12).

주장환. "북한 핵 위기 해결과정에서의 한국의 선택". 『KNSI 현안진단』, 제99호(2007. 9).

최진욱. "제2차 남북정상회담과 북미관계 전망". 『Online Series』(통일연구원, 2007. 9).

Akaha, Tsuneo. "Japanese Policy toward the North Korean Problem". *JAAS*, Vol. 42. No. 3/4(2007).

Cha, Victor D. and David C. Kang. "Can North Korea Be Engaged?" *Survival*, Vol. 46, No. 2(Summer 2004).

Fouse, David. "Japan's Post−Cold War North Korea Policy". *Occasional Paper Series* (Asia−Pacific Center for Security Studies, 2004).

Hagstrom, Linus. "The Dogma of Japanese Insignificance: The Academic Discourse on North Korea Policy Coordination". *Pacific Affairs*, Vol. 79, No. 3(Fall 2006).

Hagstrom, Linus and Marie Soderberg. "Taking Japan−North Korea Relations Seriously: Rationale and Background". *Pacific Affairs*, Vol. 79, No. 3(Fall 2006).

Kang, David C. "Japan: U.S. Partner or Focused on Abductees?" *The Washington Quarterly*, Vol. 28, No. 4(Autumn 2005).

Rozman, G. "Japan's North Korea Initiative and U.S. Japanese Relations". *Orbis*, Vol. 47, No. 3(Summer 2003).

Takahara, K. "Pyongyang's Nuclear Move Weakens Threat of sanctions over Abductions". *PacNet* 18(April 25, 2005).

Tanaka, Hitoshi. "Japan's Viewpoint toward Peace Forum on the Korean Peninsula". *Online Series* (KIFU, June 2006).

Ⅱ. 일본의 대북한 정책: 변화와 전망

1. 일본의 대북한 전략의 기조

미사일 발사, 핵실험, 협상 그리고 제재조치 등은 북한의 핵문제에 대한 국제적 해결책을 모색하는 데 있어 자주 언급되는 반복적인 요소이다. 그렇지만 불행하게도 이러한 과정에서 일본은 한반도 문제에 관한 주요한 행위자로서의 지위를 상실한 측면이 있다. 일본은 김정일과의 직접 협상 — 2002년과 2004년의 고이즈미 총리의 평양 방문 — 에서 상당한 진전을 이루었지만, 전략적 지위 확보의 측면에서는 제한적인 성공을 거둔데 불과했다. 김정은의 등장 이후에 일본은 예측이 불가능한 북한의 사태에 대한 군사적 준비태세의 확보를 강조하고, 북한핵 문제에 대한 유엔 안보리의 제재에 동참하고 있는 실정이다.

북한의 비핵화와 관련하여, 일본은 미국, 한국 등과의 협력에 초점을 맞추었다. 대북한 직접적인 지렛대 부족은 일본의 협상 능력을 지속적으로 제어하는 역할을 하고 있는 셈이다. 일본이 가졌던 대북한 지렛대는 — 그 내용이 무엇이든지 간에 — 제재의 이행으로 모두 사라졌다고 해도 과언이 아니다. 2006년 10월의 제1차 핵실험 이후에 북한으로부터 오는 수입은 금지되었으며, 2009년 5월의 제2차 핵실험은 북한으로의 수출도 중지시켰다. 북한의 중요한 자금줄이었던 조총련의 화폐송금에 대한 제한도 2009년 4월의 미사일 시험발사 이후에 제한을 받고 있다. 이렇게 되면 일본에게 남은 유일한 대북한 경제적 지렛대는 북한이 비핵화에 동의할 경우에 제공되는 경제적 보상에 대한 약속이다. 그러나 이마저도 북한의 일본인 납치 문제로 인한 일본 내부의 여론을 볼 때 덜 효과적으로 보인다.

역설적으로, 북한과의 전략적 개입을 위한 가장 효과적인 시기는 일본의 국내적인 반발로 귀결됨으로써 비핵화 노력을 위한 일본의 능력을 감소시켰다. 일본인 납치자 귀환을 위한 고이즈미 총리의 2002년 협상 노력은 정부의 납치문제 처리에 대한 격렬한 항의를 낳았다. 고이즈미 총리가 이루어 낸 미사일 시험발사의 일시적 중지 및 평양선언의 외교적 성과는 일본 내의 여론이 북한에 남아 있는 것으로 여겨지는 일본인들의 생사 문제에 초점을 맞추는 관계로 거의 잊혀지는 처지에 놓이게 되었다.[1] 비록 고이즈미 총리의 2차 방북이 납치자 가족들 가운데 일부분의 석방을 이끌어 내었지만, 추가 납북 생존자들의 존재 인정에 대한 북한의 거부는 일본의 협상 타결을 위한 지원에 종식을 고하게 했다.[2]

납치문제와 관련된 일본인들의 대북한 반감은 비핵화 협상과정에서의 일본의 역할을 제한했으며, 고이즈미 이후의 총리들도 비록 북한이 비핵화에 동의하더라도 그에 따라 이루어지는 경제지원의 전제조건으로 일본인 납북자들의 생사와 송환 문제를 우선적인 사안으로 인식하게 되었다. 일본은 북한과의 대화에서 협상할 이해관계와 능력을 상실한 셈이다.

북한에 대한 일본의 영향력이 감소함에 따라 일본의 군사전략에 대한 북한의 영향력은 증가했다. 북한의 도발은 일본의 자위대에 대한 점진적인 재평가를 이끌어 내었으며, 북한의 스파이활동에 대처하기 위한 교전규칙도 명확하게 되었다.

1998년의 대포동 미사일 시험발사에 따라 북한 국적의 '의심스러운 선박'의 일본 영해에 대한 불명확하고 애매한 침입은 일본의 해양교전규칙을 상세하게 만들었으며, 일본의 해양경비대와 해상자위대 간의 관계를 밀접하게 만들었다. 2001년에 이루어진 북한 선박에 대한 추적과 격침은 일본 해양경비대에 의한 전후 최초의 선박격침 사건으로 기록되었다. 마찬가지로 육상자위대도 일본 해안에 따라 침입하는 북한군에 대응하기 위한 게릴라전쟁부대를 창설했다.

그러나 일본 정부를 가장 우려하게 한 것은 북한의 미사일 확산이었다. 일본은 북한의 미사일 위협에 대응하기 위하여 120억달러를 투자하여 탄도미

1) 고이즈미 총리의 평양 방문에 대한 일본 국내의 반응에 관해서는 Hong Nack Kim, "The Koizumi Government and the Politics of Normalizing Japanese－North Korean Relations", East－West Center Working papers, No. 14(Feb. 2006), pp.8~12 참조.

2) 일본인 납치자 문제에 대한 북한 및 일본의 개략적 입장은 김준섭, "북일관계 현황과 전망: 일본인 납치문제를 중심으로" 한국일본학회 학술대회(2014년 8월), 189~191면 참조.

사일 능력을 개발했다. PAC-3 미사일과 SM-3 미사일을 가진 이지스함, 그리고 미국의 해상배치 엑스 밴드 레이더가 그것이다. 게다가 일본은 미사일 방어와 관련된 명령과 통제 법규를 개정했다. 북한이 동해상으로 중거리 미사일 발사를 시도함에 따라 일본 정부는 2014년에는 고고도 미사일방어체계인 사드(THAAD) 배치를 위한 예산 증액을 의회에 요청했다.

일본의 전략적 사고의 변화에 영향을 준 것은 북한에 관한 것만이 아니다. 세 가지 변화가 일본으로 하여금 군대에 관한 새로운 임무와 능력을 고려하게 만들었다. 일본은 제한된 군사능력과 미국과의 동맹에만 의존하는 방위전략에 의문을 품게 되었다.

첫째, 북한의 핵 및 미사일 확산과 중국의 군사력 증강은 미국이 일본에 제공하는 확장된 억지능력의 신빙성에 의문을 제기하는 역할을 했다.[3] 둘째, 중국의 군사력 증강과 맞물려 진행되고 있는 해상에서의 강압적 태도는 일본으로 하여금 중국이 지역적 패권을 추구하고 있다는 인식을 불러일으켰으며, 그리고 동중국해의 영토분쟁은 일본과 중국 간의 직접적인 무력충돌의 가능성을 높이는 역할을 하고 있다.[4] 셋째, 북한과 중국이 보여주는 새로운 공격적인 시도는 일본의 군사적 자제력에 대한 일본 내부의 여론을 시험하는 성격을 띠고 있으며, 일본 평화헌법의 적절성에 관한 우려를 낳고 있다. 이러한 우려는 일본의 안보에 대한 중요성을 부각시켰으며, 아베 총리가 2012년에 등장한 이후 그 추세가 더욱 강화되고 있다.

2. 미·일동맹과 북한

북한은 지난 20여년에 걸쳐 미·일동맹의 협의과정에서 중요한 역할을 했으며, 어떤 때에는 미일 양국의 정책조정 과정에 활기를 불어넣었고, 다른 때에는 그 동맹에 대한 일본의 믿음을 약화시키기도 했다. 1993년과 1994년에 걸쳐 일본의 정치지도자들은 국제원자력기구의 감시요원들이 북한에서 철수를 강요받았을 때 미국이 보복행동의 전쟁을 감행하고 그 결과 일본이 그 전

3) 정성윤, “미일동맹과 한국의 안보”, 『전략연구』, 50(2010. 11), 48~50면.
4) 송화섭, “미일동맹의 조정과 한미동맹에 대한 영향”, 『전략연구』, 48(2010. 3), 11면.

쟁으로 이끌려 들어가는 것을 우려했다.

그 시기에 일본의 정치지도자들을 더욱 초조하게 만들었던 것은 제네바 합의문의 채택과 그 이후에 이루어진 4자회담에서 일본이 주변부로 밀려났다는 점이었다. 1998년부터 2000년에 이르러서는 북한의 대포동 미사일 발사에 대한 미국의 부드러운 반응, 그리고 남한의 햇볕정책에 대한 지지로 인하여 일본은 더욱 한반도 문제에 있어 변두리로 밀려나는 느낌을 받게 되었다.

그렇지만 2002년과 2003년의 기간 동안은 정반대의 현상이 벌어졌다. 미국이 북한을 '악의 축'으로 낙인을 찍고 북한이 우라늄개발계획을 밝힌 후 제재조치의 필요성을 주장한 반면, 일본의 고이즈미 총리는 평양을 방문하여 김정일과의 회담을 추진하는 등 독자적인 행보를 보였다.

미국과 일본 간의 간격이 가장 극명하게 드러난 시점은 미국이 북한과의 양자 회담을 추구하겠다는 결정이었다. 그 결정은 일본의 우려를 충족하지 못했으며, 일본이 한반도 문제의 해결에 있어 배제되었다는 감정을 느끼게 했다. 2007년에는 주일미국대사였던 토마스 쉬퍼는 부시 대통령에게 비밀리에 전문을 보내서 미국이 추구하고 있는 북한과의 양자협상은 미·일동맹에 대한 일본인들의 신뢰를 훼손시킬 수가 있다는 점을 표명했다. 그 전문은 비밀에 부쳐지지 않고 <워싱턴 포스트>지에 실렸다.[5]

이 점은 미국의 대북한 협상 추구가 미국 내의 정치권에서도 우려를 할 만한 사건이라는 점을 잘 보여 주었다. 미국이 보여주었던 이러한 정책적 변화는 이 지역의 동맹국들에게 미국이 그 결정이 주는 지역적 여파를 심각하게 고려하지 않는다는 점을 상기시키는 역할을 했다. 일본 정치권 내의 어느 누구도 그 전문의 내용을 보고 당황하지 않았다. 일본 정부는 미국과 북한 간의 양자협상에서 일본이 배제되고 있다는 점에 대하여 점점 좌절하게 되었을 뿐이었다.

일본의 관점에서 볼 때, 6자회담은 중국이 그 회담의 중심적인 역할을 할 것으로 예측되었으며, 미국이 한반도 분쟁의 억지를 위한 동맹에 기반을 둔 전통적인 정책으로부터 큰 전환을 하고 있다는 점이 암시되었다. 일본의 안보

---

5) Glenn Kessler, "Envoy Warns of N. Korea Deal Fallout", *Washington Post* (Oct. 26, 2007)

전문가들은 북한이 미국의 확장된 억지전략을 약화시키기 위한 방안을 모색하고 있다는 판단을 하고 큰 우려감을 보였다.

최근에 들어서는 북한이 6자회담에서 논의된 비핵화의 조건들을 충족시키지 못했기 때문에 미국에 대하여 일본이 느꼈던 좌절감은 확연히 줄어들었다. 더욱이 북한의 반복적인 도발행위와 동해로의 중거리 미사일 발사 성공은 일본으로 하여금 위기관리계획과 군사적 준비태세의 중요성을 강조하는 교훈을 주었다. 미·일 양국 간에는 위협에 대한 인식의 차이가 존재하지만—즉, 미국은 북한의 핵무기 확산에 관심을 두고 있는 반면, 일본은 자국의 영토 내에 떨어질 수 있는 수백기의 노동미사일의 배치에 초점을 맞추고 있는 차이점이 있지만—2009년에 감행된 미사일 발사와 핵실험은 그 차이를 덜 중요하게 만들었다. 게다가 북한의 핵확산 방지를 위한 외교적 노력은 유엔 안보리로 이관되어 국제적 사안으로 다루어지고 있다.

일본의 대북한 외교적 노력에도 변화의 조짐이 보이기 시작했는데, 이 변화는 일본이 미국 및 한국과의 협력 강화를 위한 시금석으로서 작용했다. 후쿠다 총리는 일본의 외교적 접근을 다변화시키는 시도를 했으며, 한반도 비핵화와 지역적 안보뿐만 아니라 납치자 문제에 대한 일본의 국가이익을 추구하는 데 있어 보다 포괄적인 방안을 모색하게 되었다.

한국의 대북한 기조가 김대중과 노무현 정부가 보여준 유연한 정책으로부터 이명박과 박근혜 정부가 보여주고 있는 강경정책으로의 전환은 납치자 문제를 다루는 일본의 외교에 긍정적으로 작용했다. 그리고 일본은 확장된 억지와 관련하여 미국과의 대화를 추진했으며, 미·일동맹의 위기관리와 미사일 방어에 관한 협의도 진척시켰다. 더욱이 일본은 이란에 대한 제재와 관련하여 미국의 입장을 지지하고, 북한에만 초점을 맞추는 지역적 관점에서 벗어나 유엔 안보리를 통한 세계적인 비확산 규범의 이행을 추구하는 미국의 입장을 지원함으로써 미국과의 공동노선을 확고히 했다.

마지막으로, 일본은 중국 및 한국과의 3자대화를 통하여 동북아의 공통 관심사를 논의하려는 시도를 했다. 이 3자회담은 비록 성사되지는 않았지만 북한의 핵 및 미사일 확산에 대한 대응방안을 지역적인 회담을 통하여 모색하려는 일본의 의도를 반영했다.

한편 북한의 위협이 더욱 심각해짐에 따라 미국과 한국도 일본과의 전략적인 관계를 더욱 긴밀하게 유지했다. 일본도 동중국해를 둘러싸고 중국의 군사적 위협에 직면한 후, 미국과의 관계 강화의 급박성을 절실하게 인식하고 있었는데, 그 때는 오키나와 미군기지 이전 문제로 미국과의 갈등이 심각한 시기였다.

3. 동북아 안보환경의 변화와 일본의 선택

북한의 김정일 사망으로 일본의 대북한 외교는 새로운 장을 열었다. 일본 정부의 변화가 있었음에도 불구하고 일본은 북한의 도발에 대한 남한의 이명박 정부가 취한 대북한 정책을 지속적으로 지지했다. 일본은 천안함 폭침과 연평도 포격에 대하여 북한을 즉각적으로 비난하고 남한을 강력하게 지지했다.

김정일의 사망 소식에 대하여 일본은 조용한 반응을 보였고, 북한의 도발 징후를 주시할 것이며, 그리고 남한과 미국, 심지어 중국과도 긴밀한 협의와 정책적 공조를 할 것이라고 언급했다. 그러나 김정일의 사망도 북한과의 건설적인 대화 재개의 전망에 별다른 도움이 되지 못했다. 요다 총리의 민주당 정부는 비정부기구를 통하여 대북한 인도주의적 대화를 조용하게 추진했지만, 김정은의 등장으로 대북한 협상에 대한 일본 내의 태도는 다시 강경하게 되었다.

북한이 2012년에 주변국가들에 대하여 더욱 도발적인 태세를 보임에 따라 일본은 전례가 없을 정도로 심하게 외교적 고립감을 느꼈다. 중국은 센카쿠열도(다오이다오)에 대하여 군사적 도발을 감행했는데, 그것은 역사상 처음 있는 일이었다. 일본 내의 여론은 심각하게 진행되었다. 태평양전쟁에 대한 재검토 논란이 분출되었으며, 평화헌법에 대한 개정론도 대두되었다. 이러한 사태의 전개는 일본의 안보에 대한 새로운 인식이 등장하는 계기를 만들었다. 북한의 점증하는 군사적 위협과 더불어 새롭게 등장한 중국의 군사적 도발은 일본 내의 안보 논란을 더욱 뜨겁게 만드는 요인이 되었다.[6)]

---

6) Richard Weitz, "Senkaku Dispute Reflects China−Japan Struggle for Regional Primacy", *World Politics Review*(Sept. 18, 2012), pp.3~4.

중국의 트롤어선과 일본의 해상수비대 간의 접촉으로 2010년에 시작된 중국과의 센카쿠 열도 분쟁은 중국의 의도에 대한 우려를 촉발시켰다. 한편 일·중 양국 해군력에 의해 센카쿠 열도 주변에서 2012년에 이루어진 격렬한 충돌은 중국이 센카쿠열도를 장악하기 위해 침공할 경우에 일본이 그 열도를 군사적으로 방어할 필요가 있다는 인식을 높이는 계기가 되었다.

더욱이 남한의 이명박 대통령도 2012년 8월에 독도(다케시마)를 방문하여 한반도 식민지에 대한 일본의 반성이 부족하다는 점을 지적함으로써 일본을 충격에 빠뜨리게 했다. 그 이후 박근혜 대통령도 일본과의 소원한 관계를 지속하였고, 아베 총리나 박근혜 대통령 어느 누구도 양국간에 존재하는 간격을 좁히려는 움직임을 보이지 않고 있다. 더욱이 박근혜 대통령은 남한이 일본과 오랫동안 유지해 온 동반자관계보다 중국과의 관계에 더 큰 비중을 두고 있다는 점을 암시하기도 했다. 더욱이 박근혜 대통령은 미국의 헤이글 국방장관과의 면담에서 태평양전쟁 중에 피해를 입은 위안부 문제를 해결하기 위하여 일본이 협상장으로 나올 수 있도록 미국이 영향력을 행사해 주기를 원했다는 보도도 있었다.

중국 및 한국과의 관계에서 일본이 겪고 있는 이러한 부담감은 두 가지 점에서 이 지역의 국제정치에 영향을 미치고 있다. 첫째, 일본의 정치지도자들이 중국의 호전성과 한국에 대한 배신감을 인식하는 한 지역적 다자주의에 대한 관심이나 흥미를 거의 가지고 있지 않다는 점이다. 일본은 유엔 안보리의 의석도 가지고 있지 않기 때문에 핵 및 미사일 확산 문제에 대처해야 할 국제적 노력에 적극적으로 나설 필요성을 느끼지 않고 있다.

오바마와 시진핑의 미·중정상회담은 일본의 시기심을 지극할 정도로 국제적인 사건인 반면, 아베 총리의 미국 방문은 상대적으로 국제적 관심을 끌지 못했다. 한반도 문제와 관련한 중국의 이해관계가 미국과 일본의 그것과 부합된다는 확신을 가지기 어려운 일이다. 더욱이 한국의 박근혜 대통령도 일본을 우회하여 미국 및 중국과의 3자회담을 통한 한반도 문제 해결에 관심을 기울이고 있는 모습은 일본의 외교적 고립감을 더욱 심화시키는 기능을 하고 있다. 미국, 한국 그리고 일본의 3자회담에 의한 정책적 조율은 현 시점에서 이루어지고 있지만, 일본은 자국이 주변부로 밀려나고 있다는 인상은 여전히 존재하고 있다.

둘째, 동북아의 국제적 안보환경이 일본에게 점점 더 적대적으로 변모하고 있다는 인식은 일본으로 하여금 자국의 군사력 강화와 준비태세의 확보에 역점을 두게 만들고 있다는 점이다. 북한의 위협은 이미 일본의 군사력을 상당히 변화시켰으며, 그 결과 미사일 방어의 도입과 일본의 교전규칙에 대한 재평가를 촉진시키는 요인으로 작용했다.

이러한 사태의 전개는 일본으로 하여금 집단적 자위에 대한 전후의 금지를 재평가할 가능성을 높인 결과로 나타났으며, 그리고 이러한 맥락에서 볼 때, 가장 쉽게 언급될 수 있는 부분은 동맹국인 미국을 위협하는 북한의 미사일을 격추시킬 수 있는 권리가 될 수 있다. 그 다음으로 북한의 위협으로 정당화될 수 있는 부분은 순항미사일의 형태로 이루어지는 공격능력이 될 수 있다. 이러한 점들은 미국과 일본 양국의 2014년 10월 3일 회담에서 논의되었으며, 그 회담은 지역적인 안보환경의 악화를 미·일 양국이 해결할 수 있는 방안을 모색하는 자리였다.

4. 한반도 통일과 일본

일본의 정치지도자들은 북한과의 외교적 교섭이 성공적으로 시작되었음에도 불구하고 큰 만족을 하지 못했다. 그것은 고이즈미의 방북 이후에 이루어진 북한과 일본 간의 회담은 비핵화에 대한 논의보다는 납치자 문제에 대한 협상에 초점을 맞추었기 때문이었다. 아베 총리의 사절단이 2013년 5월에 비밀리에 북한을 방북했지만, 언론에 보도되는 바람에 조용한 외교를 추구하는 일본 정부는 큰 상처를 입었다. 그 대표단이 귀국했을 때, 그 방북목적이 일본인 납치자 문제 해결을 위한 것이라는 보도가 나왔기 때문이었다. 한국 정부는 즉각적으로 사절단 방북을 결정한 아베 총리의 결정을 비판하면서 북한의 도발적 행동에 대한 공동의 압력을 행사하고자 하는 다자적 노력을 훼손한다는 주장을 했다.

이렇게 본다면, 향후 상당 기간 동안 북한과의 관계와 관련하여 일본이 행사할 수 있는 전략적 선택을 예측하기는 쉽지 않다는 것을 알 수 있다. 일본은 북한의 정권변화를 정책적 목표로서 공개적으로 지지하지는 않았지만 그 정권변화를 우선적으로 고려하는 미국의 외교적 입장을 거부하기는 힘들 것으로 보인다. 미국이 비확산을 위한 협상 노선을 추구했을 때, 일본은 지역국가들의 의도를 우려했다.

일본의 안보전문가들 가운데 어느 누구도 한반도 재통일의 과정을 논의하거나 혹은 일본의 전략적 목표에 영향을 미치는 과정이 어떤 것인지에 대한 의견을 내세운 사람은 없다고 해도 과언이 아니다. 이러한 이유가 그 통일과정이 예측하기 너무 복잡하기 때문인지, 아니면 그 과정에서 일본이 간여할 수 있는 직접적인 역할이 없기 때문인지는 불확실하다.

그럼에도 불구하고 한반도에 급변사태가 발생하고 나아가 통일로 이어질 수 있는 사건으로 연결될 경우, 일본은 그 사태가 자국의 안보에 어떠한 영향을 미칠 것인가를 검토하는 데 우선적인 관심을 두고 있다. 한반도 급변사태에 대한 일본의 대비방안은 미·일동맹을 통한 정책적 공조이다. 일본은 미·일동맹에 기반을 두고 미사일 방어든지, 아니면 지능·감시 및 정찰능력의 공동작전이든지, 아니면 다른 유형의 훈련을 통하여 한반도 급변사태에 적절하게 대응하는 방안을 마련한 것은 분명하다.

그렇지만 북한정권의 붕괴나 남북한 교전의 상황에서 남한이 일본과 공동으로 행동할 것인가에 대한 의문점은 여전히 남는다. 한반도 문제에 있어 일본이 할 수 있는 직접적인 역할은 거의 없지만 남한에 거주하는 일본인들의 철수를 어떻게 이행할 것인가에 대한 고려가 있어야만 한다.

한반도에 대한 중국의 의도도 일본의 전략가들을 혼란하게 만들었다. 중국도 군사적으로 한반도 주변의 해역에 강력한 영향력을 행사했으며 황해, 동중국해, 그리고 남중국해에 대한 접근 금지 및 지역거부의 전략적 야망을 충족시킬 정도로 자국의 해상 군사력을 강화시켰다. 중국이 한반도에서 가지고 있는 군사적 및 전략적 이해관계를 고려해 볼 때, 북한을 향후 전략적 요새로서 사용할 가능성이 있기 때문에 미국과 일본 양국은 그 점에 대하여 관심의 정도를 대폭 높일 필요가 있다는 주장도 제기되었다.

고이즈미 총리는 2002년에 동북아 공동체 건설을 주장했다. 남한에서도 그와 유사한 견해가 등장했으며, 안보보다는 경제적 이해관계가 지역적 통합을 향한 이러한 주장의 근거로서 주로 제기되었다. 남한과 중국의 경제적 통합은 3국 정상회담의 중요한 요소였으며, 그 회담은 후쿠다 총리가 2008년 12월에 아세안+3 회의에서 제기했다. 한·중·일 3국은 자유무역협정 체결을 위하여 지속적으로 노력하지만 일본의 과거사 문제 등 여전히 그 해결의 전망이 보이지 않는 정치적 갈등이 이러한 노력의 진전을 막았다.

동북아의 외교적 질서도 새로운 단계로 접어들고 있다. 북한 문제와 관련하여 한국이 제기한 한국, 중국 및 미국 간의 대화체제의 구축은 동북아의 국제적 공조를 재조정하는 계기가 되었다. 북한의 김정은이 보여준 도발적 행동에 실망한 나머지 한국의 박근혜 대통령은 한반도의 안정을 위한 국제적 공조의 필요성을 주장하면서 새롭게 등장한 시진핑 주석의 중국에게 그 공조에 동참을 요청했으며, 이 과정에서 일본은 외교적 소외감을 느끼게 되었다.

게다가 박근혜 대통령의 동북아 지역주의에 대한 구상은 역사에 대한 올바른 이해에 기반을 두었기 때문에 과거사 문제 등의 정치적 족쇄에서 여전히 벗어나지 못한 일본이 그 구상의 일원이 되기 어려울 것이라는 점은 충분히 예측되었다. 더욱이 중국도 일본과의 지역적 협력을 거부했는데, 그 주된 이유는 센카쿠열도에 대하여 중국이 경험한 불쾌감 때문이었다. 미국은 남한과 일본 양국과 함께 북한문제에 대한 3자회담의 필요성을 계속하여 역설하고 있지만 그 실현 가능성은 여전히 불투명하며, 그리고 그러한 3자회담은 과거에 비해 그 영향력이 감소한 것도 또한 지적할 필요가 있다.

한반도 통일에 대한 일본의 전략가들 가운데 어느 누구도 이러한 지역적 갈등이 미치는 장기적인 영향을 평가하는 사람은 거의 없다. 대부분의 연구자들은 남한과 일본의 관계가 우호적이라는 가정에서 이러한 논의를 전개하고 있으며, 남한의 주도하에 통일한국의 등장에 대한 회의적인 시각은 거의 존재하지 않았다. 일본은 남한을 자국의 사실상 동맹국으로 간주했다. 이러한 맥락에서 볼 때, 만약 남한과 일본의 안보협력이 더 이상 선택적 요소가 되지 않을 경우, 일본의 대미국 의존도는 심화될 수밖에 없다.

일본의 안보전문가들은 통일한국이 자국에 미치는 영향에 대한 장기적 분석보다는 북한의 안보위협이라는 단기적 과제에 우선적 관심을 두고 있다. 전쟁 시나리오는 통일의 과정과 관련한 추정을 가능하게 하지만 그 결과의 윤

곽은 일본에게는 불확실하다는 점이다. 한반도 통일은 일본에게 전략적 걱정거리를 새롭게 제공할 것은 명백하다. 첫째, 일본의 우려는 동북아의 세력균형 관점에서 볼 때, 통일한국이 어떠한 성향을 가지는가 하는 점이다. 만약 남한 주도의 통일이 이루어 질 경우, 그 통일한국은 친중국 성향을 띨 것인가? 아니면 미국과의 전략적 동반자 관계를 지속할 것인가? 둘째, 통일한국은 북한의 핵무기 개발과 그 관리를 어떻게 할 것인가? 그리고 일본이 갖는 세 번째 우려는 통일로 가는 과정에서 이루어지는 한국과 일본 양국 관계의 상태가 통일한국에 대한 일본의 인식에 영향을 줄 것이라는 점이다. 현 시점의 한국과 일본 양국의 긴장관계가 적절히 해소되지 못할 경우, 그것은 통일한국과 일본의 미래 관계에 상당히 부정적인 영향을 미치게 될 것이다.

5. 일본의 대북한 정책에 대한 전망

오늘날의 미·일동맹은 그 어느 때보다도 동북아의 지역적 세력균형이라는 측면에서 일본의 이익을 보장해 주는 중요한 수단으로 남아 있다. 미·일 양국은 2005년에 동맹의 전략적인 공동 이익을 밝혔으며, 억지를 강화시키기 위한 양국의 군사력에 대한 재편성을 고안했다. 현 시점에는 그 동맹은 전쟁 수행 능력을 증강시키기 위한 계획 수립에 한 단계 더 나아가고 있다.

2012년 12월에 이루어진 북한의 성공적인 중거리 미사일 발사 시험 및 2013년 2월에 감행된 제3차 핵실험은 그 미사일이 언젠가는 미국의 영토에 도달할 가능성이 높다는 점에서 미·일 양국은 미사일방어 대응의 통합에 대한 필요성을 인식했으며, 일본 정부는 집단자위권을 허용하는 일본의 헌법에 대한 재해석에 착수했다.[7] 그 집단자위권은 일본의 자위대로 하여금 미국을 위

7) 아베 신조가 이끄는 일본의 자민당은 2012년 12월에 선거에서 압도적인 승리를 했다. 일본의 민주당이 지배했던 이전의 3년이 지난 후 2006년 9월에서 2007년 9월까지 한 차례를 총리를 역임했던 아베가 점증하는 민족주의와 국가안보에 대한 위협감이 고조된 가운데 권력을 다시 장악했다. 일본의 역사와 세계적 역할에 관한 아베의 수정주의적 시각은 잘 알려져 있다. 아베의 첫 번째 총리 임기 동안, 일본은 일본의 평화헌법 개정을 위한 국민투표의 절차를 규정하는 법안을 통가시켰다. 아베의 자민당은 일본으로 하여금 전후 정치체제로부터 벗어날 것을 요구했는데, 그 체제는 야스쿠니 신사참배, 도쿄 전범재판 그리고 일본제국의 군대가 제2차 세계대전 중에 저질렀던 위안부 문제와 같은 사안에 대하여 일본의 행동을 제약했다고 그들은 믿고 있다. 아베의 권력 복

협하는 국가들에 대한 무력사용 능력을 의미하고 있다.

북한이 감행하는 미사일 공격의 위협은 핵탄두의 탑재 여부를 떠나 그것은 미국의 확장된 억지에 관한 중요한 의문점을 제기하고 있다. 그 이유는 만약 미국의 시민들과 영토가 위협을 받는다면 미국이 일본을 방어할 의도를 약화시킬 가능성을 높이기 때문이다. 미국의 동맹국들이 갖는 핵시대의 이러한 딜레마는 새로운 것은 아니지만, 일본이 그 동맹으로부터 분리를 고려해야 할 현실적 경우에 처음으로 직면하기 때문이다. 그 결과 이것은 동맹의 책임감에 관한 일본의 사고를 근본적으로 변화시켰다.

그러나 일본의 정책결정에 영향을 미칠 수 있는 새로운 안보환경이 형성되는 징후들이 일어나고 있다. 남한은 최근에 들어 중거리 미사일 도입을 통한 적극적인 억지전략을 수립하는 방향으로 정책을 전환하고 있는데, 이것은 동북아의 안보 지형을 변화시킬 원동력이 될 수 있다. 북한의 미사일 위협 수위가 높아짐에 따라 일본도 대응타격 능력의 확보를 구상했으며, 심지어 2006년의 의회토론에서 북한의 미사일기지 자체를 공격하는 무기 구입을 주장한 사람들도 있다. 그 논란은 최근에도 다시 등장했으며, 대북한 억지력 강화를 위한 미·일 양국 공동의 방어조치에 대한 회담도 이루어지고 있다. 오늘날의 미·일동맹은 아시아-태평양지역의 미국 군사력 유지에 대한 일본의 우려뿐만 아니라 남한의 입장도 반영하고 있다.

미국과 이 지역의 다른 국가들 사이에 전개되고 있는 최근의 회담들은 대북한 외교적 노력이 새롭게 진행될 가능성이 있다는 점을 보여주고 있다. 그러나 대북한 접근에 대한 아베 내각의 강경한 기류를 고려해 볼 때, 6자회담이 재가동될 경우 일본의 역할은 제한적일 가능성이 높다.

아베 내각이 출범한 직후, 일본의 외교적 우선순위는 일본인 납치자 문제에 두어졌다. 일본 정부는 북한에 생존해 있는 납치자들에 대한 정보와 그들과의 면담을 적극적으로 요구하고 있으며, 이에 대한 북한의 반응 정도와 그 여부는 일본의 향후 대북한 외교의 기조를 결정할 정도로 주요한 관심 사안으

귀는 중·일관계와 한·일관계가 특히 불안정한 시기에 전 세계인들의 우려를 낳았다. <이코노미스트>지와 <뉴욕타임스>지 같은 해외의 신문들은 보수정부로의 회귀는 지역안보를 위태롭게 할 것이라는 점을 경고했다. J. Berkshire Miller, "Abe's Gambit: Japan Reorients Its Defense Posture", *World Affairs* (Mar./Apr. 2014), pp.55~61.

로 등장했다. 그리고 북한의 비핵화와 관련하여 일본은 제재조치의 강화와 방어태세의 확립으로써 대응하고 있다. 2014년 5월에 이루어진 일본 대표단의 방북은 만족스러운 결과물을 가져오지 못했지만 아베 총리는 납치자들에 대한 정보를 확보하기 위하여 북한과의 직접적인 대화를 다시 추진하고 있다.[8] 일본인 납치자 문제는 일본의 대북한 정책의 기반을 흔들 정도로 강력한 위력을 발휘하는 사안임은 분명하다. 북한 핵문제와 더불어 납치자 문제의 조속한 해결이 없다면 일본의 대북한 정책은 더 이상 진척되기 힘들 정도라고 해도 과언이 아니다.

한편, 한·일 양국간의 직접적인 화해 분위기가 자리하기 전에는 미국이 한·일 양국과의 3자회담을 추진한다고 해도 그 성공 여부는 불투명하다. 중국이 북한에 대한 제재에 점진적으로 동참하고 있고, 북한을 협상장으로 복귀시키는 데 압력을 행사하고 있는 관계로 한·중 양국간의 협력 가능성은 그 어느 때보다 커져가고 있다. 이러한 맥락에서, 일본은 동북아에서 자국의 이익을 보호받기 위해 미·일동맹에 대한 의존도를 그 어느 때보다 더 강하게 높이고 있다.

만일 일본이 중국 및 남한과의 화해 모색에 성공을 거두지 못한다면 일본이 동북아에서 취할 수 있는 선택의 폭은 매우 좁을 수밖에 없다. 물론 일본은 북한과 새로운 동반자 관계를 형성할 수 있는 기회가 있을 수 있고, 북한과의 대화를 유지하기 위하여 몽골과의 관계를 강화시킬 수 있으며, 그리고 러시아와의 전략적 협력관계를 모색함으로써 자국의 향후 행동에 제약을 가하는 한·중 양국의 외교적 노력을 상쇄시킬 수도 있다. 그러나 일본이 아시아에서 전략적 지위를 새롭게 형성하기 위해서는 상당한 시간이 걸릴 것이며, 현 시점에서 볼 때, 일본이 취할 수 있는 최선의 방안은 미·일동맹의 강화일 것이다. 북한 문제 해결이 미국의 국익 가운데 최우선 순위에 놓일 경우 그것은 일본의 국익 증대로 이어지기 때문이다.

---

8) 납치자 문제에 대한 일본 및 북한의 전략에 관한 자세한 분석은 임상순, “납치자 문제에 대한 일본의 전략과 북한의 대응”, 『현대북한연구』, 16, 2(2013. 8), 41~85면 참조.

참고문헌

김준섭. "북일관계 현황과 전망: 일본인 납치문제를 중심으로." 한국일본학회 학술대회(2014. 8).

남창희. "탈냉전기 미일 관계의 좌표: 미일방위협력지침 개정의 외교정책사적 의의." 『공공정책연구』 (1998).

손열. "일본의 21세기 동맹전략: 권력이동, 변환, 재균형." 『21세기 세계동맹질서 변환』, EAI NSP Report 34(동아시아연구원, 2009).

송화섭. "미일동맹의 조정과 한미동맹에 대한 영향." 『전략연구』, 48(2010. 3).

이기완. "일본의 정치변화와 북일관계." 『국제관계연구』, 18, 2(2013. 10).

이대우. "미일동맹 강화가 한국 안보에 미치는 영향." 『세종정책연구』, 4, 2(세종연구소, 2008).

임상순. "납치자 문제에 대한 일본의 전략과 북한의 대응." 『현대북한연구』, 16, 2 (2013. 8).

정성윤. "미일동맹과 한국의 안보." 『전략연구』, 50 (2010, 11).

Cossa, Ralph A. "Japan－South Korea Relations: Time to Open Both Eyes".

Kessler, Glenn. "Envoy Warns of N. Korea Deal Fallout." *Washington Post*(Oct. 26, 2007).

Kim, Hong Nack. "The Koizumi Government and the Politics of Normalizing Japanese－North Korean Relations", East－West Center Working Papers, No. 14(Feb. 2006).

Miller, J. Berkshire. "Abe's Gambit: Japan Reorients Its Defense Posture." *World*

Affairs(Mar./Apr. 2014).

Nakato, Sachio. "South Korea's Paradigm Shift in North Korean Policy and Trilateral Cooperation among the U.S., Japan and Korea." *International Journal of Korean Unification Studies*, 7, 1 (2008).

Narushige, Michishita. "Alliance After Peace in Korea." *Survival*, 41, 3 (Autumn 1999).

Sato, Heigo. "A Japanese Perspective on North Korea: Troubled Bilateral Relations in a Complex Multilateral Framework." *International Journal of Korean Unification Studies*, 18, 1 (2009).

Smith, Sheila A. "Japan and the East China Sea Dispute." *Orbis*, 57, 3 (Summer 2012).

Smith, Sheila A. "Reading Pyongyang's Intentions with Japan." *Council on Foreign Relations*(Nov. 25, 2014).

Weitz, Richard. "Senkaku Dispute Reflects China–Japan Struggle for Regional Primacy." *World Politics Review*(Sept. 18, 2012).

제 2 장

미·북관계

Ⅰ. 미·북관계 개선: 전망 및 대응방안
Ⅱ. 미·북관계 개선의 효과 및 한계
[부록] 미·북관계 개선 일지
(1994. 10. 21~1996. 9. 30)

Ⅰ. 미·북관계 개선: 전망 및 대응방안

1. 서 론

탈냉전에 들어서면서 동유럽에서 사회주의 국가들이 몰락함에 따라 아시아에 남아 있는 사회주의 국가들, 즉 중국, 베트남 그리고 북한의 존망은 탈냉전시대의 국제질서 재편에 이해관계를 가지고 있는 국가들의 관심을 끌기에 충분했다. 이들 국가 중에서 중국과 베트남은 경제체제를 시장자본주의 체제로 전환하는 등 냉전 이후의 국제질서에 적응하기 위해 노력하고 있는 반면, 북한은 자본주의식 개방을 통한 체제 생존을 추구하기보다는 사회주의 체제의 고수를 표명하면서 중국 및 베트남과는 달리 체제 개방에 대해서는 소극적으로 대처하고 있다.

이러한 관점에서 특히 북한의 생존은 남북한만의 문제가 아니라 한반도 주변국들로부터 초미의 관심을 끄는 문제로 부각되었다. 북한이 이러한 소극적 전략으로서 탈냉전의 위기를 극복할 수 있는가, 그리고 북한의 이러한 대처방안에 이론적 기반을 제공하는 논리는 무엇인가 등에 대한 논의는 북한문제를 연구하는 학자 및 정책결정자에게 중요한 논리적 틀을 제공할 것이다.

북한의 생존전략이 중국 및 베트남과 근본적으로 다른 이유는 무엇인가? 그것은 북한이 붕괴하는 것을 원하지 않는 한반도 주변4강, 즉 미국, 일본, 중국, 그리고 러시아가 있기 때문이며, 그것보다 더 중요한 것은 북한의 붕괴가 임박할 경우 엄청나게 소요될 것으로 예상되는 통일비용을 우려하고 있는, 그리고 북한이 자포자기식 대남 군사적 도발을 감행할 것을 우려하고 있는 한국이 있기 때문이다. 한반도 주변4강, 그 중에서 특히 미국은 소위 북한에 대한 연착륙(soft landing)을 통해서 북한의 입지를 강화시켜 주고 있으며 북한도 이를 이용하여 대미관계 개선을 시도를 하고 있다. 탈냉전시대에 있어 북한의 생존은 한반도 주변국들의 역학관계와 밀접한 관련을 맺고 있다는 주장은 이러한 시각을 반영하고 있다.

북한의 생존전략은 냉전 이후 사회주의 국가들의 소멸로 인한 외교적 고립 및 경제적 난국을 극복하는 방안에 초점을 맞추고 있다. 북한이 겪고 있는 경제적 어려움은 북한 내부로부터 기인하는 것이 아니라 과거 사회주의 국가였던 중국과 소련 등으로부터 받았던 혜택이 사라짐으로써 발생한 것이라고 볼 때 경제적 난국이 외교적 고립의 산물이라는 시각도 상당한 설득력을 더하고 있다. 이러한 관점에서 보면 북한의 대미관계 개선은 경제적 및 외교적 난국을 한꺼번에 해결할 수 있는 방안이 될 수도 있다.

미·북관계 개선을 어떻게 평가해야 하는가? 본 논문은 탈냉전시대의 미·북관계 개선을 분석함에 있어 한반도 주변4강의 대북한 유화정책에 초점을 맞춤으로써 한국이 취해야 할 정책적 방안을 제시함에 그 목적을 두고 있다. 이를 위해 여기서는 먼저 미·북관계 개선을 분석함에 있어 북한과 미국 간 관계개선의 배경을 살펴보며, 그리고 미·북관계 개선이 구체적으로 어떻게 전개되었으며 그리고 그 특징은 무엇인지를 설명하고, 미·북관계 개선을 전망함에 있어 북한이 대미관계 개선을 통하여 얻었던 정치적 및 경제적 효과를 분석한다. 한편 미·북관계 개선의 진전을 제약하는 요인을 검토하며, 이어 미·북관계 개선에 대한 이러한 분석을 바탕으로 한국이 취해야 할 대응방안을 모색하고자 한다.

2. 미·북관계 개선의 배경

북한이 제네바 합의문을 채택함으로써 지난 수십년간 지속해 온 대서방 강경정책을 포기하고 미국과의 관계개선에 나선 근본적인 배경은 무엇인가? 그리고 미국으로서도 전통적인 한·미동맹 관계를 훼손할 수 있는 북한의 대미관계 개선을 허용한 배경은 무엇인가? 이러한 문제는 탈냉전이 가져온 동북아 및 세계적인 국제질서의 변화라는 맥락, 그리고 그러한 변화가 북한과 미국의 국내정세에 미친 영향에 대한 분석을 필요로 한다.

1) 북한측 배경

북한은 탈냉전시대에 들어서면서 직면한 외교적 고립과 경제난을 타개하기 위해 대미관계 개선을 통해 체제안정을 추구했다. 그러나 이러한 정책은 북한체제의 개방 및 한국과의 관계 개선을 필수적으로 요구한다는 점에서 북한에 딜레마를 제공하고 있다.

(1) 외교적 고립 탈피

전통적인 동북아 냉전구조는 중·소·북한의 북방삼각체제와 미·일·한국의 남방삼각체제로 특징지워졌으며, 그리고 각 체제 내의 국가들 간에는 기본적인 인식의 차이가 없는 것으로 간주되었다. 그러나 냉전시대에 있어서도 북방삼각체제에서 1960년대의 중·소분쟁과 1970년대에 있었던 중국의 대미·일 수교 등 중·소·북한의 관계는 변화가 없었던 것은 아니지만, 1980년대 중반 등장한 고르바초프의 개혁·개방정책으로 표출된 신사고 외교정책 및 그 이후에 전개된 소련의 해체 등은 양 삼각체제를 근본적으로 흔들어 놓기에 충분했다.

이러한 탈냉전의 국제질서가 북한의 외교정책에 영향을 주는 대내외적 환경요인은 이전의 냉전 상황과 비교하여 보면 급격한 변화를 보이고 있다. 1980년대 후반 소련의 영향을 받은 동유럽 국가들의 개혁은 점점 가속화되어 다당제, 자유선거 채택 그리고 자본주의식 시장경제를 도입하게 됨으로써 사실상 1990년 말까지는 모든 동유럽 국가들이 공산주의 통치의 종말을 고했다. 이러한 동유럽 공산국가들의 몰락은 북한의 체제존립을 간접적으로 예견하는 것으로서 북한에 준 충격은 실로 심각했다. 그 후 잇달아 전개된 독일의 통일, 소연방의 붕괴 등으로 인하여 북한은 냉전적 국제질서가 근본적으로 재편될 수밖에 없는 상황과 이로 인한 한반도를 둘러싼 4강체제의 역학구조의 변화를 현실적으로 인식하게 되었다.

특히 사회주의권의 변혁으로 인한 한국과 소련의 수교(1990년 9월) 및 한국과 중국의 국교정상화(1992년 8월) 등은 북한의 입장에서 볼 때 국제질서의 재편이 지극히 불리한 방향으로 진행되고 있다는 것을 의미했다. 냉전시대에는 북한은 대내외적 곤경을 중·소의 경제 및 군사원조에 의지하여 극복하여 왔으나 탈냉전시대에는 더 이상 양국으로부터 원조에 의존하는 데는 한계에 봉착하게 되었다.

특히 러시아는 사회주의 이념에 기초하기보다는 상호이익에 근거하여 대북한 외교를 전개하고 있기 때문에 러시아로부터 북한에 수입되는 석유, 석탄, 그리고 생산시설 등은 1990년대 들어서면서 급격히 감소했으며, 또한 1961년 체결된 러·북동맹조약은 실질적으로 그 효과를 상실한 처지가 되었다.[1] 이런 점에서 러시아는 더 이상 북한의 우방국으로서 역할을 하지 못하고 있는 실정이다.

한편 중국도 사회주의 체제를 고수하고는 있지만 한국과 수교를 한 이상 북한을 무조건 지지를 한다는 것은 기대하기 곤란한 형편이다. 한·중수교 초기에는 중국은 대한국관계를 비정치적 분야와 민간 차원의 교류에 국한시키고 대북한관계를 정치·군사 부문에서의 교류를 통한 전통적인 혈맹관계를 유지해 왔다. 그러나 한·중관계의 상호의존도가 증대하는 과정에서 중국의 대한반도 정책은 정치·경제의 분리 정책에서 정치·경제의 일치 정책으로 전환하지 않을 수 없게 되었다.[2]

이러한 맥락에서 보면 러시아와 중국 양국은 대북한 정책을 추진함에 있어 냉전시대와는 달리 이념적인 변수가 더 이상 중요한 역할을 하지 못하는 상황에 처해 있다는 점에서, 그리고 한국의 입장을 고려해야 한다는 부담을 갖고 있다는 점에서 피상적인 이해관계의 일치성을 보이고 있다. 그러나 중국으로서는 북한이 안보체제상 중대한 완충지대 역할을 하기 때문에 북한의 체제붕괴를 원하지 않고 있는 반면, 러시아는 경제적 이익의 우선주의에 입각하여 행동하기 때문에 안보상 이해관계가 중국만큼 심각하지 않다는 데 차이를 보이고 있다.[3]

---

1) 1961년 7월 평양에서 체결된 러·북동맹조약은 공식 명칭이 '러·조 우호협력 및 상호원조조약'으로서 동 조약의 제1조인 소위 '자동군사개입조항'은 한반도에서 분쟁이 발생할 경우 러시아는 북한을 지원한다고 되어 있다. 그러나 탈냉전시대에 들어서면서 이 규정을 해석함에 있어 러시아는 자동적 개입이 아니라 북한이 도발하지 않은 경우에 한정하고 있다. 더 나아가 러시아는 러시아 법률과 국제적 공약에 의해 제공되는 모든 절차를 적절히 고려한 후 러시아 자신의 정보와 상황 분석에 근거하여 이 문제에 대한 결정을 내릴 것이라고 공언했다. 이 점에 관해서는 Mikhail L. Titarenko, "Korean Peninsula in the System of Russia's National Interests", *Sino-Soviet Affairs*, Vol. 64(Winter 1994/95), pp.65~66 및 고재남, 『러시아의 대북한 정책과 한국의 대응』, 정책연구시리즈 95-8 (외교안보연구원, 1996. 6), 39~43면 참조.

2) 금희연, "중국의 대한반도 시각 변화와 4자회담", 『월간 통일경제』, 제20호(1996. 8), 68~71면.

3) 외교안보연구원, 『1996년도 국제정세 전망』(1995), 12면.

따라서 탈냉전의 상황에서 북한에 대한 외교적 지지를 나타내는 국가들은 중국을 포함하여 베트남, 쿠바 등 사회주의 국가들 몇몇 뿐인 셈이다. 과거 냉전시대와 비교해 보면 북한을 둘러싼 국제정세는 급격히 악화되었다고 할 수 있다.

(2) 경제난 타개

사회주의 국가들의 붕괴는 북한에 이념적 및 외교적 타격을 가했을 뿐 아니라 원자재, 식량 등의 수급에 결정적인 영향을 줌으로써 북한경제에 현실적인 타격을 가했다. 북한의 경제성장률은 −3.7%(1990년), −5.2%(1991년), −7.7%(1992년), −4.2%(1993년), −1.8%(1994년) 및 −4.6%(1995년)로서 6년째 연속 마이너스 성장을 기록함으로써 사실상 북한경제는 회복하기 어려운 상황에 도달했다.[4] 한편 대외거래는 1991년 소련을 비롯한 사회주의 국가들의 붕괴 이후 그 규모가 급격히 줄어들었으며 1994년도에도 이 같은 추세는 계속되어 무역규모가 21억달러(남한의 1/94 수준)에 그쳤다는 사실은 북한의 경제난이 장기적인 침체난에 접어들었으며 구조적으로 회복하기 지극히 어렵다는 사태의 심각성을 현실적으로 보여준다고 하겠다.[5] 특히 한국의 대소련관계 개선(1990년) 및 구소련의 붕괴(1991년)는 북한의 경제를 결정적인 파국으로 몰고갔다. 1990년 이전까지 북한의 대소련 의존도는 매년 평균 15억달러 정도로서 총수입액의 2/3에 해당되었으나 1991~1992년에는 매년 2억달러 정도로 격감하고 총수입액의 1/8 정도를 차지하게 되었다.[6]

---

4) 북한은 1990년대 이전에는 한국에 비해서는 상대적으로 높지는 않았지만 경제성장률은 마이너스 성장을 기록하지 않았다. 1985년부터 1989년까지 북한의 경제성장률은 2.7%(한국 7.0%, 1985년), 2.1%(한국 12.9%, 1986년), 3.3%(한국 12.8%, 1987년), 3.0%(한국 12%, 1988년), 그리고 2.4%(한국 6.7%, 1989년)를 기록한 바 있다. 한국무역협회, 『주요북한경제지표 1995』, 5면 및 외교안보연구원, "미국의 대북한 경제제재: 완화 가능성과 의미", 『주요국제문제분석』(1996. 7. 3), 8면 참조.

5) 1994년도 남북한 주요 경제지표 비교에 관해서는 한국은행, "1994년도 북한 GNP 추정결과", 『연합통신 주요자료전문집』, 제71호(1995), 34~42면 참조.

6) 한편 북한의 대중·일 수입현황을 살펴보면 1986년부터 1990년까지 매년 북한은 중국으로부터 평균 3억 5천만달러를 수입했으며 1991~1992년 중에는 평균 5억 8천만달러로 오히려 증가하고 있다. 반면 북한의 대일본 수입은 1986~1992년 동안 매년 평균 2억 3천달러 정도로서 큰 변화를 보이지 않고 있다. Chong-Sik Lee, "Prospects for North Korea", Paper Prepared for the International Workshop "The Durability and Direction of the Four Remaining Socialist Countries: China, Vietnam, Cuba and North Korea" by the Korean Association of International Studies and the Research Institute for

그러면 이러한 경제난의 심각성은 어디에서 연유하는가? 첫째, 이미 동유럽에서도 실패로서 경험한 바 있는 중앙계획식 북한경제가 안고 있는 구조적 비효율성을 들 수 있다. 사회주의식의 경제 운용은 집단 소유와 분배에 근거하기 때문에 각 개인의 생산의욕을 고취시키지 못함으로써 경제성장률의 저하는 이론적으로도 예상되어 왔다. 둘째, 수송과 전력 등 사회간접자본시설에 대한 투자 미비로 말미암아 원자재나 완성된 상품의 공급은 어렵게 되었고, 경·중공업에 에너지를 충분히 공급하지 못함으로써 산업시설을 활용할 수 없어 경제성장은 둔화될 수밖에 없었다. 셋째, 냉전시대의 후원자였던 중국과 소련은 자체적 경제난과 대북한 이념적 혈맹관계의 약화로 인하여 과거 구상무역의 형태로 북한에 공급하던 원유공급을 감축하고 1990년대 들어서서 무역거래시 경화결재를 요구했다. 넷째, 이러한 경제적 요인 외에 북한의 경제를 더욱 악화시킨 것으로서 과도한 국방비 지출을 들 수 있고, 이데올로기와 정치가 경제보다 우선하는 북한에서 특히 주체사상의 고수로 인한 외국자본과 기술의 유입은 지극히 어려운 실정이었다. 이런 점에서 보면 북한의 경제난은 일시적이기보다는 만성적인 현상으로서 구소련의 와해가 촉매제로 작용했다는 것을 알 수 있다.[7)]

북한으로서는 악화된 경제를 살리지 않고는 북한 내부의 불만을 해소할 수 있는 방안은 사실상 존재하지 않으며, 경제난 극복은 미국 등 서방국의 자본과 기술의 도입을 통한 북한의 개방화와 직접적인 연관이 있다고 할 수 있다. 이러한 상황에서 북한은 대미관계 개선을 현실적이며 또한 유일한 대안으로써 고려할 수밖에 없었다.

그러나 문제는 북한의 경제난을 해결하기 위한 북한의 개방화는 북한체제의 존립에 역작용을 줄 수 있다는 데 있다. 왜냐하면 경제난 해결을 위한 개방정책은 단기적으로 북한의 경제에 긍정적으로 작용하겠지만 적어도 중·장기적으로는 그동안 폐쇄정책을 고수해 온 북한체제를 일거에 와해시킬 수도 있는 계기를 제공함으로써 '수술은 성공했지만 환자는 사망한' 상황으로 진행

National Unification, May 27－28, 1994, Seoul, Korea, pp.5~6 참조.

7) 이정식, "최근북한정세", 『1992년도 외국전문가초청 세미나보고서(I)』(외교안보연구원, 1992. 8), 73~74면 참조.

될 수 있기 때문이다. 북한은 미국 등 서방국가들과의 관계개선의 불가피성을 인식하고 있지만 이로 인해 파생할 수 있는 내부적 체제 붕괴의 요인을 없앨 수 있는 방안을 쉽게 찾을 수 없다는 점에서 딜레마를 겪고 있다.

(3) 생존전략으로서의 미·북관계 개선

1990년대 초반 북한은 동유럽 사회주의권의 몰락을 그들이 자본주의식 시장경제를 도입했을 뿐 아니라 정치체제의 민주화도 함께 수용했기 때문에 사회주의 국가로서 존립기반을 상실할 수밖에 없었다고 평가하고, 사회주의 체제를 위태롭게 할 수 있는 자본주의 방식의 도입을 거부함으로써 처음부터 정치적 개혁을 봉쇄하겠다는 체제유지에 대한 강한 집착을 드러냈다. 동유럽 사회주의권과 북한의 큰 차이는 북한에는 조직적 저항세력이 존재하지 않으며 또한 중국이라는 인접 동맹국이 있기 때문에 경제난이 심각하더라도 체제 붕괴를 우려하지 않고 고립주의식의 외교정책이 어느 정도 효과를 거둘 수 있다는 점이다.[8)]

그러나 북한이 주체사상에 입각한 '우리식 사회주의'의 강화로써 경제난에 대처하는 것은 단기적인 처방일 뿐이며 장기적으로 대서방관계, 특히 대미관계 정상화에 의한 개방만이 해결책이 될 것이다. 미국과 일본으로부터 기술과 자본의 도입에 의존하지 않는 한 북한의 경제난은 본질적으로 해결되기 어려운 실정이다.

그러면 북한이 추구하는 대미관계 개선이 미국으로부터 호의적인 반응을 얻기 위해서는 어떠한 조건을 충족시켜야만 하는가? 미국은 북한에 자본과 기술을 제공함에 있어 한·미동맹으로 결속된 한국의 입장을 고려하지 않을 수 없는 상황이기 때문에 북한으로서는 대미관계 개선을 순조롭게 진척시키기 위해서는 남북한관계 개선이 선결요건으로 등장했다.

탈냉전시기에 들어서면서 북한의 대남정책은 온건화되었다는 것이 큰 특징이라고 할 수 있다. 특히 1991년 5월 남·북한의 유엔 동시가입과 1990년 이후 수차에 걸친 남북고위급회담의 개최 결과 1991년 12월 타결된 '남북 사이의 화해와 불가침 및 교류협력에 관한 합의서'는 북한의 유연성을 드러낸 상

---

8) Chong-Sik Lee, *supra* note 6, pp.11~13.

징적인 정책의 변화로서 특징지어진다.[9] 북한의 대남정책이 지향하는 주 타깃은 미국이며, 북한은 대미관계 개선이라는 목표를 향해 진행하는 과정에서 미국의 대북한 적대감을 해소시킬 분위기 조성을 위하여 대남 유화정책의 필요성을 절실히 느끼고 있었다.[10]

한편 남북한관계의 개선에도 불구하고 기대했던 미국의 대북한관계 개선은 이루어지지 않음에 따라 북한은 대남관계를 일방적으로 단절하고 소위 '핵카드'에 의해 미국과의 직접 협상에 나섰으며, 이는 탈냉전시대에 있어서도 북한의 대남정책은 본질적으로 크게 바뀌지 않았음을 시사했다. 따라서 북한의 대남정책에 있어 변화는 일종의 유인책으로서 미·북관계 개선이 본격적으로 진척되면 북한의 대남관계 개선은 더 이상 중요성을 갖지 못하게 될 소지가 있다.

북한은 대남정책의 변화를 통하여 미국의 대북한관계 개선을 유도하지 못했기 때문에 더 이상 대남한 온건정책의 추구는 이득보다 손실을 많이 준다고 판단하고 1992년 후반부터 남북한관계를 교착상태로 두는 대신 이후 미국과의 직접협상 방식을 택했으며, 그 수단으로서 1993년 3월 핵확산금지조약(NPT)으로부터 탈퇴라는 '벼랑끝 전략'(brinkmanship strategy)을 시도했다. 북한이 이용한 핵카드는 탈냉전에 들어서서 새로운 국제질서로의 재편에 있어 미국의 동아시아 및 세계전략과도 밀접히 관련되어 있기 때문에 약소국이 강대국을 상대로 협상테이블에서 맞대응할 수 있을 정도로 그 효용성은 충분히 발휘되었다.[11]

한편 1994년 7월 김일성 사망 이후에도 북한이 대미관계 개선에 적극적인 태도를 보이는 배경에는 경제난과 외교적 고립을 극복하는 것 외에 김일성 사망 이후 불안해진 김정일체제를 조기에 안정시키려는 의도가 있다고 파악

---

9) 북한의 대남정책에 있어 이 같은 변화를 대미관계 개선과의 연계 속에서 분석하는 주장에 관해서는 전인영, "외교정책 결정구조와 과정 및 개방의 문제: 특정사례분석", 『사회과학과 정책연구』, 제15권, 2호(1993. 6), 114~117면 및 김용호, "남북기본합의서 채택과정과 북한의 정책결정구조", 『사회과학과 정책연구』, 제15권 2호(1993. 6), 162~169면 참조.

10) Chong-Sik Lee, *supra* note 6, p.13.

11) 윤덕민, "핵무기 개발을 둘러싼 북한의 생존 및 협상전략", 『외교』, 제27호(1993. 9), 22~24면.

할 수 있다. 북한측 대표들이 미국측 대표들을 만나 회담하는 모습을 보여 주는 것은 북한에 대한 대외적인 승인의 의미도 부여할 수 있을 뿐만 아니라 대내적으로 정당성을 확보할 수 있는 계기를 마련해 준다는 점을 인식할 필요가 있다. 더구나 대미관계에서 대등한 협상을 전개했다는 사실은 북한으로 하여금 대남관계에서 자신감을 불어넣을 수 있는 계기를 마련해 주었다.

2) 미국측 배경

미국으로서 제네바 합의문에서 미·북관계 개선을 용인한 배경은 무엇인가? 첫째, 미국은 북한의 핵무기 개발을 효과적으로 차단하지 못할 경우 북한이 동북아시아의 국제정치적 역학관계에 부정적인 영향을 줄 수 있다는 점을 우려했다. 그 배경에는 북한의 핵무기 보유는 일본을 자극하여 군사적 대응능력을 제고시킬 것이며, 일본의 군사대국화는 또한 중국의 경제 개방화에 차질을 줄 수 있다는 시각이 자리하고 있다. 더구나 북한의 핵무기 보유가 인정될 경우 초래될 남북한의 군사적 불균형 심화로 인해 미국이 한국에 대해 재래식 무기의 증강 및 핵우산의 강화 등을 우선적으로 제공해야 할 것이며, 이는 탈냉전시대에 미국 내에서 일어나고 있는 국방비 삭감 분위기와 맞물려 있기 때문에 쉽게 해결되기 어려운 상황이다.[12)]

그러나 더 중요하게 지적되어야 할 점은, 미국은 더 많은 군사비를 동북아에 투자한다고 해도 일본과 중국이 군사대국화를 지향한다면 탈냉전시대에 미국이 향유하고 있는 군사적으로 유일한 강대국의 지위가 약화될 수 있기 때문에 북한의 핵무기 보유는 반드시 막아야 한다는 필연성이 대북한관계 개선의 배경에 깔려 있었다. 이와 더불어 미국은 군사적 사안보다 경제적 이해관계가 우위를 차지하고 있는 탈냉전의 국제질서 속에서 적어도 안보문제의 중요성을 지속적으로 부각시켜야만 미국의 우월적 리더십이 발휘된다는 관점에

---

12) 특히 핵우산과 관련하여 지적되는 것은 탈냉전시대의 지역적 분쟁에 있어 미국의 관심은 소련이 배후에 있었던 냉전시대와는 달리 제1차적 이해관계가 있는 것으로 평가될 수 없기 때문에 미국 핵무기 위협의 신뢰성 상실과 부적절성은 현저하게 드러났다. 따라서 동맹국들은 핵우산에 의존하기보다는 핵무기에 대한 직접보유 의욕이 높아지게 되었다. 이 점에 관해서는 Charles T. Allan, “Extended Conventional Deterrence: In From the Cold and Out of the Nuclear Fire”, *The Washington Quarterly*, Vol. 17, No. 3(Summer 1994), pp.208~214 참조.

서 북한 핵문제는 미국으로서 바람직스러울 수 있다는 이중적인 특성은 북한의 요구에 대해 유화적일 수밖에 없는 미국의 입장을 잘 설명한다고 할 수 있다.[13]

둘째, 미국은 북한의 핵무기 개발이 용인된다면 1970년대 등장했던 세계적인 핵확산운동이 재발할 수 있다는 점을 우려했다. 1991년 미국이 이라크의 핵무기 보유를 사전에 저지하기 위해 걸프전에 참전했을 정도로[14] 핵확산 방지는 탈냉전시대에 있어 유일한 군사 강대국인 미국의 관심사임을 고려해 볼 때, 미국은 핵확산을 저지할 수만 있다면 북한의 요구를 가능한 한 수용할 수밖에 없었다.

셋째, 북한이 핵무기 개발 위협을 통한 벼랑끝 전략을 시도하지 않았더라도 탈냉전시대에 있어 미국의 대북한관계 개선은 충분히 예상될 수 있다. 미국은 대북한관계 개선을 통해서 북한, 나아가서 한반도에 영향력을 행사하려는 중국과 일본의 역할에 제동을 걸 수 있다. 미국으로서는 북한을 고립시킴으로써 동북아에서 불필요한 긴장을 지속시키는 것보다는 오히려 북한을 미국이 주도하는 협상테이블로 나오게 함으로써 향후 미국의 대중·일 외교에서 지렛대로 삼을 수 있다는 전략적 고려가 작용했다. 게다가 북한의 시장이 개방될 경우를 대비하여 북한의 시장을 선점할 수도 있다는 다목적인 계산을 했기 때문에 미국은 대북한 유화정책을 견지했다.[15]

이러한 미국의 시각은 한국의 대북한 유화정책과 비슷한 일면을 보여 주었다. 한국으로서는 북한이 급박하게 붕괴될 경우 도래할 엄청난 통일비용을 고려해 볼 때 북한이 대외적으로 개방하여 자본주의식 생활에 어느 정도 적응한 후에 점진적으로 한반도 통일이 이루어진다면 한국이 지불해야 할 통일비용을 최소화할 수 있다는 생각을 갖고 있다. 더욱이 북한이 국제사회에서 고립감을 해소하지 못하면 자포자기식 대남도발도 충분히 예상되기 때문에 한

---

13) 박재규, 『북한 핵문제와 남북한 관계의 전망과 대응』, 연구보고서 94－1(No. 11)(경남대 극동문제연구소, 1994. 5), 16면.

14) 만일 1991년 걸프전이 아니었더라면 1994년 초에는 이라크가 핵국가가 되었을 것이라는 주장이 제기되었다. 이 점에 관해서는 Leonard S. Spector, "Neo－Nonproliferation", *Survival*, Vol. 37, No. 1(Spring 1995), p.73 참조.

15) 박재규, 앞의 연구보고서, 17~18면.

국의 대북정책은 본질적으로 강경노선으로 치닫기 어려운 측면도 있다.

이러한 점 때문에 한국은 점진적인 개방을 통하여 북한을 국제사회의 일원으로 나서게 하려는 노력을 하게 되고, 급작스런 개방이나 폐쇄정책의 추구는 상황의 예측을 불명확하게 하기 때문에 북한을 자극할 수 있는 사안에 대해서는 신중한 태도를 취하게 한다. 이러한 논리의 기저에는 한반도 통일은 한국이 북한을 흡수하면서 이루어지며 상당한 기간 동안 남북한은 현상(Status Quo)을 적어도 유지하면서 북한의 체제변화를 유도해야 한다는 논리가 내포되어 있다.

3. 미·북관계 개선의 전개과정

미국은 북한이 핵확산금지조약에서 탈퇴(1993년 3월)함에 따라 북한핵 문제를 해결하기 위한 방안으로서 미·북 고위급회담에 본격적으로 착수했다. 이후 미·북 고위급회담은 3차에 걸쳐 진행되었으며, 북한과 미국 양국이 마침내 제네바에서 미·북 기본합의문에 서명(1994년 10월)함으로써 일단 결실을 맺게 되었다. 그리고 이후 북한은 제네바 합의문을 순조롭게 진척시키기 위해 미국과 경수로협상을 타결(1995년 6월)했으며, 경수로공급협정에 서명(1995년 12월)하고 동 협정의 이행을 위한 부속의정서 타결도 순조롭게 진행시키는 등 대미관계 개선을 지속적으로 경주하고 있다.

1) 제네바 합의문 타결

미국과 북한은 1994년 10월 21일 제네바에서 기본합의문에 서명함으로써 북한이 핵확산금지조약 탈퇴를 선언한 이후 약 19개월간 지속되어 온 북한 핵문제는 일단 해결의 실마리를 잡았다. 제네바합의는 북한에 대해 경수로, 중유, 그리고 대미관계 개선이라는 정치·경제적 보상을 제공하는 대신에 북한으로 하여금 플루토늄 생산능력의 포기와 국제원자력기구(IAEA) 핵안전조치협정의 완전한 이행을 약속하도록 했다는 점에서 그 특징을 찾을 수 있다.[16]

---

16) 제네바 합의문의 전문에 대해서는 이춘근, 『북한핵의 문제: 발단, 협상과정, 전망』(세종연구소, 1995), 304~311면 참조.

제네바 합의문은 미국이 북한핵 동결을 확보하는 대가로 북한에 미·북관계 개선을 보장하는 각서의 의미를 함축하고 있기 때문에 제네바합의가 순조롭게 이행된다면 대북 경수로 공급이 완료되는 2003년이 되면 과거 핵을 포함한 북한의 핵투명성은 확보될 수 있다.

그러나 제네바 합의문은 북한에 대한 경수로 지원 문제와 북한핵 문제의 종국적 해결을 연계하고 있다는 점이 특징이다. 향후 약 10년간의 합의문 이행계획표에 의하면, 먼저 북한은 기본합의문 서명 이후 1개월 내에 흑연감속로와 관련한 시설 등을 동결하는 한편 경수로공급계약 체결시 비동결시설에 대한 IAEA 사찰이 재개되고, 다음으로 경수로사업의 상당 부문 완료시 그러나 핵심부품이 인도되기 이전에 핵안전조치협정과 관련한 모든 조치를 이행하며, 마지막으로 경수로 건설 완공시 핵시설을 해체한다는 것이다.

이런 점에서 볼 때 제네바 합의문에 의하면 경수로 지원의 진척 상황에 따라 북한핵의 투명성은 단계적으로 확보된다는 것을 의미한다. 다시 말하면 경수로 지원에 대한 진척 상황이 순조롭게 진행되지 않으면 북한은 핵동결의 의무, 즉 특별사찰, 핵시설 해체 등의 합의사항 이행을 하지 않아도 된다는 것을 함축하고 있다.

따라서 만일 제네바합의가 순조롭게 이행된다면 종국적으로 북한 핵문제 해결을 볼 수 있지만 합의 도달보다 합의 이행에 더 많은 노력이 요구될 것이라는 주장과 함께 회의적인 시각도 폭넓게 자리하고 있다. 북한 핵문제의 종국적 해결에 대해 비판적 시각은 북한과의 합의가 제네바합의 이전에도 몇 번 있었지만 북한은 한번도 이행을 하지 않았다는 점,[17] 그리고 제네바 합의문에 합의 이행의 관건이 되는 경수로 지원 문제에 대한 구체적인 언급이 명확히 규정되어 있지 않다는 점을 지적하고 있다.

한편 김일성 사망 이후 약 3개월만에 이루어진 제네바합의는 미국으로서

---

17) 북한과의 합의 이행에 대한 회의적인 시각은 첫째, 미국과 소련의 압력에 의해 북한이 NPT에 서명하여 비핵화에 합의했을 때(1985년 12월), 둘째, 남·북한 간에 한반도 비핵화 공동선언에 합의했을 때(1992년 12월), 셋째, 북한이 NPT의무인 IAEA 핵안전조치협정에 서명하여 IAEA 핵사찰을 받아들이겠다고 했을 때(1993년 1월) 북한이 단 한번도 이행한 적이 없다는 전력에서 기인한다. 윤덕민, “제네바 합의와 한국형 경수로 지원 전망”, 『월간 통일경제』, 제5호(1995. 5), 22~23면.

는 상당한 양보를 한 것으로 평가할 수도 있지만, 북한핵 문제가 일단 타결의 실마리로 나아간다는 의미에서 북한으로서는 소위 핵카드의 효용성을 상당히 감소시킨 결과를 낳았다.[18] 이러한 인식은 북한이 핵문제의 고착화를 통하여 얻을 수 있는 이득보다 일단 어느 정도 양보하더라도 김일성 사후 북한체제 내부의 안정화를 조속히 확보하는 것에 정책의 우선순위가 주어졌다는 것을 보여주었다.

이러한 관점에서 볼 때 북한이 경수로협상에서 다시 대미 유화정책을 취했다는 것은 북한이 더 이상 핵카드에 집착하지 않고 핵문제를 통한 현실적 이해관계를 극대화하는 방향으로 선회했다는 것을 입증하는 한편 북한 내부의 안정화가 공고화되지 않았다는 것을 함축하고 있다. 북한이 대외적으로 강경정책을 추구한다는 것은 북한 내부의 군부 등 강경세력의 입지를 강화시켜 주는 이점이 있는 반면[19] 대외적으로 한국, 일본 및 미국의 3각관계를 결속시켜 주는 역할도 하기 때문에 궁극적으로 이득보다는 손실을 더 많이 가져온다는 것을 인식했다는 것을 의미한다고 할 수 있다. 그러나 북한의 핵개발 위협이 대외협상의 용도로서 다시금 인식되게 하였으며 경수로협상 타결 이후 경수로 건설과 관련한 협상에서 북한이 또 다시 핵무기 위협을 한다고 하더라도 과거보다는 그 효용성이 떨어질 것임은 분명한 한계점을 노출했다.

북한은 경제난과 외교적 고립을 타개하기 위해 대미관계 개선에 의존할 수밖에 없었으며 핵카드는 대미 접촉에서 그 진가를 유감없이 발휘할 수 있었다. 북한은 핵카드로서 최소한의 체제 생존 및 유지를 위한 기반을 마련했다. 그러나 제네바 합의문의 타결을 통해서 북한은 미국과 대등한 외교를 펼침으

18) 북한이 제네바합의 이후 6개월 이내에 경수로협상이 타결되어야 한다는 제네바 합의문의 규정을 근거로 하여 경수로협상이 타결되지 않으면 1995년 4월 21일 이후 핵동결을 재고하겠다는 강경논리를 펼쳤을 때, 미국은 북한이 제네바 합의문을 파기할 의향이 없다는 것을 알고 4월 21일이 목표시한(target date)이지 마감시한(deadline)이 아니라는 점을 강조했다. 이는 북한의 핵위협이 그 효용성을 잃은 사례로서 지적될 수 있다. Excerpts from Daily Press Briefing by R. Gallucci on North Korea Nuclear Issue (Office of the Spokesman, U.S. Department of State, April 21, 1995) 참조.

19) 북한이 핵문제에서 취하는 강경 자세는 대외적 협상용뿐만 아니라 북한 주민들의 단합과 애국심을 고취시킴으로써 경제난에 대한 불만을 완화시키고 권력승계자로서 김정일에 대한 군부의 지지를 강화하려는 대내적 요인도 무시할 수 없다. Robert A. Scalapino, "미·북한 관계: 불확실한 미래", 『북한개방에 대한 주변4강의 입장』, 세미나시리즈 93－04 (민족통일연구원, 1993. 10. 18), 18~20면 참조.

로써 정치적 명분과 경제적 실리를 확보했지만 더 이상 핵카드의 효율성이 약화된 상황에서 향후 북한의 생존이 어떻게 유지될 수 있을지는 불투명하다.

한편 미국은 북한에 대해 경제제재의 완화, 양국간 연락사무소 개설, 미·북관계 정상화 및 북한에 대한 핵무기 불사용의 공식 보장 등을 대가로 제공했다. 북한핵 문제의 종국적 해결은 경수로 지원과 미국의 대북한관계 개선과 맞물려 있음을 제네바 합의문은 명시하고 있는 셈이다. 따라서 제네바합의 이후 가장 큰 관심사는 경수로협상의 타결 여부였으며 제네바합의에서 사실상 한국형 경수로를 북한이 수용했다고 판단하고 대부분의 비용을 부담하기로 되어 있던 한국, 한국형 경수로를 집요하게 거부했던 북한, 그리고 이러한 남북한 사이에서 북한과 경수로 협상을 타결해야만 했던 미국 간에는 한국형 경수로를 둘러싼 갈등이 지속되었다.

결국 미·북 간에 1995년 6월 13일 콸라룸푸르에서 타결된 경수로협상은 그 동안 교착상태에 빠졌던 북한 핵문제 해결에 돌파구를 마련했다는 점에서 한반도 긴장완화에 큰 도움을 주었다. 왜냐하면 만약 미·북 간의 경수로협상이 결렬되었다면 북한이 핵동결을 일부해제, 핵연료 재처리에 나설 가능성이 있었고 이렇게 되면 제네바합의 자체가 깨질 수 있는 소지를 안고 있었기 때문이다. 만약 북한이 그런 방향으로 갔다면 국제사회는 대북제재로 나가지 않을 수 없는 상황으로 들어가게 되고, 이는 한반도의 긴장을 고조시키기에 충분했다.

그러나 제네바 합의문은 핵투명성의 구체적 조건, 형태 및 시점에 대하여 명백한 규정을 명시하지 않음으로써 과거 핵 규명을 유보했다는 점, 합의 이행의 보장수단이 결여되었다는 점 그리고 한국의 과도한 비용부담에 비해 역할을 모호하게 했다는 점에서 향후 합의문 이행과 관련하여 갈등의 기반을 제공했다는 비판을 받을 소지가 있음이 지적되고 있다.[20] 더구나 경수로 지원과 남북대화의 재개에 대한 불명확한 규정은 향후 미국, 북한 및 한국 간의 갈등을 증폭시킬 수 있으며, 이런 점에서 제네바 합의문 타결에도 불구하고 합의문 이행의 진척 상황이 북한핵 문제와 관련 있는 국가들에게 주요한 관심사로

20) 윤덕민, "북한핵개발과 대북협상", 『전략연구』, 제3권(1994), 47~51면.

부각되었음은 명백하다고 할 수 있다.

2) 경수로협상 타결

제네바 합의문 타결을 둘러싼 비판적 시각에도 불구하고 이후 미·북관계는 상당한 진전을 보였다. 북한은 제네바 합의문에 따른 5MW원자로 봉인, 50MW 및 200MW원자로의 건설 중단 및 방사화학실험실 폐쇄 등 핵동결조치를 실시했다. 한편 미국도 연락사무소 개설회담의 시작(1994년 12월)과 함께 대북 경제제재의 일부 완화를 발표(1995년 1월)했으며 또한 미·북간 직통전화 개설(1995년 4월) 등 미·북간 관계개선이 이어졌다.

게다가 경수로협상이 콸라룸푸르에서 타결(1995년 6월)됨으로써 북한핵 문제는 새로운 단계로 접어들게 되었다. 경수로협상 타결은 미·북관계뿐만 아니라 한반도를 둘러싼 주변4강, 즉 미국, 일본, 중국 및 러시아의 역학관계에도 중요한 영향을 미치는 계기가 되었다.

첫째, 제네바 합의문의 이행을 위한 후속조치가 구체적으로 미·북 간에 합의됨으로써 제네바 합의문의 신뢰성이 강화되는 계기가 되었으며 북한의 핵동결 해제 위협과 국제사회의 대북제재 대응으로 이어지는 북한핵 문제가 돌파구를 마련하게 되었다. 둘째, 제네바 합의문에는 대부분의 경수로 지원 비용을 부담하기로 되어 있는 한국의 입장이 반영되지 않았던 반면, 경수로 합의문에는 한국형 경수로 및 한국의 중심적 역할에 대한 직접적인 언급은 없었지만 사실상 암시하는 기술적 문구가 규정되었다는 점에서 긍정적으로 평가되고 있다. 더구나 향후 경수로협상은 한반도에너지개발기구(KEDO)와 북한 간에 진행될 예정이기 때문에 그 과정에서 KEDO 이사국인 한국의 입장이 반영될 여지가 있으며, 이를 계기로 남·북한 간의 관계개선도 바라볼 수도 있다. 셋째, 미·북 간의 경수로협상 타결은 북한핵 문제에 있어 그동안 소극적인 입장을 견지해 왔던 일본, 중국 및 러시아로 하여금 경쟁적으로 대북한 유화정책을 추진하게 할 수 있다는 점에서 한반도 문제의 국제화를 현실적 이해관계 속에서 심화시킨 계기가 되었다.

그러나 미·북 간의 경수로협상 타결에도 불구하고 여전히 북한핵 문제의 해결에 도달하기 위해서는 넘어야 할 과제가 있다. 먼저, 대북한 경수로 지원이 계획대로 추진되어야 하는 바, 미국은 이 과정에서 경수로협상에서 한국형이 여전히 관철되지 않았다고 주장하는 한국측의 불만을 해소해야 할 필요가 있다. 따라서 향후 북한핵 문제를 둘러싼 미·북관계는 KEDO와 주 계약자 간 상업계약 체결 및 프로그램 코디네이터(PC: Program Coordinator)의 역할 등과 관련하여 갈등의 소지를 안고 있다.

다음으로, 북한은 경수로 지원과 연계하여 대미관계 개선을 요구하기 때문에 미국은 추가적인 경제제재 완화, 연락사무소 개설 및 미·북관계 정상화에 적극성을 보여야 하는 바, 이 문제는 남·북한 간의 관계개선과 연관되어 있기 때문에 미국은 한국의 입장을 고려하지 않으면 않된다. 또한 한반도에서의 평화뿐만 아니라 동아시아 지역 전체의 안정을 위해서도 미국은 한국 및 일본과 상호 관계를 긴밀히 유지하는 것이 필요한 실정이다. 더구나 미국의 대북한 관계 개선은 한반도 주변국들의 태도에도 영향을 주기 때문에 이 같은 상황을 고려한다면 미국으로서는 미·북관계 개선의 범위 및 시기를 결정함에 있어 신중함이 요망된다고 할 수 있다.

제네바 합의문 채택 및 경수로협상의 타결을 통해 미국과 북한이 양국의 관계개선을 추구한 이면에는 양보를 통한 이득이 손실보다 더 크다는 합리적 계산이 깔려 있다. 제네바합의 및 경수로협상 타결시 미·북 양국은 어떠한 입장을 견지하였는가? 그리고 양국의 입장에는 어떠한 공통점과 차이점이 있는가? 이러한 의문에 대한 분석은 향후 양국관계의 전망을 함에도 도움을 준다.

미국은 제네바 합의문에서 북한에 대해 너무 많은 것을 양보하지 않았나 하는 비판에 직면했다. 이러한 부정적 시각은 북한핵을 동결하는 대가로 지불해야 하는 비용이 너무 많은 데서 연유하고 있다. 특별사찰에 대한 4~5년간의 유보, 매년 50만톤 중유의 대북한 공급 및 2003년까지 경수로 공급과 함께 대북한관계 정상화 등은 과도한 대가로서 미국 의회 내에서 비판을 받고 있다.[21] 그러나 미국의 대북한 정책의 기조가 한반도에서의 전쟁 회피와 북한의

21) 공화당 내에서는 대부분이 제네바 합의문에 대해 회의적인 시각을 갖고 있으며 심지어 민주당 내에서도 동 합의문에 대한 비판자들이 있다. 미국 의회 내에서 제기되는 문제점을 정리하면 다음과 같다. 첫째, 미국은 북한이 그동안 핵문제에 대한 약속을 준수하지 않았음에도 불구하고 북한에 대해 과도한 '당근'을 제공한 이유가 무엇인가? 둘째, 미국의 우방국인 한국과 일본 등으로부터 충분한 지지와 협조를 받았는가? 특히 한·미

핵무기 생산금지에 있다고 볼 때 북한을 궁지에서 벗어나게 하고 에너지 문제를 동시에 해결해 줄 수 있다는 점에서 제네바 합의문을 긍정적으로 평가하는 시각도 설득력을 더하고 있다.

한편 한국의 입장에서 볼 때 미·북 간의 제네바 합의문 채택은 두 가지 상반된 시각을 보여 주었다. 우선, 북한이 대미관계 개선을 통하여 정치·경제적 이득을 확보하면 북한체제는 더욱 강화될 소지가 있기 때문에 한국 및 동북아 안보에 더욱 심각하게 위협이 된다는 주장을 들 수 있다. 따라서 이와 같은 대북한 강경책은 북한에 대한 지원보다는 정치·경제적 고립화를 통한 조속한 정권 붕괴를 선호하는 경향을 보이고 있다.

반면 이와는 달리 북한의 대미관계 개선은 정보의 교류를 원활하게 함으로써 결국 북한의 고립주의에 종지부를 찍을 수 있게 하기 때문에 한반도 긴장관계의 완화와 동북아의 평화체제 구축에 공헌할 수 있다. 한국의 입장에서도 북한의 핵무기 보유를 막고 장기적으로 한반도 통일을 위해서는 경수로 비용의 상당한 부분을 부담하더라도 한국형 경수로와 한국의 중심적 역할이 수용된다면 북한에 대한 지원은 장기적으로 바람직한 것으로 고려될 수 있다. 왜냐하면 한반도의 통일이 이루어질 경우 북한에 투자된 비용과 시설은 통일한국의 자산으로서 역할을 충분히 할 수 있기 때문이다.

제네바 합의문과 경수로협상의 타결 이후 미국은 대북한관계 개선을 추구함에 있어 향후 미국 의회 내의 비판세력을 설득함과 아울러 한국의 대북한 유화정책이 지속적으로 추진될 수 있는 여건을 조성하는 데 중점을 둘 수밖에 없는 실정이다. 클린턴 행정부는 제네바합의 이후 미국 의회 내에서 우려하고 있는 경수로 건설과 관련된 비용의 대부분을 미국이 아니라 한국이 부담한다는 것을 명시적으로 미국 의회에 보여 줄 필요가 있었으며 이런 점에서 경수로협상 타결은 그 역할을 충분히 했다고 할 수 있다. 이와 더불어 콸라룸푸르

동맹에 장기적으로 미치는 영향은 무엇인가? 셋째, 북한핵 동결에 대한 총비용은 경수로 건설, 연료봉 보수, 대북한 중유공급 및 북한핵 시설의 궁극적 폐기를 포함할 경우 55억~60억달러가 추정되는 바, 지불주체가 명확하지 않다. 미국의 부담은 어느 정도인가? 넷째, 핵문제의 중요성 못지않게 더 큰 맥락에서 한반도에서의 긴장완화도 중요한데, 미국은 어떤 방안을 가지고 있는가? 이 점에 관해서는 Daryl M. Plunk, "U.S.－North Korean Talks and North Korean Policies", Paper Presented at the East and West Center, Yonsei University, May 30, 1995, Seoul, Korea, pp.3~4 참조.

에서 미국과 북한은 향후 경수로 건설과 관련한 회담이 북한과 KEDO에 의해 이루어지도록 합의함으로써 미국은 사실상 대북한관계에서 유일한 당사자로서 위치를 회피했다.

한편 콸라룸푸르 경수로 합의문에서 향후 협상은 북한과 KEDO 간에 이루어지도록 규정함으로써 KEDO의 이사국인 한국의 입장이 반영될 수 있는 여지를 남겼으며, 적어도 단기적으로는 경수로 건설의 비용 부담에 대한 한국 내부의 비판적 시각을 약화시키고 한국내 대북한 온건론자들의 입장을 강화시키는 역할을 했다. 그러나 이러한 미국측 의도의 지속 여부는 향후 북한과 KEDO의 협상이 얼마나 순조롭게 진행되는가의 정도에 따라, 그리고 미국의 대북한관계 개선의 진척 정도에 따라 결정될 것이기 때문에 중·장기적으로 미국의 입장은 반드시 낙관적이지만은 않다고 할 수 있다.

3) 경수로공급협정 및 부속의정서 채택

콸라룸푸르에서 경수로협상이 타결된 후 대북 경수로 지원사업은 비교적 원만히 진행되었다. 1995년 12월 15일 북한과 KEDO는 뉴욕에서 경수로공급협정을 체결했으며 부지조사 작업도 순조롭게 진행되었다.[22] 게다가 1996년 3월 20일에 한국의 기업인 한국전력이 주계약자로 공식 선정되었으며, 북한은 경수로 부지 타당성 조사에 참여하고 있는 한국 기술자의 방북과 현지 활동에 큰 제약을 가하지 않고 있다.

한편 1996년 4월부터 북한과 KEDO 간에 영사보호, 통행, 통신 등 여러 분야에 걸친 후속 의정서를 체결하기 위한 협상이 진행되어 1996년 5월에 타결된 '특권·면제 및 영사 보호 의정서'에서 KEDO 직원 및 회원국 대표에게 외교관 수준의 특권과 면제를 부여함으로써 한국 기술자의 신변보장을 허용

22) 경수로공급협정은 전문 18개조, 4부속서로 구성되어 있으며, 주요 내용은 ① KEDO가 선정하는 1천MW급 가압경수로 2기 공급, ② 부지준비, 연결도로, 숙소, 취배수시설, 전압시설, 모의훈련대 등 공급, ③ 상환방식은 각 호기별로 3년거치 17년 무이자 분할상환, ④ 북측은 NPT 잔류, 핵동결, 사찰 등 의무이행, ⑤ 북측은 통행, 통신, 신변안전, 핵사고 부담 등의 보장 등이다. 한편 부지조사는 1995년 8월부터 1996년 7월까지 6차에 걸쳐 조사팀이 방북하여 경수로 건설 예정부지(신포지구)에 대한 타당성조사를 실시했으며, 조사기간 중에 입수한 기초자료에 의하면 신포지구는 안전성면에서 원전 건설에 문제가 없을 것으로 판단되고 있다. 외무부, 『1996년도 국정감사 요구자료(II)』(1996. 10), 644면 및 651~652면.

한 데 이어, 1996년 6월에는 '통신과 통행에 관한 의정서'에 합의했으며 1996년 9월에는 '부지인수 의정서' 및 '서비스 의정서'에 최종 합의함으로써 대북 경수로 지원사업은 본격적인 착공단계에 돌입하였다.

그러나 이후 경수로 건설과 관련하여 합의를 집행하는 각 단계마다 북한과 KEDO 간에 갈등이 발생할 소지는 다분히 존재하기 때문에 경수로 협상이 타결되었다고 해서 북한핵 문제가 갈등 없이 순조롭게 해결된 것은 아니라는 점을 인식할 필요가 있다.[23)]

한편 경수로 건설은 북한의 대미관계 개선과 연계되어 있기 때문에 대북 경수로 지원사업이 순조롭게 진행되기 위해서는 북한으로 하여금 미·북 연락사무소 개설에 대한 확신을 주어야 한다. 그리고 경수로공급협정 체결 이후 미국은 북한핵 투명성 정도와 연계하여 대북제재 추가 해제와 미·북원자력협정을 체결해야 할 뿐만 아니라, 이후 미·북간 정치군사협상과 미·북관계 정상화를 위한 협상이 있게 된다.

물론 북한의 대미관계 정상화는 경수로 건설의 핵심부품이 북한에 이전되고 특별사찰이 실시되며, 사용후 핵연료가 제3국으로 이전되는 시점에서 이루어질 것이기 때문에 그 과정에서 장애요인이 많이 발생할 여지가 있다. 특히 미·북관계 개선에 있어 대두된 가장 큰 이슈가 북한의 핵투명성 문제와 인권개선의 문제라고 볼 때, 북한의 인권문제는 미·북 국교정상화를 전후하여 부여될 북한에 대한 최혜국대우 문제와 관련하여 계속 논란의 여지를 남길 것으로 전망되고 있다.[24)]

그러나 우선 첫 단계인 미·북 연락사무소 개설 시점에 있어 미국은 북·일관계 개선뿐만 아니라 남북한관계 개선을 고려해야 하기 때문에 사실상 경

23) 경수로사업의 진척이 순조롭게 진척되지 않을 것이라는 사례로서 1996년 9월 북한에 의한 강릉 무장간첩 사건을 들 수 있으며, 동 사건은 KEDO로 하여금 부지인수 및 서비스 의정서에 대한 가서명을 보류시켰으며, 한국의 대북정책을 강경노선으로 바꿔게 함으로써 대북 경수로 지원에 있어 실질적인 이행은 상당 기간 연기되게 되었다. 「조선일보」(1996. 9. 30).

24) 미국은 북한의 인권문제를 향후 미·북수교의 과정에서 협상카드로 사용할 가능성이 있으며, 또한 북·일수교시 일본에게 주도권을 놓치지 않기 위해 일본의 대북한 협상에 제동을 걸 수 있는 여지로서 남겨 놓고 있다는 주장이 있다. 김계동, "북한의 대미정책", 『국제정치논총』, 제34집 2호(1994. 12), 95~96면.

수로 건설에 있어 한 단계 진전되기 위해서는 KEDO와 북한, 북·일관계, 그리고 남·북한관계 등 고려해야 할 요인들이 얽혀 있으며, 이는 쉽게 풀리기는 어려운 실정임을 직시할 필요가 있다. 특히 북한은 경제난 해결 등을 위해 대미관계 개선에 있어 적극적인 태도를 취할 수 있지만 남·북한관계 개선에는 소극적일 수밖에 없기 때문에 경수로협정이 이행단계에 이르면 KEDO와 북한 간의 갈등은 구체적으로 드러날 것으로 전망할 수 있다. 북한은 제네바합의에서 미국과의 관계개선의 틀은 마련하고 있기 때문에 북한체제에 가장 큰 부담으로서 작용될 한국과 굳이 대화할 필요성은 절실히 느끼고 있지 않는 실정이다.

4. 미·북관계 개선의 전망

제네바합의 및 경수로협상의 타결로 이어지는 미·북관계 개선은 경제난의 타결과 외교적 고립을 벗어나기 위한 북한의 생존전략과 동북아에서 정치·경제적 영향력을 탈냉전시대에도 계속 행사하려는 미국의 이해관계와 맞물려 있기 때문에 미·북관계 개선은 순조롭게 진척될 수 있으며, 그 전망이 높은 편이라는 낙관적 시각이 있다. 그러나 이러한 시각은 대북 경수로 지원의 원만한 진척 여부, 김정일체제의 불확실성, 남북한관계의 개선 여부, 그리고 한반도 주변국들의 태도 등과 밀접히 연관되어 있기 때문에 미·북관계 개선이 순조롭게 진행되기에는 불확실한 요인들이 많이 있다는 주장도 설득력을 더하고 있는 것도 또한 사실이다.

1) 미·북관계 개선의 효과

북한은 대미관계 개선을 통해서 한국에 대한 배제전략을 지속할 수 있는 여건을 마련하고 경수로 지원 및 미국의 대북한 경제제재의 완화를 이끌어 냄으로써 정치적 및 경제적 이득을 상당히 얻었으며, 반면 미국은 북한의 핵무기개발계획의 동결 등을 통하여 정치적 이득을 확보했다. 그러나 이러한 효과가 향후 지속될 전망은 불투명한 실정이다.

(1) 정치적 효과

북한의 대미관계 개선은 동유럽 공산주의의 몰락과 구소련의 붕괴 등으로 이어진 새로운 국제적 환경의 변화에 적응하기 위한 생존전략의 일환이었다. 1994년 10월 제네바에서, 그리고 1995년 6월 콸라룸푸르에서 미국과의 협상을 성공적으로 타결지은 북한은 한국을 배제하고 미국과 동등한 협상을 진행함으로써 정치적 의도를 달성했다고 할 수 있다.

북한은 제네바합의에 있어 대미관계 개선과 남북한관계 개선을 공식적으로 연계시키는 데 부정적인 입장을 보였을 뿐만 아니라, 경수로 건설에 있어서도 한국형 경수로 및 한국의 주도적 역할에 대하여 적극적으로 반대하였다. 한국형 경수로의 수용은 원자로에 의한 향후 에너지사업에 있어 한국에 종속을 초래할 뿐만 아니라 명분상 체제의 유지에 결정적인 위해를 가할 수 있다는 점에서 북한의 반발은 충분히 이해될 수 있다. 북한은 한국형 경수로 대신 러시아형, 독일형, 그리고 미국형 등을 대안으로 제시했으며 만일 받아들여지지 않으면 제네바합의와 함께 동결된 영변의 5MW급 원자로를 재가동하겠다는 위협도 했다. 경수로협상이 타결된 배경에는 이러한 북한의 주장이 상당히 반영되어서 미국이 경수로 건설과 관련하여 전반적인 책임을 지는 한편 한국은 부분적인 참여를 보장받았다.

이 협상의 타결로 인하여 미국은 북한이 제네바 합의문을 파기할 수 있는 여지를 제거한 반면, 이제 더 이상 북한과의 직접적인 대화의 지속이라는 굴레를 벗어나서 향후 대북 경수로 지원문제를 KEDO에 이양함으로써 북한의 대미관계 개선에 대해 우려를 표명했던 한국의 입장도 충분히 고려한 셈이 되었다. 결국 제네바합의와 경수로협상 타결로 이어진 일련의 상황 전개는 북한, 미국 그리고 한국 간에 실리와 명분을 둘러싼 타협이 가져온 산물이었다.

경수로 합의문에 따르면 경수로의 명칭 및 노형과 관련하여 "북한에 제공될 경수로 노형은 KEDO가 선정한다"고 밝힘으로써 한국형임을 직접적으로 명시하지 않고 간접적으로 한국의 입장을 반영했다. 여기서 '간접적'이라고 표현한 이유는 KEDO의 설립협정에 "1천MW 용량의 한국표준형 원자력발전소형 경수로 2기 제공을 목적으로 한다"고 규정하고 있기 때문에 경수로 선정을

KEDO에 일임한다는 것은 사실상 한국형 경수로를 암시하고 있기 때문이다. 더구나 경수로 합의문에는 경수로 노형과 관련하여 "2개의 냉각재 유로를 가진 1천MW급 가압경수로 2기" 및 "현재 생산 중에 있는 개량형"이라는 표현이 있기 때문이다. 이러한 표현은 사실상 한국형 경수로를 암시하는 것으로서 한국표준형인 울진3·4호기가 1천MW급 경수로 가운데서 세계에서 유일하게 2개의 냉각제 유로를 갖고 있으며, 또한 건설 중에 있음을 고려해 보면 동 합의문이 지칭하는 경수로 명칭 및 노형이 한국형임을 파악하는 데에는 무리가 없다고 할 수 있다.

이러한 시각은 한국이 강력히 주장했던 한국형 경수로와 한국의 중심적 역할이 경수로 합의문에 실질적으로 명기되지 않았다 하더라도 한국형 원자로를 분명히 지칭하는 기술적 표현이 동 합의문에 나타나 있고, 또한 북한이 계속하여 반대해 왔던 한국형 경수로를 실질적으로 받아들이기로 했다는 점을 감안하면 경수로협상이 결코 한국에 불리하게 타결된 것은 아니라는 입장을 대변하고 있다.

이러한 인식의 배경에는 한국이 북한에 경제적 실리를 주는 것을 두려워할 필요가 없으며, 경수로협상의 타결이 초래하는 북한의 개방화는 정치 위주의 북한체제를 경제중심의 체제로 변화시키며, 또한 이러한 과정은 곧 북한의 독재사회를 허무는 데 공헌함으로써 이것이 장래에 보다 발전되고 민주화된 북한을 끌어안는 평화적 통일과정이라는 시각이 자리하고 있다.

한편 경수로협상의 타결에 대한 낙관적 입장과는 달리 비판적 입장도 상당한 공감대를 형성하고 있다. 비판적 시각은 경수로 합의문이 한국형과 한국의 중심적 역할을 사실상 인정했다는 주장에 대해 반론을 제기하고 있으며, 또한 향후 동 합의문의 이행을 위한 계약이나 협상이 KEDO와 북한 간에 이루어지지만 주요한 결정은 미·북 간에만 이루어지기 때문에 한국은 경수로 건설비용의 대부분을 부담하면서도 독자적인 목소리를 낼 수 있는 입지확보에 실패했다는 점을 지적하고 있다.[25)]

25) 대북 경수로 지원에 있어 경수로 공급 비용에 관해서는 제네바 합의문 등에 구체적으로 언급되지 않고 있으나, 총비용이 40억~50억달러 정도가 될 것이고 그 중에서 한국이 70%, 일본이 20%, 그리고 미국이 10% 정도를 부담할 것으로 알려져 왔다. 한편 경수로 사업의 주 계약자인 한국전력이 1996년 7월 개략적 사업비가 약 50억달러로 산정된 원

먼저, 경수로 합의문은 북한의 체면을 살려주기 위해 한국형에 대해서는 언급하지 않고 한국형 경수로가 사실상 미국업체가 개발한 경수로의 개량형이라는 식으로 표시되어 있고, 미국 기업이 공사 감리를 맡게 된다는 것을 언급하고 있는 반면, 남·북한관계 개선과는 연계시키지 않고 있다는 점을 주목할 필요가 있다. 이 점은 향후 북한이 한국형 경수로를 거부할 수 있는 명분을 제공할 수 있다. 즉 동 합의문에는 경수로와 관련하여 "미국의 원설계와 기술을 발전시킨…"이란 표현이 들어 있으며, 울진3·4호기가 미국 컨버스천 엔지니어링사의 CE80 모델을 1백 가지 설계·변경해서 탄생되었다는 점에서 볼 때 북한이 이 문구에 근거하여 '미국형 경수로를 받는다'는 역설을 할 여지를 남겼다고 할 수 있다.

다음으로, 경수로협상의 타결로 인하여 KEDO가 대북 경수로 주역으로 등장했으며 이에 따라 KEDO는 경수로사업의 재정조달 및 공급, 경수로 노형 선정, 북한과의 경수로공급협정의 체결, 경수로 부지조사, 경수로사업 수행의 주계약자 선정 및 경수로사업 이행 전반에 대한 감리 등 경수로 제작을 제외한 전 과정을 사실상 담당하게 되었다.[26] 이와 함께 동 합의문에 의하면 KEDO는 미국 주도하에 사업을 담당하고, 미국은 경수로사업에서 북한과 주 접촉선 역할을 수행하며, 그리고 미국 국민이 KEDO 대표단 및 작업반의 대표가 된다는 것을 명시하고 있기 때문에 경수로사업에 있어 한국이 미국의 협조 없이 독자적인 역할을 수행한다는 것은 현실적 제약을 무시한 주장일 수밖에 없다.[27]

따라서 북한이 공식 접촉선을 KEDO로 국한하고 남북한간 실질적인 대화를 기피한다면 KEDO 내에서 한국의 협상능력은 모호한 상태로 남을 수 있기 때문에 경수로사업 이행은 근본적인 난관에 봉착할 가능성이 있다.[28] 그 이유

전기술비용 내역서를 KEDO에 제출함에 따라 분담비율을 둘러싼 한·미·일 간의 협상이 구체화될 전망이다. 「국민일보」 (1996. 7. 16).

26) 특히 경수로협상에서 합의된 프로그램 코디네이터(PC)가 한국의 경수로 공급주체와 북한측 간의 직접 접촉의 여지를 차단할 소지가 있다는 의심을 받고 있다.

27) 한국형 경수로와 한국의 중심적 역할과 관련하여 한국전력과 원자력연구소 간에 노출되었던 일련의 갈등은 한국 내에서 비판적 시각이 공개적으로 제기되었다는 점에서 주목을 받았다. 「동아일보」 (1995. 7. 25).

28) Larry A. Niksch, "The Agreed Framework: View from Washington", in Tae-Hwan Kwak and Thomas L. Wilborn, eds., *The U.S.-ROK Alliance in Transition*(Seoul: Kyungnam University Press, 1996), pp.146~147.

는 대북 경수로 지원사업에 있어 비용의 대부분을 부담해야 할 한국으로서는 미국측이 그 중심적 역할을 할 경우 한국민들을 설득할 명분이 없기 때문이다.

더구나 경수로합의에 비판적인 입장은 경수로 합의문이 그대로 지켜진다면 적어도 경수로가 완성되는 2003년까지는 현재의 구도가 그대로 이어지며, 한국이 요구하고 있는 남·북한관계 개선은 북한이 하고 싶으면 하고 하기 싫으면 그만 둘 수 있는 상황으로 이어진다는 점에서 사실상 경수로협상의 타결에서 한국의 입장은 상대적으로 경시되었으며 미·북 간의 이해관계가 조화를 이루었다는 점을 강조하고 있다.

이러한 관점에서 볼 때 미·북관계 개선은 한국과 미국 간의 공조체제에 갈등을 제공함으로써 한국을 외교적으로 소외시키는 효과도 얻고 있다. 경수로협상과 이후 전개될 미·북 연락사무소의 개설 등을 통해 북한이 미국으로부터 체제의 정통성을 확보하고 미국의 자본과 기술을 유치하여 경제난을 타개한다면 한국에 대한 경제적 및 외교적 열세를 만회할 수 있는 계기를 마련할 수 있다.[29] 게다가 경수로 건설비용을 둘러싼 한국, 미국, 그리고 일본 간의 갈등은 현실화되기 마련이기 때문에 시간이 지남에 따라 북한은 부수적으로 외교적 이득을 얻을 수 있다. 그렇게 되면 북한이 향후 남·북한관계에서 정통성과 주도권을 확보할 수 있을 뿐만 아니라 탈냉전시대에 들어서면서 북한에게 불리하게 전개되었던 동북아의 국제질서를 반전시킬 수 있는 여지를 확보한 셈이다.

이와 더불어 북한으로서는 특별사찰의 수용, 핵시설 해체 등 제네바합의를 이행하는 문제가 경수로 건설의 진전과 연관되어 있는 이상 한국형 경수로 문제를 다시 쟁점화하는 등 의도적으로 특정 조건을 부과하면서 경수로 건설을 지연시킴으로써 합의 이행의 시점을 자신에게 유리한 시기로 조정할 수 있다. 더구나 북한은 경수로 주요 부품이 이전되는 시기 전까지인 향후 4~5년 동안은 자신들의 핵시설 동결 이외에는 특별히 이행할 사안이 없는 반면, 미국측은 이 기간 동안 경수로 건설을 위한 세부적인 사항을 진척시켜야 되고, 중유공급 문제를 해결해야 되며 그리고 상호 연락사무소 개설 등을 이행해야

29) 김계동, "경수로협정 타결과 남북한관계", 『월간 통일경제』, 제14호(1996. 2), 11~12면.

한다. 결국 북한은 제네바합의 이후 경수로가 완공되는 10년 또는 그 이상의 기간 동안 핵카드를 유지할 수 있다.

이와 같이 미·북관계 개선을 통하여 북한이 얻을 수 있는 정치적 효과를 고려해 볼 때 경수로협상의 파기는 북한이 선택할 수 있는 대안 중에서 가장 가능성이 희박한 것이다. 따라서 북한으로서는 대북 경수로 지원이 '트로이 목마'가 되는 것을 막는 방안만 확보한다면 제네바합의의 순조로운 이행을 통해 대미관계 개선을 강화하는 것이 탈냉전시대에 있어 생존하기 위한 최선의 전략이 되는 셈이다.

북한이 제네바합의를 통해 핵무기 개발을 동결하고 경수로협상에서 한국형 경수로를 사실상 받아들인 이면에는 이러한 정치적 이해관계가 작용했으며, 북한으로서는 이러한 상황을 최대한으로 이용하여 경수로협상의 타결 이후 부속의정서 등의 협상에서 KEDO에 큰 문제를 제기하지 않았다. 바꾸어 말하면 북한의 입장에서 향후 경수로 건설의 진척에 있어 정치적 기대 효과가 예상보다 작다고 판단할 경우 경수로 건설과 관련하여 타결된 합의문이 단지 휴지 조각으로 변할 가능성은 항상 존재하는 셈이다. 게다가 중요한 것은 이러한 정치적 기대효과를 판단하는 주체는 한반도 주변국가들이 아니라 변덕스런 북한의 지도층이라는 점이다.

경수로협상 타결에 대한 이러한 입장의 차이는 향후 한국의 대북정책을 수행함에 있어 갈등의 기반을 제공할 뿐만 아니라 미국을 중심으로 한 한반도 주변세력들의 첨예한 이해관계의 대립을 조장할 수 있는 여지를 남기고 있다는 점에서 경수로협상 타결은 단지 북한의 핵무기 보유를 억지한다는 단계를 넘어서 한반도 문제의 국제화를 심화시킨 계기로서 작용하게 되었다.

(2) 경제적 효과

1994년 10월에 타결된 제네바 합의문에서 북한은 핵무기 개발을 동결하는 대신 경수로와 중유를 공급받고 대미관계 개선을 약속받았다. 북한은 핵활동을 동결하며 경수로 2기가 완공되는 시점에 핵시설을 파기하는 한편 경수로 건설의 상당 부분이 완성되고 주요한 핵부품이 인도가 되기 전에 2개의 핵폐기물 시설에 대한 IAEA의 사찰을 받는다는 것이다. 그 대신 북한은 2003년까지 약 1천MW 용량의 경수로 2기를 공급받으며, 25MW 원자로의 가동 중단과 50MW 및 200MW 원자로의 건설 중지를 보상받기 위해 경수로 건설이 완공되기 전까지 1995년도에는 15만톤, 그리고 1996년도부터 매년 50만톤의 중유를 무상으로 공급받기로 되어 있다. 미국은 약 40억달러에 해당하는 대북 경수로를 재정적으로 지원하기 위하여 KEDO를 설립할 것을 공언했으며, 클린턴 대통령은 1994년 10월 20일에 경수로 지원과 중유 공급을 보장한다는 서한을 김정일에게 전달했다.[30)]

북한은 과거 냉전시대에는 소련과 중국으로부터 매년 100만톤 이상의 원유를 수입하였으나 1991년 이후에는 거의 중단됨에 따라 심각한 원유난을 겪고 있는 상황에서 1996년부터 매년 50만톤씩 중유를 공급받는다는 것은 경제난에 획기적인 기여를 할 것으로 판단된다. 한편 1994년 10월 제네바합의에 따라 1995년도 중유 제공분 15만톤, 즉 합의문 체결후 3개월 내에 공급하기로 되어있는 5만톤 및 1995년 10월까지의 공급 분량인 10만톤의 중유는 이미 제공되었다.[31)]

그러나 적어도 대북 중유 제공을 전담할 것으로 기대되었던 미국이 1996년도 중유 제공분 50만톤에 대한 비용을 완전히 확보하지 못한 상태에서 한국과 일본 등 각국에 비용의 분담과 관련하여 협조를 요청하고 있는 실정이다. 한편 한국은 중유 비용의 부담에 대해 거부를 명확히 하고 있는 반면, 일본은 북한과의 수교를 촉진하기 위한 맥락에서 일정한 정도의 비용 부담을 수용하는 자세를 취하고 있으며, 미국은 비용 충당의 일환으로 유럽연합(EU)의 KEDO 가입을 권유하고 있다.[32)] 따라서 북한이 기대하는 중유공급 문제는 미국의 적극적인 노력에도 불구하고 관련 국가들의 입장이 조정되지 못한 상태

---

30) 제네바 합의문 내용 및 경수로 건설과 중유 공급을 보장하는 클린턴 대통령의 서한에 관해서는 Zachary S. Davis, et al., *Korea: Procedural and Jurisdictional Questions Regarding Possible Normalization of Relations With North Korea*, CRS Report for Congress(November 29, 1994), pp.10~13 참조.

31) 처음 5만톤은 미 국방부 예산으로, 그리고 추가 10만톤 중 7만톤은 미 의회에서 승인받은 예산으로 충당했으며, 나머지 3만톤은 KEDO가 부담했다. 박영호, "대북 경수로 지원 문제에 대한 미국의 입장", 『월간 통일경제』, 제14호(1996. 2), 21면.

32) 유럽연합의 KEDO 가입은 중유 비용의 확보라는 측면에서는 긍정적이지만, KEDO 내에서 대북 경수로 지원사업 전반에 걸쳐 한국의 발언권이 상대적으로 약화된다는 부정적인 측면도 무시할 수 없다. 박영호, 위의 논문, 21~23면.

이며 향후 갈등의 소지를 다분히 내포하고 있다.

미국은 지난 1950년 이래 북한을 적성국, 테러지원국, 인권침해국 등으로 규정하고 무역, 투자, 금융, 그리고 재정 등 거의 모든 분야에서 대북한 경제교류에 제한을 두었다.[33] 그러나 1980년대 후반 미국은 한국이 사회주의 국가들과 관계 개선의 의지를 피력하고 북한에 대한 전향적 조치를 천명함에 따라 그리고 북한을 국제사회의 일원으로 끌어들일 필요성을 절감한 나머지 해외자산통제규정 및 수출관리법 등의 일부를 개정하여 대북한 제재조치의 극히 제한적인 일부를 완화하였다. 그러나 북한의 핵무기 개발 의혹으로 말미암아 이 같은 대북 화해조치는 더 이상 진척되지 못하고 중단되었다.

한편 제네바협상은 합의문이 타결된 이후 3개월 내에 미국이 무역 및 투자 제한을 완화하기로 되어 있는데, 미국은 1995년 1월 20일에 제네바 합의문을 준수하기 위해 제1단계 대북 경제제재 완화조치를 제한된 범위 내에서 단행하였다. 그 내용은 ① 여행, 언론취재와 통신, ② 금융거래, ③ 특정 품목(마그네사이트)에 대한 교역 허용, 그리고 ④ 원자력 분야 사업 등 4개 부문에 걸쳐 있으며, 관련 법규의 개정 없이 대통령의 행정명령만으로 이루어졌기 때문에 상징적인 조치로서 받아들여졌다. 한편 경제제재 완화 이후 1995년 2월에는 모토롤라, 시티뱅크, 스탠튼그룹 등 미국의 11개 다국적기업의 대표단이 대북한 진출을 위한 타당성조사를 나진·선봉지역과 평양 등에서 실시했으며, 특히 스탠튼그룹은 1995년 10월말까지 네 번이나 나진·선봉지역을 시찰하고, 미 재무부로부터 대북 경제활동에 관한 인가를 받아 가동이 중단되어 온 나진·선봉지역에 있는 화력발전소와 정유공장을 북한과 공동운영 중인 것으로 알려지고 있다.[34] 게다가 1995년 4월 10일에 AT&T사는 일본의 국제전신전화회사를 중계자로 하여 미국, 일본, 북한을 연결하는 상용전화를 개통하였다.

---

33) 미국의 대북한 경제제재의 근거는 1950년 한국전쟁으로 인한 적성국교역법(Trading With the Enemy Act), 그 시행령인 해외자산통제규정(Foreign Assets Control Regulation), 수출관리법(Export Administration Act), 그리고 해외원조통제법(Foreign Assistance Control Act) 등에서 찾을 수 있다. 한편 이러한 포괄적인 제재 외에 미국이 북한에게 최혜국대우지위(Most－Favored－Nation Status)를 거부하고 일반특혜관세(Generalized System of Preferences)를 부여하지 않음에 따라 북한의 대미수출은 제한을 받고 있다. 이 점에 관해서는 Davis, et al., suora note 30, pp.21~31 참조.

34) 최수영, “미·일 대북 지원정책의 효과”, 『통일연구논총』, 제5권 1호(1996), 129~130면.

이 같은 미국의 대북한 경제적 진출은 경수로협상의 타결 등으로 더욱 촉진되었다.[35] 미국은 북한의 식량난 악화로 인한 급속한 붕괴가 미국의 국익에 도움이 되지 않는다는 판단하에 북한을 국제사회의 일원으로 나서도록 개방을 유도하는 정책을 현실화했다. 이러한 인식은 1996년 2월 2일 미국의 대북한 식량지원 방침으로 드러났으며, 1996년 3월 5일 해외자산통제규정의 일부 개정으로 이어져서 대북한 인도적 지원을 위한 유엔 및 국제적십자사로의 기금 공여와 관련한 모든 거래가 허용되었다.[36]

이처럼 미국의 대북한 경제적 진출은 활발해지고 있으나 적성국교역법 등에 의한 전반적 수출금지는 여전히 유효한 상태이기 때문에 미국 기업의 대북한 진출 및 북한의 대미수출이 활성화되기 위해서는 대폭적인 경제제재의 완화가 필요한 실정이다. 그러나 미국의 대북 식량난 지원과 제2단계 경제제재의 완화는 한국측과의 시각차 해소를 필요로할 뿐만 아니라 공화당이 주도권을 갖고 있는 미 의회의 견제를 극복해야 한다는 점에서 클린턴 행정부의 대북한 지원을 통한 북한의 경제난 타개는 상당한 시일이 걸릴 수밖에 없다. 게다가 제2단계 경제제재 완화조치가 시행된다고 하더라도 미국 기업의 직접투자 금지, 수출신용 제공 금지 등의 조치가 유효하기 때문에 미국의 제재수단에 있어 핵심적인 요소는 여전히 그 위력을 발휘하게 된다.[37]

이러한 맥락에서 볼 때, 북한이 미·북관계 개선을 통해서 직접적으로 얻고자 했던 중유 확보와 경제제재 완화는 제한된 범위에서 그 목적을 달성하고

35) 1995년도 미국의 대북한 수출은 5백만 6천달러로 급증하였으며, 이 가운데 옥수수가 421만달러(84.1%) 그리고 디젤유가 48만 3천달러(9.7%)를 차지했다. 이는 북한의 식량위기가 한반도 안정에 부정적 영향을 미칠 수 있다는 미국의 정책 전환과 맥락을 같이하고 있다. 이 점에 관해서는 최수영, 위의 논문, 130~132면 참조.

36) 미국은 1995년 9월에 유엔 및 민간봉사기관을 통해 2만 5천달러를 그리고 1995년 10월에 유엔아동기금(UNICEF)을 통해 추가로 20만달러를 북한에 제공했으며, 이어 세계식량기구(WFP)를 통해 1996년 3월에는 2백만달러 그리고 1996년 6월에 620만달러를 북한에 지원한 바 있다. 미국의 대북한 식량지원은 북한 식량난의 심각성에 대한 미국 정부의 우려를 반영하고 있다. 최수영, 위의 논문, 130~131면.

37) 미국의 제2단계 경제제재 완화의 내용은 ① 미국 해외 현지법인의 대북투자 허용, ② 대북 수출허용 품목 확대, ③ 선박 및 전세기의 북한입국 허용, ④ 미국 은행을 통한 송금 허용, ⑤ 미국인 여행자의 북한내 신용카드 사용 허용 등 본격적인 교류 확대에 대비한 지원적인 성격을 띠고 있다. 미국의 대북 제재조치의 현황에 관해서는 김국신, "미국의 대북 지원정책 결정배경과 향후 전개방향", 『통일연구논총』, 제5권 1호(1996), 73~75면 참조.

있다. 이와 더불어 미·북관계 개선을 통한 직접적인 경제적 효과와는 달리 간접적인 경제적 효과도 무시할 수 없다.

1993년 3월 북한의 NPT 탈퇴선언과 1994년 7월 김일성의 사망으로 인한 한반도 정세의 불확실성은 북한과 일본의 교역에 부정적인 영향을 끼침으로써 양국간 교역은 매우 위축되었다. 그러나 1994년 10월 제네바합의 및 1995년 6월 경수로협상의 타결 등 미·북관계 개선이 가속화됨에 따라 일본의 대북한관계 개선은 구체화되었다. 과거 냉전시 북한의 주요 교역 상대국은 소련, 중국, 동유럽 순서였으나 1995년에는 일본, 중국, 한국의 순서로 나타나고 있다. 특히 일본은 북한과의 교역량이 1994년에는 4억 9천만달러로 중국(6억 2천만달러) 다음으로 2위를 기록했으나 1995년에는 5억 9천만달러로 20%가 증가하여 중국(5억 5천만달러)을 넘어서서 최대 교역국으로 부상하였다. 게다가 북한은 식량난을 해결하기 위해 1995년에 일본으로부터 50만톤의 쌀을 지원받았다.

한편 북한과 일본은 식민지통치에 대한 배상문제 등에 관하여 합의를 도출하기 쉽지 않기 때문에 양국이 수교협상에 이르기까지 난관이 예상되지만, 미·북관계 개선으로 북·일수교를 위한 국제적 제약요인은 상당 부분 해소된 이상 미국이 북한에 연락사무소를 설치하는 시점에 일본은 북한에 연락사무소나 무역대표부를 설치할 가능성은 충분히 예상할 수 있다.[38] 이렇게 되면 북한은 미국뿐만 아니라 일본의 자본과 기술을 도입하여 경제난을 타개하는데 새로운 계기를 마련할 수 있다.[39] 게다가 미국과 일본은 자본과 기술의 제공을 통한 대북한 영향력 확보를 위해서 경쟁관계에 돌입하기 때문에 북한이 얻을 수 있는 경제적 혜택은 기대 이상으로 상승할 수가 있다. 따라서 북한은 개방에 따른 체제 손상을 막기 위해 적어도 한국의 대북한 경제적 진출에 일정 기간 동안 제동을 걸 수가 있다.

결국 북한이 추구하는 최선의 시나리오는 한국의 대북한 진출을 제한된

---

38) 김용호, 『북한의 경제외교 전개방향과 우리의 대응책』 정책연구시리즈 95－10(외교안보연구원, 1996. 7), 19~20면.

39) 북한으로서는 미국보다 일본에 접근하는 것이 현실적으로 더 이득이 많다는 주장도 있다. 서대숙, "북한의 외교정책과 일본", 『월간 통일경제』, 제4호(1995. 4), 83~84면.

범위 내에서 받아들임으로써 미국과 일본으로 하여금 자본과 기술의 대북한 투자에 있어 정치적 제약요인을 약화시키고, 나아가서 대북한 영향력 확보를 위한 미국과 일본의 각축을 유도함으로써 북한이 경제적 이득을 최대한으로 취하면서 한국에 대한 배제전략을 지속적으로 견지하는 것이라고 할 수 있다. 다시 말하면 북한의 전략은 탈냉전시대에 있어 개방이 불가피하다면 개방을 통하여 전략적으로 한·미·일 간의 갈등을 유발함으로써 경제적 효과를 극대화하는 것이다.

2) 미·북관계 개선의 한계

북한은 대미관계 개선을 통한 정치적 및 경제적 효과를 극대화하는 전략을 추구하고 있는 한편 대미관계 개선이 가져올 부정적 영향을 극소화해야 하는 어려움에 직면해 있다. 한편 미·북관계 개선을 제약하는 요인으로서 북한측 요인, 남·북한관계, 그리고 한반도 주변4강의 역학관계를 들 수 있다.

(1) 북한측 요인

미·북관계 개선에 있어 제약요인은 북한 체제의 안정을 저해하는 측면, 즉 대미관계 개선을 추진과정에서 발생할 수 있는 북한 지도층의 노선갈등, 그리고 대미관계 개선의 후유증으로서 제기될 수 있는 북한사회의 체제이반 현상의 심화라는 관점에서 분석될 수 있다.

북한이 대미관계 개선을 순조롭게 추진하는 데 장애가 되는 요인은 북한 체제 내부에서 찾을 수 있으며, 그 중에서 미·북관계 개선을 둘러싸고 전개되는 북한 내부의 정책적 견해의 차이를 들 수 있다. 그렇다면 북한 내부에 군부를 중심으로 한 강경한 보수파와 경제 테크노크라트를 중심으로 한 온건한 협상파가 존재하며, 그리고 이들 간에는 갈등이 존재하는가?[40] 이러한 의문에

40) 앨리슨은 외교정책의 결정에 있어 '합리성(Rationality)모델,' '조직(Organization)모델' 그리고 '관료정치(Bureaucratic Politics)모델'의 3가지 유형을 제시한 후, 정책결정은 흔히 생각하는 합리적인 사고에 의한 산물이 아니라 관련된 조직들의 목표 및 정책결정의 입장과 이해관계의 영향을 받음으로써 결국 타협의 형태로 나타나게 된다는 것을 쿠바 미사일 사건의 사례 분석을 통하여 주장했다. Graham T. Allison, *Essence of Decision: Explaining the Cuban Missile Crisis*(Boston, MA.: Little, Brown and Company, 1971). 이런 점에서 볼 때, 북한 내부에도 정책결정에 있어 강·온파가 있느냐의 존재 여부는 앨리슨의 이론을 검증할 수 있는 사례로서 그리고 북한의 개방 문제를 접근하는 데 있

대해서는 견해가 대립되고 있다.

북한체제 내에서 강·온노선의 갈등을 인정하는 입장에서는 북한의 개방이 부분적일지라도 일단 이루어지면 이념적 강경론자들보다 실용적 온건주의자들의 역할이 증대되며, 이 과정에서 필연적으로 겪게 되는 강·온노선의 갈등은 체제의 존속에도 영향을 줌으로써 대외관계에도 결정적 변수로서 역할을 한다는 것이다. 반면 이러한 시각과는 달리 북한은 김정일을 중심으로 체제가 공고화되어 있기 때문에 정책적 혼선은 김정일의 전략적인 선택일 뿐 강경파와 온건파 간의 정책적 타협의 산물로서 파악해서는 안된다는 입장을 견지하고 있다. 더구나 김정일이 북한의 군부를 장악하고 있는 한 개방을 둘러싼 갈등의 여지는 없다는 것이다. 이러한 시각은 김정일체제를 과거 김일성시대의 연장으로서 간주함으로써 북한의 정책을 냉전시대에 있어서와 다름없이 이해하고 있다는 점이 특색이다.

이러한 맥락에서 볼 때, 북한 내부의 강·온파간 대립의 존재 여부는 탈냉전에 들어서면서 북한의 주변정세가 불리하게 진행되고 있는 상황에서 북한이 선택한 개방정책의 본질에 대한 의문으로서 귀착된다고 할 수 있다.

탈냉전시대의 북한은 본질적으로 변화하고 있는가? 이 문제에 대해서는 크게 두 가지 관점이 대립하고 있다. 첫 번째 관점은 대미관계 개선을 통한 북한의 개방정책을 긍정적으로 보는 시각으로서 북한은 경제난과 국제적 고립을 타개하기 위해 개방은 필연적이며 미국뿐만 아니라 일본, 심지어 한국과의 교류도 불가피하다는 주장을 하는 반면, 두 번째 관점은 북한의 개방에 대한 회의적인 시각, 즉 북한체제의 특성상 개방을 하더라도 근본적인 변화는 있을 수 없다는 주장을 하고 있다.[41)]

전자의 경우와 같이 북한의 지도층이 자발적으로 개방의 필연성을 인정하고 대미관계 개선을 추진하고 있다면 주변국들, 특히 한국에 대한 북한의 정책도 바뀌게 마련이기 때문에 급작스런 개방이나 폐쇄정책보다는 점진적인

어 유용한 이론적 틀로써 고려될 수 있다.

41) 북한의 대미관계 개선 등 개방정책을 본질적인 변화로서 파악하는 내용에 관해서는 Chong-Sik Lee, *supra* note 6 참조. 그리고 북한의 개방은 피상적인 변화이며 본질은 변하지 않았다는 주장에 관해서는 허만, "문민정부시대 북한의 대남혁명전략: 전략의 중단이냐, 지속이냐", 『북한연구』, 제5권 2호(1994년 여름), 166~195면 참조.

개방을 하도록 분위기를 조성하는, 나아가 북한을 지원하는 것이 바람직하다는 논리가 설득력을 갖는다고 할 수 있다. 그러나 후자의 경우와 같이 개방과 관련한 일련의 정책 변화가 단지 전략적 대응이며 본질적인 변화를 수반하지 않는 것이라면 북한의 대미관계 개선은 한국을 배제하는 전략을 한층 강화할 것이다. 군부를 중심으로 한 북한의 강경파는 북한의 개방화 물결에 제동을 걸지 않으면 미·북관계 개선이 대남 적개심 및 체제 결속력을 약화시킬 것을 우려하고 있다.

따라서 북한의 대미관계 개선에 있어 강경한 보수노선이 주도권을 장악할 경우 미·북관계 개선은 탈냉전의 상황에 단지 소극적으로 대처하는 전략적 선택, 예를 들면 주변상황이 호전되기까지 시간을 벌기 위한 수단으로 고려됨으로써 미·북관계 개선의 진척에는 제한이 강화될 것이며, 또한 언제라도 포기될 수 있는 성격을 갖게 된다. 한편 온건한 개혁노선이 부상할 경우에는 미·북관계 개선은 순조롭게 추진되겠지만 이 경우에도 북한체제의 특성상 강경노선의 견제를 어느 정도 받을 것이기 때문에 적극적인 대미관계 개선에는 한계에 봉착하게 마련이다. 더구나 북한으로서는 미·북관계 개선이 체제유지상 목적이 되는 것이 아니라 탈냉전의 위기 상황에 단지 적극적으로 대처하여 자신의 힘으로 주변상황을 호전시키고자 하는 전략적 시도라는 점을 주목할 필요가 있다.

결국 대미관계 개선을 둘러싼 북한 내부에 있을 수 있는 강·온노선 간의 갈등 여부는 탈냉전시대에 대한 해석 차이와 위기상황을 극복하려는 정책적 선택에서 비롯된 것이라는 점에서 공통분모를 가지고 있으며, 어느 노선이 주도권을 장악하더라도 미·북관계 개선의 진행에 있어 북한체제의 변화를 요구할 정도의 강력한 추진력은 사실상 기대하기 어려운 실정이다.

(2) 남·북한관계

미·북관계 개선은 한국의 입장을 고려하지 않고서는 순조롭게 추진될 수 없는 한계성을 지니고 있다. 1994년 10월에 타결된 제네바합의에 있어 북한이 공급받기로 되어있는 경수로 2기의 건설은 총비용의 대부분을 한국이 부담하기로 되어 있다는 점이다. 미·북관계 개선에 있어 미국과 북한이 이해관계의 일치를 보인다고 해도 북한이 보유한 흑연감속원자로를 포기시킬 수 있는 대가는 경수로 건설이며, 이는 북한의 대미관계 개선에 있어 핵심적인 사항임은 분명하다.

경수로협상의 타결에 이르는 일련의 협상과정에서 북한은 한국형 경수로의 수용 거부를 명백히 했으나 결국 경수로공급협정 및 부속의정서의 협상 등에서 한국형 경수로를 묵시적으로 인정하고 한국의 중심적 역할에 대해 노골적인 반대를 자제한 것은 이러한 배경에서이다.

이러한 북한의 태도의 변화에 대해 두 가지 해석이 나올 수 있다. 첫째, 경수로 건설과 관련한 합의사항을 구체적으로 이행하는 단계에서 까다로운 조건을 붙이거나 새로운 사항을 추가하여 합의 이행을 공전시킬 가능성은 항상 존재하지만,[42] 적어도 북한이 대미관계 개선을 통해 경제난 및 외교적 고립을 타개하여 체제안정을 보장받기 위해서는 미국만을 대상으로 해서는 안되며 협상과정에서 배제하고자 했던 한국의 존재를 사실상 인정해야만 하는 딜레마에 봉착하게 되었다. 둘째, 북한이 심각한 에너지난의 타개가 목적이었다면 1~2년 내에 해결될 수 있는 화력발전을 요구하지 않고 북한이 실질적 혜택을 받을 때까지는 약 10년이 소요되는 경수로 건설을 보장하는 제네바 합의문에 서명했다는 점은 경수로 건설이 초래할 재정적, 법적, 그리고 시간적인 문제 등을 모두 고려한 다목적인 포석이었다는 주장도 있다.[43]

한국의 입장에서는 비록 경수로 건설비용의 대부분을 부담하지만 대북 경수로 지원을 통해서 남북한 경제협력 및 교류의 획기적인 진전을 기대할 뿐만 아니라 북한의 충동적인 대남 무력도발 및 급작스런 붕괴를 막을 수 있는 계기를 마련했다. 경수로가 건설되는 기간 동안 수많은 한국인이 북한을 왕래할 것이며,[44] 북한의 노동자들도 경수로 건설에 많이 참여할 것이라는 점을

---

42) 경수로협상이 타결되었다 하더라도 북한은 새로운 조건을 내세움으로써 협상을 요구할 시점은 특별사찰 문제가 대두되는 약 4년후, 보관 중인 사용후 핵연료의 제3국 처분 문제가 등장할 때, 그리고 핵시설의 해체 문제가 대두될 때이다. 이러한 추가적인 요구조건을 수용할 경우 제네바합의의 완전한 이행을 위해서는 100억달러 이상의 비용이 들 수도 있다. 윤덕민, 앞의 주 17)의 논문, 29~31면.

43) 윤덕민, 앞의 주 17)의 논문, 24~25면.

44) 경수로 건설을 위해서는 연인원 2천여명이 북한에 유입될 것이고 건설공사가 본격적인 단계에 이르면 최대 5백여명 정도가 한꺼번에 유입될 수도 있다. 송영대, "북미 합의서

고려해 볼 때 자연스런 남북한 경제적 및 사회적 통합의 기반은 조성될 수 있다. 이와 더불어 통일이 되면 북한의 경수로는 통일한국의 소유가 될 것이기 때문에 대북 경수로 지원에 있어 투자되는 비용은 회수가 가능한 자산으로서 이해되고 있다.

한편 북한은 김정일체제의 생존전략으로서 대북 경수로 지원을 단순한 원자로공급협상이 아닌 체제보장의 차원으로 격상시키려고 하기 때문에 북한의 대미관계 개선은 순조롭게 진척되기 힘든 상황이다. 북한은 미·북관계 개선에 있어 의도적으로 한국을 철저히 배제하는 원칙을 고수해 왔다. 구체적으로 말하면 경수로협상시 협상 의제로서 평화협정 체결 문제와 주한미군철수 문제를 제기한 바도 있다. 한편 미국측으로서도 대북 경제제재 조치의 추가적 완화는 남북대화의 추진 등 남북한 경제협력의 진행속도와 밀접한 관계를 맺고 있다.[45] 따라서 북한이 한국을 배제한 채 대미관계 개선을 고수하고 있는 현실은 본질적으로 미·북관계 개선에 부정적인 영향을 줄 수밖에 없다.

(3) 주변4강의 역학관계

미·북관계 개선은 미국의 국내적 상황과 한반도 주변국들, 즉 일본, 중국, 그리고 러시아의 대한반도 정책에 의해 제약받을 수 있다. 먼저, 탈냉전에 들어서면서 북한은 더 이상 미국에 직접적인 위협이 되지 않는다는 관점에서 미국은 한·미 간에 어느 정도 피해를 감수하더라도 단지 북한의 핵무기 개발을 방지함으로써 보다 큰 미국의 국가이익을 보호하기 위해서 북한의 핵개발을 반드시 막아야 한다는 현실적 입장을 견지했다.

기본적으로 미국은 북한 핵문제를 한반도 문제가 아닌 세계적인 핵확산방지 차원에서 다루어 왔기 때문에 북한이 핵동결 약속을 준수하고 NPT체제에 남아 있는 한 경수로 문제는 부차적이라는 입장을 보이고 있다. 미국의 주요한 관심사는 경수로 문제의 해결 그 자체가 아니라 북한의 핵동결 준수라는 점을 인식할 필요가 있으며, 미국이 경수로협상에서 경수로 지원과 남북한관계 개선을 직접적으로 연계시키지 않았던 것은 이런 배경에서 였다.

성실한 이행, 남북관계 개선의 요체", 『월간 동화』(1994. 12), 88면.

45) 스티브 위크먼, "북미 경제관계", 『월간 통일경제』, 제7호(1995. 7), 39~40면.

그러나 이러한 미국의 대북 유화정책은 외교정책에 대한 초당적 대처라는 미국 내의 전통에 따라 겉으로는 민주당 및 공화당 양당 모두로부터 지지를 받고 있지만,[46] 중유 공급비용을 둘러싸고 갈등을 보였다. 제네바 합의문에 의하면 북한 핵무기 개발 포기의 대가로 지급되는 보상은 경수로와 중유라는 점이 이미 전술된 바 있다. 이 중에서 중유 공급비용은 미국이 전액 보상하기로 한 반면 경수로 건설비용은 한국, 일본 그리고 미국이 분담하기로 양해되었다. 그러나 1996년 클린턴 행정부가 신청한 중유 지원 예산이 2천 5백만달러에서 1천 3백만달러로 미 하원에서 삭감당함으로써 중유의 원활한 대북 공급에 차질을 가져왔다.[47] 이러한 현상은 미국민들이 내는 세금의 일부를 대북 경수로 지원사업에 기꺼이 사용하는 것을 주저하는 시각이 미 의회 내부에서 공화당 의원들을 중심으로 상당히 위력을 발휘하고 있다는 점을 시사하고 있다.

한편 1996년 11월 미국 대통령 선거를 앞둔 시점에서 민주당과 공화당 간에는 북한의 핵문제를 둘러싸고 대립의 양상이 심화되고 있으며, 이는 양당의 전당대회에서 채택된 정강정책에서 첨예하게 드러났다. 민주당은 제네바합의와 경수로협상 타결 등 클린턴 행정부의 대북 유화정책을 대통령 선거를 앞두고 주요한 외교적 업적으로 삼고 있는 반면, 공화당은 1996년 8월 중순 샌디에이고에서 채택한 전당대회에서 "북한의 핵확산금지조약 위반 행위를 미국민의 세금으로 충당되는 중유 및 경수로로 보상해 주려는 클린턴 행정부의 노력을 저지할 것"이라고 강조함으로써 양당은 북한 핵문제를 다루는 방법을 둘러싸고 시각차를 드러내었다. 그리고 이러한 양당의 시각차는 1996년 10월 6일 코네티컷주 하트퍼트에서 열린 제1차 대선후보 토론회에서도 이어졌다. 공화당의 밥 돌 후보는 클린턴 행정부의 대북한 유화정책이 동맹국인 한국을 소외시켰다고 비난했다.[48]

---

46) 외교정책에 대한 미 상·하원의 전통적인 초당적 대처에 대해서는 김유남, 『두 개의 한국과 주변국들』(훈민정음, 1996), 145~147면 참조.

47) 중유 공급 비용과 관련하여 미 하원에서 삭감된 액수는 결국 미 상원에서 원상대로 회복되었다. 마크 민턴, "U.S. Policy Towards North Korea", 『연합통신 주요자료전문집』, 제101호(1996. 10. 1), p.4.

48) 「경향신문」 (1996. 10. 8).

이러한 맥락에서 볼 때, 미·북관계 개선은 미국의 대통령 선거에 영향을 줄 수 있을 뿐만 아니라 대통령 선거의 결과에도 심각한 영향을 받을 수 있다는 점을 시사하고 있다.

한편 경수로 건설에 드는 비용의 대부분을 한국과 일본이 부담하도록 되어 있는 한 미국으로서는 경수로 지원과 관련하여 그다지 염려할 필요도 없는 실정이나, 만약 미국이 경수로 비용에서 기대했던 이상으로 과도한 부분을 지원해야 하는 상황이 온다면 미국의 국내정치 사정상 클린턴 행정부의 미·북관계 개선은 순조롭게 진행되기가 어려울 것임을 예측하는 것은 무리가 아니다.

미·북관계 개선이 제2차 경제제재의 완화 조치 및 상호 연락사무소 설치 등 미국측으로부터 호응을 받기 위해서는 한국전 당시 실종된 미군유해 발굴 및 송환, 미사일회담 등 미국과 북한 간의 현안 문제에서 북한이 성의 있는 태도를 보이는 것이 필수적이다.

북한은 1996년 4월에 미국과의 미사일회담에 임함으로써, 그리고 1996년 5월에 미국과의 미군유해 송환 문제를 일단 타결지움으로써 대미관계를 개선하고자하는 의도를 명백히 드러내었다. 특히 미국과 베트남 간에 타결된 베트남전쟁에서 실종된 미군유해 송환 문제가 1995년 7월에 있은 미·베트남관계 정상화에 큰 기여를 했음을 고려해 볼 때, 한국전쟁에서 실종된 미군의 유해 송환 문제는 미·북관계 개선에 있어 주요한 관심사항으로 파악될 수 있다. 이러한 추론의 배경에는 미국의 대베트남 관계와 대북한 관계에는 경제적 이해와 지리상 전략적 이익의 극대화라는 측면에서 공통점이 있다. 단지 차이점이 있다면 베트남은 형식적으로라도 자국을 변화시킴으로써 대미관계의 개선을 모색한 반면, 북한은 이와는 달리 상대적으로 경직성을 고수함으로써 미국의 포용정책을 강요했으며, 그리고 미국의 국내정치적 맥락에서 볼 때 대북한관계 개선은 대베트남 관계 개선에 비해 정치적 부담이 작다는 점을 특징으로 들 수 있다.[49)]

그러나 베트남의 경우 미·베트남 수교에 영향을 받는 미국의 동맹국이

---

49) 김성한, "미·베트남 수교 과정과 북미수교에 대한 시사점", 『월간 통일경제』, 제20호 (1996. 8), 28~29면.

주변에 없었던 반면, 북한의 경우 한국이 직접적으로 미·북관계 개선으로 영향을 받는다는 점 때문에 미국의 대베트남 관계 개선의 사례를 대북한관계 개선의 경우와 동일시 할 수는 없다는 주장도 설득력이 있기 때문에 미·북관계 개선의 진척을 미군유해 송환 문제 등 미·북간 현안문제의 타결 정도에 의해 추정한다는 것은 한계에 봉착하게 된다.

다음으로, 일본은 탈냉전에 들어서면서 한국이 중국 및 소련과의 수교를 맺고 또한 미국과 북한이 제네바합의에 도달함에 따라 한반도에 대한 영향력 면에서 주변 강대국들보다 뒤졌다는 인식을 갖고 독자적인 대한반도 영향력 확보를 모색하고 있다. 사실상 일본과 북한 양국은 1991년 1월부터 1992년 11월까지 이미 8차에 걸친 수교협상을 벌인 바 있다. 당시 북한은 심각한 경제난을 타개하기 위해 일본과의 관계 정상화를 추구했으나 북한 핵개발 의혹, 식민통치에 대한 배상문제, 전후 보상 문제, 이은혜 문제 등의 쟁점에 대해 의견의 일치를 보지 못했다.[50]

그러나 일본은 제네바 합의문이 타결됨에 따라 북한과의 국교정상화 협상 재개를 위한 환경이 조성되었다고 보고 대북한관계 개선에 적극적인 정책, 즉 대북한 경수로의 건설 지원, 연락사무소 설치, 경제협력 등을 전개해 나가고 있다. 북·일수교는 북한을 동북아 질서에 참여시킴으로써 북한의 개방화를 촉진시키는 계기가 된다는 점에서 긍정적인 측면이 있는 반면, 일본의 대남북한 등거리 외교는 북한의 남·북한관계 개선에 대한 필요성 인식을 약화시킬 수 있기 때문에 한국측으로서는 비판적인 입장을 견지할 수도 있다.[51]

남·북한관계 개선이 북한의 대미관계 개선에 있어 속도와 범위를 결정하는 데 주요한 요인임을 고려해 보면, 북·일관계 개선은 미·북관계 개선을 제약하는 역할을 할 수 있다. 북·일수교 협상 재개 움직임에 한국과 미국 양국이 부담을 느끼고 있다는 시각은 일본의 대남북한 등거리 외교가 초래할 수 있는 이러한 부정적 맥락에서이다.

---

50) 북·일 간에 8차에 걸친 수교협상에 있어 양측의 주장에 관해서는 배정호, "일본의 미·일안보체제 확대와 한반도" 『자유공론』(1996. 5), 78~79면 참조.

51) 김규륜 외, 『미국과 일본의 대북한 관계개선과 남북한관계』 연구보고서 94-02(민족통일연구원, 1994. 9), 55~57면.

더구나 일본은 경수로 문제에 있어 재정적 지원에 대한 합당한 지분을 요구할 가능성이 높기 때문에 향후 특정한 시점에서 북한 핵문제와 관련하여 지속되어 온 한·미·일 공조체제가 부분적으로 무너질 가능성도 배제할 수 없다. 한·미·일 공조체제의 와해는 경수로 지원 분담금을 둘러싼 갈등을 초래하고 대북 경수로 지원에 있어 결정적으로 부정적인 요인으로서 작용함으로써 제네바합의 자체를 위협하기 때문에 북한의 대미관계 개선뿐만 아니라 미국의 대북한 관계 개선에 있어서도 근본적인 수정이 불가피하게 된다.

한편 경수로협상이 타결됨으로써 미·일의 대북한 정책은 경수로 문제 타결 이전과는 달리 상대적으로 한국의 입장을 중시하지 않고 경쟁적인 대북한 유화정책을 펼침으로써 한반도에서 미·일 양국이 자국의 이익을 극대화하는 방향으로 나아갈 것이라는 전망도 무시할 수 없는 실정이다. 이렇게 되면 상대적으로 소외감을 느끼게 되는 한국은 제네바합의의 이행에 소극적인 태도를 보이게 되고, 이는 또한 미·일의 대북한관계 개선에 부정적인 영향을 줄 수 있다.

다음으로, 미·북관계 개선에 중국이 어떠한 영향을 주는가를 살펴보기 위해서는 중국과 북한의 관계를 탈냉전에서의 변화와 지속이라는 두 가지 시각에서 파악하는 것이 필요하다.

1950년 한국전쟁 당시 중국이 참전한 이후 그리고 1961년 군사동맹조약을 계기로 중국과 북한은 긴밀한 관계를 유지해 왔다. 한편 탈냉전에 들어서면서 1991년 구 소련이 붕괴됨에 따라 중국과 북한 간에는 경제적 상호의존도가 심화되기도 하였지만 1992년 중국이 한국과 수교함에 따라 중국과 북한 간의 관계는 심각한 변화를 맞이하게 되었다.

중국과 북한의 관계에 있어 변화는 필연적이라는 시각은 첫째, 중국이 현재 추진하고 있는 개혁·개방정책이 주위환경의 변화나 급격한 현상파괴로 인해 저해받지 않기 위해 한반도에서의 안정을 필요로 하며 남북한간의 군사적 긴장이나 정치적 대결은 중국에 도움이 되지 않는다는 인식을 반영하고 있다. 둘째, 북한의 전략적 중요성이 과거 냉전시대와는 달리 상당히 감소했다는 점, 즉 중국과 북한은 냉전 이후 공동의 적이 소멸한 시점에서 각자의 국익과 이해의 득실에 의해 한반도에서 급격한 현상 파괴가 없는 한 최소한의 선린관계를 유지하는 정책을 추구한다는 점에서 중국은 실리적 외교로의 전환을 취하고 있다. 그리고 셋째, 한국과 중국 양국 간에 점증하는 상호 의존도와 보완성은 자연히 양국간 안보상의 공동인식을 확대하게 되고, 이에 따라 중국의 대북한 군사 및 안보상의 협력관계 강화 필요성은 상대적으로 감소할 수밖에 없다는 관점을 들고 있다.

한편 중국과 북한의 관계를 탈냉전시대에 있어서도 여전히 긴밀하게 지속시키는 요인도 있다는 주장도 경시할 수 없다. 첫째, 중국은 한반도에서 평화와 안정을 유지하는 데에는 북한에 사회주의 체제를 존속시키는 것이 필수적이라는 인식, 즉 사회주의 체제의 붕괴로 고립감과 체제 위기감을 느끼고 있는 중국은 접경지역인 북한에서 정치적 및 경제적 혼란이 일어나는 것을 바라지 않을 뿐만 아니라, 북한체제 변화의 여파가 내몽고나 티베트, 대만이나 홍콩 등에 미치게 될 것을 우려하고 있다. 둘째, 중국은 자신의 통치체제에 대한 정당성을 확보하기 위해서도 북한에서의 사회주의 정당성을 인정할 필요가 있기 때문에 한반도 문제에서 미국이나 일본 및 러시아의 독자적 또는 중국을 배제한 세력들 간의 연합세력 구축 및 주도권 행사를 저지해야 한다는 입장을 견지하고 있다.

이와 같이 중국과 북한 간에 존속하고 있는 변화와 지속이라는 양면적 관점에서 중국은 경수로협상의 타결 이후의 대한반도 정책을 추구하고 있으며, 그 기조는 기본적으로 한반도 정세의 안정과 북한의 사회주의 체제 유지를 전제로 한 현상유지에 두고 있다고 할 수 있다.[52] 이 토대 위에 경수로협상 타결을 적극적으로 지지하고 있고 또한 북한의 고립화 탈피를 위해 북한의 대미·일 관계 정상화를 통한 한반도 교차승인을 선호하고 있다.

따라서 중국이 북한의 전략적 가치를 여전히 중요하게 여기고 있고 북한도 중국의 지지가 필요하기 때문에 북한의 대미관계 개선은 순조롭게 지속될 수 있다. 그러나 미·북관계 개선이 상호 연락사무소 설치 등과 같이 구체적으로 진행될 경우에는 중국의 대북한 정책은 변모할 수 있다는 점도 지적될 필요가 있다.

---

52) Weixing Hu, “냉전 이후 중국의 안보전략과 한반도에 대한 의미”, 『전략연구』, 제2권 (1994. 6), 16~19면.

첫째, 북한의 대미관계 정상화는 일본 등 서방국의 대북한 진출을 촉진시킴으로써 중국이 정치적 관점에서 대북한, 나아가 대한반도 영향력을 잃을 수밖에 없다는 점이다. 이러한 현실의 도래는 북한이 냉전 이후 유일한 지지국인 중국으로부터 벗어나 정치적으로 독자적인 역할을 모색할 수 있는 기반을 제공하며, 나아가 중국에 대한 비우호적인 세력으로 등장할 수 있는 여건을 조성한다는 것을 암시한다. 둘째, 북한이 대미관계 개선을 통해 경제적 이익을 확보하고자 하고 있다는 점에서 순조롭게 진행될 경우 북한의 대중국 경제적 의존도를 상대적으로 약화시킬 수 있다는 점이다. 중국의 입장에서도 냉전 이후 시장경제 체제의 도입으로 인하여 원유와 식량 등 북한경제에 필수적인 품목을 제외한 대북한 원조 성격의 경제교류가 감소하고 있는 상황에서 미국과 일본의 자본과 기술이 북한에 진출할 경우 중국의 대북한 경제적 영향력이 약화될 것은 명백하다.

이러한 맥락에서 볼 때, 미·북관계 개선에 대한 중국의 시각은 낙관적이지 못함을 알 수 있다. 미국의 대북한 진출을 일정한 한도 내에서 제한함으로써 중국은 대북한 정치적 및 경제적 영향력을 유지하기 위해 미국과 경쟁적으로 북한을 지원할 소지도 있지만, 중국의 체제 성격상 이념적 요소가 상대적으로 감소한 마당에서 대북한 지원의 지속적 추진은 한계에 처할 수밖에 없다. 결국 중국으로서는 미·북관계 개선을 통해 북한이 정치적 및 경제적으로 미국에 의존하는 상황보다는 북한의 생존이 최소한 확보된 상황에서 중국의 대북한 영향력이 상대적으로 크게 보장될 정도로 북한이 제한적인 대미관계를 유지할 것을 선호하고 있다.

마지막으로, 러시아는 냉전의 종식으로 구소련의 와해, 시장경제 체제로의 전환, 그리고 한국과의 수교 등 대북한관계에서 부정적 요인이 등장함에 따라 과거 냉전시대에 누렸던 양국 관계의 친밀성은 정치적 및 경제적 관점에서 지속되지 못하게 되었다.

러시아는 시장경제 체제를 도입한 이후 초래된 산적한 국내문제를 해결하기 위해 국내정치에 우선을 둘 수밖에 없기 때문에 자연히 동북아, 특히 한반도에서의 역할은 제한적일 수밖에 없다. 그러나 러시아는 북한 핵문제 해결과정에서 나타난 국제공조체제상의 소외감을 인식하는 바탕 위에 대북한관계 개선에 적극적인 정책을 추구할 필요성을 인식하고 있다. 미국과 일본이 대북한관계 정상화를 추구하고 있고 중국도 기존의 남북한 등거리 외교를 수행하는 데 반해 러시아만이 한반도 문제 해결에서 배제되고 있는 데 대해 불만을 갖고 향후 중국과 같이 보다 균형된 대한반도 정책의 추진을 고려하고 있다.

러시아는 미·북관계 개선이 가져올 미국의 대한반도 영향력 확대를 견제하는 한편, 한국에 대하여 북한카드를 사용하기 위해서라도 과거보다는 대북한관계 개선에 적극적인 정책, 예를 들면 무기부품 공급의 재개, 원유 등의 제공을 확대하는 방안 등을 추진할 가능성도 배제할 수 없다.[53)]

그러나 러·북 간의 대폭적인 관계개선은 그 가능성이 높지 않다는 점이 지적될 필요가 있다. 첫째, 러시아의 경제회복을 위한 자본과 기술의 공여는 북한보다는 한국경제의 활력과 잠재력을 필요로 한다는 관점을 들 수 있다. 둘째, 러시아의 경제이익 중시 외교정책은 북한의 군사·안보 중심의 외교정책과 본질적으로 괴리현상을 나타내고 있다. 셋째, 북한 핵문제 해결을 위한 유엔 안보리에 의한 제재조치에 러시아가 참여의사를 표명함에 따라 북한의 대러시아 불신은 더욱 악화되었다. 이로 인해 러시아의 대북한 적극적 정책은 그 역할이 제한적일 수밖에 없다는 주장은 설득력을 더하고 있다.

결국 러·북관계 개선 가능성의 정도는 러시아가 급격한 북한체제의 변화 및 붕괴를 원하고 있지 않다는 점에서 찾을 수 있고 그 방안은 대남북한 등거리 외교로서 특징지을 수 있다. 미·북관계 개선에 있어 러시아의 우려는 대한반도 영향력과 관련된 것으로서 시장경제 체제로 전환한 러시아가 경제적 측면에서 대북한 영향력을 다시 확보한다는 것은 어렵기 때문에 정치적 측면에서 대북한 영향력을 확보하기 위한 노력을 경주할 것이다. 그 방안으로서 러시아는 미국의 단독적인 대북한 진출에 제동을 걸고 유엔 등을 통한 다자적인 접근에 의존함으로써 대북한 영향력을 확보하고자 할 것이다.

---

53) 미국의 대한반도 영향력 확대를 견제하기 위해 러시아는 1994년 3월 한반도 긴장완화를 위한 8자회담(남·북한, 미국, 중국, 일본, 러시아, 유엔, IAEA)을 독자적으로 제안한 바도 있고, 1996년 4월에 한·미 양국이 제안한 4자회담에서 러시아가 소외된 데 대해 심각한 불만을 제기했다. *Korea Herald* (April 1, 1994) 참조 및 Valery I. Denisov, "Russia and the Problem of Korean Unification", in *Korean Unification Strategies for the 21st Century*, Conference Report(Seoul: The Institute for Far Eastern Studies, Kyungnam University, 1996. 5), pp.11~12 참조.

결국 제네바합의 및 경수로협상의 타결로 이어진 미·북관계 개선은 현실로서 등장하게 되었고 일본, 중국 그리고 러시아 등 한반도 주변국들은 미·북관계 개선에 대한 반발로서 대북한 유화정책을 추진하게 되었다. 이들의 대북한 정책이 한반도에서 영향력을 확보하기 위하여 상호 경쟁적으로 작용할 경우 미국의 대북한관계 개선은 더욱 촉진될 여지가 있으나 북한으로서는 대미관계 개선에 의지하지 않더라도 한반도 주변국들로부터 정치적 및 경제적 이익을 확보할 수 있는 계기를 확보한 셈이다. 이러한 맥락에서 볼 때, 북한은 미·북관계 개선에 있어 미국에 대하여 더욱 과도한 요구 조건을 부과할 수 있고 미국은 이를 거부함으로써 미국과 북한은 상당 기간 동안 긴장관계를 지속할 가능성이 있다.

한편 미·북관계 개선을 견제하기 위해 한반도 주변국들의 대북한 지원이 강화될 경우 남북한관계는 상대적으로 악화될 소지가 있다. 북한으로서는 남북한관계 개선을 대미관계 개선을 위한 분위기 조성이란 관점에서 추진했다면 더 이상 그러한 시도를 할 필요가 없는 셈이 된다. 따라서 소외감을 느끼는 한국으로서는 미국 및 주변국들의 대북한관계 개선에 비우호적인 입장을 견지할 것이고 결국 남북한관계의 개선이 없는 미·북관계 개선은 한계에 봉착할 수밖에 없다.

5. 한국의 대응방안

제네바합의 및 경수로협상의 타결로 이어진 미·북관계 개선은 북한의 핵동결 해제 위협으로 인한 한반도 내의 긴장국면을 해소시켰다는 점에서 큰 성과를 보였다. 다시 말하면 제네바합의를 통해 북한은 미국으로부터 경제적 및 안보적 보장을 받았다는 점, 그리고 경수로협상 타결 이후 한반도 주변국들로부터 남북한 등거리 외교를 확보받았다는 점을 고려해 볼 때 북한은 단기적으로는 탈냉전의 경제난과 외교적 고립을 극복하고 안정적인 체제유지를 위한 발판을 마련하였다고 할 수 있다. 한편 미국은 북한 핵문제를 해결함으로써 NPT체제의 유지라는 냉전 이후 최대의 관심사를 해결하는 외교적 성과를 올렸다.

이러한 관점에서 볼 때, 미·북관계 개선은 미국과 북한 양측에 상당한 이득을 안겨 주었으며, 제네바 합의문이 순조롭게 이행된다고 가정하면 미국과 북한은 상호 연락사무소 설치를 포함하여 종국적으로 정치적 및 경제적 관계를 완전히 정상화하도록 되어 있다.

그러나 1994년 10월 제네바 합의문이 채택된 지 약 2년이 지난 현 시점에서 판단해 보면, 북한이 제네바 합의문을 이행하면서 확보한 구체적인 정치적 및 경제적 효과는 상당한 것으로 평가할 수 있으나, 향후 전망이 불투명하다는 점에서 북한이 기대한 것에 미치지 못했으며 오히려 합의문 이행을 둘러싼 대내외적인 한계점이 두드러지게 나타나고 있다고 할 수 있다. 이러한 현상들은 북한의 대미관계 개선의 지속적 추진에 방해가 될 뿐 아니라 이에 대한 대책이 명확히 정립되어 있지 않다면 제네바 합의문 자체에 대한 회의감을 북한에 제공함으로써 북한이 제네바 합의문 이전의 상태로 회귀할 가능성도 배제할 수 없는 실정이다.

특히 북한은 여전히 체제 개방에 대한 불안감, 미국과의 직접협상을 통한 문제해결, 그리고 한국과의 교류 및 협력기피 등을 가지고 있다고 볼 때, 그리고 대북 경수로 지원에 있어 한국이 결정적인 열쇠를 쥐고 있다는 점을 고려해 볼 때, 남북한간의 직접 대화가 진척되지 않은 상황에서 제네바합의 이행과 관련한 구체적인 이행일정이 순조롭게 진행된다는 것은 예측하기 어렵다는 점이 지적될 필요가 있다.

북한이 우려하는 것은 미·북관계 개선이 중·장기적으로 불러올 수 있는 체제에 대한 부정적인 파급효과이다. 따라서 이러한 우려를 해소하는 데 대한 확신이 없다면 북한은 체제 생존을 위해서 미·북관계 개선을 재평가할 것이고, 이는 제네바 합의문에 대한 근본적인 회의감을 유발하게 된다.

따라서 북한이 대미관계 개선에 의존하지 않고 경제난 및 국제적 고립을 타개할 수 있는 방안이 있는가의 여부가 핵심적인 사안으로서 등장하게 된다. 북한으로서 이러한 평가를 하기 위해서는 제네바 합의문 타결이 가져 온 정치적 및 경제적 효과에 대한 냉정한 평가와 향후 전망에 대한 확신에서 출발할 수밖에 없다. 그러나 북한의 체제를 붕괴시킬 수 있는 사실상 유일한 세력은 한국이기 때문에 북한으로서는 한반도 문제에서 한국의 영향력을 축소시키기 위하여 한국과 한반도 주변4강의 연계성을 최대한으로 약화시키는 한편 북한 체제 내부의 결속을 위해서도 미·북관계 개선과 함께 부수적으로 수반되는 한국의 북한 진출을 최대한으로 저지할 수밖에 없다.

결국 북한은 과거 냉전시대에 가졌던 한국에 대한 배타성과는 성격을 달리한 한국에 대한 거부감을 갖는 것으로 파악할 수 있다. 중국과 소련의 지원을 받았던 냉전시대에는 한국을 의식할 필요 없이 한국을 거부할 수 있었지만 탈냉전시대에는 중국과 러시아의 일방적 지원을 기대할 수 없는 상황에서, 그리고 미국과 일본이 대북한 진출을 노리고 있는 실정에서 북한은 한국에 대한 배타성의 성격에 수정을 가할 필요가 있었다.

북한은 한반도 문제에 있어 한국을 배제시키기 위해서 한국을 일방적으로 배제하는 전략을 지속한다는 것은 과거 냉전시대와는 달리 북한의 생존에 심각한 위해를 미친다는 점을 인식했다. 따라서 북한으로서는 한국에 대한 완전하고 무조건적 거부감은 대미관계 개선에 부정적인 영향을 주는 반면 한국의 북한 진출에 대한 인정은 북한체제의 존립에 역작용을 주는 딜레마에 봉착해 있다. 남·북한관계의 개선을 통한 한국의 양해와 협력이 없이는 미·북관계 개선은 순조롭게 진척되기 어려운 실정이며, 북한은 제네바합의를 통한 대미관계 개선에 있어 이러한 관점을 과소평가한 경향이 있다. 한국을 배제하면서 체제의 위기상황을 타개하려는 북한의 대미관계 개선 전략은 결국 한국과의 관계 개선의 필요성 및 중요성을 오히려 부각시키는 결과를 초래했다.

북한이 이러한 딜레마를 벗어나는 길은 경수로 건설 과정에서 추가적인 요구, 예를 들면 추가적인 시설비용 및 미·북평화협정의 체결 등을 통하여 한·미 간의 견해 차이를 노출시킴으로써 한·미 간의 결속을 와해시키고, 나아가 미국이 남·북한관계를 미·북관계 개선과 연계시키지 않도록 하는 방안을 강구하든지, 아니면 북한이 한국의 대북한 진출을 제한된 범위 내에서 허용하는 대신 북한의 체제에 미치는 부정적 파급효과를 차단하는 적절한 조치를 취하는 것이다. 그러나 북한으로서는 한국의 대북한 진출이 실행될 경우 발생할 체제의 안정에 미치는 정치적 손실이 경제적 이득보다 더 클 것으로 판단됨으로 한국의 대북한 제한적인 진출 허용보다는 한·미 간의 이간책을 선택할 가능성이 크다.

북한은 집요하게 반대해 온 한국형 경수로와 한국의 중심적 역할을 경수로협상 등에서 허용하고 이어 경수로공급협정의 이행을 위한 부속의정서 등의 협상에서도 한국의 입장을 받아들이는 등 대북 경수로 지원 사업을 순조롭게 진척시키는 데 성의를 보인 바 있는데, 그 이면에는 대북 경수로 지원을 위한 분담금 협상을 둘러싸고 한·미·일 공조체제가 약화되고 경수로사업은 순조롭게 이행되지 못할 것이라는 맥락이 자리하고 있다.[54] 대북 경수로사업에 있어 이러한 북한의 유화적인 태도는 만일 대북 경수로 지원 등을 받음으로써 북한이 한·미·일 공조체제의 와해를 이끌어 내지 못한다고 하더라도 최소한 탈냉전시대에 적응하여 난국을 극복할 시간은 벌 수 있는 것이며, 또한 최악의 경우 제네바합의를 이끌어 내는 데 결정적 공헌을 했던 핵무기 개발을 다시 추진할 수도 있다는 점을 시사하고 있다.

결국 북한은 다시 취소할 수도 있는 제네바합의를 이용하여 중유 및 미국의 경제제재의 일부 완화 등의 부분적인 경제적 이득을 확보한 한편, 한·미·일 간의 공조체제를 와해시킬 수 있는 계기를 확보했다. 이러한 맥락에서 볼 때, 대북 경수로 지원은 북한에 의한 제네바합의의 파기에 의해서보다는 한·미·일 공조체제의 갈등에 의해서 순조롭게 이행되지 못할 가능성이 더 크다는 논리도 상당히 설득력 있게 제기될 수 있다.

그러면 경수로협상 타결에도 불구하고 여전히 남·북한관계 개선에 대해 거부감을 보이고 있는 북한에 대해 한국은 어떠한 정책적 대응을 해나가야 하는가? 한국이 택할 수 있는 정책적 방향은 본질적으로 크게 두 가지 관점에서 검토될 수 있다.

첫째, 한국으로서는 북한의 대미관계 개선에 제동을 거는 한편 북한이 대화의 상대로서 한국을 인정할 때까지 북한에 대한 외교적 고립을 강요함으로써 경제난을 더욱 악화시켜 북한 체제 내의 붕괴나 아니면 적어도 체제변화를 유발하는 방안이 있을 수 있으며, 이는 한국과 미국 내의 보수층의 의견을 반

---

54) 한·미·일 3국은 어느 측도 제네바합의 이후 비용 분담과 사업 참여 문제에 대해 공식적인 입장을 밝힌 바 없다. 그러나 경수로협상이 타결되고 부지 인수 및 서비스 의정서가 채택되면 사업 규모 및 비용 분담 비율을 확정하는 작업은 불가피하게 이루어져야 한다. 따라서 이 문제와 관련하여 한·미·일 간의 갈등이 심각해지고 있다. 「조선일보」(1996. 9. 3).

영하고 있고 '붕괴촉진론'으로 특징지워진다. 둘째, 북한의 대미관계 개선을 지원함으로써 북한이 국제사회의 책임 있는 일원으로 등장하기를 기다리는 방안으로서 북한에 대한 '안정협조론'의 입장을 반영하고 있다.[55]

그러나 북한의 생존전략이 한·미 간의 결속력 약화에 초점을 두고 있다는 주장을 받아들일 경우 붕괴촉진론이나 안정협조론의 극단적인 주장은 현실감이 약한 처방일 수 있다. 왜냐하면 이러한 논쟁 자체가 북한이 추구하고 있는 한·미 간의 이간에 동조하는 역할을 할 수 있기 때문이다.

그러면 한·미 간의 결속을 강화하기 위해서 한국으로서는 어떠한 방안을 고찰할 수 있는가? 이러한 의문점은 미·북관계 개선을 보는 한국의 시각과도 직결되고 있다. 탈냉전에 들어서면서 미국은 한반도 문제에 대해 냉전시대에 보였던 관점과 달리하고 있다는 점에 주목할 필요가 있다. 구체적으로 말하면 북한은 더 이상 미국의 안보에 직접적인 위협이 되지 못하고 있는 반면 한국으로서는 북한이 자포자기식 무력도발을 감행할 가능성이 더욱 높아졌다는 인식을 하고 있다는 점에서 탈냉전시대의 한·미간 공조체제는 냉전시대와 비교하여 본질적인 차이를 보이고 있다. 더구나 미국의 입장에서는 북한의 붕괴는 한반도 통일과 연계되기 때문에 한반도 통일의 시점과 통일 이후의 전략을 고려해야 하는 단계에 도달했다.

따라서 한반도 문제를 보는 미국의 변화된 입장을 냉전시대 이후 지속되어 온 한·미 공조체제의 연장으로 한국이 본다면 심각한 무리가 있을 수 있다. 미국은 제네바합의가 이루어진 직후 미·북수교에 있어 한·미동맹의 변화에 대한 연구를 한 바 있다.[56] 이처럼 미국의 대한반도 정책에서 북한은 더 이상 적대적인 국가가 아니며 향후 정치적 및 경제적으로 밀접한 관계를 유지

---

55) 붕괴촉진론과 안정협조론의 큰 차이점은 김일성 사망 직후 개최되었던 국회 외무통일위에서 한승주 장관과 노재봉 의원 간에 있었던 논쟁에서 첨예하게 드러난 바 있다. 이 점에 관해서는 국회사무처, 『제169회 임시국회 외무통일위 제2차회의록』 (1994. 7. 12), 8~10면 및 15~19면 참조.

56) 미 의회조사국은 정전협정을 평화협정으로 대체하는 문제는 법적으로는 미국과 북한 간의 사안이며 한국의 참여 여부는 정책적 고려사항으로 분석하고 있으며, 그리고 주한미군의 철수 문제는 한국과 미국의 상호방위조약에 당사국 일방이 일년 전에 통고할 경우 조약이 종료될 수 있다는 규정이 있기 때문에 법적으로 제재를 받는 사안이 아니며 단지 정책적인 문제임을 지적하고 있다. Davis, et al., *supra* note 30, pp.17~19.

해야 할 국가로서 파악하고 있다. 반면 한국은 한반도의 안정이 냉전시대보다 더욱 위태롭게 된 탈냉전시대에 있어 북한의 위협에 대처해야 한다는 점에서 한·미 공조체제의 필요성이 더욱 절실한 실정이다. 한편 북한의 위협에 대처하는 한·미 간의 시각차이는 대북 쌀 지원을 둘러싼 한·미 간의 갈등에서 첨예하게 드러났다. 미국은 북한의 식량난 위기가 위급한 상황이기 때문에 국제적 지원이 시급하다고 파악한 반면, 한국은 북한의 식량난이 북한 내부의 조정으로 충분히 타개가 가능하다고 주장했다.[57]

한편 미국으로서는 대북한관계 개선에 있어 남북한관계 개선에 큰 비중을 두지 않을 수 있으나, 대북 경수로 지원에 있어 한국의 비용 부담을 고려해 볼 때 남북한관계 개선을 북한에 요구해야 할 입장이다. 이러한 관점에서 한국으로서는 한·미 공조체제를 재검토한 바탕에서 미·북관계 개선을 평가할 필요가 있다. 다시 말하면 한·미 간에는 북한체제의 안정적 변화를 유도해야 한다는 점에서 공통분모를 갖고 있지만 북한 정세에 관한 인식, 대북정책의 추진방향 및 우선순위, 그리고 남북한관계 개선의 중요성 등에는 견해차이가 있다.[58] 한·미 공조체제는 이제 구체화된 손실과 이득의 계산서에 의해 재평가되어야 하는 것은 이러한 시각에서이다.

이러한 점을 고려해 볼 때, 한국은 대북 경수로 지원에서 비용의 분담이 대미관계에서 중요한 지렛대 역할을 한다는 점을 인식하고 미국에 대해 분담금 지원을 전략적으로 요구해야 한다. 미국은 대북 경수로 지원에서 중유 비용을 제외하고는 경수로 건설과 관련된 비용을 지불하지 않겠다고 주장하기

---

57) 한국측은 1995년 북한의 곡물생산량을 345만톤, 1996년도 곡물수요량을 673만톤으로 추정하고 있으며, 22% 감량 배급시 부족량을 233만톤으로 추산하고 있다. 그러나 약 70만톤 정도의 해외 도입분과 기타 원조량을 감안해 볼 때, 북한의 식량 부족분은 대략 100만톤 정도로 추정되고 있다. 따라서 한국측은 여름철 구황작물과 비축미(120만톤) 등을 고려해 볼 때, 북한의 식량난을 비관적으로 보지 않는다. 반면 미국측은 북한의 식량 부족분이 약 100만톤 정도라는 점에 대해서는 동의하지만 대규모 및 무조건적인 식량 지원의 필요성을 강조하고 있다. 한국측 주장에 관해서는 김용재, "대북한 식량 추가 지원과 남북 관계", 『월간 통일경제』, 제19호(1996. 7), 41~42면 참조 그리고 미국측 주장에 관해서는 Larry A. Niksch, "미·북관계와 미국의 대한반도 정책", 『북한정세 변화와 주변 4국의 대한반도 정책』 제5회 국제학술회의 발표논문집(민족통일연구원, 1996. 5. 17), 69~70면 참조.

58) 박영호, "남북관계 개선을 위한 대북정책 방향", 『월간 통일경제』, 제17호(1996. 5), 39~40면.

때문에[59] 과도한 비용 요구는 클린턴 행정부를 곤경에 빠뜨릴 수가 있다. 반면 미국이 경수로 건설에 적절한 비용을 분담하지 않는다면 한국민들의 불만을 야기시킴으로써 경수로 건설비용에서 한국의 역할은 크게 제한될 것이다.

따라서 경수로 건설비용의 분담을 둘러싼 협상에서 한·미·일은 3국간 협상의 시점과 분담 비율의 책정이 대북 경수로 지원의 성공 여부를 결정하는 핵심적인 단계가 될 것이기 때문에, 한국은 적어도 협상의 시점을 결정함에 있어 유리한 장소와 시간을 선택해야 할 것이다. 그리고 경수로 공급비용 분담의 비율 문제에 있어서도 한국은 협상에서 우위를 점할 수 있기 때문에 미·일로부터 경수로 비용 문제뿐만 아니라 그 밖의 사안에 있어 대폭적인 양보를 이끌어 내도록 해야 할 것이다. 한국이 단지 우려할 점은 이러한 협상에서의 과도한 요구가 한·미·일 공조체제에 있어 손상을 줌으로써 북한에 제네바 합의문의 파기를 위한 명분을 제공하지 않도록 하는 점이다.

경수로협상 타결시 한국형 경수로 및 한국의 중심적 역할에 관한 한국 내의 비판적 입장은 이미 전술된 바 있지만, 북한이 미국을 주 접촉선으로 설정한 이상 향후 모든 협상에서 미국을 상대로 하고자 할 것이다. 그리고 북한은 미국측 기업을 프로그램 코디네이터로 선정하여 경수로의 설계, 제작, 그리고 시공 과정에서도 한국을 가급적 배제할 것으로 판단되고 있다. 따라서 한국으로서는 경수로 건설비용을 대부분 제공했기 때문에 한국형 경수로 및 한국의 중심적 역할을 고수해야 한다는 주장을 함에 있어 이러한 주장이 북한으로 하여금 한·미 간의 결속 약화로 판단하지 않도록 사전에 신중한 대미협상이 요구된다. 물론 한국으로서 미국의 요구를 수용하는 나약한 태도를 보일 것이 아니라 미·북관계 개선에 임하는 미국의 입장도 충분히 파악하여 대등한 관계에서 외교적 전술이 요구된다고 하겠다.

북한은 정전협정의 평화체제로의 전환 및 주한미군 문제 등을 대미관계 개선을 추진하는 과정에서, 그리고 북한체제의 내부결속을 위하여 필요할 경우에 수시로 제기할 것으로 판단된다. 이와 관련하여 북한의 의도가 한·미 간

---

59) 미 국무부 마크 민턴 한국과장은 1996년 9월 12일 상원 외교위 동아태소위에서 행한 대북정책에 관한 증언에서 경수로 건설비용에는 재정적으로 공헌을 하지 않지만 대북한 중유 공급을 위한 KEDO의 모금활동에는 참여할 것이라는 발언을 했다. 마크 민턴, *supra* note 47, pp.4~5.

의 이간을 전제로 한 문제 제기임을 충분히 고려하여 대처할 필요가 있는 한편, 오히려 이 문제들을 먼저 제기함으로써 북한의 의도를 사전에 봉쇄함으로써 향후 북한이 사용할 카드를 무력화시킬 수 있는 방안도 고려할 필요가 있다.[60]

북한이 이 시점에서 가장 필요로 하는 것은 대내적으로 체제가 안정될 때까지 — 그래서 한국과의 체제 경쟁에서 우위를 점할 수 있을 때까지 — 필요한 시간과 외부로부터 제공되는 경제적 지원일 것이다. 따라서 한국에 대한 거부감을 북한이 여전히 보이고 있는 현실에서 직접적인 한국의 대북접근은 적어도 단기적으로는 바람직스럽지 않을 수도 있다. 그리고 한반도 주변4강은 이러한 북한측 의도를 파악하고 충분한 대북한 지원을 할 채비를 갖춘 것으로 파악되고 있다.

이러한 맥락에서 한국이 이러한 국제적 분위기에 순응함으로써 북한으로 하여금 국제사회에 책임 있는 일원으로 나서기를 도와 줄 것인지 — 그렇게 되면 한국은 경수로 건설에 엄청난 비용 부담을 하면서도 그 과정에서 한반도 문제에 있어 주요한 행위자로서 인식되지 않을 수도 있는 상황을 받아들여야 하는데 — 아니면 한국의 독자적인 목소리를 냄으로써 미·북관계 개선을 둘러싼 한반도 주변국들의 대북 유화정책에 제동을 걸 것인지 — 그렇게 되면 경수로 건설은 일정대로 진척되지 않고 북한의 경제난 등은 악화됨으로써 북한 내부의 체제붕괴 요인들이 분출할 것인데 — 에 대한 명확한 정책적 확신을 가지는 것이 무엇보다도 중요하다고 할 수 있다.

한국으로서 대북 강경노선을 채택하는 것은 주변4강으로부터 대북 경수로 지원을 위한 협상에서 정치적 양보를 확보하기 위한 전략적 수단으로써 고려될 수는 있으나, 이는 북한 내부의 온건파 입지를 약화시키는 한편 주변4강,

60) 한국 외교는 종래의 수세적 또는 즉흥적 대응주의로서 외교적 난국을 극복할 수 없다는 가정하에 북한측 의표를 찌르는 동시에 남북한 관계의 전기를 마련할 수 있는 전략적 공세주의를 외교의 지침으로 삼아야 한다는 주장도 제기되고 있다. 특히 미·북평화협정을 저지하기 위해 휴전협정의 일방적 파기(이 경우 주한미군은 유엔사 성격을 배제하는 것이고 주한미군의 존재 의의는 정전협정이 아니라 한·미동맹의 맥락에서 정당화될 수도 있다) 문제도 신중히 고려될 필요가 있다. 이 점에 관해서는 문정인, "국제질서 개편과 남북관계의 재평가－전략적 공세주의를 위한 제언", 『월간 통일경제』, 제5호(1995. 5), 67~70면 참조.

특히 제네바합의의 틀을 훼손하지 않으려는 미국의 이해관계와 일치하지 않기 때문에 이득보다는 손실이 더 큰 것으로 평가된다. 그리고 한국이 북한의 붕괴를 전략목표로 삼지 않는 한 북한이 군사적 모험주의를 포기하고 다른 선택을 할 수밖에 없는 분위기를 조성하는 것이 무엇보다도 중요하며, 대북 강경노선의 채택도 이러한 전략적 목적을 달성하기 위한 일시적인 수단으로써 고려될 수는 있다.

그러나 이러한 정책적 선택에 대한 확신이 서 있다 하더라도 북한 내부의 상황 변화는 한국 및 주변4강의 힘으로 통제하기 힘들다는 점을 인식해야 한다. 그 이유는 한반도 주변4강의 대북한 유화정책은 북한이 체제 생존에 대한 확신을 가질 때에만 실효성이 있기 때문이다. 그 필요조건은 적어도 한·미 간의 결속이 상당히 약화되는 상황을 의미하며, 그렇지 않을 경우 북한의 대미관계 개선은 근본적으로 그 방향을 달리할 소지가 있다.

북한의 체제 안정화 정도와 한·미 간의 결속 정도는 상호 관련성이 있다는 주장은 이러한 맥락에서 타당성을 갖고 있다. 과도한 한·미 공조체제의 강화는 북한의 체제 불안정성을 노정시킴으로써 북한의 대미관계 개선 동기를 약화시키는 한편 북한으로 하여금 핵무기 개발을 재개하고자 하는 유혹을 강하게 불어넣을 것이다. 반대로 한·미 공조체제의 약화는 상대적으로 북한으로 하여금 대미관계 개선에 적극성을 불어넣음으로써 체제의 안정성에 자신감을 부여하게 되며 이 경우에는 한국은 미·북관계 개선의 범위 및 속도에 우려를 보일 것은 명확하다.

따라서 한국으로서는 우선 북한의 대미관계 개선에 대한 명확한 입장을 가지는 것이 중요하며, 만약 한국의 대북정책의 기조가 미·북관계 개선을 통한 북한의 개방을 추구한다면 한·미 공조체제의 부분적 약화 현상은 크게 우려할 바가 아니며, 오히려 북한의 대미관계 개선을 촉진시킬 수 있기 때문에 전략적으로 한·미 간의 갈등을 표면적으로 조장하여 이러한 갈등을 북한의 대미관계 개선을 위한 유인책으로써 이용할 필요도 있다. 이 경우에는 한·미 간에 사전에 이러한 상황에 대해 견해가 조정되어야 하는 것은 자명하다.

한편 미·북관계 개선에 있어 미국의 대북한 영향력 확보를 저지하기 위해 한반도 주변국들은 대북한 유화정책을 경쟁적으로 펼 가능성이 크며, 이

점은 미·북관계 개선에 장애가 될 가능성이 높다고 앞서 지적한 바 있다. 그리고 주변국들의 이러한 시각은 미국이 대북한관계 개선을 통해서 영향력을 확보하는 데 대하여 한반도 주변국들이 미·북관계 개선을 견제하기 위한 반작용으로 채택한 정책이라는 특징을 보이고 있기 때문에 미·북관계 개선은 미·북수교에 이르기까지 순조롭게 추진되기 어려운 실정이다. 그러나 북한은 대미관계 개선을 추진하는 단계에서 주변국들이 보여주는 이러한 이해관계의 차이를 이용하여 주변4강으로부터 정치적 및 경제적 이득을 취할 수 있다는 점이 충분히 검토될 필요가 있다.

한국으로서는 북한이 미·북관계 개선을 통해 이처럼 정치적 및 경제적 이득을 취하는 것을 감내해야 되는가, 아니면 주변국들과의 외교적 교섭을 통해 이를 저지해야 하는가 하는 정책적 문제의 선택에 직면하게 되었다. 따라서 미·북관계 개선은 한국이 미국의 대북한관계 개선을 단지 양해함으로써 대응할 사안의 차원을 떠나 주변국들의 정책도 동시에 고려해야만 하는 복잡한 사안으로서 다루어져야 할 필요가 있다. 다시 말해서 북한의 대미관계 개선을 허용함으로써 북한을 개방화시키는 한편 무모한 대남 군사적 도발을 억제하려는 한국의 시도는 단지 한·미관계의 재정립이라는 차원을 넘어서 한반도 주변국들의 이해관계가 첨예하게 대립되는 단계에 접어들게 되었다. 미·북관계 개선을 통하여 북한체제의 변화를 유도하고 나아가 한반도 통일을 목표로 하고 있는 한국으로서는 미·북관계 개선이 필연적으로 가져오는 한반도 문제의 국제화가 심화되는 상황에서 한반도 문제에서 주도권을 잃지 않으려는 외교적 노력이 더 한층 요구된다고 하겠다.

6. 결 론

북한은 대미관계 개선을 통하여 체제안정을 바라고 있으나 이 과정에서 북한 내부로부터 나타날 수 있는 체제안정에 주는 역작용은 어느 정도 감수할 준비가 되어 있으며, 그러한 희생의 대가로 한반도 주변국들로부터 경쟁적인 유화정책을 확보했다. 따라서 북한은 한국을 배제한 상태에서 대미관계 개선을 달성할 수 있다면 제네바 합의문을 이행한다는 명목으로 경수로 건설이 완공되는 2003년까지는 체제 생존을 유지하고 남북한관계에서 일방적 열세를 만회할 수 있는 기반을 확보했다.

이러한 관점에서 볼 때, 북한으로서 가장 바람직한 상황의 전개는 대미·일 수교를 이룸으로써 경제적 및 정치적 난국을 타개하는 것이며, 최악의 상황은 제네바합의를 파기하고 다시 그 이전의 상태로 복귀하여 핵무기개발계획을 추진함으로써 한반도에서 긴장상태를 지속시키는 것이다.

만일 전자의 상황이 도래한다면 한반도는 주변4강의 교차승인이 현실화됨으로써 한반도 문제에서 남북한이 독자적인 목소리를 낼 수 있는 기반이 약화되며, 주변4강의 대한반도 등거리 정책으로 인하여 북한의 대남 침공이나 북한의 체제붕괴 위험은 감소하는 반면 남북한관계는 상당 기간 동안 긴장이 지속될 것이다. 이렇게 되면 대북한관계 개선에서 우위를 점한 미국의 대한반도 영향력이 강화되고 한반도에서 현상(Status Quo)의 유지를 바라는 주변4강의 이해관계가 공통점을 찾는 반면, 남북한관계의 개선을 추구함으로써 궁극적으로는 한반도 통일을 바라는 한국의 이해관계는 상대적으로 그 중요성이 약화되는 결과를 낳게 된다.

반면 만일 후자의 상황이 도래한다면 북한의 자포자기식 대남도발의 욕구를 부추킴으로써 한국은 북한의 군사적 도발 방지에 최우선 순위를 두어야 하며, 한반도 주변4강은 북한의 붕괴로 인한 동북아에서 태동될 새로운 국제질서의 재편에 관심의 초점을 두게 될 것이기 때문에 한반도 문제에 대한 주변4강의 이해관계가 심각한 갈등이 드러나게 된다. 이렇게 되면 한반도 문제에서 한·미동맹의 강화가 주요한 이슈로서 제기될 것이기 때문에 한반도 문제에 있어 미국이 주도적인 역할을 할 여지가 많다고 할 수 있다.

따라서 동북아에서 미국이 주도권을 확보하기 위해서는 제네바합의의 순조로운 이행을 통해서 대북한 영향력을 강화하는 방안이 있을 수 있다. 그러나 만일 주변국들의 견제로 미국이 동북아에서 주도권을 확보하지 못한다면 주변국들과 한반도에서 다소 균형된 영향력을 공유하든지 아니면 제네바합의의 파기를 유도함으로써 다시금 한반도에서 영향력을 확보할 수 있는 여지를 확보한 셈이다. 한국으로서는 미국이 한반도 문제에서 핵심적인 위치를 보장받고 있다는 점을 깊이 인식할 필요가 있다.

미국은 통일한국에서도 여전히 정치적 영향력을 행사하기를 원한다는 관점에서 한·미동맹 체제의 지속을 요구할 것이지만 북한이란 특정 적대국이 사라진 상황에서 그 성격은 큰 변모를 보일 수밖에 없다. 그 이유는 북한의 위협이 사라진다면 주한미군의 존재 이유는 지역안보를 제외하고는 한국과 미국 양 국민들에게 정당화하는 데 어려움을 느끼게 되기 때문이다. 그러나 일본은 강대해진 통일한국에 대한 두려움으로 인하여 미군의 지속적인 한반도 주둔을 통해 적절한 균형자로서의 역할을 담당할 것을 바라고 있다. 반면 중국은 장기적으로 한반도에서 미군의 존재를 자국이 모색하는 새로운 동북아 정치질서에 방해물로 인식할 수도 있지만, 일본의 군사적 및 정치적 대국화를 견제한다는 의미에서 단기적으로는 통일한국에 미군이 주둔하는 것을 반대하지 않을 것이다.[61] 이와 함께 러시아는 자본주의 체제로의 전환이 가져온 후유증을 극복하고 나면 한반도에서 과거 냉전시대에 누렸던 영향력을 되찾기 위해 주변국들의 세력균형을 통해 대한반도 정책에 적극적으로 간여할 것이다.

이와 같이 미국이 한반도에서 핵심적인 조정자 역할을 한반도 통일 이전이나 혹은 이후에도 할 것이라는 맥락에서 볼 때, 한국으로서는 미·북관계 개선에 대한 정책적 선택, 즉 미·북관계 개선을 지원해야 하는가 아니면 억제해야 하는가의 기로에 선 셈이며, 이는 단지 대북 경수로 지원이라는 차원을 떠나 통일 이후의 동북아 역학관계에도 영향을 주는 사안이기 때문에 중·장기적인 국제정치적 시각에 입각한 분석을 필요로 한다.

먼저, 미·북관계 개선을 지원해야 하는 경우는 한국이 대북 경수로 지원에 있어 분담금의 적극적 지원 등 북한의 대미관계 개선에 있어 우호적인 분위기를 조성한다는 것을 의미하는데, 이는 북한의 대남 군사적 도발의 억제 및 갑작스런 붕괴를 막는다는 한국의 전략적 목적을 충족시킬 수는 있다는 점에서 바람직하지만, 반면 북한의 생존능력을 고양하고 나아가 한국과 대등한 능력을 갖출 수 있는 기회를 제공한다는 의미에서 통일한국의 수립에는 상당한 시간을 요하게 되는데, 한국이 이러한 우려를 받아들일 때 가능하다. 따라

61) Fei-Ling Wang, "Chinese Perception of the U.S.-ROK Alliance", Tae-Hwan Kwak and Thomas L. Wilborn, eds., *The U.S.-ROK Alliance in Transition*, pp.90~91.

서 한국으로서 주변4강의 대북 유화정책에 동조할 경우 이에 부수되는 긍정적 및 부정적 영향을 명확히 파악하는 것이 중요하다.

다음으로, 미·북관계 개선을 억제해야 하는 경우는 대북 경수로 지원 등에서 소극적 및 부정적으로 대응함으로써 그리고 미국의 대북한관계 개선을 남북한관계 개선과 연계시킴으로써 제네바합의의 순조로운 진행을 막는다는 것을 의미하는데, 이는 종국적으로 북한의 대남 군사적 도발과 갑작스런 붕괴를 조장한다는 점에서 그리고 한국과 주변4강과의 외교적 갈등을 초래한다는 점에서 한국으로서는 신중하게 고려해야 할 사안이다. 단지 한국이 이 방안을 모색해야 할 시점은 한반도 문제가 미·북수교로 진행되는 시점에서 북한이 여전히 한국배제 전략을 고수하여 남북한관계 개선을 거부할 때, 핵무기 동결과 관련하여 제네바 합의문이 명시한 구체적 이행의무를 북한이 거부할 때, 그리고 한반도 주변4강이 대북 유화정책이 심화됨으로써 한국이 한반도 문제에서 심각한 고립감을 느낄 때이다.

북한이 대미관계 개선을 추진하는 근본적인 배경에는 북한이 경제적 및 외교적 난국을 타개함으로써 체제의 안정을 도모하는 것이며, 이를 위한 최선의 방안이 대미관계 개선에 있다는 관점에서 만일 미·북관계 개선이 김정일 체제의 안정에 위해가 된다면 북한으로서는 언제든지 대미관계 개선을 포기할 수 있다는 논리가 가능하다. 그러나 대미관계 개선을 포기할 경우 북한의 체제는 정치적 및 경제적 관점에서 대내외적인 곤경에 처할 것은 명백하다는 점에서, 북한의 대미관계 개선을 통해 한반도 문제의 국제화는 심화되었다는 점에서, 그리고 북한의 핵카드는 이미 그 효용성이 상당히 상실되었다는 점에서 북한이 제네바 합의문 채택 이전의 상태로 복귀를 결정하는 것은 사실상 쉽지 않은 실정이다.

따라서 한국으로서는 미·북관계 개선에 있어 외교적 주도권을 확보하는 것이 중요하며, 미·북관계 개선이 가져오는 단기적인 이해관계의 이득과 손실을 떠나 중·장기적으로 미·북관계 개선이 한반도 통일에 미치는 영향을 고려하여 대응방안을 모색하는 자세가 필요하다.

참고 문헌

Bibliography

고재남. 『러시아의 대북한 정책과 한국의 대응』 정책연구시리즈 95-8. 외교안보연구원, 1996. 6.

국회사무처. 『제169회 임시국회 통일외무위 제2차회의록』, 1994. 7. 12.

금희연. "중국의 대한반도 시각 변화와 4자회담". 『월간 통일경제』, 제20호, 1996. 8.

김계동. "북한의 대미정책". 『국제정치논총』, 제34집 2호, 1994. 12.

______. "경수로협정 타결과 남북한관계". 『월간 통일경제』, 제14호, 1996. 2.

김국신. "미국의 대북지원 정책 결정배경과 향후 전개방향". 『통일연구논총』, 제5권 1호, 1996.

김규륜 외. 『미국과 일본의 대북한 관계개선과 남북한관계』 연구보고서 94-02. 민족통일연구원, 1994. 9.

김성주. "주변국들의 대한반도 정책과 남북한관계". 『외교』, 제38호, 1996. 6.

김성한. "미·베트남 수교 과정과 북미수교에 대한 시사점". 『월간 통일경제』, 제20호, 1996. 8.

김용재. "대북한 식량 추가 지원과 남북관계". 『월간 통일경제』, 제19호, 1996. 7.

김용호. "남북기본합의서 채택과정과 북한의 정책결정구조". 『사회과학과 정책연구』, 제15권 2호, 1993. 6.

______. 『북한의 경제외교 전개방향과 우리의 대응책』 정책연구시리즈 95-10. 외교안보연구원, 1996. 7.

김유남. 『두개의 한국과 주변국들』. 훈민정음, 1996.

문정인. "국제질서 개편과 남북관계의 재평가-전략적 공세주의를 위한 제언". 『월간 통일경제』, 제5호, 1995. 5.

민족통일연구원. 『세계주요사건일지』(1994. 10. 1－1996. 9. 30).
박영호. "대북 경수로 지원 문제에 대한 미국의 입장". 『월간 통일경제』, 제14호, 1996. 2.
______. "남북관계 개선을 위한 대북정책 방향". 『월간 통일경제』, 제17호, 1996. 5.
박재규. 『북한핵문제와 남북한관계의 전망과 대응』 연구보고서 94－1(No. 11). 경남대 극동문제연구소, 1994. 5.
배정호. "일본의 미·일 안보체제의 확대와 한반도". 『자유공론』, 1996. 5.
백진현. "북미수교시 한국의 대미정책". 『국방논집』, 제32호, 1995년 겨울.
서대숙. "북한의 외교정책과 일본". 『월간 통일경제』, 제4호, 1995. 4.
송영대. "북미합의서 성실한 이행, 남북한관계 개선의 요체". 『월간동화』, 1994. 12.
외교안보연구원. 『1996년도 국제정세 전망』, 1995.
____________. "미국의 대북한 경제제재 : 완화 가능성과 의미". 『주요국제문제 분석』, 1996. 7. 3.
외무부, 『1996년도 국정감사 요구자료(II)』, 1996. 10.
윤덕민. "핵무기 개발을 둘러싼 북한의 생존과 협상전략". 『외교』, 제27호, 1993. 9.
______. "북한핵 개발과 대북협상". 『전략연구』, 제3권, 1994.
______. "제네바 합의와 한국형 경수로 지원 전망". 『월간 통일경제』 제5호, 1995. 5.
워크먼, 스티브. "북미 경제관계". 『월간 통일경제』, 제7호, 1995. 7.
이기택. "새로운 국제질서와 핵". 『북한연구』, 제3권 2호, 1992.
이삼성. 『한반도 핵문제와 미국외교』. 한길사, 1994.
이정식. "최근북한정세". 『1992년도 외국전문가초청 세미나보고서 (I)』, 외교안보연구원, 1992. 8.
이춘근. 『북한 핵문제 : 발단, 협상과정, 전망』. 세종연구소, 1995.
전인영. "외교정책 결정구조와 과정 및 개방의 문제 : 특정사례분석". 『사회과학과 정책연구』, 제15권 2호, 1993. 6.
최수영. "미·일 대북 지원정책의 효과". 『통일연구논총』, 제5권 1호, 1996.
한국무역협회. 『주요북한경제지표 1995』, 1996.
한국은행. "1994년도 북한 GNP 추정결과". 『연합통신 주요자료전문집』, 제71호, 1995.
허만. "문민정부시대 북한의 대남혁명전략 : 전략의 중단이냐, 지속이냐". 『북한연구』, 제5권 2호, 1994. 여름.

「동아일보」(1995. 7. 25).

「국민일보」(1996. 7. 16).

「조선일보」(1996. 9. 3).

「경향신문」(1996. 10. 8).

Korea Herald (April 1, 1994).

Allan, Charles T. "Extended Conventional Deterrence: In From the Cold and Out of the Nuclear Fire". *The Washington Quarterly,* Vol. 17, No. 3, Summer 1994.

Allison, Graham T. *Essence of Decision: Explaining the Cuban Missile Crisis.* Boston, MA.: Little, Brown and Company, 1971.

Davis, Zachary S., et al. *Korea: Procedural and Jurisdictional Questions Regarding Possible Normalization of Relations With North Korea.* CRS Report for Congress, November 29, 1994.

Denisov, Valery I. "Russia and the Problem of Korean Unification". In *Korean Unification Strategies for the 21st Century.* Conference Report. Seoul: The Institute for Far Eastern Studies, Kyungnam University, 1996. 5.

Hu, Weixing. "냉전이후 중국의 안보전략과 한반도에 대한 의미". 『전략연구』, 제2권, 1994. 6.

Lee, Chong-Sik. "Prospects for North Korea", Paper Prepared for the International Workshop "The Durability and Direction of the Four Remaining Socialist Countries: China, Vietnam, Cuba and North Korea" by the Korean Association of International Studies and the Research Institute for National Unification, Seoul, Korea, May 1994.

민턴, 마크. "U.S. Policy Towards North Korea". 『연합통신 주요자료전문집』, 제101호, 1996. 10. 1.

Niksch, Larry A. "The Agreed Framework: View from Washington". In Kwak, Tae-Hwan and Thomas L. Wilborn, eds. *The U.S.-ROK Alliance in Transition.* Seoul: Kyungnam University Press, 1996.

____________. "미·북관계와 미국의 대한반도 정책". 『북한정세 변화와 주변 4국의 대한반도 정책』. 제5회 국제학술회의 발표논문집. 민족통일연구원, 1996. 5. 17.

Plunk, Daryl M. "U.S.－North Korean Talks and North Korean Policies", Paper Presented at the East and West Center, Yonsei University, Seoul, Korea, (May 30, 1995).

Scalapino, Robert A. "미·북한관계 : 불확실한 미래". 『북한개방에 대한 주변4강의 입장』, 세미나시리즈 93－04. 민족통일연구원, 1993. 10.

Spector, Leonard S. "Neo－Nonproliferation". *Survival*, Vol. 37, No. 1(Spring 1995).

Titarenko, Mikhail L. "Korean Peninsula in the System of Russia's National Interests". *Sino－Soviet Affairs*, Vol. 64 (Winter 1994/1995).

U.S. Department of State. "Excerpts from Daily Press Briefing by R. Gallucci on North Korea Nuclear Issue" (April 21, 1995).

Wang, Fei－Ling. "Chinese Perception of the U.S.－ROK Alliance". In Kwak, Tae－Hwan and Thomas L. Wilborn, eds. *The U.S.－ROK Alliance in Transition*. Seoul: Kyungnam University Press, 1996.

Ⅱ. 미·북관계 개선의 효과 및 한계*

1. 서 론

1990년대에 들어서면서 구소련과 동유럽의 사회주의 국가들이 몰락함에 따라 아시아에 남아있는 사회주의 국가들, 즉 중국, 베트남 그리고 북한의 존망은 탈냉전시대에 재편되는 국제질서에 관심을 가지는 사람들의 주목을 받기에 충분했다.1) 이러한 국가들 중에서 중국과 베트남은 비록 제한적일지라도 시장자본주의 체제를 도입함으로써 체제의 생존을 도모하고 있는 반면, 북한은 이들 국가들과는 달리 사회주의체제의 고수를 표명하면서 체제의 개방에 대하여 소극적인 대처로 일관하고 있다.

북한이 취하고 있는 이러한 접근방안에 대한 논리적 근거를 어디에서 찾을 수 있을까? 다르게 표현하면, 북한이 체제를 개방하지 않으면서 탈냉전의 물결을 헤치고 나아갈 수 있다는 자신감은 어디에서 나오는 것일까? 그 해답은 북한체제의 내부에서 찾기보다는 탈냉전의 국제질서가 재편되는 과정에 있어 남한뿐만 아니라 한반도 문제에 직접적으로 관여하고 있는 한반도 주변국들 — 미국, 일본, 중국, 그리고 러시아 — 간의 각축에서 구하는 것이 더 타당할 것이다. 북한은 자신이 동원할 수 있는 내부적 역량만으로는 탈냉전시대의 경제난과 외교난을 극복할 수 없다고 판단했으며, 그리고 남한 및 주변국들의 이해관계를 적절히 이용하는 방향에서 그 대안을 찾았다. 이러한 관점에서 볼 때, 북한의 '핵카드'는 북한이 직면한 난국을 총체적으로 타개하고자 했

---

* 이종선, "미북관계개선의 효과 및 한계", 『21세기 정치학회보』, 9, 1(1999. 6), 170~200면.

1) 냉전의 종식 이후에도 여전히 생존하고 있는 사회주의 국가들의 미래는 내부적 요인(사회주의 정치·경제적 원칙들의 생존 가능성 및 이러한 원칙들과 자본주의 가치들과의 조화 가능성) 그리고 외부적 요인(이들 국가에 대하여 자본주의 국가들이 취하는 정책의 성격 및 자본주의 국가로 탈바꿈한 이전 사회주의 국가들의 행보)에 달려 있다는 분석이 있다. 이 점에 대해서는 Jan S. Prybyla, "Current Status and Future Prospects of Socialism and Socialist Countries", Paper Prepared for the International Workshop "The Durability and Direction of the Four Remaining Socialist Countries: China, Vietnam, Cuba and North Korea" by the Korean Association of International Studies and the Research Institute for National Unification, May 27~28, 1994, Seoul, Korea, pp.32~42 참조.

던 절박한 시도였다고 할 수 있다.

북한의 붕괴가 임박할 경우에 감행될 우려가 있는 자포자기식 대남 군사적 도발 및 한반도 통일 이후에 필연적으로 부닥치게 될 통일비용의 조성에 대한 우려는 남한의 대북한 유화적인 태도를 본질적으로 이해하는 데 필수적인 역할을 하고 있다. 한편 한반도 주변국들, 그 중에서 특히 미국은 북한에 대한 연착륙(soft landing) 정책을 통해서 북한의 붕괴를 방지하는 데 결정적인 기여를 하고 있으며, 그리고 북한도 미국의 대북한 유화정책을 이용하여 탈냉전시대의 난국을 극복하고 있다는 점을 부인하기 어렵다.

그러나 탈냉전시대의 북한이 생존할 지의 여부와 관련하여 보다 포괄적인 이해를 위해서는 북한의 붕괴를 방지하는 데 기여하는 이러한 유화정책의 지속성 여부, 즉 남한 및 한반도 주변국들의 대북한 유화정책이 어느 시점까지 지속될 것인가에 대한 분석도 이루어질 필요가 있다. 이러한 유화정책은 본질적으로 북한의 위기가 극복되는 정도와 밀접한 관련을 가질 수밖에 없기 때문이다. 이러한 관점에서, 본 논문은 다음과 같은 본질적인 의문점들에 대한 해답을 구하고자 한다. 첫째, 북한은 탈냉전시대의 위기를 극복하고 난 이후에도 미·북관계 개선을 지속적으로 추진할 것인가? 둘째, 한반도 주변국들, 그 중에서 특히 미국은 북한의 경제난 및 외교난이 극복된 이후에도 대북한 유화정책을 여전히 고수할 것인가? 그리고 셋째, 한국은 미·북관계 개선을 어느 시점까지 용인할 것인가? 이를 위해, 먼저 제네바 합의문의 타결로 이어진 미·북관계 개선의 특징적 요소를 검토하며, 다음으로 북한이 미·북관계 개선을 통하여 현 시점까지 얻은 이득과 손실을 분석한다. 그리고 이러한 분석을 기반으로 하여 미·북관계 개선이 북한에 준 효과를 파악함으로써 향후 미·북관계 개선의 지속성을 평가하는 근거로 삼고, 다음으로 미·북관계 개선의 순조로운 이행을 제약하는 요인들을 살펴보며, 그리고 마지막으로 미·북관계 개선에 대한 한국의 대응방향을 모색하고자 한다.

2. 제네바 합의문과 미·북관계 개선

미국과 북한은 1994년 10월 21일에 제네바에서 기본합의문에 서명함으로써 북한이 핵확산금지조약(NPT)의 탈퇴를 선언한 이후 약 19개월간 지속되어 온 북한 핵문제는 일단 해결의 실마리를 잡았다. 제네바합의는 북한에 대해 경수로, 중유, 그리고 대미관계 개선이라는 정치적 및 경제적 보상을 제공하는 대신에 북한으로 하여금 플루토늄 생산능력의 포기와 국제원자력기구(IAEA) 핵안전조치협정의 완전한 이행을 약속하도록 했다는 점에서 그 특징을 찾을 수 있다.[2)]

제네바 합의문은 북한에 대한 경수로 지원 문제와 북한핵 문제의 종국적 해결을 연계하고 있다. 제네바 합의문의 타결 이후 약 10년간의 이행계획표에 의하면, 먼저 북한은 기본합의문 서명 이후 1개월 내에 흑연감속로와 관련한 시설 등을 동결하는 한편 경수로공급계약 체결시 비동결시설에 대한 IAEA 사찰이 재개되고, 다음으로 경수로사업의 상당 부문 완료시 그러나 핵심부품이 인도되기 이전에 핵안전조치협정과 관련한 모든 조치를 이행하며, 마지막으로 경수로 건설 완공시 핵시설을 해체한다는 것이다. 이런 점에서 볼 때, 제네바 합의문에 의하면 경수로 지원의 진척 상황에 따라 북한핵의 투명성은 단계적으로 확보된다는 것을 의미한다. 따라서 제네바합의가 순조롭게 이행된다면 대북 경수로 공급이 완료되는 시점인 2003년이 되면 과거 핵을 포함한 북한의 핵투명성은 확보될 수 있는 셈이다. 그러나 미국은 제네바 합의문에서 북한에 대해 너무 많은 것을 양보하지 않았나 하는 비판에 직면했다. 이러한 부정적 시각은 북한핵을 동결하는 대가로 지불해야 하는 비용이 너무 많은 데서 연유하고 있다. 특별사찰에 대한 4~5년간의 유보, 매년 50만톤 중유의 대북한 공급, 2003년까지 대북한 경수로 공급, 그리고 대북한 관계 정상화 등은 과도한 대가로서 미 의회 내에서 비판을 받았다.[3)] 한편 클린턴 행정부가 미 의회가

2) 제네바 합의문의 전문에 대해서는 이춘근, 『북한핵의 문제: 발단, 협상과정, 전망』(세종연구소, 1995), 304~311면 참조.

3) 공화당 내에서는 대부분이 제네바 합의문에 대해 회의적인 시각을 갖고 있었으며 심지어 민주당 내에서도 그 합의문에 대한 비판자들이 있었다. 미국 의회 내에서 제기되는 문제점을 정리하면 다음과 같다. 첫째, 미국은 북한이 그 동안 핵문제에 대한 약속을 준수하지 않았음에도 불구하고 북한에 대해 과도한 '당근'을 제공한 이유가 무엇인가? 둘째, 미국의 우방국인 한국과 일본 등으로부터 충분한 지지와 협조를 받았는가? 특히 한·미동맹에 장기적으로 미치는 영향은 무엇인가? 셋째, 북한핵 동결에 대한 총비용은 경수로 건설, 연료봉 보수, 대북한 중유공급 및 북한핵 시설의 궁극적 폐기를 포함할 경우 55억~60억달러가 추정되는 바, 지불주체가 명확하지 않다. 미국의 부담은 어느

갖고 있는 이러한 부정적 시각을 인식하고 제네바 합의문을 의회의 비준을 요하지 않는 형태로 타결하였으며, 그리고 대북 경수로 지원금도 협정의 서명국이 아닌 국가들에 할당하는 변칙적인 방법을 사용한 것은 미국의 대북한 접근에 있어 국내적 요인의 중요성을 보여주는 대목이라 할 수 있다.[4] 그러나 미국의 대북한 정책이 한반도에서의 전쟁 회피와 북한의 핵무기 생산금지에 그 초점을 두고 있다고 볼 때, 북한을 궁지에서 벗어나게 할 뿐만 아니라 에너지 문제도 동시에 해결해 줄 수 있다는 점에서 제네바 합의문을 긍정적으로 평가하는 시각도 있다는 점을 부인하기는 어렵다.

한편 한국의 입장에서 볼 때 미·북 간의 제네바 합의문 채택은 두 가지 상반된 시각을 보여 주었다. 먼저, 북한이 대미관계 개선을 통하여 정치적 및 경제적 이득을 확보할 경우 북한체제가 더욱 강화될 소지가 있기 때문에 한국 및 동북아 안보에 더욱 심각하게 위협이 된다는 주장을 들 수 있다. 이러한 입장은 북한에 대한 지원보다는 정치적 및 경제적 고립화를 통한 조속한 정권붕괴를 선호하는 경향을 보였다. 이와는 달리, 북한의 대미관계 개선은 정보의 교류를 원활하게 함으로써 결국 북한의 고립주의에 종지부를 찍을 수 있게 하기 때문에 한반도 긴장관계의 완화와 동북아의 평화체제 구축에 공헌할 수 있다는 주장도 있다. 특히 한국의 입장에서 볼 때, 북한의 핵무기 보유를 막고 장기적으로 한반도 통일을 위해서는 경수로 비용의 상당한 부분을 부담하더라도 한국형 경수로와 한국의 중심적 역할이 수용된다면 북한에 대한 지원은 장기적으로 바람직한 것으로 고려될 수 있다는 것이다. 그 배경에는 한반도의 통일이 이루어질 경우 북한에 투자된 비용과 시설은 통일한국의 자산으로서 역할을 충분히 할 수 있다는 인식이 자리하고 있다.[5]

정도인가? 넷째, 핵문제의 중요성 못지않게 더 큰 맥락에서 한반도에서의 긴장완화도 중요한데, 미국은 어떤 방안을 가지고 있는가? 이 점에 관해서는 Daryl M. Plunk, "U.S.-North Korean Talks and North Korean Policies", Paper Presented at the East and West Center, Yonsei University, May 30, 1995, Seoul, Korea, pp.3~4 참조.

4) Richard K. Herrmann, "Returning the Nuclear Genie to Its Bottle", 연구논문 98-14 (세종연구소, 1998, 10), pp.45~46.

5) 북한에 대한 지원과 관련하여 이와 같은 상반된 시각은 김일성 사망 직후에 개최되었던 국회 외무통일위원회에서 한승주 장관과 노재봉 의원 간에 전개되었던 논쟁에서 첨예하게 드러난 바 있다. 국회사무처, 『제169회 임시국회 외무통일위 제2차회의록』(1994. 7. 12), 8~10면 및 15~19면 참조.

제네바 합의문의 타결 이후에 미국은 대북한 관계개선을 추구함에 있어 향후 미국 의회 내의 비판세력을 설득함과 아울러 한국의 대북한 유화정책이 지속적으로 추진될 수 있는 여건을 조성하는 데 중점을 둘 수밖에 없는 실정이었다. 클린턴 행정부는 제네바합의 이후에 미국 의회 내에서 우려하고 있는 경수로 건설과 관련된 비용의 대부분을 미국이 아니라 한국이 부담한다는 것을 명시적으로 미 의회에 보여줄 필요가 있었으며, 이런 점에서 1995년 6월 13일에 타결된 경수로협상은 그 역할을 충분히 했다고 할 수 있다. 콸라룸푸르의 경수로협상에서 미국과 북한은 경수로 건설과 관련하여 앞으로 전개될 회담이 북한과 한반도에너지개발기구(KEDO)에 의해 이루어지도록 합의함으로써 미국은 사실상 대북한 관계에서 유일한 당사자로서 위치를 회피했다.

그리고 미·북 간에 타결된 경수로 합의문은 향후 협상을 북한과 KEDO 간에 이루어지도록 명문화함으로써 KEDO의 이사국인 한국의 입장이 반영될 수 있는 여지를 남겼으며, 그리고 적어도 단기적으로는 경수로 건설의 비용부담에 대한 한국 내부의 비판적 시각을 약화시키고 한국내 대북한 온건론자들의 입장을 강화시키는 역할을 했다는 점을 부인하기는 어렵다.

한편 경수로 건설은 북한의 대미관계 개선과 연계되어 있기 때문에 대북 경수로 지원의 사업이 순조롭게 진행되기 위해서는 미국은 북한으로 하여금 미·북연락사무소 개설에 대한 확신을 갖게 할 필요가 있다. 그러나 우선 첫 단계인 미·북연락사무소의 개설 시점에 있어 미국은 북·일관계 개선뿐만 아니라 남·북한관계 개선을 고려해야 하기 때문에 사실상 경수로 건설에 있어 한 단계 진전되기 위해서는 KEDO와 북한, 북·일관계, 그리고 남·북한관계 등 고려해야 할 요인들이 얽혀 있으며, 그리고 이러한 문제는 쉽게 풀리기는 어려운 실정임을 직시할 필요가 있다. 특히 북한은 경제난 해결 등을 위해 대미관계 개선에 있어 적극적인 태도를 취할 수 있지만 남북한관계 개선에는 소극적일 수밖에 없기 때문에 경수로협정이 이행단계에 이르면 KEDO와 북한 간의 갈등은 구체적으로 드러날 것으로 전망할 수 있다.

3. 미·북관계 개선의 효과

제네바합의 및 경수로협상의 타결로 이어지는 미·북관계 개선은 경제난의 타개와 외교적 고립을 벗어나기 위한 북한의 생존전략, 그리고 동북아에서 정치적 및 경제적 영향력을 탈냉전시대에도 여전히 존속시키려는 미국의 이해관계와 맞물려 있다. 더욱이 북한은 자신의 핵무기개발계획을 동결하는 대가로 미·북관계 개선을 통해서 한국을 배제하는 전략을 지속할 수 있는 여건을 마련하고 경수로 지원 및 미국의 대북한 경제제재의 완화를 이끌어 냄으로써 정치적 및 경제적 이득을 상당히 얻었다는 점을 주목할 필요가 있다.

1) 정치적 효과

북한의 대미관계 개선은 동유럽 공산주의의 몰락과 구소련의 붕괴 등으로 이어진 새로운 국제적 환경의 변화에 적응하기 위한 생존전략의 일환이었다. 1994년 10월에 제네바에서, 그리고 1995년 6월에 콸라룸푸르에서 미국과의 협상을 성공적으로 타결지은 북한은 한국을 배제하고 미국과 동등한 협상을 진행함으로써 정치적 의도를 달성했다고 할 수 있다.[6)]

북한은 제네바합의에 있어 미·북관계 개선과 남북한관계 개선을 공식적으로 연계시키는 데 부정적인 입장을 보였을 뿐만 아니라 경수로 건설에 있어서도 한국형 경수로 및 한국의 주도적 역할에 대하여 적극적으로 반대하였다. 한국형 경수로의 수용은 북한이 원자로에 의한 향후 에너지사업을 추진함에 있어 한국에 종속될 위험성을 초래할 뿐만 아니라 명분상 체제의 유지에 결정적인 위해를 가할 수 있다는 점에서 그 반발은 충분히 예측될 수 있었다. 북한은 한국형 경수로 대신에 러시아형, 독일형, 그리고 미국형 등을 대안으로 제시했으며, 그리고 만일 이러한 대안이 받아들여지지 않으면 제네바합의에 의해 동결된 영변의 5MW급 원자로를 재가동하겠다는 위협도 했다. 이러한 북한의 주장은 경수로협상에 상당한 영향을 주었으며, 그 결과 미국은 경수로협상의 타결을 위하여 경수로 건설과 관련하여 전반적인 책임을 미국이 떠맡으며,

6) 사무엘 김, “북미협상과 북한의 전략”, 곽태환 외, 『북한의 협상전략과 남북한관계』(경남대 극동문제연구소, 1997), 163!165면.

한국은 경수로 건설에 부분적인 참여를 보장받은 데 그쳤다.

이 협상의 타결로 인하여 미국은 북한이 제네바 합의문을 파기할 수 있는 여지를 상당 부분 제거한 효과를 보았으며, 그리고 더 이상 대북한 직접적인 대화의 지속이라는 굴레로부터 벗어났을 뿐만 아니라, 향후 대북한 경수로의 지원 문제를 KEDO에 이양함으로써 북한의 대미관계 개선에 대해 우려를 표명했던 한국의 입장도 충분히 고려한 셈이 되었다. 결국 제네바합의와 경수로 협상 타결로 이어진 일련의 상황 전개는 북한, 미국 그리고 한국 간에 실리와 명분을 둘러싼 타협이 가져온 산물이었다.

그러나 경수로협상의 타결에 대한 낙관적 입장과는 달리 비판적 입장도 상당한 공감대를 형성했다. 그 비판적 시각은 경수로 합의문이 한국형과 한국의 중심적 역할을 사실상 인정했다는 주장[7]에 대해 반론을 제기하고 있으며, 그리고 향후 그 합의문의 이행을 위한 계약이나 협상은 공식적으로는 KEDO와 북한 간에 이루어지도록 되어 있지만 사실상 주요한 결정은 미·북 간에만 이루어질 가능성이 크기 때문에 한국은 경수로 건설비용의 대부분을 부담하면서도 독자적인 목소리를 낼 수 있는 입지의 확보에 실패했다는 점을 지적했다.[8]

따라서 북한이 공식적인 접촉선을 KEDO로 국한하며, 그리고 남북한간 실질적인 대화를 기피한다면 KEDO 내에서 한국의 협상능력은 모호한 상태로

---

7) 경수로 합의문에 따르면 경수로의 명칭 및 노형과 관련하여 "북한에 제공될 경수로 노형은 KEDO가 선정한다"고 밝히고 있으며, 그리고 KEDO의 설립협정에 "1천MW 용량의 한국표준형 원자로발전소형 경수로 2기 제공을 목적으로 한다"고 규정하고 있기 때문에 경수로 선정을 KEDO에 일임한다는 것은 사실상 한국형 경수로를 받아들인다는 것을 암시했다. 경수로사업 지원기획단, 『경수로사업 관련자료집』(1996. 12), 63면 참조.

8) 대북 경수로 지원에 있어 경수로 공급 비용에 관해서는 제네바 합의문 등에 구체적으로 언급되지 않고 있으나 총비용이 40억~50억달러 정도가 될 것이며, 그리고 그 중에서 한국이 70%, 일본이 20%, 그리고 미국이 10% 정도를 부담할 것으로 알려져 왔다. 경수로 비용에 대한 불명확한 상황은 경수로사업의 주계약자인 한국전력이 1996년 7월 개략적 사업비가 약 50억달러로 산정된 원전기술비용 내역서를 KEDO에 제출함에 따라 구체화되었으며, 그리고 분담비율을 둘러싼 한·미·일 간의 협상이 본격적으로 진행되었다. 그 결과 KEDO는 1998년 11월 10일에 경수로사업비를 46억달러로 확정하고 재원 분담금을 결의했다. 이에 따라 한국은 총사업비의 70%인 3조 5천 420억원을 원화로, 일본은 10억달러에 해당하는 1천 165억엔을 엔화로 분담하고, 미국은 경수로 완공시까지의 대북 중유제공 비용과 나머지 사업비 3억 8천만달러를 조달하는데 '지도적 역할'을 하게 되었다. 그리고 유럽연합(EU)은 1996년부터 5년간 약 8천 5백만달러의 KEDO 소요재원을 부담하게 되었다. 「동아일보」(1998. 11. 11).

남을 수 있기 때문에 경수로사업 이행은 근본적인 난관에 봉착할 가능성이 있다.[9] 그 이유는 대북 경수로 지원사업에 있어 비용의 대부분을 부담해야 할 한국으로서는 미국측이 그 중심적 역할을 할 경우 한국민들을 설득할 명분이 없다는 점에서 찾을 수 있다.

더구나 경수로합의에 비판적인 입장은 경수로 합의문이 그대로 지켜진다면 적어도 경수로가 완성되는 시점인 2003년까지는 현재의 구도가 그대로 이어지며, 그리고 한국이 요구하고 있는 남북한관계 개선은 북한이 하고 싶으면 하고 하기 싫으면 그만 둘 수 있는 상황으로 이어진다는 점을 강조했다. 따라서 경수로협상의 타결에서 한국의 입장은 상대적으로 경시되었으며, 미·북한간의 이해관계가 조화를 이루었다는 점이 지적될 필요가 있다.

이러한 관점에서 볼 때, 북한은 미·북관계 개선을 통하여 한국과 미국 간의 공조체제에 갈등을 제공함으로써 한국을 외교적으로 소외시키는 효과도 얻고 있다. 경수로협상과 그 이후에 전개될 미·북연락사무소의 개설 등을 통해 북한이 미국으로부터 체제의 정통성을 확보하며, 그리고 미국의 자본과 기술을 유치하여 경제난을 타개한다면 한국에 대한 경제적 및 외교적 열세를 일거에 만회할 수 있는 계기를 마련할 수 있다.[10] 게다가 경수로 건설의 비용을 둘러싼 한국, 미국, 그리고 일본 간의 갈등은 현실화되기 마련이기 때문에 시간이 지남에 따라 북한은 부수적으로 외교적 이득을 얻을 수 있다. 그렇게 되면 북한이 향후 남북한관계에서 정통성과 주도권을 확보할 수 있을 뿐만 아니라 탈냉전시대에 들어서면서 북한에게 불리하게 전개되었던 동북아의 국제질서를 반전시킬 수 있는 여지를 확보한 셈이다.

이와 더불어 북한으로서는 특별사찰의 수용, 핵시설 해체 등 제네바합의를 이행하는 문제가 경수로 건설의 진전과 연관되어 있는 이상 한국형 경수로 문제를 다시 쟁점화하는 등 의도적으로 특정한 조건을 부과하면서 경수로 건설을 지연시킴으로써 합의 이행의 시점을 자신에게 유리한 시기로 조정할 수

9) Larry A. Niksch, "The Agreed Framework: View from Washington", in Tae－Hwan Kwak and Thomas L. Wilborn, eds., *The U.S.－ROK Alliance in Transition* (Seoul: Kyungnam University Press, 1996), pp.146~147.

10) 김계동, "경수로협정 타결과 남북한관계", 『월간 통일경제』, 제14호(1996. 2), 11~12면.

있다. 더구나 북한은 경수로 주요 부품이 이전되는 시기 전까지인 향후 1~2년 동안은 자신들의 핵시설 동결 이외에는 특별히 이행할 사안이 없는 반면, 미국측은 이 기간 동안 경수로 건설을 위한 세부적인 사항을 진척시켜야 되고, 중유공급 문제를 해결해야 되며 그리고 상호 연락사무소를 개설해야 하는 의무를 갖게 되었다. 결국 북한은 제네바 합의문이 타결된 시점부터 경수로가 완공되는 약 10년 또는 그 이상의 기간 동안 핵카드를 합법적으로 유지할 수 있게 되었다는 점은 주목할 만하다.

이와 같이 미·북관계 개선을 통하여 북한이 얻을 수 있는 정치적 효과를 고려해 볼 때 경수로협상의 파기는 북한이 선택할 수 있는 대안 중에서 가장 가능성이 희박한 것으로 볼 수 있다. 따라서 북한으로서는 대북 경수로 지원이 '트로이 목마'가 되는 것을 막는 방안만 확보한다면 제네바합의의 순조로운 이행을 통하여 미·북관계 개선을 강화하는 것이 탈냉전시대에 있어 생존하기 위한 최선의 전략이 되는 셈이다.

북한이 제네바합의를 통하여 핵무기 개발을 동결하고 경수로협상에서 한국형 경수로를 사실상 받아들인 이면에는 이러한 정치적 이해관계가 작용했으며, 그리고 북한으로서는 이러한 상황을 최대한으로 이용하여 경수로협상의 타결 이후에 이루어진 부속의정서 등의 협상에서 KEDO에 큰 문제를 제기하지 않았다. 따라서 북한의 입장에서 향후 경수로 건설의 진척에 있어 정치적 기대효과가 예상보다 작다고 판단할 경우 경수로 건설과 관련하여 타결된 합의문이 단지 휴지 조각으로 변할 가능성은 항상 존재한다고 할 수 있다. 게다가 보다 중요한 것은 이러한 정치적 기대효과를 판단하는 주체는 한반도 주변국가들이 아니라 변덕스런 북한의 지도층이라는 점이다.

2) 경제적 효과

1994년 10월에 타결된 제네바 합의문에서 북한은 핵무기 개발을 동결하는 대신 경수로와 중유를 공급받고 대미관계 개선을 약속받았다. 북한은 핵활동을 동결하며, 경수로 2기가 완공되는 시점에 핵시설을 파기하는 한편 경수로 건설의 상당 부분이 완성되고 주요한 핵부품이 인도가 되기 전에 2개의 핵폐기물시설에 대한 IAEA의 사찰을 받기로 되어 있다. 그 대신 북한은 2003년까지 약 1천MW 용량의 경수로 2기를 공급받으며, 그리고 25MW 원자로의 가동 중단과 50MW 및 200MW 원자로의 건설 중지를 보상받기 위해 경수로 건설이 완공되기 전까지 1995년도에는 15만톤, 그리고 1996년도부터 매년 50만톤의 중유를 무상으로 공급받기로 되어 있다. 미국은 약 50억달러에 해당하는 대북 경수로를 재정적으로 지원하기 위하여 KEDO를 설립할 것을 공언했으며, 그리고 클린턴 대통령은 제네바 합의문이 타결되기 하루 전인 1994년 10월 20일에 경수로 지원과 중유 공급을 보장한다는 서한을 김정일에게 전달했다.[11)]

북한은 과거 냉전시대에는 소련과 중국으로부터 매년 100만톤 이상의 원유를 수입하였으나 1991년 이후에는 원유의 도입이 거의 중단되었다. 따라서 이처럼 심각한 원유난을 겪고 있는 상황에서 1996년부터 매년 50만톤씩 공급되는 중유는 북한의 경제난에 획기적인 기여를 할 것으로 보인다. 그러나 제네바 합의문은 북한에 지원하기로 되어 있는 중유를 미국의 책임하에 공급을 하도록 규정하고 있으며, 그리고 1999년도까지 미 행정부는 그 예산의 확보에 어느 정도 성공을 거두었으나, 대북 강경입장을 보이고 있는 공화당이 장악하고 있는 미 의회를 향후 순조롭게 통과하기가 쉽지 않는 형편이었다.[12)]

미국은 지난 1950년 이래 북한을 적성국, 테러지원국, 인권침해국 등으로 규정하고 무역, 투자, 금융, 그리고 재정 등 거의 모든 분야에서 대북한 경제교류에 제한을 두었다.[13)] 그러나 1980년대 후반에 미국은 한국이 사회주의 국

---

11) 제네바 합의문 내용 및 경수로 건설과 중유 공급을 보장하는 클린턴 대통령의 서한에 관해서는 Zachary S. Davis, et al., *Korea: Procedural and Jurisdictional Questions Regarding Possible Normalization of Relations With North Korea*, CRS Report for Congress(November 29, 1994), pp.10~13 참조.

12) 대북 지원 중유는 1995년 이래 미 의회의 전폭적인 지원을 받지 못하고 그 예산의 확보에 어려움을 겪었다. 특히 1995년도의 지원금 중 일부는 미 국방부의 비상사태 소요비용에서, 그리고 1996년도와 1997년의 지원금 중 일부는 대외원조예산에서 지출되기도 하였다. 그리고 1998년 8월 말에 이루어진 북한의 미사일실험으로 인하여 미 의회는 미 행정부가 요청한 1999년도 예산인 3천 5백만달러를 전액 삭감했다가 조건부로 승인을 했다. 그 조건은 폐연료봉 봉인, 탄도미사일 개발과 수출억제 노력 등의 조건이 충족될 경우에만 지출이 가능하도록 하는 것으로서 엄격한 규제를 하고 있다. 김규륜, 『미국의 대북한 경제정책: 현황과 전망』 연구보고서 97-14(민족통일연구원, 1997. 12), 29면 및 「경향신문」 (1998. 10. 21) 참조.

13) 미국의 대북한 경제제재의 근거는 1950년 한국전쟁으로 인한 적성국교역법(Trading With the Enemy Act), 그 시행령인 해외자산통제규정(Foreign Assets Control Regulation),

가들에 대하여 관계개선의 의지를 피력하고 북한에 대한 전향적 조치를 천명함에 따라, 그리고 북한을 국제사회의 일원으로 끌어들일 필요성을 절감한 나머지 해외자산통제규정 및 수출관리법 등의 일부를 개정하여 대북한 제재조치의 극히 제한적인 일부를 완화하였다. 그러나 북한의 핵무기 개발 의혹으로 말미암아 이 같은 대북 화해조치는 더 이상 진척되지 못하고 중단되었다.

한편 제네바협상은 합의문이 타결된 이후 3개월 내에 미국이 무역 및 투자의 제한을 완화하기로 되어 있는데, 미국은 1995년 1월 20일에 제네바 합의문을 준수하기 위해 제1단계 대북 경제제재 완화조치를 제한된 범위 내에서 단행하였다. 그 내용은 ① 여행, 언론취재와 통신, ② 금융거래, ③ 특정 품목(마그네사이트)에 대한 교역 허용, 그리고 ④ 원자력 분야 사업 등 4개 부문에 걸쳐 있으며, 관련 법규의 개정 없이 대통령의 행정명령만으로 이루어졌기 때문에 상징적인 조치로서 받아들여졌다. 한편 경제제재 완화 이후 1995년 2월에는 모토롤라, 시티뱅크, 스탠튼그룹 등 미국의 11개 다국적기업의 대표단이 대북한 진출을 위한 타당성조사를 나진·선봉지역과 평양 등에서 실시했으며, 특히 스탠튼그룹은 1995년 10월말까지 네 번이나 나진·선봉지역을 시찰하고 미 재무부로부터 대북 경제활동에 관한 인가를 받아 가동이 중단되어 온 나진·선봉지역에 있는 화력발전소와 정유공장을 북한과 공동운영 중인 것으로 알려지고 있다.[14] 게다가 1995년 4월 10일에 AT&T사는 일본의 국제전신전화회사를 중계자로 하여 미국, 일본, 북한을 연결하는 상용전화를 개통하였다.

이와 같은 미국의 대북한 경제적 진출은 경수로협상의 타결 등으로 더욱 촉진되었다.[15] 미국은 북한의 식량난 악화로 인한 급속한 붕괴가 미국의 국익

수출관리법(Export Administration Act), 그리고 해외원조통제법(Foreign Assistance Control Act) 등에서 찾을 수 있다. 한편 이러한 포괄적인 제재 외에 미국이 북한에게 최혜국대우지위(Most-Favored-Nation Status)를 거부하고 일반특혜관세(Generalized System of Preferences)를 부여하지 않음에 따라 북한의 대미수출은 제한을 받고 있다. 이 점에 관해서는 Davis, et al., *supra* note 36, pp.21~31 참조.

14) 김규륜, 앞의 연구보고서, 10~11면.

15) 1995년도 미국의 대북한 수출은 5백만 6천달러로 급증하였으며, 이 가운데 옥수수가 421만달러(84.1%) 그리고 디젤유가 48만 3천달러(9.7%)를 차지했다. 이는 북한의 식량위기가 한반도 안정에 부정적 영향을 미칠 수 있다는 미국의 정책 전환과 맥락을 같이 하고 있다. 이 점에 관해서는 최수영, "미·일 대북 지원정책의 효과", 『통일연구논총』, 제5권 1호(1996), 130~132면 참조.

에 도움이 되지 않는다는 판단하에 북한을 국제사회의 일원으로 나서도록 개방을 유도하는 정책을 현실화했다. 이러한 인식은 1996년 2월 2일에 발표된 미국의 대북한 식량지원 방침으로 드러났으며, 1996년 3월 5일에 해외자산통제규정의 일부 개정으로 이어져서 대북한 인도적 지원을 위한 유엔 및 국제적십자사로의 기금 공여와 관련한 모든 거래가 허용되었다.[16)]

이처럼 미국의 대북한 경제적 진출은 활발해지고 있으나 적성국교역법 등에 의한 전반적 수출금지는 여전히 유효한 상태이기 때문에 미국 기업의 대북한 진출 및 북한의 대미수출이 활성화되기 위해서는 대폭적인 경제제재의 완화가 필요한 실정이다. 그러나 미국의 대북한 식량난 지원과 제2단계 경제제재의 완화는 한국측과의 시각차 해소를 필요로 할 뿐만 아니라 공화당이 주도권을 갖고 있는 미 의회의 견제를 극복해야 한다는 점에서 클린턴 행정부의 대북한 지원을 통한 북한의 경제난 타개는 상당한 시일이 걸릴 수밖에 없다. 게다가 제2단계 경제제재 완화조치가 시행된다고 하더라도 미국 기업의 직접투자 금지, 수출신용 제공 금지 등의 조치가 유효하기 때문에 미국의 대북한 제재수단에 있어 핵심적인 요소는 여전히 그 위력을 발휘하고 있다.[17)]

이러한 맥락에서 볼 때, 북한이 미·북관계 개선을 통해서 직접적으로 얻고자 했던 중유 확보와 경제제재의 완화는 제한된 범위에서 그 목적을 달성하고 있는 셈이다. 이와 더불어 북한은 미·북관계 개선을 통한 직접적인 경제적 효과뿐만 아니라 간접적인 경제적 효과도 상당 부분 얻고 있다는 점을 주목할 필요가 있다.

이은혜 사건 및 식민지통치에 대한 배상문제 등 북·일 간의 현안문제가

---

16) 미국은 1995년 9월에 유엔 및 민간봉사기관을 통해 2만 5천달러를 그리고 1995년 10월에 유엔아동기금(UNICEF)을 통해 추가로 20만달러를 북한에 제공했으며, 이어 세계식량기구(WFP)를 통해 1996년 3월에는 2백만달러 그리고 1996년 6월에 6백 2십만달러를 북한에 지원한 바 있다. 미국의 대북한 식량지원은 북한 식량난의 심각성에 대한 미국 정부의 우려를 반영하고 있다. 최수영, 위의 논문, 130~131면.

17) 미국의 제2단계 경제제재 완화의 내용은 ① 미국 해외 현지법인의 대북투자 허용, ② 대북 수출허용 품목 확대, ③ 선박 및 전세기의 북한입국 허용, ④ 미국 은행을 통한 송금 허용, ⑤ 미국인 여행자의 북한내 신용카드 사용 허용 등 본격적인 교류 확대에 대비한 지원적인 성격을 띠고 있다. 미국의 대북 제재조치의 현황에 관해서는 김국신, "미국의 대북 지원정책 결정배경과 향후 전개방향", 『통일연구논총』, 제5권 1호(1996), 73~75면 참조.

타결되지 않았기 때문에, 그리고 1998년 8월에 발생한 북한의 미사일실험으로 인하여 북한과 일본은 냉전의 종식 이후에 양국간에 꾸준히 진행해 온 수교협상을 가까운 시일 내에 타결하기 어려울 것이다. 그러나 미·북관계 개선으로 북·일수교를 위한 국제적 제약요인은 상당 부분 해소된 이상 미국이 북한에 연락사무소를 설치하는 시점에 일본은 북한에 연락사무소나 무역대표부를 설치할 가능성은 충분히 예상할 수 있다.[18] 이렇게 되면 북한은 미국뿐만 아니라 일본의 자본과 기술을 도입하여 경제난을 타개하는 데 새로운 계기를 마련할 수 있다.[19] 더욱이 보다 중요한 점은 미국과 일본이 자본과 기술의 제공을 통한 대북한 영향력 확보를 위해서 경쟁관계에 돌입할 가능성이 크기 때문에 이로 인하여 북한이 얻을 수 있는 경제적 혜택은 기대 이상으로 상승할 수가 있다는 것이다. 이렇게 되면 북한은 한국의 대북한 경제적 진출에 일정 기간 동안 제동을 걸 수가 있는 여지를 확보한 셈이다.

결국 북한이 추구하는 최선의 시나리오는 한국의 대북한 진출을 제한된 범위 내에서 받아들임으로써 미국과 일본으로 하여금 자본과 기술을 북한에 투자함에 있어 정치적 제약요인을 약화시키고, 나아가서 대북한 영향력 확보를 위한 미국과 일본의 각축을 유도함으로써 북한이 경제적 이득을 최대한으로 확보함과 동시에 한국에 대한 배제전략을 지속적으로 견지하는 것이라고 할 수 있다. 다시 말하면, 북한은 탈냉전시대에 있어 개방의 불가피성을 받아들여야 한다면 그 개방을 통하여 한·미·일 간의 갈등을 유발함으로써 정치적 및 경제적 효과를 극대화하는 데 그 전략의 목표를 두고 있다고 할 수 있다.

4. 미·북관계 개선의 지속성과 제약요인

북한은 미·북관계 개선을 통하여 정치적 및 경제적 효과를 극대화하는

---

18) 김용호, 『북한의 경제외교 전개방향과 우리의 대응책』 정책연구시리즈 95-10(외교안보연구원, 1996. 7), 19~20면.

19) 북한으로서는 미국보다 일본에 접근하는 것이 현실적으로 더 이득이 많다는 주장도 있다. 북한측 입장에서 볼 때, 미·북수교는 경제적 보상이 없는 정치적 행위에 불과한 반면, 북·일수교는 조총련의 지원과 일본 정부로부터 받게 될 상당한 액수의 배상금 등 경제적 이득을 북한에 제공한다는 것을 의미한다. 서대숙, "북한의 외교정책과 일본", 『월간 통일경제』, 제4호(1995. 4), 83~84면 참조.

전략을 추구하고 있다. 그러나 미·북관계 개선은 북한이 바라는 방향으로 순조롭게 진행되지 않을 가능성도 상당히 크다는 점을 고려할 필요가 있다. 미·북관계 개선을 제약하는 요인으로서 북한측 요인, 남북한관계, 그리고 한반도 주변국들의 역학관계를 들 수 있다.

1) 북한측 요인

북한이 대미관계 개선을 순조롭게 추진하는 데 장애가 되는 요인은 미·북관계 개선과 관련하여 북한 권력층의 내부로부터 나올 수 있는 정책적 견해의 차이를 들 수 있다. 그렇다면 북한 내부에 군부를 중심으로 한 강경한 보수파와 경제 테크노크라트를 중심으로 한 온건한 협상파가 존재하는가? 그리고 이들 간에는 갈등이 존재하는가?[20] 이러한 의문에 대해서는 견해가 대립되고 있다.

북한체제 내에서 강·온노선의 갈등을 인정하는 입장에서는 북한의 개방이 부분적일지라도 일단 이루어지면 이념적 강경론자들보다 실용적 온건주의자들의 역할이 증대되며, 그리고 이 과정에서 필연적으로 겪게 되는 강·온노선의 갈등은 체제의 존속에도 영향을 줌으로써 대외관계에도 결정적 변수로서 역할을 한다는 것이다. 그러나 이러한 시각과는 달리 북한은 김정일을 중심으로 체제가 공고화되어 있기 때문에 정책적 혼선은 김정일의 전략적인 선택일 뿐 강경파와 온건파 간의 정책적 타협의 산물로서 파악해서는 안된다는 관점도 있다. 더구나 김정일이 북한의 군부를 장악하고 있는 한 개방을 둘러싼 갈등의 여지는 없다는 것이며, 그리고 이러한 시각은 김정일체제를 과거 김일성 시대의 연장으로서 간주함으로써 북한의 정책을 냉전시대에 있어서와 다름없이 이해하고 있다는 점이 특색이다.

---

20) 앨리슨은 외교정책의 결정에 있어 '합리성(Rationality)모델,' '조직(Organization)모델' 그리고 '관료정치(Bureaucratic Politics)모델'의 3가지 유형을 제시한 후, 정책결정은 흔히 생각하는 합리적인 사고에 의한 산물이 아니라 관련된 조직들의 목표 및 정책결정의 입장과 이해관계의 영향을 받음으로써 결국 타협의 형태로 나타나게 된다는 것을 쿠바 미사일 사건의 사례 분석을 통하여 주장했다. Graham T. Allison, *Essence of Decision: Explaining the Cuban Missile Crisis*(Boston, MA.: Little, Brown and Company, 1971). 이러한 관점에서 볼 때, 북한 내부에도 정책결정에 있어 강·온파가 있느냐의 존재 여부는 앨리슨의 이론을 검증할 수 있는 사례로서 그리고 북한의 개방 문제를 접근하는 데 있어 유용한 이론적 틀로써 고려될 수 있다.

따라서 만약 이러한 강·온노선의 갈등을 받아들인다면 북한의 대미관계 개선에 있어 강경한 보수노선이 주도권을 장악할 경우에는 미·북관계 개선은 탈냉전의 상황에 단지 소극적으로 대처하는 전략적 선택, 예를 들면 주변상황이 호전되기까지 시간을 벌기 위한 수단으로 고려됨으로써 미·북관계 개선이 순조롭게 이행되기는 어려울 것이며, 그리고 언제라도 포기될 수 있는 성격을 갖게 된다. 한편 온건한 개혁노선이 부상할 경우 미·북관계 개선의 추진력은 순조롭게 작동할 수 있는 기반을 갖게 되지만, 이 경우에도 북한체제의 특성상 강경노선의 견제를 어느 정도 받을 것이기 때문에 대미관계 개선의 급격한 변화는 한계에 봉착하게 마련이다.

결국 미·북관계 개선을 둘러싸고 북한 내부에 있을 수 있는 강·온노선 간의 갈등 여부는 탈냉전시대에 대한 해석 차이와 위기상황을 극복하려는 정책적 선택에서 비롯된 것이라는 점에서 공통분모를 가지고 있으며, 그리고 어느 노선이 주도권을 장악하더라도 미·북관계 개선의 진행에 있어 북한체제의 변화를 요구할 정도의 강력한 추진력은 사실상 기대하기 어려운 실정이다. 이러한 관점에서 볼 때, 북한 내부의 요인은 미·북관계 개선을 설명함에 있어 단기적으로 큰 영향을 미치지 못한다고 할 수 있다. 그러나 비록 미·북관계 개선이 본질적으로 이행되지 않고 피상적인 성격을 갖고 있다고 하더라도 그러한 현상이 장기적으로 북한 내부에 점진적인 변화를 가져올 것임을 부인하기 어렵다고 할 수 있다.

2) 남북한관계

미·북관계 개선은 한국의 입장을 고려하지 않고서는 순조롭게 추진될 수 없는 한계성을 지니고 있다. 이러한 특성은 1994년 10월에 타결된 제네바합의에 있어 북한이 공급받기로 되어있는 경수로 2기의 건설은 총비용의 대부분을 한국이 부담하기로 되어 있다는 점에서 찾을 수 있다. 미·북관계 개선에 있어 미국과 북한이 이해관계의 일치를 보인다고 해도 북한이 보유한 흑연감속원자로를 포기시킬 수 있는 대가는 경수로 건설이며, 그리고 이는 북한의 대미관계 개선에 있어 핵심적인 사항임은 분명하다.

경수로협상의 타결에 이르는 일련의 협상과정에서 북한은 한국형 경수로의 수용 거부를 명백히 했으나 결국 경수로 공급협정 및 부속의정서의 협상 등에서 한국형 경수로를 묵시적으로 인정하고 한국의 중심적 역할에 대해 노골적인 반대를 자제한 것은 이러한 배경에서이다.

이러한 북한의 태도 변화에 대해 두 가지 해석이 나올 수 있다. 첫 번째의 해석은 경수로 건설과 관련한 합의사항을 구체적으로 이행하는 단계에서 까다로운 조건을 붙이거나 아니면 새로운 사항을 추가하여 합의 이행을 공전시킬 가능성은 항상 존재하지만,[21] 적어도 북한이 대미관계 개선을 통해 경제난 및 외교적 고립을 타개하여 체제안정을 보장받기 위해서는 미국만을 대상으로 해서는 안되며, 그리고 협상과정에서 배제하고자 했던 한국의 존재를 사실상 인정해야만 하는 딜레마에 봉착하게 되었다는 점이다. 이와는 달리, 두 번째의 해석은 심각한 에너지난의 타개가 목적이었다면 1~2년 내에 해결될 수 있는 화력발전을 요구했어야 했는데 그렇게 하지 않고 북한이 실질적 혜택을 받을 때까지는 약 10년이 소요되는 경수로 건설을 보장하는 제네바 합의문에 서명했다는 점은 경수로 건설이 초래할 재정적, 법적, 그리고 시간적인 문제 등을 모두 고려한 다목적인 포석이었다는 주장을 하고 있다.[22]

만일 첫 번째의 해석이 타당성을 갖는다면, 한국은 비록 경수로 건설비용의 대부분을 부담하지만 대북 경수로 지원을 통해서 남북한 경제협력 및 교류의 획기적인 진전을 기대할 수 있을 뿐만 아니라 북한의 충동적인 대남 무력도발 및 급작스런 붕괴를 막을 수 있는 계기를 마련한 셈이 된다. 경수로가 건설되는 기간 동안 수많은 한국인이 북한을 왕래할 것이며[23] 북한의 노동자들도 경수로 건설에 많이 참여할 것이라는 점을 고려해 볼 때 자연스런 남북한 경제적 및 사회적 통합의 기반은 조성될 수 있다. 이와 더불어 통일이 되면 북

21) 경수로협상이 타결되었다 하더라도 북한은 새로운 조건을 내세움으로써 협상을 요구할 시점은 특별사찰 문제가 대두되는 약 2년후, 보관 중인 사용후 핵연료의 제3국 처분 문제가 등장할 때, 그리고 핵시설의 해체 문제가 대두될 때이다. 이러한 추가적인 요구조건을 수용할 경우 제네바합의의 완전한 이행을 위해서는 100억달러 이상의 비용이 들 수도 있다. 윤덕민, "제네바 합의와 한국형 경수로 지원 전망", 『월간 통일경제』, 제5호 (1995. 5), 29~31면.

22) 윤덕민, 위의 논문, 24~25면.

23) 경수로 건설을 위해서는 연인원 2천여명이 북한에 유입될 것이고 건설공사가 본격적인 단계에 이르면 최대 5백여명 정도가 한꺼번에 유입될 수도 있다. 송영대, "북미 합의서 성실한 이행, 남북관계 개선의 요체", 『월간 동화』(1994. 12), 88면.

한의 경수로는 통일한국의 소유가 될 것이기 때문에 대북 경수로 지원에 있어 투자되는 비용은 회수가 가능한 자산으로서 이해되고 있다.

한편 북한은 김정일체제의 생존전략으로서 대북 경수로 지원을 단순한 원자로 공급협상이 아닌 체제보장의 차원으로 격상시키려고 하기 때문에 북한의 대미관계 개선은 순조롭게 진척되기 힘든 상황이다. 북한은 미·북관계 개선에 있어 의도적으로 남한을 철저히 배제하는 원칙을 고수해 왔다. 구체적으로 말하면, 경수로 협상 중에도 협상 의제로서 미·북간 평화협정의 체결 문제와 주한미군의 철수 문제를 제기한 바도 있다는 점을 고려해 볼 때, 대북 경수로 지원에는 단순한 원자로 공급협상이 아닌 그 이상의 의도가 숨겨져 있다는 점을 부인하기 어렵다. 따라서 두 번째의 해석이 더 신빙성을 갖게 되며, 그리고 북한이 한국을 배제한 채 대미관계 개선을 고수하고 있는 현실은 본질적으로 미·북관계 개선에 부정적인 영향을 줄 수밖에 없다.

3) 주변국들의 역학관계

미·북관계 개선은 미국의 국내적 상황과 한반도 주변국들, 즉 일본, 중국, 그리고 러시아의 대한반도 정책에 의해 제약받을 수 있다. 먼저, 미·북관계 개선이 제2차 경제제재의 완화조치 및 상호 연락사무소 설치 등 미국측으로부터 호응을 받기 위해서는 북한은 한국전 당시 실종된 미군의 유해 발굴 및 송환, 미사일회담 등 미국과 북한 양국 간의 현안문제에서 북한이 성의 있는 태도를 보이는 것이 필수적이다.

북한은 1996년 4월에 미국과 미사일회담에 임함으로써, 그리고 1996년 5월에 미국과 미군유해 송환 문제를 일단 타결지음으로써 대미관계를 개선하고자하는 의도를 명백히 드러내었다. 특히 미국과 베트남 간에 타결된 베트남전쟁에서 실종된 미군의 유해 송환 문제가 1995년 7월에 있은 미·베트남 관계정상화에 큰 기여를 했음을 고려해 볼 때, 한국전쟁에서 실종된 미군의 유해 송환 문제는 미·북관계 개선에 있어 주요한 관심사항으로 파악될 수 있다. 이러한 추론의 배경에는 미국의 대베트남 관계와 대북한 관계에는 경제적 이해와 지정학적 이익의 극대화라는 측면에서 공통점이 있다. 단지 차이점이 있다면, 베트남은 형식적으로라도 자국을 변화시킴으로써 대미관계의 개선을 모색한 반면, 북한은 이와는 달리 상대적으로 경직성을 고수함으로써 미국의 포용정책을 강요했으며, 그리고 미국의 국내정치적 맥락에서 볼 때 대북한 관계 개선은 대베트남 관계 개선에 비해 정치적 부담이 작다는 점을 특징으로 들 수 있다.[24)]

그러나 베트남의 경우에는 미·베트남 수교에 영향을 받는 미국의 동맹국이 주변에 없었던 반면, 북한의 경우에는 한국이 직접적으로 미·북관계 개선으로 영향을 받는다는 점 때문에 미국의 대베트남 관계 개선의 사례를 대북한관계 개선의 경우와 동일시 할 수는 없다는 주장도 설득력이 있다. 따라서 미·북관계 개선의 진척을 미군의 유해 송환 문제 등 미·북 간 현안문제의 타결 정도에 의해 추정한다는 것은 한계에 봉착하게 된다.

다음으로, 일본은 제네바 합의문이 타결됨에 따라 북한과의 국교정상화를 위한 협상의 재개를 위한 환경이 조성되었다고 보고 대북한 관계개선에 적극적인 정책, 즉 대북한 경수로의 건설 지원, 연락사무소 설치, 경제협력 등을 전개해 나가고 있다. 북·일수교는 북한을 동북아 질서에 참여시킴으로써 북한의 개방화를 촉진시키는 계기가 된다는 점에서 긍정적인 측면이 있는 반면, 일본의 대남북한 등거리 외교는 북한의 남북한관계 개선에 대한 필요성의 인식을 약화시킬 수 있기 때문에 한국측으로서는 비판적인 입장을 견지할 수도 있다.[25)]

남북한관계 개선이 미·북관계 개선의 속도와 범위를 결정하는 데 주요한 요인이 되는 것과 마찬가지로, 북·일관계 개선은 미·북관계 개선을 제약하는 역할을 할 수 있다. 북·일수교 협상 재개 움직임에 한국과 미국 양국이 부담을 느끼고 있다는 시각은 일본의 대남북한 등거리 외교가 초래할 수 있는 이러한 부정적 맥락에서이다.

더구나 일본은 경수로 문제에 있어 재정적 지원에 대한 합당한 지분을 요구할 가능성이 높기 때문에 향후 특정한 시점에서 북한 핵문제와 관련하여 지

24) 김성한, "미·베트남 수교 과정과 북미수교에 대한 시사점", 『월간 통일경제』, 제20호(1996. 8), 28~29면.
25) 김규륜 외, 『미국과 일본의 대북한 관계개선과 남북한관계』 연구보고서 94-02(민족통일연구원, 1994. 9), 55~57면.

속되어 온 한·미·일 공조체제가 부분적으로 무너질 가능성도 배제할 수 없다. 한·미·일 공조체제의 와해는 경수로 지원의 분담금을 둘러싼 갈등을 초래하고 대북 경수로 지원에 있어 결정적으로 부정적인 요인으로서 작용함으로써 제네바합의 자체를 위협하기 때문에 미·북관계 개선은 근본적인 수정을 피할 수 없게 된다.

한편 경수로협상이 타결됨으로써 미·일의 대북한정책은 경수로 문제 타결 이전과는 달리 상대적으로 한국의 입장을 중시하지 않고 경쟁적인 대북한 유화정책을 펼침으로써 한반도에서 미·일 양국이 자국의 이익을 극대화하는 방향으로 나아갈 것이라는 전망도 무시할 수 없는 실정이다. 이렇게 되면 상대적으로 소외감을 느끼게 되는 한국은 제네바합의의 이행에 소극적인 태도를 보이게 되며, 그리고 이러한 입장은 미·일의 대북한관계 개선에 부정적인 영향을 줄 수 있다.

다음으로, 중국의 대북한관계는 탈냉전시대에 있어서도 여전히 긴밀성을 유지하고 있다는 관점에서 볼 필요가 있다. 첫째, 중국은 한반도에서 평화와 안정을 유지하는 데에는 북한에 사회주의 체제를 존속시키는 것이 필수적이라는 인식을 하고 있다. 다시 말하면, 사회주의 체제의 붕괴로 고립감과 체제 위기감을 느끼고 있는 중국은 접경지역인 북한에서 정치적 및 경제적 혼란이 일어나는 것을 바라지 않을 뿐만 아니라 북한체제 변화의 여파가 내몽고나 티베트, 대만이나 홍콩 등에 미치게 될 것을 우려하고 있다. 둘째, 중국은 자신의 통치체제에 대한 정당성을 확보하기 위해서도 북한에서의 사회주의 정당성을 인정할 필요가 있기 때문에 한반도 문제에서 미국이나 일본 및 러시아의 독자적 또는 중국을 배제한 세력들 간의 연합세력 구축 및 주도권 행사를 저지해야 한다는 입장을 견지하고 있다.

이와 같이 중국은 기본적으로 한반도 정세의 안정과 북한의 사회주의 체제 유지를 전제로 한 현상유지에 두고 있다고 할 수 있다.[26] 이러한 토대 위

---

26) Chong－Sik Lee, "Prospects for North Korea", Paper Prepared for the International Workshop "The Durability and Direction of the Four Remaining Socialist Countries: China, Vietnam, Cuba and North Korea" by the Korean Association of International Studies and the Research Institute for National Unification, May 27~28, 1994, Seoul, Korea, pp.12~13 및 Weixing Hu, "냉전 이후 중국의 안보전략과 한반도에 대한 의미",

에서 중국은 경수로협상 타결을 적극적으로 지지했으며, 그리고 북한의 고립화 탈피를 위해 궁극적으로 북한의 대미·일관계 정상화를 통한 한반도 교차승인을 선호하고 있다.

이러한 맥락에서 볼 때, 중국이 북한의 전략적 가치를 여전히 중요하게 여기고 있고 북한도 중국의 지지가 필요하기 때문에 미·북관계 개선은 순조롭게 지속될 수 있다. 그러나 미·북관계 개선이 상호 연락사무소 설치 등과 같이 구체적으로 진행될 경우에는 중국의 대북한 정책은 변모할 수 있다는 점도 지적될 필요가 있다.

첫째, 북한의 대미관계 정상화는 일본 등 서방국의 대북한 진출을 촉진시킴으로써 중국은 정치적 관점에서 북한, 나아가 한반도에 대한 영향력을 상대적으로 잃을 수밖에 없다는 점이다. 이러한 현실의 도래는 북한이 냉전의 종식 이후에 유일한 지지국인 중국으로부터 벗어나 정치적으로 독자적인 역할을 모색할 수 있는 기반을 제공하며, 나아가 중국에 대한 비우호적인 세력으로 등장할 수 있는 여건을 조성한다는 것을 암시하고 있다. 둘째, 북한은 대미관계 개선을 통해 경제적 이익을 확보하고자 하고 있다는 점에서 미·북관계 개선이 순조롭게 진행될 경우 북한의 대중국 경제적 의존도는 상대적으로 약화될 수 있다는 점이다. 중국의 입장에서도 냉전 이후 시장경제 체제의 도입으로 인하여 원유와 식량 등 북한 경제에 필수적인 품목을 제외한 대북한 원조 성격의 경제교류가 감소하고 있는 상황에서 미국과 일본의 자본과 기술이 북한에 진출할 경우 중국의 대북한 경제적 영향력이 약화될 것은 부인하기 어려운 실정이다.

이러한 관점에서 볼 때, 미·북관계 개선에 대한 중국의 시각은 낙관적이지 못함을 알 수 있다. 미국의 대북한 진출을 일정한 한도 내에서 제한함으로써 중국은 대북한 정치적 및 경제적 영향력을 유지하기 위해 미국과 경쟁적으로 북한을 지원할 소지도 있지만, 중국의 체제 성격상 이념적 요소가 상대적으로 감소한 마당에서 대북한 지원의 지속적 추진은 한계에 처할 수밖에 없다. 결국 중국으로서는 미·북관계 개선을 통해 북한이 정치적 및 경제적으로

『전략연구』, 제2권(1994. 6), 16~19면.

미국에 의존하는 상황보다는 북한의 생존이 최소한 확보된 상황에서 중국의 대북한 영향력이 상대적으로 크게 보장될 정도로 북한이 제한적인 대미관계를 유지할 것을 선호하고 있다.

마지막으로, 러시아는 시장경제 체제를 도입한 이후에 초래된 산적한 국내문제를 해결하기 위해 국내정치에 우선순위를 둘 수밖에 없기 때문에 자연히 동북아, 특히 한반도에서의 역할은 제한적일 수밖에 없다. 그러나 러시아는 북한 핵문제의 해결과정에서 나타난 국제공조체제상의 소외감을 인식하는 바탕 위에 대북한관계 개선을 적극적으로 추진할 필요성을 인식하고 있다. 미국과 일본이 대북한관계 정상화를 추구하고 있으며, 그리고 중국도 기존의 남북한 등거리 외교를 수행하는 데 반해 러시아는 자신만이 한반도 문제 해결에서 배제되고 있는 데 대해 불만을 갖고 중국의 정책과 마찬가지로 향후 보다 균형된 대한반도 정책의 추진을 고려하고 있다.

러시아는 미·북관계 개선이 가져올 미국의 대한반도 영향력 확대를 견제하는 한편, 한국에 대하여 북한카드를 사용하기 위해서라도 과거보다는 대북한관계 개선에 적극적인 정책, 예를 들면 무기부품 공급의 재개, 원유 등의 제공을 확대하는 방안 등을 추진할 가능성도 배제할 수 없다.[27]

그러나 러·북 간의 대폭적인 관계개선은 그 가능성이 높지 않다는 점이 지적될 필요가 있다. 첫째, 러시아의 경제회복을 위한 자본과 기술의 공여는 북한보다는 한국 경제의 활력과 잠재력을 필요로 한다는 점을 들 수 있다. 둘째, 러시아의 경제이익 중시 외교정책은 북한의 군사·안보 중심의 외교정책과 본질적으로 괴리현상을 나타내고 있다는 점을 지적할 수 있다. 셋째, 북한 핵문제 해결을 위한 유엔 안보리에 의한 제재조치에 러시아가 참여의사를 표명함에 따라 북한의 대러시아 불신은 더욱 악화되었으며, 이로 인하여 러시아의 대북한 적극적 정책은 그 역할이 제한적일 수밖에 없다는 점은 현실적으로

27) 미국의 대한반도 영향력 확대를 견제하기 위해 러시아는 1994년 3월 한반도 긴장완화를 위한 8자회담(남·북한, 미국, 중국, 일본, 러시아, 유엔, IAEA)을 독자적으로 제안한 바도 있고, 1996년 4월에 한·미 양국이 제안한 4자회담에서 러시아가 소외된 데 대해 심각한 불만을 제기했다. Valery I. Denisov, "Russia and the Problem of Korean Unification", in *Korean Unification Strategies for the 21st Century*, Conference Report (Seoul: The Institute for Far Eastern Studies, Kyungnam University, 1996. 5), pp.11~12 참조.

그 타당성을 인정받고 있다.

결국 러·북관계 개선 가능성의 정도는 러시아가 급격한 북한체제의 변화 및 붕괴를 원하고 있지 않다는 점에서 찾을 수 있으며, 그리고 그 방안은 대남북한 등거리 외교로서 특징지울 수 있다. 미·북관계 개선에 있어 러시아의 우려는 대한반도 영향력과 관련된 것으로서 시장경제 체제로 전환한 러시아가 경제적 측면에서 대북한 영향력을 다시 확보한다는 것은 어렵기 때문에 정치적 측면에서 대북한 영향력을 확보하기 위한 노력을 경주할 것으로 보인다. 러시아는 미국의 단독적인 대북한 진출에 제동을 걸고 유엔 등을 통한 다자적인 접근에 의존함으로써 대북한 영향력을 확보하는 데 대한반도 정책의 초점을 둘 것이다.

결국 미·북 간에 제네바 합의문이 타결된 이후 일본, 중국 그리고 러시아 등 한반도 주변국들은 미·북관계 개선에 대한 반발로써 대북한 유화정책을 추진하게 되었다. 한반도에서 영향력을 확보하기 위하여 이들 국가의 대북한 정책이 상호 경쟁적으로 작용할 경우 미국의 대북한관계 개선은 더욱 촉진될 여지가 있으며, 그리고 북한으로서는 대미관계 개선에 의지하지 않더라도 한반도 주변국들로부터 정치적 및 경제적 이익을 확보할 수 있는 계기를 확보한 셈이다. 이러한 맥락에서 볼 때, 북한은 미·북관계 개선에 있어 미국에 대하여 더욱 과도한 요구 조건을 부과할 수 있으며, 그리고 미국은 이러한 요구를 거부함으로써 미국과 북한은 상당 기간 동안 긴장관계를 지속할 가능성도 배제할 수 없다.

한편 미·북관계 개선을 견제하기 위해 한반도 주변국들의 대북한 지원이 강화될 경우 남북한관계는 상대적으로 악화될 소지가 있다는 점을 주목할 필요가 있다. 북한으로서는 남북한관계 개선을 대미관계 개선을 위한 분위기 조성이란 관점에서 추진했다면 이제 더 이상 그러한 시도를 할 필요가 없는 셈이 된다. 따라서 소외감을 느끼는 한국으로서는 미국 및 주변국들의 대북한관계 개선에 비우호적인 입장을 견지할 것이며, 그리고 결국 남북한관계의 개선이 없는 미·북관계 개선은 한계에 봉착할 수밖에 없다.

5. 결론: 미·북관계 개선과 한국

제네바 합의문이 타결된 지 약 5년 정도가 경과하고 있는 현 시점에서 그 성과를 분석해 보면, 북한이 제네바 합의문을 이행하면서 확보한 정치적 및 경제적 효과는 초반기에는 상당한 것으로 평가할 수 있다. 그러나 후반기로 들어오면서 그 효과가 구체화되지 않았을 뿐만 아니라 향후 전망이 불투명하다는 점에서 북한의 기대에는 미치지 못했으며 오히려 합의문 이행을 둘러싼 대내외적인 한계점이 두드러지게 나타나고 있다고 할 수 있다. 이러한 현상들은 북한이 대미관계 개선을 지속적으로 추진하는 데 저해요인으로 작용할 뿐 아니라 제네바 합의문 자체에 대한 회의감을 북한에 제공함으로써 북한이 제네바 합의문이 타결되기 이전의 상태로 회귀할 가능성도 배제할 수 없는 실정이다.

특히 북한은 여전히 체제의 개방에 대한 불안감, 미국과의 직접협상을 통한 문제해결의 시도, 그리고 남한과의 교류 및 협력기피의 속성을 가지고 있다고 볼 때, 그리고 대북 경수로 지원에 있어 한국이 결정적인 열쇠를 쥐고 있다는 점을 고려해 볼 때, 남북한간의 직접 대화가 진척되지 않은 상황에서 제네바 합의문의 이행과 관련한 구체적인 이행의 일정이 본질적으로 순조롭게 진행된다는 것은 예측하기 어렵다는 점이 지적될 필요가 있다. 따라서 북한이 남한에 대하여 무조건적으로 거부감을 보일 경우, 이러한 태도는 미·북관계 개선에 부정적인 영향을 줄 수밖에 없다. 그렇다고 해서 북한이 남한의 북한 진출을 대폭적으로 허용할 경우, 이러한 태도는 북한체제의 존립에 역작용을 줄 수밖에 없다.

북한이 이러한 딜레마를 벗어나는 길은 경수로의 건설 과정에서 추가적인 요구, 예를 들면 추가적인 시설 비용 및 미·북평화협정의 체결 등을 요구하여 한·미 간의 견해 차이를 노출시킴으로써 한·미 간의 결속을 와해시키며, 나아가 미국이 남북한관계를 미·북관계 개선과 연계시키지 않도록 하는 방안을 강구하든지, 아니면 북한이 한국의 대북한 진출을 제한된 범위 내에서 허용하는 대신 북한의 체제에 미치는 부정적 파급효과를 차단하는 적절한 조치를 취하는 것이다. 그러나 북한으로서는 한국의 대북한 진출이 실행될 경우 발생할 체제의 안정에 미치는 정치적 손실이 경제적 이득보다 더 클 것으로 판단되기 때문에 한국의 대북한 진출을 허용하기보다는 한·미 간의 이간책을 선택할 가능성이 크다.

그러면 북한이 남북한관계 개선에 대해 거부감을 여전히 보이고 있는 북한에 대해 한국은 어떠한 정책적 대응을 할 수 있는가? 그리고 한·미 간의 결속을 강화하기 위해서 한국으로서는 어떠한 방안을 고찰할 수 있는가? 우선, 탈냉전에 들어서면서 미국은 한반도 문제에 대해 냉전시대에 보였던 관점과 달리하고 있다는 점을 주목할 필요가 있다. 구체적으로 말하면, 북한은 더 이상 미국의 안보에 직접적인 위협이 되지 못하고 있는 반면, 한국으로서는 북한이 자포자기식 무력도발을 감행할 가능성이 더욱 높아졌다는 인식을 하고 있다는 점에서 탈냉전시대의 한·미간 공조체제는 냉전시대의 그것과는 본질적인 차이를 보이고 있다. 더구나 미국의 입장에서는 북한의 붕괴는 한반도 통일과 연계되기 때문에 한반도 통일의 시점과 통일 이후의 전략을 함께 고려해야 하는 단계에 도달했다.

따라서 한국이 한반도 문제를 보는 미국의 변화된 입장을 냉전시대로부터 지속되어 온 한·미공조체제의 연장으로 본다면 심각한 무리가 있을 수 있다. 미국은 제네바합의가 이루어진 직후에 미·북수교에 있어 한·미동맹의 변화에 대한 연구를 한 바 있다.[28] 이처럼 미국의 대한반도 정책에서 북한은 더 이상 적대적인 국가가 아니며, 그리고 향후 정치적 및 경제적으로 밀접한 관계를 유지해야 할 국가로서 파악하고 있다는 점을 주목할 필요가 있다. 반면 한국은 한반도의 안정이 냉전시대보다 더욱 위태롭게 된 탈냉전시대에 있어 북한의 위협에 대처해야 한다는 점에서 한·미공조체제의 필요성이 더욱 절실한 실정이다.[29]

---

28) 미 의회조사국은 정전협정을 평화협정으로 대체하는 문제는 법적으로는 미국과 북한 간의 사안으로 간주하고, 이 과정에서 한국의 참여 여부는 정책적 고려사항으로 분석하고 있으며, 그리고 주한미군의 철수 문제는 한국과 미국의 상호방위조약에 당사국 일방이 일년 전에 통고할 경우 조약이 종료될 수 있다는 규정이 있기 때문에 법적으로 제재를 받는 사안이 아니라 단지 정책적인 문제임을 지적하고 있다. Davis, et al., *supra* note 36, pp.17~19.

29) 북한의 위협에 대처하는 한·미 간의 시각차이는 대북한 쌀 지원을 둘러싸고 첨예하게 대립되었다. 한국측은 1995년 북한의 곡물생산량을 345만톤, 1996년도 곡물수요량을

북한은 정전협정을 평화체제로 전환하는 문제, 주한미군의 철수 문제 등을 대미관계 개선을 추진하는 과정에서, 그리고 북한체제의 내부결속을 위하여 필요할 경우에 수시로 제기할 것으로 판단된다. 이와 관련하여 북한은 그러한 문제들의 본질적인 해결을 의도하기보다는 오히려 한·미 간의 이간을 노리고 제기한 문제임을 충분히 고려하여 대처할 필요가 있다. 따라서 한국이 이러한 문제들을 오히려 먼저 제기함으로써 북한의 의도를 사전에 봉쇄하며, 그리고 향후 북한이 사용할 카드를 무력화시킬 수 있는 방안도 고려할 필요가 있다.[30)]

더욱이 한국의 대북한 정책의 기조가 미·북관계 개선을 통한 북한의 개방을 추구한다면 한·미공조체제의 부분적 약화 현상은 크게 우려할 바가 아니며 오히려 북한의 대미관계 개선을 촉진시킬 수 있기 때문에 전략적으로 한·미 간의 갈등을 표면적으로 조장하여 이러한 갈등을 북한의 대미관계 개선을 위한 유인책으로써 이용할 필요도 있다. 물론 이 경우에는 한·미 간에 사전에 이러한 상황에 대해 견해가 조정되어야 하는 것은 두말할 필요가 없다.

한편 미·북관계 개선에 있어 미국의 대북한 영향력 확보를 저지하기 위해 한반도 주변국들은 대북한 유화정책을 경쟁적으로 펼 가능성이 크며, 그리고 이 점은 미·북관계 개선에 장애가 될 가능성이 높다고 앞서 지적한 바 있

673만톤으로 추정하고 있으며, 22% 감량 배급시 부족량을 233만톤으로 추산하고 있다. 그러나 약 70만톤 정도의 해외 도입분과 기타 원조량을 감안해 볼 때, 북한의 식량 부족분은 대략 100만톤 정도로 추정되고 있다. 따라서 한국측은 여름철 구황작물과 비축미(120만톤) 등을 고려해 볼 때, 북한이 식량난을 비관적으로 보지 않는다. 반면 미국측은 북한의 식량 부족분이 약 100만톤 정도라는 점에 대해서는 동의하지만 대규모 및 무조건적인 식량지원의 필요성을 강조했다. 한국측 주장에 관해서는 김용재, "대북한 식량 추가 지원과 남북 관계", 『월간 통일경제』, 제19호(1996. 7), 41~42면 참조 그리고 미국측 주장에 관해서는 Larry A. Niksch, "미·북관계와 미국의 대한반도 정책", 『북한 정세 변화와 주변 4국의 대한반도 정책』 제5회 국제학술회의 발표논문집(민족통일연구원, 1996. 5. 17), 69~70면 참조.

30) 한국 외교는 종래의 수세적 또는 즉흥적 대응주의로서 외교적 난국을 극복할 수 없다는 가정하에 북한측 의표를 찌르는 동시에 남북한관계의 전기를 마련할 수 있는 전략적 공세주의를 외교의 지침으로 삼아야 한다는 주장도 제기되고 있다. 특히 미·북평화협정을 저지하기 위해 휴전협정의 일방적 파기 — 이 경우 주한미군은 유엔사 성격을 배제하는 것이고 주한미군의 존재 의의는 정전협정이 아니라 한·미동맹의 맥락에서 정당화될 수도 있다 — 문제도 신중히 고려될 필요가 있다. 이 점에 관해서는 문정인, "국제질서 개편과 남북관계의 재평가 — 전략적 공세주의를 위한 제언", 『월간 통일경제』, 제5호(1995. 5), 67~70면 참조.

다. 한반도 주변국들의 이러한 시각은 미국이 대북한관계 개선을 통해서 영향력을 확보하는 데 대하여 미·북관계 개선을 견제하기 위한 반작용으로 채택한 정책이라는 특징을 보이고 있기 때문에 미·북관계 개선은 미·북수교에 이르기까지 순조롭게 추진되기 어려운 실정임을 시사하고 있다. 그러나 북한은 대미관계 개선을 추진하는 단계에서 주변국들이 보여주는 이러한 이해관계의 갈등을 이용하여 주변국들로부터 정치적 및 경제적 이득을 취할 수 있다는 점이 충분히 검토될 필요가 있다.

결국 미·북관계 개선을 통하여 북한체제의 변화를 유도하고 나아가 한반도 통일을 목표로하고 있는 한국으로서는 단기적으로는 한·미공조체제의 와해를 유도하려는 북한에 대응해야 할 뿐만 아니라 중·장기적으로는 미·북관계 개선으로 인하여 필연적으로 초래될 수밖에 없는 한반도 문제의 국제화와 관련하여 그 득과 실을 명확히 분석하는 외교적 노력도 더 한층 요구된다고 할 수 있다.

참고문헌

Bibliography

경수로사업지원단, 『경수로사업 관련자료집』, 1996. 12.

국회사무처. 『제169회 임시국회 통일외무위 제2차회의록』, 1994. 7. 12.

김계동. "경수로협정 타결과 남북한관계". 『월간 통일경제』, 제14호, 1996. 2.

김국신. "미국의 대북지원 정책 결정배경과 향후 전개방향". 『통일연구논총』, 제5권 1호, 1996.

김규륜. 『미국의 대북한 정책 : 현황과 전망』 연구보고서 97-14. 민족통일연구원, 1997. 12.

김규륜 외. 『미국과 일본의 대북한 관계개선과 남북한관계』 연구보고서 94-02. 민족통일연구원, 1994. 9.

김성한. "미·베트남 수교 과정과 북미수교에 대한 시사점". 『월간 통일경제』, 제20호, 1996. 8.

김용재. "대북한 식량 추가 지원과 남북관계". 『월간 통일경제』, 제19호, 1996. 7.

김용호. 『북한의 경제외교 전개방향과 우리의 대응책』 정책연구시리즈 95-10. 외교안보연구원, 1996. 7.

문정인. "국제질서 개편과 남북관계의 재평가-전략적 공세주의를 위한 제언". 『월간 통일경제』, 제5호, 1995. 5.

박영호. "남북관계 개선을 위한 대북정책 방향". 『월간 통일경제』, 제17호, 1996. 5.

백진현. "북미수교시 한국의 대미정책". 『국방논집』, 제32호, 1995년 겨울.

사무엘 김. "북미협상과 북한의 전략". 곽태환 외, 『북한의 협상전략과 남북한관계』. 경남대 극동문제연구소, 1997.

서대숙. "북한의 외교정책과 일본". 『월간 통일경제』, 제4호, 1995. 4.

송영대. "북미합의서 성실한 이행, 남북한관계 개선의 요체". 『월간동화』, 1994. 12.

윤덕민. “제네바합의와 한국형 경수로 지원전망”. 『월간 통일경제』, 제5호, 1995. 5.

이춘근. 『북한 핵문제 : 발단, 협상과정, 전망』. 세종연구소, 1995.

최수영. “미·일 대북 지원정책의 효과”. 『통일연구논총』, 제5권 1호, 1996.

Allison, Graham T. *Essence of Decision: Explaining the Cuban Missile Crisis.* Boston, MA.: Little, Brown and Company, 1971.

Davis, Zachary S., et al. *Korea: Procedural and Jurisdictional Questions Regarding Possible Normalization of Relations With North Korea.* CRS Report for Congress, November 29, 1994.

Denisov, Valery I. “Russia and the Problem of Korean Unification”. In Korean Unification Strategies for the 21st Century. Conference Report. Seoul: The Institute for Far Eastern Studies, Kyungnam University, 1996. 5.

Herrmann, Richard K. “Returning the Nuclear Genie to Its Bottle”. 연구논문 98－14. 세종연구소, 1998. 10.

Hu, Weixing. “냉전이후 중국의 안보전략과 한반도에 대한 의미”. 『전략연구』, 제2권, 1994. 6.

Lee, Chong－Sik. “Prospects for North Korea”. Paper Prepared for the International Workshop “The Durability and Direction of the Four Remaining Socialist Countries: China, Vietnam, Cuba and North Korea” by the Korean Association of International Studies and the Research Institute for National Unification, Seoul, Korea, May 1994.

Niksch, Larry A. “The Agreed Framework: View from Washington”. In Kwak, Tae－Hwan and Thomas L. Wilborn, eds. *The U.S.－ROK Alliance in Transition.* Seoul: Kyungnam University Press, 1996.

Plunk, Daryl M. “U.S.－North Korean Talks and North Korean Policies”, Paper Presented at the East and West Center, Yonsei University, Seoul, Korea, (May 30, 1995).

Prybyla, Jan S. “Current Status and Future Prospects of Socialism and Socialist Countries”. Paper Prepared for the International Workshop “The Durability and Direction of the Four Remaining Socialist Countries: China, Vietnam, Cuba and North Korea” by the Korean Association of International Studies and the Research Institute for National Unification, Seoul, Korea, May 1994.

[부록] 미·북관계 개선 일지
(1994. 10. 21~1996. 9. 30)

(1994년)

---

10. 21 ◦ 미·북: 북한 핵문제 해결에 관한 기본합의문에 공식 서명
◦ 클린턴 대통령: 한국이 일본 등 여러 국들과 함께 대체에너지 소요비용의 대부분을 부담할 것이라고 밝힘(백악관 기자회견)

10. 22 ◦ 한승주 외무장관: 현 단계에서 대체에너지를 한국이 분담하는 문제를 전혀 고려하지 않고 있다고 밝힘(국회 외무통일위) (미·북 부속합의서에는 흑연감속로를 동결하는 대가로 95년까지 15만톤의 중유를 공급하며 96년부터 경수로 1기 완공 전까지 매년 50만톤을 제공하도록 규정되어 있음)
◦ 중앙통신: 클린턴 대통령이 대북 경수로 건설과 대체에너지 보장에 필요한 자금조성 및 그 이행을 확약하는 '담보서한'을 김정일 앞으로 보내왔다고 보도

10. 26 갈루치 美국무차관보: 영변 저수조 보관 폐연료봉처리 문제가 시급하다고 지적하고 전문가회담을 조속한 시일내 개최할 계획이라고 밝힘

10. 31 갈루치 美국무차관보: 미·북간 대사급 외교관계 수립 이전에 북한의 DMZ 배치 병력 및 장비 삭감이 필요하며 또한 남북관계가 개선되지 않으면 합의내용 이행을 중지할 수도 있다고 밝힘

---

11. 01 ◦ 강석주 북한외교부 부부장: 갈루치 美국무차관보에게 '제네바합의에 따른 핵동결조치 착수' 내용의 메시지를 전달했으며 주 내용은 ① 5MW 원자로의 재장전 계획 취소, ② 5MW·20MW 흑연감속로 건설 중지, ③ 동결시설 감시 문제를 IAEA와 협의할 준비완료, ④ 전문가회의 개최를 미국측에 제의 등임
◦ 북한 외교부 대변인: 북한은 미·북합의사항 이행을 위한 일련의 실천적 조치들을 시작했다고 밝힘(중앙통신과의 회견) (11월 초부터 5MW·20MW 흑연감속로 등의 건설을 중단하기로 결정)

11. 03 미·북 뉴욕 실무접촉: 제네바합의문 이행방안을 협의

11. 07 訪韓 크리스토퍼 美국무장관: 북한이 핵협정을 성실히 이행할 경우 한국과 함께 북한의 아시아경제기구 가입을 지지할 것이라고 밝힘

11. 12 중앙통신: 사용후 핵연료의 안전 보관에 관한 전문가회담에 참석할 美전문가들이 평양에 도착했다고 보도

11. 13 밥 돌 美공화당 상원 원내총무: 회의 차원에서 미·북합의의 문제점을 추궁할 것임을 시사(CBS방송과의 회견)

11. 14 미·북: 핵시설의 폐연료봉 보관 문제와 관련한 전문가협상을 개시(중앙통신)

11. 15 美의회 및 美정부 소식통: 공화당은 현 정부의 대북정책 견제를 위해 클린턴 대통령이 김정일에게 보낸 각서를 문제삼을 것으로 보인다고 주장

11. 18 미·북: 북한 폐연료봉 처리 문제와 관련한 전문가협상을 마쳤으며 12월에 미결된 실무적 기술문제에 대해 재협상을 갖기로 합의

11. 21 美의회 소식통들: 공화당은 미·북 연락사무소 설치 및 대북한 경제제재 완화를 지연시킬 가능성이 있다고 밝힘

11. 27 머코스키 美상원의원(공화당): 북한에 제공하기로 한 중유구입비용 지원을 저지하겠다고 밝힘(NYT紙)

11. 28 평양방송: IAEA 사찰단은 북한측이 핵개발 계획을 동결했음을 확인했다고 보도

11. 30 북한: 미·북 경수로지원 전문가회담(북경)에서 한국형 경수로 거부의사를 재확인했으며 또한 건설업체 선정권을 자신들이 행사하도록 규정해야 한다고 주장

---

12. 01
- 산케이신문: 美공화당은 미·북합의 수정법안을 95년 1월 새 의회에 제출할 것이라고 보도했으며 주 내용은 ① 폐연료봉 국외반출, ② 특별사찰 전면수용, ③ 미사일수출 중지 등의 조건을 충족시킬 때까지 경수로 제공 등을 위한 경비지출의 전면 금지 등임
- 美상원외교위 동아태소위: 갈루치 국무차관보를 출석시킨 가운데 미·북 합의사항과 관련된 청문회를 개최했으며 이 청문회에서 갈루치는 미국은 경수로 공급 의무를 지기를 원하지 않으므로 조약 같은 법적 구속력을 갖는 형태를 취하지 않았다고 밝혔으며, 롭 위원장은 특별사찰과 폐연료봉의 반출 및 남북대화 진전을 위한 단기간의 시한을 정할 것을 촉구

◦ 북한: 미·북 경수로지원 전문가회담(북경)에서 美선거(11월 9일)에서 공화당이 승리한 이후 제네바합의 내용 및 중유제공 약속에 대한 비판론이 대두되고 있음을 지적하고 이에 대한 대책 및 이행 재보장책을 요구

12. 02 ◦ 미·북 경수로지원 전문가회담(북경): 대북 경수로 지원을 위해 협력해 나간다는 의사를 재확인하고 4일간의 회담을 마쳤으며 내년 1월 중 회담을 재개하기로 합의

◦ 美정부당국자: 북한이 현재 수조 속에 보관 중인 폐연료봉의 보관기간을 연장하기 위해 이달내 기술진을 파견하고 20여만달러의 수조정화비를 지원할 것이라고 밝힘

12. 06 미·북 연락사무소 개설 전문가회담(워싱턴): 영사관계 및 연락사무소 개설과 관련한 세부방안을 협의

12. 07 미·북 연락사무소 개설 전문가회담(워싱턴): 연락사무소가 領事업무만이 아니라 政務업무도 다루도록 한다는 데 의견접근을 이루었으며 이에 따라 연락사무소 직원은 외교관과 같은 외교특권을 갖게 됨

12. 09 ◦ 미·북 연락사무소 개설 전문가회담(워싱턴): 영사 문제들과 기술적 문제들을 해결했으며 남은 것은 부지선정이라고 밝혔고 이 회담에서 내년 초에 각각 연락사무소 부지조사를 위한 전문가팀을 파견하기로 합의했으며 허바드 美국무부 부차관보는 북한의 미사일수출, 비무장지대의 병력배치, 인권문제 등을 거론했다고 밝힘(공동언론발표문)

◦ 미·북 연락사무소 개설 전문가회담(워싱턴): 15개 항의 초안에 원칙적으로 합의했으며 주 내용은 ① 95년 4월에 각각 연락사무소 설치, ② 연락대표부의 장을 추후 대사급으로 격상, ③ 5~6명의 상주 인원들에게 외교관에 준하는 특권 부여 등임

12. 12 갈루치 美국무차관보: 북한이 특별사찰을 수용하기 전까지는 핵선제불사용선언을 하지 않을 것을 밝혔으며 또한 북한이 미국과 외교관계를 수립하려면 미사일 수출 중단 등 다른 현안들이 해결되어야 한다고 지적

12. 16 ◦ 유엔주재 북한대표부 고위외교관: 코카콜라 등 미국의 여러 기업들이 최근 접촉 제의를 해 왔으며 내년 초 모두 만날 것이라고 밝힘

◦ 한·미·일 3국 고위실무회의: KEDO를 내년 2월 중 발족시키며 본부를 뉴욕에 두기로 합의(공동발표문)

12. 31 산케이신문: 사우디 등 아랍국가들이 KEDO에 참여하기로 결정했다고 보도

(1995년)

---

1. 02 밥 돌 美공화당 원내총무: 대북한 중유 제공위한 예산지출을 봉쇄할 수도 있다고 밝힘 (CBS와의 회견)

1. 03 WT紙: 美정부는 1월 21일까지 북한에 중유 1차 선적분 5만톤 공급 위해 국방부 비상지출 計定에서 470만달러를 사용할 것이며 또한 이는 의회의 승인사항이 아니라고 밝힘

1. 04
- ◦ 매커리 美국무부 대변인: 미·북은 1월 중 3차례의 경수로 관련 회담을 가질 예정이며 그 회담의제는 ① 경수로 기술, ② 8천개의 폐연료봉 처리, ③ 연락사무소 설치 등임
- ◦ 밥 돌 美공화당 원내총무: 美상원은 북한에 제공하기로 한 원조문제의 적법성에 의문을 제기할 것이라고 밝힘

1. 05
- ◦ 美국방부: 대북한 공급 2·3차분 중유가 95년 10월과 96년 10월에 제공될 예정이라고 밝힘
- ◦ 셸리 美국무부 부대변인: 제네바합의에 따라 1월 21일까지 대북한 통신·금융거래와 무역 및 투자에 대한 각종 규제 완화조치를 검토 중이라고 밝힘
- ◦ 美국방부: 북한행 중유 1차 선적분은 미국이 부담하나 2·3차분은 미국이 부담하지 않고 KEDO가 부담하기를 바란다고 밝힘(특별브리핑)

1. 09
- ◦ 북한 외교부대변인: 미·북합의에 따라 미국 상품의 반입·제한조치와 미국 무역선박의 입항 금지조치를 1월 중순부터 해제하기로 결정했다고 발표(중앙통신과의 회견)
- ◦ 로드 美국무차관보: 북한은 지금까지 핵시설 동결 등 기본합의를 아주 정확히 이행해 왔다고 평가(브리핑)

1. 10
- ◦ 허바드 美국무부 부차관보: 북한에 제공될 경수로는 한국형이라는 데 의심의 여지가 없다고 밝힘(외신기자 브리핑)
- ◦ 美국무부 고위관리: 미·북간 연락사무소 개설을 위해서는 남북대화 재개라는 정치적 여건이 조성되어야 한다고 밝힘
- ◦ WT紙: 클린턴 정부는 대북 지원 경비가 당초의 450만달러를 훨씬 넘는 수천만달러에 달할 것으로 보고 의회로부터의 추가비용 획득방안을 모색하고 있지만 공화당 상원의원들은 난색을 표했다고 보도

1. 11
- ◦ 클린턴 대통령·무라야마 일 총리 회담: 양국은 미·북 제네바합의의 성공

적 이행을 위해 긴밀히 협력해 나가기로 합의했으며 무라야마 총리는 상당한 재정적 역할을 할 용의가 있다고 밝힘

◦ 교도통신: 한·미·일은 경수로 지원비용은 한·일이 부담하고 중유제공과 폐연료봉 보관 및 처리비용은 미국이 부담키로 기본적으로 합의했다고 보도했으며 또한 일본의 경수로 지원부담액은 40억달러 중 10억달러가 될 것으로 보인다고 전함

1. 12 ◦ 베이커 前미국무장관: 미·북 제네바 합의는 "북한에 당근만 주는 내용"이라고 반대 의사를 표명(하원 외교위 청문회)

◦ 박길련 유엔주재 북한대사: 코카콜라 본사를 방문하여 코카콜라의 북한진출 문제를 협의

1. 13 허바드 美국무부 부차관보: KEDO 출차금 모금과 관련 한·미·일 이외의 국가들로부터 수억달러씩 지원받을 방침이라고 밝힘(니혼 게이자이 신문과의 회견)

1. 14 크리스토퍼 美국무장관: 북한과의 관계정상화를 위해 신중하고 단계적인 조처들을 취할 준비가 완료되었다고 밝힘(CNN과의 대담)

1. 15 북한 외교부 대변인: 경수로 계약문서에 '한국형'을 명기하지 않으면 KEDO가 제공하는 어떤 형태의 경수로도 수용할 수 있다고 밝힘(중앙통신과의 회견)

1. 17 ◦ 워싱턴 북한 소식통: 북한은 유엔주재 대표부를 통해 북한 진출을 모색하고 있는 기업들(코카콜라, AT&T, 맥킨지, CNN방송)과 접촉, 평양에 사무소 개설을 요청하고 있다고 전함

◦ 미·북 폐연료봉 처리 전문가회담: 1월 21일까지 평양에서 개최(미국대표: 노먼 울프 핵확산금지 담당관)

1. 18 제2차 미·북 폐연료봉처리 전문가회의: 제1차회의(94년 11월)에서 미결되었던 실무적 문제들에 대한 의견을 교환

1. 19 ◦ 스탠튼그룹(종합용역회사): 북한의 경제개발을 위한 발전·정유·산업개발 등 3대개발계획을 포함한 보고서를 북한핵 청문회에 제출

◦ 美상원 에너지위원회: 북한핵에 관한 청문회를 개최하여 ① 제네바합의와 남북대화의 연계, ② 특별사찰의 조기실시, ③ 폐연료봉의 조기반출, ④ 북한의 합의문 실천 여부 등에 대해 집중 추궁

1. 20 美국무부: 일부 대북한 통신 및 경제제재 완화조치 해제를 발표했으며 주

내용은 ① 워싱턴으로부터 북한에 직통전화 허용, ② 비상업 목적의 송금 허용, ③ 미 언론사의 북한내 사무소 개설 허용, ④ 미국내 북한자산 동결 해제, ⑤ 미국인의 여행자 신용카드 사용 허용 등임

1. 23 허바드 美국무차관보: 산유국인 말레이시아와 브루나이에 북한에 공급할 10만톤의 원유 제공 및 싱가포르에 자금 지원을 요청

1. 24 ◦ 북한·IAEA대표단: 평양에서 핵시설 동결과 핵사찰 이행을 위한 협상을 재개

◦ 페리 美국방장관: 북한이 합의사항을 제대로 이행하지 않으면 제반 제재조치를 포함한 적절한 대응을 강구할 것이라고 밝힘(북핵 청문회)

◦ 크리스토퍼 美국무장관: 미·북 제네바합의에 있어 북한에 속지 않을 자신이 있고 이행단계마다 체크 포인트를 마련해 두었으며 또한 남북대화의 재개조건이 충족되지 않으면 합의 이행을 중단할 수 있다고 밝힘(상원 외교위 북핵 청문회)

◦ 크리스토퍼 美국무장관: 미·북합의문 이행을 위한 미국의 비용부담은 연간 2천만~3천만달러가 될 것이며 한·일에 비하면 미미한 것이며 또한 북한에 제공될 경수로는 이미 한국형으로 결정됐다고 밝힘(북핵청문회)

◦ 美양당 의원들: 북한핵 관련 결의안을 상·하 양원에 제출했으며 주 내용은 북한이 국제 핵사찰 외에 남북한 동시 상호 사찰도 수용하고 핵시설을 즉각 해체하여 핵의혹을 완전히 해소한 후에 미·북관계 개선과 국교정상화 단계를 밟을 것을 클린턴 정부에 촉구한 것임.

◦ 클린턴 대통령: 북한핵 동결을 위해 북한과의 핵합의 이행을 지속해 나갈 것이라고 밝힘(연두교서)

1. 25 조지워싱턴대 동아시아연구소 訪北團: 북한은 미국과의 평화협정 체결이 당장 불가능하다면 평화협정으로 전환하기 전에 중간단계 조치를 검토하고 있다고 밝힘.

1. 26 ◦ 럭 주한미군사령관: “전쟁이 나면 1조달러의 비용과 1백만명의 인명손실이 예상된다”라고 하면서 미·북합의에도 불구하고 한반도에서의 전쟁을 우려하고 있다고 밝힘(북핵 청문회)

◦ 訪韓 탈보트 국무차관: 북한이 한국형 경수로를 채택하지 않을 경우 경수로를 지원하지 않을 것이라고 밝힘(美대사관주최 환영 만찬)

◦ 페리 美국방장관: 미·북합의를 위한 총 비용은 50억달러 이상이며 대부분을 한·일이 지불할 것이고 클린턴 대통령이 한·일 지도자들로부터 확약을 받았으며 또한 경수로 지원 비용은 장기 무이자 차관형식에 현물과 경화로 상환될 것이라고 밝힘(상원 군사위 북핵 청문회)

1. 29 미·북 경수로지원 전문가회담(베를린): 경수로의 무상공급, 무이자 상환에는 동의했으나 흑연감속로 보상 문제에 관해서는 합의점 도출에 실패했으며 또한 미국측은 '한국형'을 계약 문안에 명기할 것을 주장했으나 북한측은 안전성과 신뢰성에 문제를 제기

1. 31 허바드 美국무부 부차관보: 미국은 "북한의 인권이 국제적 기준에 부합되어야 한다"고 말하면서 북한의 인권문제도 짚고 넘어갈 것이라고 밝힘(해리티지재단 학술회의 참석)

---

2. 01 ◦ 미·북 경수로지원 전문가회담(베를린): 경수로 노형 등에 대한 합의점을 도출하지 못한 채 종결

◦ 루가 美상원의원: 대북 경수로 지원비용 40억달러 중 한국이 30억달러, 일본이 10억달러를 부담할 것이라고 밝힘(아시아지역 기자들과의 간담회)

2. 02 ◦ 머코스키 美상원 에너지위원장: 미·북 합의문 이행을 위해 의회에 대한 비용승인 요청시 합의문 이행을 봉쇄하고 재협상을 요구하게 될 것이라고 밝힘

◦ WT紙: 미국은 북한의 폐연료봉을 보관할 제3국 물색에 어려움을 겪고 있으며 결국 미국으로 반입될 가능성이 있다고 보도

2. 03 ◦ 북한: "분위기가 조성되지 않고 있다"고 말하면서 미·북합의에 따른 남북대화 재개에 대한 거부입장을 밝힘(내외통신)

◦ 탈보트 美국무차관: 남북대화와 연락사무소 개설 등 미·북관계는 서로 병행되어야 한다는 것이 클린턴 정부의 기본입장이며 또한 이것이 기본합의문에도 부합되는 것이라고 밝힘(정례 브리핑)

◦ 美컨설팅 회사: GM·코카콜라 등 업계대표단이 2월 중순 북한을 방문한다고 공식 발표했으며 그 목적은 현지 사업 진출 방안의 논의 및 자유무역특구 시찰임.

2. 04 ◦ 북한: 미국이 '95 T/S훈련을 재개한다면 미·북합의에 따른 양국관계가 원

점으로 돌아갈 수밖에 없다고 밝힘(노동신문)
◦ 美코멜트社: 마그네사이트 등 북한의 광물현황을 조사하고 미국으로의 수입문제를 협의하기 위해 평양에 도착

2. 07 ◦ 워싱턴 외교소식통: 미국은 미·북 연락사무소 전문가회담에서 美연락관의 자유왕래 보장을 요구했으나 북한측은 일단 거부입장을 보였다고 밝힘.
◦ WP紙: 북한은 지난 주 경수로지원 전문가회담에서 "남북한이 아직 전쟁상태에 있는 상황에서 이를 받아들이는 것은 국가적 자존에 어긋난다"고 말하면서 한국형 경수로 수용에 대한 강력한 반대의사를 표시했다고 밝힘
◦ 美국무부 관계자: 미국은 KEDO에 대한 출연금으로 2,200만달러를 예산에 책정했다고 밝힘

2. 08 ◦ 美국무부 대변인: 연락사무소 개설과 남북대화 연계 입장을 정리하여 "기본합의가 완전히 이행되려면 남북대화가 재개되어야 한다는 것은 분명하다"는 공식성명을 발표
◦ 북한: 미·북합의문 이행과 남북대화는 별개의 문제라면서 미국의 강경보수세력은 양자를 결부시키지 말아야 한다고 주장(중앙방송 논평)
◦ WP紙: 북한은 경수로 지원 전문가회담에서 "경수로를 공급받는다고 해도 기술인력을 양성할 시뮬레이터와 새로운 변전 및 송전시설 등이 필요하다"고 말하면서 5억~10억달러 상당의 추가지원을 미국측에 요청해왔다고 보도

2. 09 ◦ 페리 美국방장관: 제네바합의가 이행되지 않는다면 주한미군의 증강계획을 추진하기 위해 의회에 추가예산을 요청할 것이라고 밝힘(상원 군사위 청문회)
◦ 클린턴 대통령: 미·북제네바 합의는 美전략의 주요 부분이므로 당초 합의대로 추진되어야만 하며 추진할 수 있다고 강조(콜 독일 총리와의 회담 후 기자회견)
◦ 북한: 미·북 기본합의의 이행과 남북대화는 별개의 문제라고 주장(중앙통신 성명)

2. 10 美재무부: 최근 2개의 미국 기업(애드미럴 줌 월드 자문회사와 스탠튼그룹)에 대북한 경제활동 사업허가서를 발부

2. 11 ◦ 워싱턴 외교소식통: 최근 美언론이 보도한 북한의 추가요구설은 "경수로

제공 범위와 관련한 견해차이일 뿐이다"라고 하면서 잘못된 것이라고 전함
◦ 美기업대표단: 북한과의 상업거래 문제를 협의하기 위해 평양으로 출발

2. 14 크리스토퍼 美국무장관: 제네바합의를 넘어선 대북 추가경제원조를 전혀 고려하지 않고 있다고 밝힘(상원 외교위)

2. 15 ◦ 크리스토퍼 美국무장관: 북한측의 한국형 경수로 반대입장에 대해 다른 대안이 없다고 밝힘(상원 예산위)
◦ 북한 외교부 대변인: 미국이 한국형 경수로 수용을 강요한다면 핵합의를 폐기할 것이라고 위협

2. 16 ◦ 美정부: 단체여행 및 여행 관련 사업을 추가로 허용하는 등 대북한 제재 완화 조치를 공식 발효시킴
◦ 럭 주한미군사령관: 북한은 중유를 군사용으로 전용했을 지도 모른다고 밝힘(상원 군사위)
◦ 니혼 게이자이 신문: 미국은 대북 한국형 경수로 지원사업을 자국 기업이 중개하도록 하는 안을 추진하고 있다고 보도

2. 17 WP紙: 미국은 한국형 경수로를 거부하고 있는 북한에 대한 일종의 타협안으로 웨스팅하우스사의 이름으로 제작하는 방법을 모색하고 있으며 이는 북한의 체면세워주기 방법의 일환이라고 보도

2. 18 ◦ 미국은 대북지원 경수로를 주문자 상표방식(OEM)을 적용해 '한국제작, 미국상표' 방식으로 제공할 방침이라고 전함
◦ WP紙: 클린턴 정부는 북한에 제공된 중유가 산업용으로 전용될 가능성에 대한 우려를 전달했다고 보도

2. 23 ◦ 美하원 국제관계위 아태소위: 북한핵 청문회를 개최하여 의원들은 ① 대북 경수로 및 중유 제공에 대한 재정분담, ② KEDO 설립 현황, ③ 한국형 경수로 채택, ④ 중유의 전용 가능성 등을 집중 추궁
◦ 스탠튼그룹: 2월 14일부터의 방북시 북한과 선봉 소재 정유공장을 가동키로 합의
◦ 美국방부: 북한이 정전협정기구들을 해체함으로써 미국과의 평화협정을 위한 쌍무회담의 길이 열리길 기대한다면 큰 오산이라고 밝힘.

2. 26 아사히신문: 한·미·일은 KEDO 사무국 규모가 작기 때문에 대북 경수로사업의 전체관리를 美민간기업에 위탁하기로 합의했음이 내부문서를 통해 밝

	혀졌다고 보도
3. 01	◦ 訪中 로드 美국무차관보: 중국에 대해 KEDO 참여를 촉구(외신기자 회견) ◦ 美국무부: 북한이 중립국감독위 폴란드 대표단을 축출한 사실을 공식 확인하고 "북한과는 평화협정 체결문제를 협상하지 않을 것"이라면서 이를 정전협정의 위반이라고 강력히 비난
3. 02	북한: 미국측에 새로운 평화보장체제 수립을 요구(중앙방송 논평)
3. 05	美의회조사국 보고서: 미국은 북한이 최소한 1개 이상의 핵폭탄 제조능력을 이미 확보한 것으로 판단하고 있다고 지적(산케이신문)
3. 06	디펜스 위클리紙: 미국의 대북 중유제공은 북한의 군사훈련 강화의 한 원인이 되고 있다고 보도
3. 07	◦ 북한: 한국형 경수로 수용을 거부하며 이로 인해 미·북합의가 파기되더라도 조금도 두려워하지 않는다고 밝힘(신화통신) ◦ 美백악관보고서: 미국은 외국시장 개방을 국가안보 목표의 하나로 설정하고 이를 위해 국제 및 지역문제에 적극 개입할 것이며, 또한 북한이 핵합의를 성실히 이행할 경우 정치·경제적 관계를 개선해 나갈 것이라고 밝힘
3. 09	◦ 교도통신: 북한과 일본은 국교정상화 협상 재개를 위한 고위급 비공식 협의를 지난 달 싱가포르에서 가졌다고 보도 ◦ 美측 전문가: KEDO 준비회의에서 "제네바합의에 명시되어 있는 4월 21일은 목표일시 일 뿐 절대시한이 아니다"라는 관점에서 경수로협상이 완료되어야 할 시한은 없다고 밝힘
3. 10	갈루치 美핵대사: 만약 북한이 핵합의를 위반한다면 안보리 회부 등 가능한 대책을 강구하겠다고 밝힘(기자회견)
3. 11	북한 외교부 대변인: KEDO가 계속 한국형 경수로를 강요한다면 KEDO를 협상대상자로 인정하지 않고 미·북합의의 파기도 불사하겠다고 밝힘
3. 13	북한: 日연립여당 3당대표들에게 방북초청장을 정식 전달
3. 14	◦ 페리 美국방장관: 미·북합의가 제대로 이루어지지 않을 경우 국방예산을 추가 요청하거나 전용을 요청할 계획임을 밝힘 ◦ 밥 돌 美상원 공화당 원내총무: 미·북합의가 '국제조약'이 아닌 '정치합의' 형태로 추진된 것과 관련한 정당한 근거 제시를 요구했으며, 한편 머코스

키 상원 에너지위원장은 합의이행 지출 경비에 대하여 모두 의회의 승인을 얻도록 의무화할 것이라고 밝힘

◦ 갈루치 美핵대사: 북한의 한국형 경수로 수용 여부가 결정되기 전이라도 북·일수교 교섭 재개를 반대하지 않는다고 밝힘(「월드네트」 대담)

3. 16 갈루치 美핵대사: 북핵 관련 상·하 양원의 합동 대정부결의안을 수용하기로 했으며 주 내용은 6개월 단위로 남북한관계 개선 및 비핵화 공동선언 이행 상황을 의회에 보고하기로 하고 남북한관계 개선이 선행되지 않는 한 미·북관계를 개선하지 않을 것을 약속

3. 18 북한: KEDO 설립협정에 한국형 경수로 명기를 삭제할 것을 요구(중앙통신)

3. 21 북한 외교부 대변인: 경수로제공 협정이 계속 지연될 경우 일부 핵시설을 재가동할 수밖에 없다고 밝힘(중앙통신과의 회견)

3. 23 ◦ 김정우 미·북 경수로지원 전문가회담 북측단장: 한국형 경수로는 이번 회담(3월 25일, 베를린)의 논의대상이 될 수 없다고 밝힘

◦ NYT紙: 경수로 노형 문제는 이름을 달리함으로써 외교적으로 해결될 수 있을 것이라고 보도

3. 25 미·북 경수로지원 전문가회담(베를린): 경수로 노형 선정 문제를 논의

3. 26 ◦ 미·북 경수로지원 전문가회담(베를린): 북한은 4월 21일 시한을 어기면 응분의 조치를 취할 것이라는 주장을 한 반면 미국측은 한국형 외의 대안이 없다고 주장함으로써 합의점 도출 실패

◦ 릴리 前주한美대사: 국무부의 대북한 회유태도에 대해 비난(NYT紙 기고)

3. 27 ◦ 미·북 경수로지원 전문가회담(베를린): 합의점 도출 실패한 채 종료

◦ 크리스토퍼 美국무장관: 이번 경수로지원 전문가회담에서 북측으로부터 모종의 제의가 있었으며 이를 검토해 대응책을 마련하겠다고 밝힘

3. 28 訪北 日연립여당 대표단: 수교협상 재개하기로 합의했으며 합의문 초안은 ① 국교정상화를 조기에 실현할 수 있도록 적극적으로 노력, ② 대화재개에 어떤 전제조건도 달지 않음, ③ 정부에 조기 국교정상화에 노력할 것을 요청 등임

3. 29 ◦ 동아일보: 북한은 최근 경수로지원 전문가회담에서 미국이 안전성을 보장할 경우 '한국형 모체 미국모델' 수용 입장을 보였으나 설계·제작 등에서 한국의 중심적 역할 수용불가 입장을 분명히 한 것으로 보도

	◦ 중앙통신: 북한은 경수로 공급과 관련한 미국과의 대립 타개를 위한 획기적 제안을 미국측에 제시했다고 보도
3. 30	북한 노동당·방북 日연립여당 대표단: 4개 항의 북·일수교협상 재개를 위한 합의서에 정식 조인했으며 그 내용은 ① 양국간 과거청산 및 국교정상화 조기 실현을 위해 노력, ② 정상화협상에 어떤 전제조건도 달지 않음, ③ 자주적이고 독자적인 입장에서 협상, ④ 정부에 적극적 협상 추진 건의 등임
3. 31	뷰라이터 美하원 아태소위원장: 한국이 경수로의 주공급자가 되어야 한다는 내용의 대정부결의안을 제출했으며 또한 북한이 5MW원자로의 재장전을 시도할 경우 미·북합의를 일체 중단해야 한다고 규정

---

4. 01	美연방통신위원회(FCC): AT&T사에 대해 미·북간 직통전화 개설을 6개월간 임시 허용하는 조치를 취함
4. 02	美국무부 관리: 미국은 대북 경수로 지원 문제와 관련하여 남북한 모두를 만족시킬 수 있는 방안을 찾고 있다고 밝힘
4. 03	美국무부: 유엔주재 북한대표부 대표단이 4월 5일－7일까지 워싱턴 주재 북한연락사무소 건물을 물색할 것이라고 밝힘
4. 05	◦ 인테르팍스통신: 북한은 최근 미국과의 협상에서 한국을 통한 러시아형 경수로 수용의사를 밝혔다고 보도 ◦ 美하원 아태소위원회: 한국이 대북한 경수로 지원에서 중심적 역할을 해야 한다는 내용의 결의안을 의결했으며 구체적으로 ① 남북대화 재개, ② 한반도 비핵화 선언 이행, ③ 군사분계선 일원의 북한 군사력 감축, ④ 북한의 미사일 수출 금지 등을 관계 격상의 조건들로 제시
4. 07	카터 前대통령: 남북정상회담 주선을 위해 한반도를 재방문할 용의가 있다고 밝힘
4. 08	◦ 레이니 주한美대사: 북한이 한국형 경수로를 받아들이지 않는다면 경수로 지원 문제는 끝이며, 또한 ‘미국 중개상 개입’이나 ‘부분적인 러시아형’ 제공설은 사실과 다르다고 강조(동아일보와의 회견) ◦ 북한: 한국형 경수로 수용 불가 입장을 재확인했으며 제네바합의에서 한국이 참여하도록 초대한 바 없으며 한국에 대한 어떠한 역할도 약속하지 않았다고 주장(중앙통신)

4. 10 ◦ 미·북: 직통전화를 정식 개통
◦ 셀린 美핵규제위원회 위원장: 미국이 설계한 한국형 원자로가 가장 안전하고 현대화된 것이라고 밝힘(日원자력 산업포럼 연례회의)
◦ 갈루치 美핵대사: 경수로협상이 결렬되어 유엔 안보리에 회부되고 제재여부에 대한 표결이 벌어지기 전에 한반도의 군사력을 증강시킬 것이라고 밝혔으며, 또한 북한이 핵연료를 재장전할 경우 당장 10개의 핵폭탄의 제조가 가능한 플루토늄의 생산이 가능해진다고 설명
4. 12 ◦ 미·북 경수로지원 전문가회담(베를린): 경수로 노형 등에 대한 절충작업을 벌였으나 합의점 도출에 실패
◦ 북한: 미국은 이번 경수로 전문가회담이 완전히 파탄될 경우 위험한 결과를 초래한다는 것을 인식, 성실한 자세를 취해야 한다고 밝혔으며 한국이 한국형 경수로를 계속 강요할 경우 전쟁을 초래할 수 있다고 경고(중앙통신)
4. 13 ◦ 북한: 미국이 진정으로 미·북합의 이행을 바란다면 평화협정 체결 문제를 해결해야 한다고 주장(노동신문 논평)
◦ 베를린 외교소식통: 북한은 미·북 경수로협상에서 진전이 없을 경우 원자로에 연료를 재장전하겠다고 위협했으며, 또한 북한은 한국형을 거부하면서도 한국기술자들은 받아들일 것임을 시사했다고 보도
◦ WP紙: 페리 美국방장관은 94년 5월과 6월에 북한 원자로에 대한 선제공격과 수십만명의 미군을 동원하는 전면전을 여러 차례 검토했다고 보도
4. 14 스탠튼그룹 관계자: 현재 휴업 중인 북한의 나진·선봉지역의 정유공장을 5월부터 가동할 예정이라고 밝힘
4. 17 美재무부: 미국 광물거래사인 코메탈社에 대해 북한산 마그네사이트 수입사업허가서를 발부
4. 18 미·북 경수로 전문가회담: 베를린에서 재개
4. 19 미·북 경수로 전문가회담: 핵심현안인 경수로 노형에 대한 막바지 절충을 벌였으며 또한 북한측은 한·미·일 3국의 합작기업 설립 및 이를 통한 한국형 경수로의 일부 설계 변경을 요구한 것으로 알려짐
4. 20 김정우 미·북 경수로 전문가회담 북측대표: 회담이 아무런 성과를 거두지 못한 채 완전 결렬되었다고 밝힘
4. 21 크리스토퍼 美국무장관: 북한에 대해 5월초 고위급회담 개최를 공식 제의했

으며 또한 북한이 핵연료를 재장전할 경우 즉각 제재 등 강경대응 입장을 분명히 함

4. 22 ◦ 북한 외교부 대변인: 미·북 경수로협상이 결렬됨에 따라 자주권 수호를 위한 결정적 대책을 취할 것이라고 밝힘(조선 중앙통신과의 회견)

◦ 북한 외교부 성명: 미국이 제시한 고위급회담 개최를 검토 중이라고 밝힘(조선 중앙통신)

4. 23 ◦ 북한: 한국 정부와 미국의 일부 강경세력들에 의해 한반도 정세가 대결의 원점으로 회귀하고 있다고 주장(평양방송 논평)

◦ 페리 美국방장관: 북한이 현재까지 핵동결 약속을 잘 이행하고 있으므로 인내심을 갖고 합의를 모색해 나갈 것이지만 북한이 핵동결 약속을 파기할 경우 안보리 제재조치 등을 모색할 것이라고 밝힘(NBC방송과의 대담)

◦ 美국무부 고위당국자: 대북 경수로 지원을 위한 프로그램 코디네이터로 미 벡탤사를 지명하는 방안을 북한에 제시(요미우리 신문)

◦ 김정우 미·북 경수로 전문가회담 북측대표: 미국의 고위급회담 제의에 대해 일단 거부입장을 표명

◦ 북한 외교부 대변인: 미국이 한국형 경수로 수용을 강요한다면 대미관계 개선의 기대를 버릴 수밖에 없으며 또한 이렇게 될 경우 미·북합의 이후 계속되어 온 핵동결에 따른 보상을 요구할 것이라고 밝힘

4. 26 홍콩 소식통: 김정일은 지난 3월말 한국기업의 방북을 일체 허용하지 말 것을 대외경제협력추진위원회에 지시했다고 밝힘

4. 27 ◦ 워싱턴 외교소식통: 美국무부는 최근 북한에 대해 김대통령 비난방송 중지를 강력히 요청했으며 이는 경수로협상 타개에 도움이 된다고 함

◦ 교도통신: 코카콜라가 북한에서 처음으로 공식 석상에 등장했다고 보도

4. 28 ◦ 美국방부: 북한을 이란·리비아 등과 함께 7개 테러지원국가로 지목

◦ 美국방부 고위관리: 북한이 핵동결을 해제할 경우 즉각 유엔의 제재를 요청할 것이라고 밝힘

◦ WT紙: 미국은 한국을 대신하여 북한에 경수로를 제공할 국가를 찾고 있다고 보도

---

5. 01 북한: 일본에 대해 핵문제 개입을 삼가고 한·미가 제재조치를 취해도 가담

하지 말 것을 요구(중앙통신)

5. 02 클래퍼 美국방정보국장: 북한은 미·북합의를 고수할 것으로 보이며 특히 조속한 시일내 합의를 파기하지 않을 것으로 판단된다고 밝힘(정보위 제출 답변자료)

5. 03 한성렬 유엔주재 북한대표부 공사: 이번 미·북 고위급회담에서는 ① 경수로 제공약속 준수 문제, ② 평화보장체제 수립 문제, ③ 주한미군 철수 문제 등을 토의해야만 한다고 주장(요미우리신문과의 회견)

5. 06 ◦ 외교 소식통: 북한은 미국의 5월 중순 제네바 고위급회담 개최 제의에 대해 평양에서 개최할 것을 역제의했다고 전함(교도통신)
◦ 북한: 미·북합의보다 주권보호를 중시한다고 공표(노동신문)

5. 09 북한: 미국이 군사적 위협으로 대북 압력을 노골화하고 있다고 비난(중앙방송)

5. 10 美국무부: 북한의 NPT 연장회의 불참 선언과 관련하여 미·북합의 이행 노력과는 관련이 없는 것으로 본다고 논평

5. 11 ◦ 북한 외교부 대변인: 미·북 고위급회담 기간 동안만 핵동결을 유지할 것이라고 강조(중앙통신과의 회견)
◦ 북한: 미·북 실무접촉에서 다음 주 준고위급회담(수석대표: 김계관 북한 외교부 부부장 및 허바드 미 국무부 동아태담당 부차관보) 개최를 제의
◦ 갈루치 美핵대사: 북한은 준고위급회담에 이어 5월 중 고위급회담 개최를 희망한다고 밝힘

5. 12 ◦ 북한 외교부 대변인: 미국의 의도와 관계없이 평화보장체제의 수립을 위한 조치들을 계속 취해 나갈 것이라고 강조(중앙통신)
◦ 갈루치 美핵대사: 강석주 북한 외교부 부부장에게 준고위급회담 제의에 대한 입장을 전달했으며 주 내용은 준고위급회담에 대해서는 긍정적이지만 회의개최 장소를 북경이 아닌 다른 장소에서 다음 주말경 개최하고자 하는 제의임

5. 13 북한: 미국이 핵문제를 양보하지 않는다면 제네바합의에 따라 동결한 원자로를 재가동할 것이라고 위협(노동신문 사설)

5. 14 워싱턴 외교소식통: 미·북은 5월 19일부터 말레이시아 콸라룸푸르에서 준고위급회담을 갖기로 합의했다고 전함

5. 15 번스 美국무부 대변인: 미·북 준고위급회담에서 평화협정이나 군사회담 문

제를 논의하지 않을 것이라고 밝힘

5. 16 갈루치 美핵대사: 북한이 한국형 경수로를 수용하지 않더라도 핵동결만 유지된다면 연락사무소 개설 등은 계속 이행될 것임을 밝힘(조선일보와의 회견)

5. 18 ◦ 북한: 새로운 평화체제수립에 대한 美측의 호응을 거듭 촉구(노동신문 논평)

◦ 크리스토퍼 美국무장관: 북한이 중유를 다른 목적으로 전용하지 않으면 대북 중유제공을 계속할 것이라고 밝힘(상원 세출위 청문회)

◦ 베이커 前美국무장관: 미·북합의는 북한의 위협에 굴복한 클린턴 행정부의 중대한 정책적 실패라고 비판

5. 19 김계관 미·북 준고위급회담 북측대표: 이번 회담은 북한이 향후 결정적 조치를 취하기 위한 중요한 기회가 될 것이라고 밝힘(도착성명)

5. 20 미·북 준고위급회담: 콸라룸푸르주재 美대사관에서 개최

5. 21 시사통신: 미국은 대북한 핵협상을 둘러싼 위기에 대처하기 위해 주한미군의 단계적 군사적 증강의 첫 단계에 돌입했다고 보도

5. 22 ◦ 북한: 경수로 지원에서 한국의 중심적 역할 입장을 비난(노동신문 논평)

◦ 미·북 준고위급회담: 별다른 진전을 보지 못하고 23일부터 실무자 접촉을 갖고 경수로 제공 문제를 집중 협의하기로 합의

5. 23 ◦ 미·북 준고위급회담 실무회의: 경수로 문제와 관련한 기술적인 문제들을 집중 협의

◦ 존슨 CNN방송사장: 평양에 도착했으며 방문기간 중 ① 김정일과의 인터뷰 문제, ② CNN 평양지사 설치 문제 등을 논의할 것으로 알려짐

5. 24 ◦ 미·북 준고위급회담 美측대표단: 제네바합의 이행 문제 전반을 일괄타결하자고 북측에 제의했으며 주 내용은 ① 연락사무소 개설, ② 중유 10만톤 조기 제공, ③ 관계개선 2단계 조치 조기 실시, ④ 경수로 외 부대시설 제공 등임

◦ 갈루치 美핵대사: 북한의 한국형 경수로 수용 문제가 해결되기 전에는 북한에 중유를 공급하지 않을 것이라고 밝힘(외교협회 초청연설)

5. 25 ◦ 미·북 준고위급회담 수석대표회의: 북한측은 대북 경수로 제공에서 상당부분 한국의 역할을 인정했으며 또한 평화협정 체결 문제를 상당히 구체적으로 언급

◦ 번스 美국무부 대변인: 미국은 대북한 추가 중유제공과 경수로 공급 문제

를 연계시키지 않고 있다고 밝힘

5. 27 ◦ 미·북 준고위급회담 전체회의: 합의점 도출 실패

◦ 북한 외교부 대변인: 대북 제공 경수로에 '한국형' 부착은 수용할 수 없으나 굳이 생산지를 문제삼지 않겠다는 입장을 밝힘(중앙통신과의 회견)

5. 28 미·북 준고위급회담 수석대표회의: 북측은 한국이 주설계자로 참여한 한국형만 배제한다면 다른 조건들은 모두 긍정적으로 검토할 수 있다고 밝혔으며, 또한 美측은 한국형을 수용할 경우 8월 이내에 ① 연락사무소 개설, ② 중유 10만톤 제공, ③ 미·북관계 개선 2단계 조치 등을 취할 수 있다고 밝힘

5. 29 미·북 준고위급회담 전체회의: 경수로 노형 문제를 집중 논의했으나 합의점 도출에 실패

5. 30 미·북 준고위급회담 수석대표회의: 美측은 북측의 한국형 경수로와 한국의 중심적 역할 수용에 대한 진의 파악을 벌였으나 실패했으며, 북측은 경수로 지원 외에 10억달러 상당의 경수로 부대시설 등을 요구한 것으로 알려짐

5. 31 ◦ 미·북 준고위급회담 전체회의: 합의점 도출 실패

◦ 요미우리신문: 북·일은 5월 29일 북경에서 비공식 접촉을 갖고 수교협상을 재개하기로 합의했다고 보도

---

6. 01 ◦ 미·북 준고위급회담 실무접촉: 우선 합의된 내용에 대한 문서화작업을 벌였으며 그 내용은 ① KEDO의 역할 인정, ② 프로그램 코디네이터의 역할 범위 확대, ③ 인준된 연료봉에 대한 美기술진의 안전조치 실시 등임

◦ 셸리 美국무부 대변인: 대북 제공 중유의 사용과 처분을 감독하기 위한 절차 등 검증체계를 논의하도록 美기술진을 북한에 파견할 용의가 있다고 밝혔으나 북측은 경수로협상이 타결되기 전까지는 美기술자의 입국을 허용할 수 없다는 입장을 고수함

6. 02 외교소식통: 북한은 미·북 수석대표접촉에서 약 10억달러 상당의 부대시설 추가지원을 요구하고 공급협정에 명문화시킬 것을 요구했으며 또한 이를 수용하지 않을 경우 핵동결을 해제하겠다고 위협한 것으로 확인

6. 04 북한 무역실무대표단(단장: 오태봉 조선무역추진위원회 서기장): 미국과 북한산 마그네사이트 수출 문제를 논의하기 위해 뉴욕에 도착

6. 05 ◦ 미·북 준고위급회담 전체회의: 합의점 도출 실패했으며 美측은 부대시설

추가지원 문제는 이번 회담과 별개의 문제라는 주장을 한 반면 북측은 추가지원 사항을 경수로공급협정에 구체적으로 명기할 것을 주장
◦ 북한 외교부 대변인: 경수로 제공에 드는 제반 비용을 미국측이 책임져야 한다는 입장을 공식 표명(중앙통신과의 회견)

6. 06 이영호 북한 외교부 부국장: 미·북 준고위급 회담 대표단 7명 중 2명이 철수했다고 밝힘

6. 07 ◦ 미·북 준고위급회담: 한국형 경수로와 한국의 중심적 역할에 사실상 합의했으나 이를 명문화하지 않을 것으로 알려짐
◦ 북한 외교부 대변인: 경수로 지원에 대한 원칙적인 합의를 이룩했다고 발표(중앙방송)
◦ 워싱턴 외교소식통: 미·북 경수로회담의 잠정 합의문에는 '한국형' 명기 내용이 포함되어 있지 않아 한·미 양국간 갈등이 야기되고 있다고 전함

6. 08 ◦ 미·북 준고위급회담 수석대표비밀회의: 경수로 추가부담 문제를 논의했으나 합의점 도출 실패
◦ 美하원: 대북 경수로 지원과 관련하여 국무부의 종합수권법안을 승인했으며 주 내용은 ① 한국의 중심적 역할 촉구, ② KEDO나 대북지원은 의회의 사전 승인하에 가능, ③ 남북대화가 선행되지 않는 한 대북 경제규제 완화조치 금지 등임
◦ 美하원 세출소위: 대북 중유제공을 위한 1천만달러 지출을 승인했으나 경수로 건설 지원금은 9백만달러 삭감하기로 함(WP紙)

6. 10 ◦ 미·북 준고위급회담 수석대표회의: 부대시설 추가지원 및 경수로 명칭표기 등에 대해 의견 접근을 이룸
◦ 북한 외교부 대변인: 보관 중인 폐연료봉 부식을 이유로 핵동결 해제 가능성을 시사하면서 경수로협상의 조기타결을 요구
◦ 미네랄 테크놀로지社: 북한과 수만톤 규모의 마그네사이트 수입에 관한 계약을 체결했다고 밝힘

6. 12 미·북 준고위급회담 수석대표회의: 경수로협상 합의문안에 완전합의했으며 주 내용은 ① KEDO가 참조발전소 건설, ② 한전이 경수로 주계약자, ③ 연락사무소 조기 개설 등임

6. 13 ◦ 미·북: 미·북공동언론발표문 형식으로 합의문안을 발표

◦ 클린턴 미 대통령: 미·북 경수로협상 타결은 제네바합의문 이행을 향한 중요한 조치라고 환영했으며 또한 KEDO가 노형과 주계약자를 선정할 것이며 모두 한국측이 될 것임을 확인했다고 밝힘

◦ 김계관 미·북 준고위급회담 수석대표: 향후 경수로사업 이행과정에 난관이 따를 것이며 이는 미·북 간의 적대관계가 해소되지 못했기 때문이며 평화협정을 체결해야 한다고 밝힘

◦ 북한: 미·북 경수로협상의 타결에도 불구하고 한국측의 남북대화 재개 움직임을 기만책동이라고 비난(중앙방송)

6. 15 ◦ 북한 외교부 대변인: KEDO의 선정에 따른 한국형 경수로 수용의사를 밝힘(중앙통신과의 회견)

◦ 갈루치 美핵대사: 북한의 중유 전용을 막기 위한 검증 및 감독체계를 협의하기 위해 전문가들이 평양으로 출발했다고 밝힘

6. 16 북한: 미국이 대북한 경수로 제공을 위한 한·미·일 프로젝트를 주도해야 한다고 주장

6. 19 ◦ 북한 중앙통신: 셸 퍼시픽社가 북한 경제특구에 석유저장 및 공급시설 건설을 위한 대대적인 투자를 밝혔다고 보도

◦ 미·북 관계소식통: 김영남 외교부장은 지난 19일 카터 前美대통령에게 보낸 친서에서 카터가 방북하길 희망하고 있음을 밝혔으며 이는 5월 19일 카터가 김정일에게 보낸 친서에 대한 답신형식으로 전달됨

6. 20 핵전문가들: 북한의 폐연료봉 안전처리 방안을 추진하기 위해 평양에 도착

6. 22 갈루치 美핵대사: 향후 몇 달 내에 미·북간 연락사무소 개설을 위한 제반 여건이 마련될 것이라고 밝힘(기자회견)

6. 24 북한: 중유 전용 여부를 조사하기 위해 방북했던 美전문가대표단과 중유 추가지원에 관한 원칙적 합의를 보았다고 밝힘(중앙방송)

6. 27 美정부당국자: 대북 중유 문제로 방북한 美중유대표단이 중유전용방지 감시장치를 관련 시설에 설치하기로 합의함에 따라 8월부터 2차분 10만톤 제공을 시작할 것이라고 밝힘

6. 29 ◦ 갈루치 美핵대사: 미·북은 대북 중유공급 감시와 폐연료봉 처리에 관한 합의에 도달했다고 밝힘

◦ 이철 제네바주재 북핵대사: 정전협정을 종이조각으로 매도하고 새로운 평

화보장 장치의 마련을 주장(유엔군축회의 연설문)

◦ 美하원 국제관계위: 대북한 관계개선의 자제를 촉구하는 결의안을 채택했으며 그 내용은 북한이 미사일 개발 및 수출을 중단하고 재래식 병력을 감축하지 않는 한 자제를 촉구하는 것임

---

7. 26 ◦ 박길련 유엔주재 북한대표부 대사: 최영진 KEDO 사무차장이 한국인이란 점을 들어 사무총장단의 방북에 난색을 표명했으며 또한 8월 중순으로 예정된 경수로 부지조사단에 한국 정부가 포함되면 허용할 수 없다는 입장을 밝힘

◦ 클린턴 대통령: 남북한이 상호 합의한 조건을 제시하면 평화협정 체결을 위해 3자회담에 응할 용의가 있음을 밝혔으며, 또한 북한의 인권 등 추가 외교현안이 해결되지 않으면 연락사무소 이상의 추가 관계정상화 등이 이루어지지 않을 것임을 밝힘(한국기자단과의 회견)

7. 27 로드 美국무차관보: 북한핵 문제 해결이 궤도에 올라있다고 밝혔으며 또한 한반도의 장래가 한국인 스스로에 의해 풀려야만 한다고 강조

---

8. 01 ◦ 갈루치 美핵대사: 북한이 경수로 지원사업에서 한국을 배제하려는 태도는 용납할 수 없다고 밝힘(KEDO 총회 후 기자회견)

◦ 美국무부 관리: 북한은 미국과의 연락사무소 개설과 관련하여 이미 합의한 기술적 문제에 대해 이의를 제기했다고 밝힘

8. 08 워싱턴 외교소식통: 미·북은 오는 11월 상호 연락사무소를 개설할 것으로 보인다고 전함

8. 09 워싱턴 소식통: 북한은 KEDO의 경수로 부지조사단을 예정대로 받아들이겠다고 통보를 해 왔다고 전함

8. 14 북한 외교부 대변인: 새로운 평화보장체제 수립 문제는 미·북 간에 해결해야 할 문제라고 강조(중앙통신과의 회견)

8. 23 KEDO 경수로 제1차 부지조사단: 신포지역을 방문(8월 15일－22일)하여 부지 적합성을 검토

8. 27 주한미군 소식통: 북한은 미군유해 130구의 송환대가로 미국측에 350만달러를 요구했으며 이에 대해 미국측은 100만달러를 제시했다고 전함(미국측은

지난 90년~94년까지 46구에 대해 89만달러를 이미 제공한 바 있음)

---

9. 05 ◦ 美국무부: 미·북 연락사무소 개설 협의를 위해 미국대표단이 9월 23일~30일까지 평양을 방문한다고 밝힘

◦ 클린턴 대통령: KEDO에 대한 4백만달러 지원을 승인

9. 11 북한·KEDO 경수로 실무협상: 콸라룸푸르에서 시작되었으며 북측은 10억달러 상당의 부대시설 추가지원 문제를 고수

9. 12 북한·KEDO 경수로 실무협상: 합의점 도출에 실패했으나 가강 조속한 시일내에 공급협정을 체결하기로 한다는 원칙에 합의

9. 14 와인버거 前美국방장관: 북한에 경수로를 제공하기로 한 미국의 결정은 최악의 선택이었다고 밝힘

9. 18 美하원: 북한 핵문제와 관련하여 대정부결의안을 채택했으며 주 내용은 ① 남북대화 재개, ② 비핵화선언 이행의 진전, ③ 북한 군사력 감축 등의 진전이 없을 경우 연락사무소 개설 이상의 관계 격상을 금하는 것임

9. 21 美상원: KEDO 관련 예산집행을 위한 엄격한 단서조항을 둔 대외원조법안을 의결, 그 내용은 ① 3개월 이내 남북대화 재개, ② 한국회사를 주계약자로 하는 KEDO·북한간 협정 체결 등임

9. 28 ◦ 북한 외교부 대변인: 지금까지 북한이 투자한 원전개발비를 미국이 보상하지 않을 경우 핵개발계획을 재개하겠다고 위협(중앙통신)

◦ 북한 외교부 대변인: KEDO와의 실무협상 결과가 부진할 경우 미국과 직접 정치적으로 문제를 해결할 것이라고 강조(중앙통신과의 회견)

9. 29 美국무부: 미국은 평양의 구 동독대사관 건물을 연락사무소 건물로 사용하기로 북한측과 합의했다고 발표

9. 30 북·KEDO 경수로 전문가회담: 뉴욕에서 개최

---

10. 01 NYT紙: 북한은 5억달러 규모의 추가지원을 요구하고 있으며 이 요구가 수용되지 않을 경우 핵동결 재개를 위협하고 있다고 보도

10. 02 북한·KEDO: 경수로공급협정 체결을 위한 전문가회담을 속개했으며 경수로 건설에 필요한 기술인력과 물자수송에 대한 안전보장 및 행정지원에 원칙적으로 합의

10. 03 교도통신: 북한은 여전히 송전선망 건설 등 약 10억달러 규모의 부대시설 공사를 지원해 줄 것을 KEDO측에 요구하고 있다고 보도

10. 04 머코스키 美상원 에너지위원장: 미·북관계의 대사급 격상과 대북 제재완화 철회에 대하여 엄격한 단서조항을 담은 결의안을 제출했으며 그 내용은 국교수립의 전제조건으로 ① 특별사찰, ② 남북대화 진전, ③ 국제테러지원 중단 등임

10. 06 ◦ 북한·KEDO: 경수로공급협정 체결을 위한 실무자회담을 속개하고 양측의 의견을 담은 협정문 초안을 작성

◦ 로드 美국무차관보: 미·북합의 이행과정에서 엄청난 도전이 있을 것으로 예상된다고 밝힘(프리덤하우스 연설)

10. 10 갈루치 美국무부 본부대사: 북한과의 제네바합의 과정에서 특별사찰 요구는 처음부터 우선순위가 아니었기 때문에 바뀌칠 수 있었다고 밝힘(케네디大 강연)

10. 11 번스 美국무부 대변인: 멀지않아 미·북 연락사무소가 개설될 것으로 보인다고 밝힘

10. 12 동아일보: 한성렬 유엔주재 북한대표부 공사는 최근 美정책연구소 세미나에서 북한은 특별사찰을 수용할 의무가 없다고 말한 것으로 보도되었으며, 이는 제네바합의 당시 북한은 비공개를 조건으로 특별사찰을 수용했다는 한·미 외교당국자들의 설명과는 정면으로 배치되는 것임

10. 14 외교소식통: 미국은 평양연락사무소를 금년 내에 개설한다는 목표로 현재 북한과의 교섭을 가속화하고 있고 이를 최근 한국 정부에 전달했다고 전했으며, 이에 대해 한국 정부는 서두르는 것이 바람직하지 않다는 입장을 미국측에 전달했다고 전함

10. 16 북한·KEDO: 경수로협정 체결을 위한 2차 고위급회담을 뉴욕에서 개막

10. 17 ◦ 월스트리트저널紙: 북한은 군부와 외교부가 심각한 마찰을 빚고 있으며 미·북 연락사무소 개설협상의 결렬도 군부의 강력한 반발 때문이었다고 보도

◦ 북한·KEDO: 경수로공급협정 체결을 위한 고위급회담 일정을 연장하여 금주 말까지 접촉을 계속하기로 합의

10. 20 ◦ 美정부 소식통: 미국은 북한에 미국의 표준형 경수로를 시찰할 대표단을

파견해 줄 것을 요청했다고 전함

◦ 갈루치 美대사: 남북대화가 미·북 연락사무소 설치의 전제조건이 아니며 영사업무 및 기술적 문제들만 해결되면 설치될 것이라고 밝힘

◦ 갈루치 美대사: 한국과 일본은 경수로 자금의 대부분을 부담하는 만큼 대북 중유제공 비용은 한·일 외의 다른 나라가 분담하도록 하겠다고 밝힘 (시사통신)

10. 21 ◦ 허종 유엔주재 부대사: 향후 1~2주내 경수로협정 체결도 가능하다고 전망(한겨레신문과의 전화회견)

◦ WP紙: 미국 정보분야의 일부 관리들은 대북한 경수로 공급 범위에 대한 이견이 커 경수로 건설이 무산될 가능성이 있다고 보도

10. 24 美상·하원 세출협상팀: 행정부가 96년도 대외원조예산안을 승인하면서 대북 중유지원을 위해 지출할 수 있는 금액을 1천 3백만달러에서 2천 2백만달러로 인상

---

11. 03 ◦ 번스 美국무부 대변인: 한국전쟁 당시 미군실종자 수색대가로 350만달러를 요구한 북한측 제안을 거부

◦ 북한: 미군실종자 수색전담반은 미국측이 적절한 보상을 거부할 경우 해체될 것이라고 밝힘(중앙통신) (한국전 당시 미군은 실종자 8,168명을 포함하여 모두 54,246명이 희생되었으나 실종자 중 866구는 54년 미국측에 인도된 바 있음)

11. 05 KEDO 경수로 제2차 부지조사단: 경수로 건설 예정지인 신포지역에 대한 2차조사(10월 24일~11월 4일)를 실시하여 부지 안전성 및 적합성을 평가하고 시공성을 검토

11. 09 美상원: 북한이 남북대화의 진전을 위한 약속들을 존중하도록 압력을 가할 것을 클린턴 행정부에 촉구하는 공동결의안을 만장일치로 채택했으며 그 내용은 남북한관계 진전상황 추적방안으로 클린턴 대통령에게 ① 결의안 발효 90일 후 현상황을 의회에 보고하도록 하고, ② 그 후 6개월마다 보고하도록 하는 규정 등임

11. 10 한국정부고위당국자: 북한이 '부대시설 지원 요구'와 '경수로건설 비용과 북한의 핵투자비용 상쇄' 주장을 철회함으로써 KEDO와 북한간 경수로공급협

정 체결을 위한 협상이 급진전하고 있다고 밝힘

11. 11 도이치 CIA국장: 북한은 노동1호 탄도미사일(사정거리 1천Km~1천 3백Km로 중국과 러시아, 일본의 목표지점을 강타할 수 있음)을 내년 말까지 배치할 것으로 예상된다고 밝힘(제인스 디펜스 위클리紙)

---

12. 12 북한·KEDO: 경수로협상을 전격적으로 타결했으며 주 내용은 송배전시설 및 핵연료가공 공장건설비용은 북한이 부담하고 경수로발전소 부지내 도로건설, 모의작동장치 및 모의작동훈련 비용은 KEDO가 부담하는 것임.

12. 15 ◦ 북한·KEDO: 대북한 경수로 공급을 위한 협정에 공식서명(18개 조항, 4개 부속문서)

◦ 매커리 백악관 대변인: 북한이 이미 핵무기를 보유하고 있거나 핵무기 1~2기 제조용 플루토늄을 보유하고 있을 가능성이 있다고 밝힘

12. 16 북한 외교부 대변인: 경수로공급협정 이행과정에서 미국이 제네바 합의문에 따른 동시행동원칙을 준수할 것을 강조(중앙통신)

12. 17 북한: 오는 2003년까지 1천MW급 경수로 2기를 공급하기로 한 KEDO와의 협정을 환영한다고 밝힘(중앙통신)

12. 30 NYT紙: 북한의 식량난은 정치적 불안정을 초래하고 이로 인해 핵사찰합의를 무산시키고 한국 등에 난민이 몰려드는 상황이 발생할 수 있다고 주장(사설)

(1996년)

---

1. 05 북한·KEDO: 경수로건설을 위한 첫 상업용 용역계약을 한전측과 체결

1. 09 경수로기획단 관계자: 북한은 경수로공급협정에 따라 최근 핵연료봉에 대한 건식보관 작업에 착수한 것으로 알려졌다고 전함

1. 11 미·북 유해송환협상(하와이): 미국측은 유해송환에 관해 북한측의 협조를 공식 요청

1. 13 로드 美국무차관보: 북한 핵문제가 전세계 안보에 대한 가장 심각한 도전으로 남아 있으며 또한 북한의 식량위기는 핵개발 동결로 인해 진전된 한반도 평화정착 과정을 위협하고 있다고 강조

1. 14 미·북 미군유해협상: 합의점 도출에 실패한 채 결렬(美국무부 발표)

1. 17 KEDO 경수로 제3차 부지조사단: 경수로 건설예정지인 신포지역에 대한 3차 부지조사(95년 12월 16일~96년 1월 16일)를 실시하여 지형측량 및 지형도 작성과 예비지질조사 준비상황 협의

1. 20 북한 외교부 부대변인: 미군유해협상에서 미국측이 보상에 대한 입장 표명을 하지 않아 유해발국조사단을 해체할 것을 시사했지만 유해 문제에 대한 미국측의 자세를 주시할 것이라고 밝힘

1. 25 로드 美국무차관보: 미군유해송환 협상과정에서 북한의 군부와 외교부 간의 이견이 표출되어 막판에 협상이 결렬되었다고 전함

---

2. 06 로드 美국무차관보: 대북 경제제재 완화 등 미국의 관계개선 조치가 남북대화 분위기 조성에 기여할 것이라고 밝힘으로써 미·북관계 개선에 있어 남북대화 우선원칙이 적용되기 어려울 것을 간접적으로 시사

2. 10 미국: 유럽연합(EU)으로부터 대북 중유지원 자금을 확보하기 위해 KEDO를 재편할 계획이며 중유 선적분 5천만달러 중 절반을 미국이 담당하고 나머지 절반은 EU와 중동산유국이 부담하도록 요청할 계획이라고 밝힘

2. 23 북한은 22일 미국에 평화협정 前단계조치로 군사적 충돌 등을 해결할 수 있는 잠정협정을 제의

2. 25 KEDO 경수로 제4차 부지조사단: 신포지역에서 4차 부지조사(1월 16일~2월 24일)를 실시하여 연안 수심측량 및 암반공사를 위한 굴착공사 실시

---

3. 01 미·북은 4월 24일~26일간 제네바에서 북한의 미사일 기술개발과 수출 문제를 논의하기 위한 미사일회담을 갖기로 했다고 보도(한겨레신문)

3. 07 美국무부: 북한을 버마, 중국, 쿠바, 이란, 이라크, 리비아, 나이지리아 등과 함께 '정부가 조직적으로 국민들에 대한 기본권을 부정하는 국가'로 지정

3. 09 북한: 잠정협정 체결 요구에 미국이 불응한다면 "정전체제를 새 장치로 바꾸기 위한 최종적이고 주도적인 조처를 취할 것"이라고 경고했으며 전문가들은 최종적인 조처는 정전협정의 무효화 또는 비무장지대의 무효화선언일 가능성이 큰 것으로 분석

3. 19 IAEA 사무총장: 북한이 영변의 원자로 저수조에 보관되어 있는 약 8천개의 폐기핵연료봉을 밀봉하는 데 동의했지만 폐쇄된 실험용 원자로에 사용된 플

루토늄의 양을 서방기술자들이 측정하는 것을 거부하고 있다고 발표

3. 20 KEDO 이사회: 19일 한전을 대북 경수로사업의 주계약자로 공식 지정

3. 22 미국: 뉴욕에서 미군유해 송환 관련 미·북협상을 4월 24일~26일에 갖자고 제의

3. 29 로드 美국무차관보: 북한이 추진하는 평화협정과 관련 "미국이 북한과 논의할 성격이 아니라 남북기본합의서의 틀에 따라 논의해야 한다"며 미국의 입장을 재확인

---

4. 01 북한 강석주 외교부장: 김대통령 임기 중 한국과 정치적 회담은 갖지 않을 방침이라고 밝힘(KEDO 방북단 면담시)

4. 03 북측: 경수로사업의 본격 착공 전에 원전부지와 접안시설인 양화부두 사이의 8Km 도로, 5~6천명의 건설인력을 위한 임시숙소 건설, 원전건설지인 100m 산봉우리를 30m로 깎는 정지작업 실시 등을 KEDO측에 사전 요청

4. 04 북한: 북한군을 판문점에 진입하여 비무장지대 무력화 시도

4. 05 북한: 미군유해송환회담이 속개되기 위해서는 미국 정부가 먼저 지금까지 송환된 유해발굴에 대한 보상을 해야 한다는 조건을 제시

4. 07
- 경수로기획단: KEDO와 북한은 8일부터 뉴욕에서 대북 경수로공급협정 이행을 위한 1차 후속의정서 체결 협상에 들어간다고 밝힘
- 美상무부: 인도적 차원에서 북한에 물품을 제공할 경우 앞으로 사전허가를 받지 않아도 되도록 조치하여 대북한 인도적 지원에 대한 제한을 해제
- 미국: 유엔에 제출한 보고서에서 북한을 이라크와 함께 '해당 국민에 대한 인도적 지원이 불가피한 상태의 나라'로 분류

4. 08 KEDO관리: KEDO대표와 북한대표들은 판문점사태에 전혀 언급하지 않은 채 뉴욕회담을 시작

4. 09 로버트 갈린 美국무부 국장: 미국은 북한의 정전협정 무력화 시도에도 불구하고 경제제재 완화 문제를 '지속적으로 신중히' 검토 중이라고 밝힘

4. 10 미·북: 19일부터 베를린에서 미사일회담을 열기로 한데 이어 22일께 뉴욕에서 미군유해송환 2차회담을 열기로 합의

4. 11
- 美외교협회보고서: 북한을 연착륙시키기 위해서는 미국이 더욱 적극적으로 북한을 지원해야 한다고 밝힘

° 페리 美국방장관: 제네바합의로 북한의 핵개발 능력에 대한 통제에는 큰 진전을 이루었으나 장기적으로 미사일 문제 등에서 북한이 아직도 잠재적인 위협이라고 밝힘

4. 15 북한: 경수로 원전 건설예정지의 주민이주 및 보상비용으로 5백만달러 상당의 추가지원을 KEDO측에 요청

4. 16 ° 한·미 양국 정상: 남북한과 정전협정 관련국인 미국과 중국이 참여하는 4자회담을 조속히 개최하자고 북한에 제의

° 한·미: 북한이 4자회담을 수용할 경우 미국의 대북 제재조치 추가완화와 남북경협의 활성화조치도 검토하기로 합의

4. 17 평화협정과 대미협상을 둘러싸고 북한 내부의 강·온대립이 심각히 진행되고 있으며 4자회담에 대해서도 당과 군부를 중심으로 한 강경파 일부에서 부정적 입장을 보임(한겨레신문)

4. 19 북한 외교부 대변인: 4자회담 제안에 대해 검토 중이라고 밝힘

4. 20 미·북: 베를린의 美대사관에서 미사일회담 첫 번째 회의를 갖고 양측의 기본입장을 교환

---

5. 01 세계 최대 커넥터 업체인 美AMP社: 5백만달러를 투자하여 북한 나진·선봉지역에 커넥터(전자기기의 연결부품) 공장을 건립할 계획

5. 02 마이클 매키리 백악관 대변인: 북한 영변 핵시설에서 꺼낸 8천여개의 폐연료봉에 대한 봉인작업이 시작되었다고 밝힘

5. 03 ° 1995년 미·북간 총교역액은 1994년보다 28배 증가, 5백만달러를 넘어선 것으로 밝혀짐

° 美국무부: 북한의 핵개발을 동결하기로 한 1994년 미국과 체결한 기본합의를 준수하고 있고 IAEA는 핵연료봉의 전용 여부를 현장에서 분석하기를 원하는 데 비해 북한은 이를 반대하고 있지만 미국은 이를 기본합의 위반으로 생각하지 않는다고 밝힘

5. 07 美국무부 대변인: 미국은 북한을 4자회담에 끌어들이기 위해 양보조처를 취할 용의가 있음을 시사

5. 08 KEDO 경수로 제5차 부지조사단: 신포지역의 5차 부지조사(4월 25일~5월 7일)에서 부지 인근의 기존 하부구조 조사 등을 실시

5. 09 ◦ 미·북간 2차 유해송환협상이 사실상 타결되어 공식 발표만 남겨 둠에 따라 미·북관계 개선에 또 하나의 청신호가 됨

◦ 밥 돌 美공화당 대선후보: 클린턴을 비난하면서 북한이 한국과 직접대화를 재개할 때까지 미·북회담을 중지해야 한다고 지적

5. 10 ◦ 미·북: 유해협상이 타결되어 3개 합의사항에 서명했으며 그 내용은 ① 보상금 2백만달러를 북한에 지불, ② 6월 상반기 중 실무회의 개최, ③ 이번 합의가 미·북관계 개선에 기여할 것으로 기대한다는 것임

◦ 美국방부: 미군유해 발굴을 위해 올해 안에 6~10명의 군관계자로 이루어진 조사단을 북한에 파견할 계획

◦ KEDO 관계자: KEDO와 북한의 면책특권 및 통신·통행에 관한 의정서가 곧 타결될 것이며 KEDO와 한전의 독자적인 위성통신 운용은 이미 합의되었다고 밝힘

5. 11 레이니 주한美대사: 4자회담은 조건 없이 제안된 것이기 때문에 대북지원 문제와 연계되어 있지 않다고 강조

5. 13 미국: 유해송환협상이 성공적으로 마무리됨에 따라 내부적으로 대북식량지원(2백만달러 규모) 방침을 확정

5. 14 번스 美국무부 대변인: 4자회담과 대북지원은 별개의 문제이며 식량원조는 정치적 사안이 아니라 인도적 문제라고 강조

5. 17 ◦ 래리 닉쉬(美의회조사국): 미국은 한반도 문제에서 포용정책을 더욱 확대해 나갈 것이며 이는 한반도 문제에서 주요 당사자가 되기를 원하는 한국에 큰 도전이 될 것이라고 지적(민족통일연구원 세미나)

◦ 갈루치 前美국무부 핵대사: 만약 지난 94년 핵회담이 타결되지 못했을 경우 미국은 북한의 원자로에 대한 공격을 감행했을 것이라고 밝힘

5. 18 북한: 美국무부 연례보고서에서 북한을 테러지원국으로 분류한 데 대해 강력히 비난하면서 조속히 삭제할 것을 요구

5. 20 美정부: 주한유엔사령부를 통해 북한측에 미군유해 보상금 2백만달러를 현금으로 전달

5. 22 ◦ 美국무부: 뉴욕에서 북한측과 접촉하여 4자회담에 대해 한·미 공동으로 대북 설명회를 갖고싶다는 의사를 전달

◦ 북·KEDO: '특권·면제 및 영사보호' 의정서 타결

5. 23 세계일보: KEDO가 세계 각국의 자금을 충분히 받지 못해 관계국가의 재정 부담이 더욱 늘어날 전망이라고 보도

5. 25 북한: 4자회담에 관한 한·미 양국의 공동설명회를 사실상 거부하는 논평을 발표

5. 28 미·북: 연락사무소 개설, 미군유해송환 문제 등 현재까지 분리 진행되어 온 양국간 협의를 6월부터 포괄협의로 합의

---

6. 05 크리스천 사이언스 모니터紙: 한국은 4자회담과 대북식량지원을 연계하려는 방침인데 비해 미국은 이를 선호하고 있지 않다고 보도

6. 07 미국: 북한이 4자회담의 공동설명회에 응할 것이라는 언질을 받고 대북 식량지원 6백만달러를 지원

6. 08 미군유해 발굴 등의 문제를 논의할 미국 실무대표단(단장: 美국방성 부국장 엘런 리오타) 일행 8명이 평양에 도착

6. 12 美정부: 북한에 대해 620만달러에 달하는 추가식량지원을 한다고 공식 발표

6. 14
- 美국방부: 미·북은 미군유해 발굴작업을 다음달 10일부터 실시한다고 발표
- 북·KEDO: '통행' 및 '통신' 의정서 타결

6. 15 미·북: 미군유해 발굴 문제에 대한 미·북간 회담이 6월 10일부터 14일까지 진행되었으며 이 회담을 통해 발굴에 관한 실무합의서가 채택되었고 발굴작업기간은 7월과 9월에 한 번씩 진행하며 미국측은 장비 등 물자지원 및 모든 비용을 충분히 보상하기로 함

6. 19
- 해리티지재단: 미국의 향후 대한반도 정책의 초점은 미·북 접근으로 타격을 받은 한·미동맹관계에 맞추어져야 한다고 촉구
- 미·북: 북한의 미사일수출규제 논의할 2차 실무협상을 다음 달 하순 베를린에서 개최할 예정

6. 20
- 미·북: 14일 끝난 유해송환 실무협상에서 공동발굴에 따른 구체적인 세부절차에 대해 합의(운산군과 용강군에서 7~9월에 걸쳐 2차례 발굴작업을 실시할 예정)
- WP紙: 美의회가 제네바합의 이행을 위해 클린턴 행정부가 신청한 97년 예산의 거의 절반을 삭감함으로써 전체적 합의의 틀이 위협받고 있다고 보도(美측은 KEDO 할당금으로 행정부가 요청한 2,500만달러 중 1,300만

달러만 승인한데 이어 18일 상원 대외세출소위도 같은 금액만 승인)

6. 21 클린턴 대통령: 美의회가 미국측의 KEDO 분담금 예산안을 삭감할 경우 1997회계연도의 대외원조법안을 거부할 방침

6. 27 KEDO·북한: 통행 및 통신 의정서에 가서명한데 이어 7월 20일부터 북한에서 '경수로 부지인수' 및 '북측제공 유료 서비스'에 대한 의정서 협상을 개최할 예정

6. 30 북한: 오는 9월의 나진·선봉특구에서 열리는 투자설명회에 한국 경제인 등 50여명을 초청할 계획이라고 밝힘

---

7. 11 美국가안보회의 핵확산금지담당국장(대니얼 포네만): IAEA의 감시 아래 실시 중인 북한 영변 원자로의 폐연료 봉인작업은 전체 8천개 중 1천개 이상을 마쳤으며 이 작업은 금년 말까지 계속될 것이라고 밝힘

7. 19 ◦ 訪日중인 김정우 대외경협추진위원장: 나진·선봉에 국한하여 한국과 투자보호협정 및 이중과세방지협정을 체결할 용의가 있다고 밝힘(한국기자단 인터뷰)

◦ 지난달 訪北했던 리처드슨 美하원의원: 북한이 올해 안에 4자회담에 참석할 것으로 판단한다고 밝힘

7. 21 유엔주재 북한외교관이 美정부관계자와 북한의 국제통화기금(IMF) 가입 문제를 둘러싼 실무협의를 벌였으며 북한의 IMF 분담금을 미국내 동결된 북한의 자산으로 대체한다는 내용에 원칙적으로 합의

7. 23 유엔주재 북한대표부 한성렬 공사와 美국무부 마크 민튼 한국과장은 뉴욕에서 실무접촉을 가짐

7. 25 조선인민군 판문점대표부 대변인: 잠정협정 체결과 그 이행을 위한 잠정기구 문제와 관련하여 '장령급' 회담을 마련하기 위한 실무협상 재개를 미군측에 제기함

7. 29 7월 20일부터 묘향산에서 열린 북한과 KEDO 간의 경수로 후속협상이 일단락되었으며 양측은 부지인수 및 북한이 제공할 서비스의정서 초안을 교환한 뒤 협상을 계속했으나 타결에는 실패

7. 31 KEDO 경수로 제6차 부지조사단: 신포지역의 6차 부지조사(7월 6일~7월 30일)에서 북측 보유 러시아 부지조사 자료에 대한 공동평가 실시

---

8. 20 '부지인수' 및 '서비스' 의정서 협상을 뉴욕에서 속개

8. 21 토니 홀 美하원의원 일행이 21일 평양을 방문(평양주재 연락사무소장으로 내정된 스펜서 리차드슨이 동행)했으며 미·북 연락사무소 설치 문제 등의 논의 여부가 주목

8. 23 ◦ 북한 외교부: 美공화당의 '대북유화정책의 중단' 선거공약을 비난하면서 핵동결 해제 및 미군유해 공동발굴 중단도 불사하겠다는 입장 표명
◦ 북한: 지난 2월 제안한 잠정협정 제의에 대해 여러 달이 지났음에도 불구하고 미국으로부터 긍정적 반응이 없다고 불만을 표시하면서 기존의 정전협정 무력화 방침을 견지함 (평양방송)

---

9. 14 북한의 김정우: 한국의 나진·선봉 투자포럼 불참과 관련하여 북한은 앞으로 한국과 대화를 하지 않겠다며 강한 불만을 표시

9. 17 북한: 미·북간 잠정협정 체결에 있어 美측의 호응을 촉구

9. 18 ◦ 북한: 폐연료봉의 안전한 보관과 관련한 제6차 미·북전문가 협상에 참여할 美전문가 대표단이 17일 평양에 도착
◦ 강릉 일대에서 잠수함을 이용한 북한의 무장공비 침투사건이 발생

9. 19 북한의 김정우: 한국 기업인을 대상으로 한 별도의 나진·선봉 투자설명회를 추진하고 있다는 보도를 전면 부인

9. 24 ◦ 美국방부: T/S훈련 재개 가능성에 대하여 현재로서는 아무런 결정이 내려진 바 없다며 한국 정부의 재개 요청에 미온적인 반응을 보임
◦ 클린턴 대통령: 유엔 총회에서 북한의 도발적 행동을 지적한 뒤 "모든 한국인들을 위한 영구적 평화체제가 추구되어야 한다"고 밝혔으며, 이는 잠수함 침투와 관련한 첫 공식언급인 바, 4자회담 등 미국의 기존정책 추진을 재확인한 것으로 분석됨

9. 30 한국 정부당국자: KEDO와 북한 간의 경수로부지 인수 및 서비스 의정서 협상이 사실상 타결되었다고 밝혔으나 한·미·일 3국은 최근 무장간첩 침투사건과 관련하여 의정서 가서명을 늦추는 방안을 검토 중이라고 전함

---

* 출처: 민족통일연구원, 『세계주요사건일지』 (1994. 10. 1~1996. 9. 30)
외무부, 『1996년도 국정감사 요구자료(II)』 (1996. 10)

제 3 장

북한 핵문제와 평화협정

Ⅰ. 북한핵 문제의 다자적 접근: 문제점과 전망

Ⅱ. 북·미평화협정 체결 가능성과 한계

Ⅰ. 북한 핵문제의 다자적 접근: 문제점과 전망*

1. 서 론

2003년 4월에 미국, 중국 및 북한 간에 이루어졌던 3자회담, 그리고 2003년 8월에 남·북한, 미국, 중국, 일본 그리고 러시아가 참여했던 제1차 6자회담 및 2004년 2월의 제2차 6자회담이 모두 별다른 성과를 보지 못하고 끝남에 따라 다자적 접근은 큰 위기에 봉착했다. 이러한 상황의 전개는 북한핵 문제의 해결을 위한 다자적 접근에 대한 낙관적인 기대감을 한풀 꺾이게 했을 뿐만 아니라 이러한 접근에 대하여 본질적으로 회의적인 시각을 다시금 부각시키는 결과를 낳았다. '3자회담', '4자회담', '6자회담' 등 이른바 다자회담은 한반도 문제가 국제적 주목을 받을 경우에 자주 등장했던 것으로서 이제는 다소 식상한 느낌을 주는 문구이기도 하다.

그럼에도 불구하고 다자회담, 특히 최근에 이루어진 6자회담이 우리의 주목을 끄는 이유는 첫째, 북한이 북·미 양자회담을 고수하는 상황에서 우리의 힘만으로 현재의 북핵 위기를 타개한다는 것은 무척 힘든 일이기 때문이고, 둘째, 팽팽한 줄다리기를 하는 북·미 양국에 이 위기의 해결을 맡긴다는 것은 북핵 위기의 극단적인 해결책도 우리가 감수하겠다는 뜻이기 때문이며, 그리고 셋째, 북핵 위기를 타파하기 위한 수단이 거의 고갈된 상태에서 이 회담마저 실패한다면 군사적 해법 이외에는 다른 어떠한 방안도 정당성을 찾을 수 없을 정도로 한반도 주변의 상황은 악화의 일로를 걷고 있기 때문이다. 결국 6자회담은 한반도 주변국들의 힘을 빌려서 북핵 위기를 타개하자는 취지로 이들 국가의 이해관계와 밀접하게 연관되어 있으며, 이들 국가의 이해관계 갈등이 그 회담의 성패를 가르는 척도가 될 것임은 분명하다.

본 논문은 북한 핵문제에 대처하는 다자적 접근이 갖고 있는 본질적인 문제점을 주변국의 인식을 통하여 분석하고 나아가 다자적 접근에 대한 향후 전

* 이종선, "북한 핵문제의 다자적 접근: 문제점과 전망", 『21세기정치학회보』, 14(2004. 5), 269~296면.

망을 시도하는 데 그 목적이 있다. 이를 위해, 본 논문에서 다루고자 하는 구체적인 의문점들은 다음과 같다. 첫째, 최근의 북핵 위기는 어떻게 진행되었으며 그리고 과거의 북핵 위기와 어떻게 다른가? 둘째, 북핵 위기를 다자적 해법으로서 해결하려는 시도에 대하여 미국, 중국, 일본 그리고 러시아의 입장은 어떠하며, 그리고 이들 국가간의 차이점은 무엇인가? 셋째, 북핵 위기가 다자적 해법으로 진행되는 데 대한 북한의 입장은 어떠하며, 향후 북한은 어떠한 방식으로 나올 것인가? 넷째, 북핵 위기의 해법으로서 다자적 접근에 대한 전망은 어떠한가?

2. 북핵 위기의 본질

북핵 위기는 이번이 처음은 아니다. 제1차 북핵 위기는 이미 1994년의 제네바 합의문을 통하여 해결된 바 있다. 최근에 다시 등장한 이른바 제2차 북핵 위기의 발단과 전개과정은 어떠하며, 제1차 북핵 위기와의 차이점은 무엇인가?

1) 발단과 전개과정

최근의 북핵 위기는 제임스 켈리 미 국무부 차관보가 2002년 10월 3일에 북한을 방문했을 때 시작되었다. 켈리는 부시 행정부가 출범한 이후에 북한을 공식적으로 방문한 최고위급 관료였다. 그가 방북하기 몇 주 전에 미국의 정보당국은 북한이 1994년에 북·미 간에 체결된 제네바 합의문을 위반하고 고농축 우라늄(HEU: Highly Enrichment Uranium)을 만드는 핵개발 프로그램을 추진하고 있다는 믿음을 갖고 있었다. 그 정보당국은 북한이 2000년 이래로 사실상 고농축 우라늄 능력을 축적하고 있으며, 2001년 이후에는 "원심분리기와 관련된 물질을 다량으로 구입하고 있다"는 판단을 했다. 그러나 놀랍게도 켈리와 대면한 강석주 북한 제1부부장은 고농축 우라늄 프로그램을 인정하고, 그것은 제네바 합의문을 사실상 무용지물로 만든 미국의 행동에 대한 반응이라고 정당화했다.[1)]

---

1) 이 부분은 여전히 논란의 핵심으로 남아있다. 북한의 제1차 6자회담 수석대표인 김영일

켈리의 방북 결과가 공개된 10월 16일 이후에 한반도를 둘러싼 상황은 급속도로 악화되었다. 11월에 한반도에너지개발기구(KEDO)는 북한으로 선적되는 중유 공급을 중단했으며, 12월에 북한은 1994년 이래로 동결되었던 영변 핵시설들의 가동과 건설을 다시 시작하겠다는 선언을 했다. 그 결과 북한은 국제원자력기구(IAEA) 사찰단을 추방하고 핵원자로, 연료 및 사용후 연료보관 장소, 그리고 재처리시설들에 설치되어 있는 감시장치들을 제거했다. 그리고 2003년 1월에 북한은 핵확산금지조약(NPT)의 탈퇴를 선언했다. 2월에는 북한이 작동 가능한 한 개의 원자로를 재가동했으며, 아직 완공되지 않았던 다른 두 개의 원자로 건설을 재개했다.

국제원자력기구는 2003년 1월에 북한의 일방적 핵확산금지조약 탈퇴를 비난하는 결의안을 채택하고 유엔 안보리의 개입을 요청했다. 안보리는 북핵 위기에 대처하기 위하여 유엔헌장에 있는 보복조치 등 다양한 수단들을 보유하고 있음에도 불구하고 그러한 노력을 경주하지 않았다. 미국은 안보리의 행동을 촉구하지 않았으며, 중국과 특히 러시아는 그 이슈의 민감성을 이유로 안보리의 개입을 반대했다.[2)] 게다가 유엔 안보리에 의해 이루어지는 제재는 어떤 것이라도 '전쟁의 선언'으로 간주될 것이라는 북한의 발언은 안보리가 북한에 강력한 경고를 보내는 것을 방지하는데 큰 기여를 했다.

이처럼 2003년 2월부터 4월까지 진행된 북핵 위기는 수사적으로 보아 우

외무성 부상은 기조연설에서 켈리 미 대통령 특사가 농축우라늄 계획을 언급하며 북한이 제네바합의문을 위반했다고 주장했기 때문에 강석주는 '자주권을 지키기 위해서는 핵무기는 물론 그 보다 더한 것도 가지게 되어있다'고 반박했다고 주장했으며, 고농축 우라늄 핵 개발계획을 일관되게 부인했다. 「연합뉴스」 2003년 8월 29일. 북한의 이러한 태도는 제2차 6자회담에서도 변함이 없었다. 그러나 미국의 수석대표인 켈리는 제2차 6자회담이 끝난 후의 미 상원 청문회에서 이루어 진 증언을 통하여 파키스탄 과학자인 압둘 카디르 칸이 북한에 고농축 우라늄 핵 프로그램에 관한 정보를 제공했다는 진술을 한 이후 북한의 태도는 눈에 띄게 수그러들었다고 주장했다. David E. Sanger, "Bush Envoy Briefs Panel After Talks on A-Bombs", *The New York Times*, March 3, 2004.

2) 북핵 이슈에 유엔 안보리가 적극적으로 개입을 하지 못한 이유로서 당시 안보리 비상임 회원국이었던 파키스탄을 드는 분석이 있다. 파키스탄은 핵확산금지조약의 회원국이 아닐 뿐만 아니라 그 조약에 대하여 매우 비판적인 입장을 취했다. 더욱이 미사일과 고농축 우라늄 기술과 관련하여 북한과 파키스탄의 협력이 있었다는 분석도 있다. 이러한 맥락에서, 파키스탄은 북한을 비난하는 안보리의 행동에 대하여 강력한 반발을 보일 것으로 예견되었다. Jean du Preez and William Potter, "North Korea's Withdrawal From the NPT: A Reality Check", Monterey Institute of International Studies, p.3. http://cns.miis.edu/pubs/week/030409.htm(검색일: 2003. 7. 16).

려할 점이 많이 있었음에도 불구하고 실제적으로는 그 속도가 다소 완만하게 진행되었다. 주변국들의 우려와는 달리 북한은 주 재처리시설을 실제로 가동하지 않은 것은 명백했다. 그 이유로서 북한이 북핵 위기의 악화를 염려한 나머지 원래의 생각을 바꾸었든지, 아니면 중국의 압력에 굴복했든지, 혹은 단순한 기계적인 작동 불능 등이 제기될 수 있지만, 북핵 위기가 극단으로 치닫지 않은 것은 분명했다. 게다가 북한은 중·장거리 미사일 발사 실험도 시도하지 않았다. 반면 북한은 3월 말에는 북핵 위기의 협상적 타결을 위한 방안으로서 제기된 국제원자력기구 사찰단의 재입국과 관련하여 북한은 비타협적인 완고한 자세를 보이는 등 이중적인 행태를 취하기도 했다.

북한은 이 기간 동안에 미국과의 양자회담을 집요하게 추구한 반면 미국은 다자회담을 고수했다. 이러한 와중에서 중국은 2003년 4월에 베이징에서 북한, 미국 그리고 중국 간의 3자회담을 이끌어 냄으로써 북핵 위기는 하나의 돌파구를 찾게 되었다. 4월 23일의 3자회담에서 북한은 사용후 연료봉의 재처리와 관련하여 도발적인 발언을 했음에도 불구하고 모호한 태도를 보였다. 베이징 3자회담은 북한의 핵개발 및 북핵 위기의 방향에 대한 불확실성을 증폭시키는 계기가 되었다. 이 회담에서 북·미 양국은 타협하기 어려운 입장을 보였다. 미국은 북한이 고농축 우라늄 프로그램을 우선적으로 폐기하고 플루토늄을 재동결한 이후에 다른 이슈를 논의할 수 있다는 주장을 한 반면, 북한은 미국으로부터 핵 프로그램을 종식시키기 이전에 자신의 체제 안정을 미국으로부터 보장받아야겠다는 제안을 했다.

베이징 3자회담의 북한측 대표인 이근 외무성 부국장은 베이징 3자회담에서 처음으로 북한의 핵무기 보유를 주장했다. 미국의 정보당국은 북한이 1~2개의 핵무기를 보유하고 있다고 이미 결론을 내리고 있었기 때문에 그러한 주장은 큰 충격이 아니었다. 그러나 이근은 그 회담에서 북한은 모든 연료봉의 재처리를 완료했다는 충격적인 발언을 했다. 그 발언의 진위 여부에 대하여 미국의 정보당국은 확증을 못하였지만, 그 진실성은 배제할 수 없다는 점, 그리고 이러한 발언은 미국을 더욱 압박하기 위한 취지에서 이루어진 것이라는 데에는 대체적으로 의견의 일치를 보였다.

한편 이 회담에서 북한은 새로운 제안을 했다. 그것은 이른바 '대담한 제안'으로 불리며, 그 주요한 내용은 북한이 핵 포기에 응할 수 있는 조건으로서 미국에 의한 불가침 보장, 북·미 외교관계 개설, 한·일 양국의 경제지원에 대한 미국의 보장, 그리고 경수로 건설 지연 보상 및 경수로 완성 등이다.[3] 이 제안은 북한의 위협에 굴복당하지 않는다는 점에서 미국에 의하여 일단 거부되었지만, 북한의 의도를 보다 구체적으로 드러내었다.

이후 베이징 3자회담은 더 이상 진전되지 못하고 북핵 위기를 해결하려는 노력은 답보상태에 빠졌다. 그러나 2003년 5월 31일에 부시 대통령은 대량파괴무기 확산방지구상(PSI: Proliferation Security Initiative)을 제안함으로써 북핵 위기를 근원적으로 해결하는 방안을 제시했다. 이 제안은 우방국들의 영해, 영공에서 '불량국가들'의 운송수단을 검문·검색하여 대량살상무기, 마약, 위조지폐 등의 품목이 발견될 경우에 이들을 압수함으로써 현 국제법상 시행되기 어려운 불법적인 거래를 차단하는 정책을 일컫는다.[4] 이 제안으로 6월 12일에 미국 등 11개국이 참가하는 제1차 PSI회의가 스페인에서 열렸으며, 7월 10일에는 제2차 PSI회의를 호주에서 개최하여 합동훈련을 결정했다.[5]

이 조치는 대량살상무기를 선적한 것으로 의심이 되는 선박, 항공기, 차량의 통행을 방지하기 위한 국제적인 노력으로서 미국은 북핵 위기의 해결을 자신의 견해에 큰 성의를 보이지 않는 한반도 주변국들에만 의존하지 않고 관련된 다른 역외국가들을 지지를 받아 북한에 대한 강한 압박을 구사하기 위한 것으로, 만일 실행이 되면 북한과의 무력충돌이 발발할 가능성이 농후한 위험한 발상이기도 했다. 이러한 상황에 직면한 중국 등 한반도 주변국들은 보다 적극적으로 북·미 양국에 대한 대화의 필요성을 주장하게 되었고, 그 노력들은 8월 말에 개최되었던 베이징 6자회담으로 결실을 보게 되었다.

그러나 6자회담은 큰 결실을 보지 못하고 심지어 향후 회담일정마저도

---

3) Doug Bandow, "All the Players at the Table: A Multilateral Solution to the North Korean Nuclear Crisis", *Policy Analysis*, No. 478(The Cato Institute, June 26, 2003), pp.4~5.

4) 홍현익, "미국의 북핵 해결 전략과 한국의 대응 방안", 『정세와 정책』, 제84호(세종연구소, 2003. 7), 4면.

5) Rebecca Weiner, "Proliferation Security Initiative to Stem Flow of WMD Material", Research Story of the Week (Monterey Institute of International Studies, July 16, 2003), pp.1~2. http://cns.miis.edu/pubs/week/030716.htm(검색일: 2003. 8. 4).

결정되지 않은 상태로 막을 내렸다. 북한과 미국은 회담 이전의 상황으로 관계가 회귀되었다. 북한은 미국의 공격적 행동을 비난했으며, 미국도 9월 4일에 제3차 PSI회의를 프랑스에서, 그리고 10월 8일에 제4차 PSI회의를 영국에서 개최하여 PSI에 대한 국제적 지지의 폭을 넓혀감으로써 북한에 대한 압박의 강도를 높이는 등 북·미 양국관계는 악화 일로를 걸었다.

한편 미국은 2004년 11월의 대선을 앞두고 북한 핵문제의 해결을 위한 대화의 필요성을 느끼고 있는 가운데, 북한도 후세인의 체포, 리비아의 핵포기 선언 등 반테러의 국제적 분위기를 절감하였다. 이에 중국은 또다시 적극적인 중재노력을 시도했으며, 그 결과 2004년 2월에 제2차 6자회담이 속개되었다. 그러나 시작단계에서는 큰 기대를 모았던 그 회담은 결국 제1차 6자회담의 결과와 큰 차이를 보이지 못하고 막을 내렸다. 제2차 6자회담의 핵심적인 쟁점은 HEU 프로그램 존재 여부, 북한의 평화적인 원자력 이용권한 인정 문제, 핵폐기의 단계와 소요시간, 핵폐기의 검증 그리고 단계별 보상의 내용과 주체 등이었다.[6] 이러한 쟁점들은 단기간에 해결되기에는 너무나 복잡한 성격을 띠고 있다. 따라서 제2차 6자회담은 북한핵문제를 둘러싼 북·미 간의 인식의 격차를 줄이기보다는 더욱 넓히고 확인시키는 결과를 낳았다. 이로써 극적인 돌파구가 열리지 않는 한 북한핵 문제는 상당 기간 표류할 가능성이 크다. 제3차 6자회담을 다시 개최하려는 시도가 이루어지고 있으나 큰 주목을 받지 못하고 있으며, 북한핵 문제의 해결을 위한 다자적 접근은 한계에 봉착한 셈이다.

2) 특 징

어떤 측면에서 보면, 현재의 북핵 위기는 1993~1994에 진행된 사태가 재등장한 듯한 인상을 준다. 그 당시에도 지금과 같이 북한은 극단적인 벼랑끝 전술을 구사했다. 그 당시에 미국은 대응방안으로써 군사적 공격, 제재, 그리고 강압적인 외교를 구사한 반면, 한반도 주변국들은 그러한 선택을 반대했으며, 북·미 간의 직접협상으로서 북핵 위기를 평화적으로 해결하도록 미국을 압박했다. 그 당시에도 북한은 자신의 의도를 모호한 상태로 남겨 두었으며,

6) 전성훈, “제2차 6자회담 분석과 전망”, 『통일정세분석 2004-06』(통일연구원, 2004. 3), 15~16면.

북·미관계 정상화와 그러한 상황이 가져다 주는 경제적 지원으로서 자신의 체제 생존 가능성을 제고하려고 했다.

그렇지만 그 당시와 현 시점과는 현저한 차이를 보이는 측면도 있다.[7] 첫째, 북·미관계의 관점에서 볼 때, 비록 북한은 지난 10여년간 경제난을 겪고 있음에도 불구하고 장거리 미사일을 개발하여 일본의 목표물—나아가 잠재적으로 미국의 그것까지도—을 공격할 수 있는 능력을 갖추었다. 그리고 이라크전쟁 이후에 부시 행정부가 추구하는 '북한의 체제 변화' 노선은 핵무기 보유의 필요성에 논리적 근거를 제공한 반면, 제네바 합의문을 위반하고 시도된 북한의 핵무기 개발은 미국으로 하여금 북한에 대한 신뢰성에 의문을 갖게 했고, 북한의 불량한 행동에 대한 보상을 주저하게 했다.

둘째, 한·미동맹 관계도 그 당시와 비교해 볼 때, 그 견고성이 많이 약화되었다. 미국은 북한을 '불량국가'로 보는 반면 한국은 북한을 한반도 평화정착의 잠재적인 동반자로 보는 경향이 있다.[8] 게다가 9·11사태 이후 핵무기확산금지가 미국의 최우선적인 관심 대상으로 부상한 반면, 한국은 북핵 위기에 크게 놀라지 않는 분위기를 보인다. 미국은 주한미군을 필수적인 억지력으로 간주하고 있으나 많은 한국인들, 특히 20대와 30대의 젊은이들은 그들을 불필요하다고 생각하거나 심지어 한국의 주권을 모욕하는 존재로 보는 경향이 있다. 이러한 상반된 시각은 북핵 위기에 대한 한·미간의 조정능력을 저해시켰다.

셋째, 북핵 위기의 초기 단계에서 미국의 관심은 다른 안보 이슈—테러와의 전쟁, 이라크의 대량살상무기 제거, 그리고 후세인의 축출—에 두어졌기 때문에 북한체제를 어떻게 처리할 것인 지는 부차적이었으며, 따라서 북핵 위기의 대처방안으로서 적절한 수단을 확보하지 못하는 등 미국의 초기 대응은 상당한 미숙함을 보였다. 그러나 이라크전쟁 이후의 사태는 판이하게 달라졌다. 북핵 위기는 이라크 문제의 해결방식과 유사하게 진행될 것이라는 분석이 압도하면서 미국은 공세적으로 변한 반면 북한은 수세적으로 몰리는 현상을 보였다.

---

7) Michael Armacost, et al., "Addressing the North Korea Nuclear Challenge", *Policy Paper* (Asia/Pacific Research Center, Institute for International Studies, Stanford University, April 15, 2003), pp.2~3.

8) 송대성, 『미국의 반테러전쟁과 한반도 평화』(세종연구소, 2003. 12), 28~31면.

마지막으로, 북핵 위기가 군사적 수단에 의한 해결보다는 외교적 방식에 의한 점진적 해결 가능성이 높아졌다. 그 근거로서 외부의 압력에 대한 북한의 취약성 증가 및 군사적 수단에 대한 한반도 주변국들의 우려 증가를 들 수 있다. 먼저, 북한의 식량과 연료 부족은 군사력 및 정치적 통제력 약화로 이어지고 주변국들의 자선적인 도움이 없이는 체제유지의 어려움에 봉착할 수 있다. 이러한 관점에서 미국과의 협상 중요성은 더 크게 부각될 수밖에 없다. 다음으로, 한반도 주변국들은 모두 북한의 핵확산금지조약 탈퇴를 우려하고 한반도 비핵화에 공감하고 있다. 이 점은 북핵 위기의 외교적 타결에 대한 낙관적인 전망을 가능하게 한다. 그러나 북핵 위기가 북한의 일방적 양보를 요구하는 방향으로, 그리고 한반도에서 미국의 영향력을 강화시키는 방향으로 해결될 경우 북한 및 한반도 주변국들은 그 해결 방안에 부정적인 반응을 보일 것이라는 점은 충분히 예측할 수 있다.[9)]

3. 북핵 위기의 다자적 해법과 주변국들의 태도

북핵 위기는 남·북한, 미국, 중국, 일본, 러시아 등 주변국들의 이해관계가 첨예하게 얽혀 있는 복잡한 문제이기 때문에 다자적 접근방안이 필수적으로 요구되고 있다. 그러나 다자적 접근방안은 그 자체만으로 북핵 위기의 본질적 해결책이 될 수 없으며, 단지 얽혀 있는 실타래를 풀 수 있는 계기가 될 뿐이고 또 다른 위기를 낳을 가능성도 배제할 수 없다. 따라서 주변국들의 이해관계에 대한 현실적 분석을 통하여 조정하는 역할이 그 어느 때보다도 절실하게 요구된다.

1) 미국: 온건 속의 강경

미국의 대북정책은 부시 행정부의 취임 초기부터 온건파와 강경파를 중심으로 한 논쟁의 대상이 되었다.[10)] 클린턴 행정부와는 다르지만 여전히 북한

9) 홍현익, 앞의 논문, 2~3면.

10) Larry A. Niksch, "North Korea's Nuclear Weapons Program", *CRS Issue Brief for Congress*(Washington, D.C.: Congressional Research Service, The Library of Congress, Updated August 27, 2003), p.3.

에 대한 유화정책의 지속을 주장하는 온건파가 그 한 부류이다. 이들은 재래식 무기 및 더 강력한 검증 등과 같은 광범위한 관심사를 해결하는 방안에 관심을 보였으며, 북한의 양보를 받아내는 대신에 경제적 원조의 방식으로 대북문제를 해결하고자 했다. 이들은 파월 국무성장관을 중심으로 국무성과 백악관에 포진해 있으며, 동아시아와 한반도 문제의 전문가들이다. 이들은 강압적인 방안에 앞서 협상을 선호하며, 북한의 붕괴를 가져오는 미국의 전략이 갖는 효용성에 회의적인 시각을 가지고 있다.

다른 부류는 제네바 합의문은 실패한 정책이었고, 지역적 및 세계적인 위협세력이며 두 얼굴을 가진 북한 정권과의 협정은 어떤 것이든지 실현 가능성이 없다고 주장했다. 이들은 북한의 체제변화가 미국의 정책목표이며, 이러한 방식만이 한반도의 진정한 안정을 가져올 수 있다는 강경한 입장을 견지하고 있다. 럼스펠드 국방성장관, 체이니 부통령, 라이스 백악관 보좌관 등이 이들을 대표하고 있다. 물론 이들 강경파는 북핵 위기를 해결하기 위하여 군사적 행동을 일반적으로 선호하고 있고, 대북 유화정책은 북한체제의 생존에 기여할 뿐이며, 북한체제의 변화를 막는 효과만을 가질 뿐이라고 주장한다.

대북정책을 둘러싼 이러한 강경파와 온건파 간의 입장 차이는 여전히 존속하고 있으며, 정책의 결정에 큰 영향을 미쳤다. 부시 대통령이 북한체제 및 김정일 위원장에 대한 심각한 불신감을 표명한 이래 미국의 대북정책은 강경노선이 이끌고 있다고 보는 것이 적절한 표현일 것이다. 부시 행정부는 북한과의 협상을 주저하거나 회피하려는 경향을 보이고 있다. 이러한 맥락에서 볼 때, 2003년 4월의 3자회담과 2003년 8월 및 2004년 2월의 6자회담에 미국이 거는 기대는 상대적으로 적을 수밖에 없었을 것이다. 미국이 보여주는 이러한 유화적인 모습은 부시 행정부 내에서 온건파의 세력이 압도한 결과라기보다는 강압적 조치로 나아가기 위한 준비단계로 보는 것이 올바른 분석일 것이다.

여기서 다자주의의 정의에 대한 분석을 좀 더 구체적으로 할 필요가 있다. 이른바, 본질적 다자주의(Principled Multilateralism)와 수단적 다자주의(Instrumental Multilateralism)가 그것이다.[11] 이라크전쟁에 들어가기 전에 유엔 안보리의 승

11) Robert Kagan, "Multilateralism, American Style", *Project for the New American Century*, pp.1~2. http://www.newamericancentury.org/global-091302.htm(검색일: 2003. 7. 18).

인을 요청한 미국의 경우를 유엔 안보리의 승인이 없을 경우에 미국은 그 전쟁을 포기할 수밖에 없을 것이라는 취지로 해석한다면 그것은 본질적 다자주의에 해당한다. 이 경우에 유엔 안보리의 승인은 수단이 아니라 목적 그 자체가 된다. 대부분의 유럽인들은 이러한 취지로 다자주의를 이해한다. 반면 대부분의 미국인들은 수단적 다자주의를 받아들이는 경향을 보인다. 미국인들도 국제적 지지를 얻고자 하는 마음은 유럽인들과 크게 다를 바 없을 것이다. 그러나 그 지지를 받을 때 드는 비용이 너무 과다할 경우 일방주의적 노선도 선택될 수도 있다는 점이 유럽인들과 다르다. 이른바 미국식 다자주의의 핵심은 실용주의에 있다. 더구나 9·11테러 이후에 미국인들이 갖는 정서는 이러한 측면을 더욱 강조하고 있다.

2002년 10월에 북핵 위기가 재점화된 이래 미국은 다음과 같은 몇 가지 원칙들을 일관되게 유지했다. 첫째, 북한의 핵무기 프로그램은 지역적인 문제이기 때문에 대북회담은 양자적이 아닌 다자적 형태를 띠어야 한다. 둘째, 핵문제는 평화적으로 해결되어야 한다는 확신을 가지고 그 상황의 급박성을 완화시키려는 시도가 이루어져야 한다. 셋째, 불량한 행동에 대한 보상은 없어야 한다. 넷째, 중국의 지지와 협력을 얻는 데 외교적 주안점을 두어야 한다. 그러나 미국이 표방하는 북핵 위기의 평화적 해결은 수단적 다자주의에 해당되며, 이러한 노력에도 불구하고 북핵 위기가 해결되지 않을 경우 군사적 수단의 사용을 배제하지 않는다는 취지로 이해하는 것이 온당할 것이다. 다음은 이러한 네 가지 원칙을 좀 더 구체적으로 설명하고자 한다.

첫째, 미국이 다자적 협상을 추구하는 논리적 근거는 다음과 같다. 미국은 이라크의 대량파괴무기들을 없애기 위하여 다자적인 접근을 시도한 것과 마찬가지로 북한 핵무기 프로그램의 경우에도 다자적인 접근방안을 강구하고 있다. 한반도 주변국들도 북한과의 협상테이블에 참여시킨다는 것이다. 부시 행정부는 줄곧 일관성이 있는 원칙, 즉 북핵 문제의 해결을 위한 방안으로서 북한과의 직접적인 협상을 배제하고 다자적인 해결책을 모색하고 있다. 이러한 관점에서 지난 4월의 베이징 3자회담과 8월의 6자회담은 미국의 의도가 잘 반영된 회담임에 틀림없다.

그러나 북한과의 양자 회담 — 비록 비공식적 회담일지라도 — 이 단기적으로 긴장을 완화하고 북한의 오해를 막을 수 있는 긍정적인 효과가 있음에도 불구하고 미국이 다자회담을 고집하는 이유는 어디에 있는가?[12]

첫째 이유는 북·미 양자회담은 북한의 벼랑끝 전략이나 협박에 미국이 굴복한 인상을 남길 수 있다는 인식에서 찾을 수 있다. 미국은 양자회담을 요구하는 북한의 주장을 받아들일 경우에 초래될 수 있는 장기적인 해결책의 훼손을 우려하고 있다. 북한은 한반도에서 도발적인 행동을 감행함으로써 북·미 직접협상의 시급성을 강요하는 전략을 구사해 왔다. 그러나 미국은 이러한 북한의 공세에 다자적 방식의 해법을 고수해 왔다.

둘째 이유는 북핵 위기는 양자적 이슈가 아니라 다자적이라는 점이다. 북한의 핵무기 보유는 미국만이 아니라 중국, 일본, 러시아 그리고 한국에도 심각하게 영향을 미칠 것이기 때문에 모든 국가들이 이 위기를 해결하기 위하여 나서야 한다는 것이다. 특히 러시아와 중국은 전통적으로 북한체제에 많은 영향력을 행사해 왔으며, 다자적 틀 안에서 양국은 '성실한 중재자' 역할을 할 수 있고, 나아가 북한의 행동은 국제적인 고립을 자초하여 체제 붕괴로 이어질 수 있다는 충고를 할 수 있는 잠재력을 갖추고 있다. 북한에게 충고를 할 수 있는 나라는 러시아와 중국이 유일할 것이다.

일단 북핵 위기를 해결하는 협정이 맺어질 경우 미국은 북한의 협정 준수 여부를 검증할 국가들을 필요로 하게 될 것이다. 1994년의 제네바 합의문이 실패로 끝난 이유는 여러 관점에서 지적될 수 있지만,[13] 가장 큰 이유는 북한의 협정 준수 여부를 검증할 수 없었기 때문이라는 주장은 이러한 논리와 맥락을 같이 하고 있다. 게다가 북한이 핵무기 프로그램을 지속할 경우 유엔 안보리가 나서서 핵시설 재가동의 중지와 고농축 우라늄 프로그램의 폐기를 요구할 수 있다. 만일 북한이 이러한 요구를 거부할 경우 유엔 안보리는 제재조치를 취할 수 있지만, 이 경우에도 다자적 조건을 갖추어야 그 취지를 충분히 살릴 수 있을 것이다.

12) Peter Brookes, "How to Deal With Pyongyang", *Commentary*(The Heritage Foundation, April 3, 2003), pp.1~2.

13) 전봉근, "제네바합의의 문제점과 보완 방안", 『정세와 정책』, 제79호(세종연구소, 2003. 2), 6~7면.

셋째 이유는 북·미 양자협정은 남한을 소외시키는 결과를 낳기 때문이다. 북핵 위기는 한반도 문제이기 때문에 남한의 중심적 역할이 배제된 상태에서 이루어지는 북핵 위기의 해결은 고려하기 힘든 상황임은 분명하다. 이 시나리오는 이미 북·미 양국만이 타결한 제네바 합의문에서 현실화된 적이 있지만 그 당시의 협상과정에서 소외된 남한의 불만은 예상외로 심각했으며, 특히 경수로 비용의 거의 대부분을 지원해야만 했던 남한을 설득하기가 미국으로서는 무척 곤란을 겪었다. 게다가 이번 북핵 위기는 한·미동맹이 한국 내부로부터 도전을 받고 있는 시점에 발생했기 때문에 북핵 위기의 해결에 있어 남한 요인은 그 어느 때보다도 더 크게 부각되고 있다.

둘째, 2002년 10월에 북핵 위기가 발생한 이래 미국은 그것이 종국적으로 평화적 해결로 귀착될 것이라는 확신에서 그 상황을 위기라고 칭하는 것을 거부해왔다. 파월 미 국무장관은 외교의 역할을 반복적으로 강조했으며, 부시 대통령 이하 행정부 관리들도 북한을 공격할 의도가 없다는 점을 강조함으로써 북한을 안심시키기 위하여 노력을 했다. 그러나 구체적인 협상이 이루어지지 않고 수사적 발언만을 통하여 어떻게 외교를 통한 종국적 해결이 모색될 수 있는가는 의문의 여지가 있다.

셋째, 미국은 북한의 불량한 행동에 대한 보상, 즉 북한이 다양한 위협수단을 사용하여 끝없는 양보를 받아내려는 북한의 시도를 더 이상 허용해서는 안된다는 믿음을 가지고 있다.[14] 만약 북한이 미국이 주장하는 다자적 회담을 받아들일 경우 미국이 그 회담에서 제시할 구체적인 협상의 카드를 직시할 수는 없지만 포괄적인 거래가 될 것임은 분명하다. 그러나 이러한 거래마저도 어느 정도의 미국 양보가 수반된다고 볼 때, 부시 행정부에게는 또 다른 정치적 부담으로 남는다는 점은 다소 역설적이다.

넷째, 미국은 북한에 대한 압력을 행사하는 데 도움을 받기 위하여 중국의 역할을 무척 강조해왔다. 지난 몇 개월 동안 파월 국무장관, 리처드 아미티지 국무부 부장관, 켈리 국무부 차관보, 존 볼튼 국무부 차관보 등은 각각 별개의 대표단을 이끌고 중국을 방문했다. 미국은 중국을 북한의 가장 믿을 만

14) 김종완, "9·11이후 미국의 대외정책 전환과 그 의의", 『정세와 정책』, 제78호(세종연구소, 2003. 1), 9~10면.

한 우방국이라고 믿고 북한의 핵무기 프로그램을 중지시키기 위하여 중국을 이용할 준비가 되어 있다. 중국도 북한의 핵무기 프로그램이 일본과 한국의 핵무기 보유를 촉진시킬 수도 있다는 점에서 북한의 핵무기 프로그램을 중지시키는 데 큰 이해관계를 가지고 있다. 더욱이 중국은 자신의 국경지역에서 전쟁이 일어나는 것을 원하지 않기 때문에 미국이 북한의 핵시설을 공격하는 상황이 도래하는 것을 막기 위하여 모든 노력을 강구하고 있는 실정이다. 중국은 여전히 북핵 위기의 해결은 북·미 양국의 직접적인 협상에 의하여 이루어져야 한다고 믿고 있지만 미국의 입장을 어느 정도 이해한 것으로 보인다.

미국은 이러한 원칙들을 고수함에도 불구하고 북한이 핵프로그램을 폐기하지 않을 경우에 대비하여 경제적 제재와 군사적 저지 계획을 수립하고 있다.[15] 미국은 특히 일본으로부터 북한으로 흘러들어 가는 자금의 차단에 관심을 가지고 있고, 대량살상무기 확산방지구상(PSI)을 통하여 중동과 남아시아로 가는 북한의 선박을 저지할 준비를 하고 있다. 2003년 4월의 3자회담과 8월 및 2004년 2월의 6자회담에서 실망한 미국은 이러한 조치들에 더 많은 국가들이 참여하기를 희망하고 있다.

그러나 이러한 미국의 대북정책이 일관성을 유지하기 위해서는 충족되어야 할 조건들이 있다. 부시 행정부 내의 관료들 간에 있는 강·온노선은 의견의 일치를 볼 수 있을까? 특히 차기 대선을 앞두고 민주당의 케리 후보는 북·미 양자협상을 주장하고 있는데,[16] 부시 대통령이 북한과의 협상을 계속하여 거부할 수 있을까? 그리고 미국은 북한체제의 변화, 나아가 붕괴를 의미하지 않는 북한과의 협상을 받아들일 것인가 하는 의문점들이 그것이다. 이러한 맥락에서 볼 때, 2004년 11월에 있을 미국의 대선은 북한 핵문제 해결에 있어 중요한 시금석이 될 것임은 분명하다.[17]

2) 중국: 대북 지지 속의 미온적 반응

중국은 북핵 위기를 해결하는 데 가장 중요한 역할을 할 것으로 보이며,

---

15) Larry A. Niksch, *supra* note 10, pp.4~5.
16) 「연합뉴스」, 2004년 3월 1일.
17) 전성훈, 앞의 논문, 16~17면.

이러한 점에서 북핵 문제를 보는 중국의 시각과 대응에 거는 기대는 클 수밖에 없다. 중국은 그동안 북핵 위기의 해소를 위하여 한반도 주변국들과 유엔 안보리의 회원국들을 관여시키려는 미국의 의도와는 달리, 북·미 양자회담의 중요성을 강조해왔다. 그러나 2003년 4월의 3자회담과 8월 및 2004년 2월의 6자회담의 성사 과정에서 중국이 보여준 역할은 중국의 입장이 어느 정도 신축성을 보이고 있다는 점을 시사하고 있다.

중국은 비록 북한이 핵무기 보유국으로 등장할지라도 북한으로부터 직접적인 안보적 위협을 받을 가능성은 없지만, 중국이 우려하는 점은 핵무기 보유국인 북한이 한반도의 안정을 위협하여 미국의 군사적 행동을 촉발시키거나 주변국들, 특히 일본의 핵무기 보유 욕구를 일으키게 할 수도 있다는 것이다. 이처럼 동북아에서 이루어지는 독자적인 핵 억지력의 확보 경쟁은 필연적으로 대만으로까지 이어질 수 있다. 게다가 북한의 미사일 실험이 재개될 경우, 그 상황이 미국의 미사일방어(MD)망의 배치를 정당화시키는 역할을 수행하게 될 것을 중국은 크게 우려하고 있다. 중국이 북핵 위기를 보는 시각은 이처럼 동북아의 지역적 불안정으로 인한 자신의 안보적 두려움에서 기인되는 바가 크며,[18] 이러한 시각은 북한과의 마찰을 빚기에 충분하다.

이러한 맥락에서 중국은 현재의 북핵 위기를 조장하거나 아니면 적어도 묵인하지 않았는가에 대한 의구심을 제기하는 분석이 있는데, 이러한 주장은 무척 흥미롭게 보인다.[19] 이러한 시각은 중국이 북한의 행동을 제어할 만한 잠재적인 영향력을 보유하고 있음에도 불구하고, 즉 중국이 북한의 에너지 총수요량의 80%를 제공하고 있음에도 불구하고 이라크전쟁의 종전 이후 북한에 대한 군사적 공격이 무르익어 가던 시점인 적어도 2004년 4월의 3자회담 이전까지는 그 위기를 해결하는 데 성의를 보이지 않았다는 평가에 기초하고 있다.

그렇다면 중국이 북핵 위기의 해결에 적극적으로 나서지 않은 것이라는 주장의 근거는 어디에서 찾을 수 있을까? 먼저, 중국은 북한에 대하여 상당한 경제적 압력은 행사할 수 있는 위치에 있을지 몰라도 북한으로부터 충분한 신

18) Bates Gill and Andrew Thompson, "A Test for Beijing: China and North Korean Nuclear Quandary", *Arms Control Today*, Vol. 33, No. 4(May 2003).

19) Doug Bandow, *supra* note 3, pp.8~10.

뢰를 얻지 못하고 있다는 점을 지적할 수 있다. 중국은 아프간 및 이라크전쟁에서 미국의 반테러 노선에 부응함으로써 이미 정치적 및 경제적 실용주의 노선을 추구했으며, 이러한 현실은 북한으로 하여금 중국에 대한 믿음을 약화시키는 역할을 하기에 충분했다. 북한은 중국이 북핵 위기에서도 자신의 이익만을 추구하는 노선을 걸을 가능성을 우려하고 있다. 따라서 중국과 북한 간의 신뢰감이 돈독해지지 않을 경우, 특히 미국의 대북 군사적 공격이 있을 경우에 중국이 취할 태도에 대하여 북한의 확신이 명백하게 정립되지 않는다면 북핵 위기의 해결에 있어 중국의 역할은 제한적일 수밖에 없다.

다음으로, 북핵 위기가 미국의 주도에 의해 해결될 경우 동북아에서 미국의 대북한 영향력은 커질 수밖에 없는 현실에서 중국은 자신에 대한 새로운 개념의 봉쇄정책이 강행될 것을 우려하고 있다는 점이다. 따라서 중국은 북핵 위기의 해결 이후에 재편될 동북아의 국제질서에 대한 구체적인 청사진이 마련되지 않은 상태에서 섣불리 나서기가 어려운 상황이었다.

다음으로, 북핵 위기는 반미세력들을 결집시키는 계기를 마련함으로써 이라크전쟁 이후에 진행되고 있는 미국의 일방적 독주를 견제하는 역할을 하고 있다는 점이다. 미국은 대량파괴무기(WMD: Weapons of Mass Destruction)의 제거에 대한 원칙을 이라크와 북한에 다른 기준으로 적용함으로써 국제사회의 신뢰성을 잃게 되었다. 이라크는 자신에게는 대량파괴무기가 없다는 선언을 하고 국제원자력기구(IAEA)의 사찰을 받았음에도 불구하고 미국의 공격을 받은 반면, 북한은 자신이 핵무기를 보유하고 있다고 선언하고 국제원자력기구의 사찰단을 추방했음에도 불구하고 미국이 공격을 오히려 주저하고 있다는 점은 역설적인 현상임에 틀림없다. 이러한 이중적인 잣대는 군사력을 사용하는 미국의 의도에 대한 심각한 의문점을 불러일으키기에 충분했다.

그리고 북한에 대한 군사적 공격을 둘러싼 논쟁은 미국의 동맹국들인 한국과 일본의 우려를 자아내게 함으로써 한국, 미국, 일본 간의 이견을 노출시키는 한편 냉전시대의 북한 동맹국들이었던 러시아와 중국을 밀착시키는 효과도 낳았다. 이러한 점들은 중국으로 하여금 북핵 위기의 해결에 적극적으로 나서지 못하게 하는 결과를 낳은 셈이다.

결국, 중국의 태도에 가장 큰 영향을 미치는 요소는 북핵 위기의 해결이 자신의 이해관계와 어느 정도 부합되는가이다. 북·중 양국의 이해관계가 상당히 부합될 경우에는 중국은 적극적으로 나서지만 그렇지 않을 경우 중국의 미온적인 태도는 충분히 예측 가능한 일이다. 북핵 위기로부터 사실상 위협을 받지 않고, 오히려 위에서 논의된 것과 같이 부수적인 이득을 얻는다고 판단할 경우 중국은 굳이 자신이 가진 대북 영향력을 행사할 필요성을 느끼지 않는다는 분석에는 무리가 없다.

따라서 중국은 대북 압력을 행사하기보다는 대북 협력의 강화를 통하여 자신의 이해관계를 강화할 가능성도 있다는 점을 배제하기 어렵다. 탈북자들의 북한 강제송환의 사례가 이에 해당될 것이다. 중국은 북한으로 송환될 경우 처벌받을 것이 뚜렷하기 때문에 인권단체로부터 비난을 받을 것이 명백한데도 불구하고 그 탈북자들을 북한으로 강제송환함으로써 탈북자들의 자국으로의 유입을 막을 수 있을 뿐만 아니라, 북한체제의 정당성에도 큰 기여를 함으로써 북·중관계의 회복도 동시에 추구하는 효과도 보고 있다.[20] 이처럼 중국은 자신의 이해관계 맥락에서 행동한다고 볼 때, 다음과 같은 질문은 당연히 제기될 수밖에 없다. '중국이 북핵 위기를 해결하기 위한 다자회담을 지지해야 하는 이유가 어디에 있는가?'

이러한 맥락에서 볼 때, 2003년에 들어서면서 중국이 북핵 위기를 해결하는 데 더욱 적극적인 역할을 하고 있다는 점은 주목을 받을 만하다. 부시 행정부도 2003년 4월의 3자회담을 성사시킨 중국의 역할에 대하여 긍정적인 평가를 할 정도였다. 중국은 2003년 3월에 '기술적인' 이유로 인하여 대북 석유공급을 일시적으로 중단하는 조치를 취했다는 보도가 있었다.[21] 만일 이 보도가 정확하다면 중국은 베이징 3자회담을 성사시키기 위하여, 나아가 북핵 위기의 해결에 있어 주도권을 잡기 위하여 그동안 보류해 왔던 북한에 대한 영향력을 행사하기 시작했다는 것을 함축하는 것으로, 이러한 시도는 북핵 위기에 대한 중국의 입장이 크게 바뀐 것을 의미했다.[22]

---

20) John Pomfret, "China Cracks Down on North Korean Refugees", *Washington Post*, January 22, 2003, pp. A1, A11.

21) David E. Sanger, "North Koreans and U.S. Plan Talks in Beijing", *New York Times*, April 24, 2003, p. B9.

22) 중국은 후진타오 체제의 출범 이후 과거의 이념적 요소로부터 탈피하여 국가이익에 기

그러나 이 시점은 이라크전쟁이 종전된 직후로서 미국의 대북 군사적 공격이 심각하게 고려되기 시작했을 시기였다는 점에서 중국의 입장 변화는 이러한 분위기를 감지하고 바꾸어보려는 시도에 불과했으며, 중국의 대북정책의 기조가 본질적으로 변한 것은 아니었다.

한편 2003년 4월의 3자회담에서 북한은 자신이 핵무기를 보유하고 있다는 주장을 한 것으로 알려지고 있으며,[23] 이러한 북한의 강경한 태도는 중국을 실망시키고 나아가 분노하게 하기에 충분했다. 왜냐하면 중국은 이 같은 북한의 도발적인 발언은 중국을 당황시켰으며, 중국의 의도와는 다른 방향으로 북핵 위기를 나아가게 할 가능성이 농후했기 때문이다. 결국, 베이징 3자회담은 중·북관계의 긴장을 조성하는 한편 북한으로 하여금 중국 외의 새로운 동맹국, 즉 러시아를 필요로 하는 계기를 마련해 주었다. 러시아의 참여가 이루어진 제1차 및 제2차 6자회담은 중국에 대한 북한의 실망감이 낳은 산물인 셈이다.

3) 일본: 대미 공조 속의 소극적 지지

지난 해 10월에 시작된 북핵 위기는 미국을 놀라게 하고, 또 한반도 주변국들에게 긴장의 정도를 높였을지라도 이미 최악의 상황을 염두에 두고 있었던 일본에게는 상대적으로 큰 충격으로 다가오지 않았다. 왜냐하면 북한이 1998년 8월에 대포동 미사일을 일본열도 상공으로 발사했을 때 일본의 대북인식은 강경하게 바뀌어 있었으며, 2002년 가을에 북한이 일본인 납치사건을 인정했을 때 북한에 대한 일말의 동정심은 거의 사라진 상태였기 때문이다.[24]

지난 1998년 북한이 대포동 미사일을 시험발사했을 때 일본의 반응은 상

초한 보다 실용적인 대북정책을 취하는 것으로 보인다. 따라서 북한의 핵무기 보유가 중국의 소수민족으로 연결될 것을 우려하는 측면도 있다. David M. Lampton, "China: Fed Up with North Korea", *Washington Post*, June 4, 2003.

23) 북한은 3자회담에서 미국의 행동에 따라 핵무기를 실험하거나 플루토늄을 수출할 것이라고 경고했다. 한편 파월 국무부 장관은 북한이 관심을 끌고 양보를 받아내기 위하여 행하는 위협이나 행동에 굴복하지 않을 것이라는 반응을 보였으며, 부시 대통령도 북한이 구태의연한 공갈 게임으로 다시 복귀했다고 반박했다. Bandow, *supra* note 3, p.4.

24) Gilbert Rozman, "Japan's Relations with the U.S. and Its North Korean Option", E-Notes (Foreign Policy Research Institute, December 3, 2002), pp.5~6. http://www.fpri.org./enotes/asia.20021203.japanusrelationsnor...(검색일: 2003. 7. 21).

당히 격앙되었다. 일본 의회는 대북 항의 결의문을 통과시키고 북·일관계 정상화를 위한 회담을 취소하며, 그리고 대북 식량지원을 중단하기도 했다. 따라서 2002년 10월에 북한이 방북 미 대표단에게 고농축 우라늄 프로그램을 인정했다는 보도에 접한 일본이 조용하게 한발 물러선 듯한 인상을 보인 것은 상당한 주목을 받을 만한 일임에 틀림없다. 왜냐하면 특히 북한은 그 선언이 있기 약 15일 전에 이루어진 북·일정상회담에서 "양측은 한반도의 핵문제를 해결하기 위하여 모든 관련된 국제협정을 이행한다"고 합의를 했기 때문이다. 일본으로서는 자존심을 구긴 셈이다.

그럼에도 불구하고 일본의 첫 번째 반응은 온건했으며, 이러한 태도는 주변국들을 오히려 당황하게 했다. 후쿠다 관방장관은 "북한이 그 약속을 지키지 않는 한 북·일 양국간의 관계정상화를 위한 논의는 더 이상 진행되지 않을 것이다"라는 다소 강경한 입장을 취했으나, "만약 우리가 북한과의 대화를 포기하여 북한을 고립시키면 핵개발 프로그램은 더 진척될 것이기 때문에" 북한과의 회담과 외교는 유지되어야 한다는 점도 동시에 강조했다. 후쿠다의 이러한 어정쩡한 태도는 북핵 위기에 처한 일본의 딜레마를 웅변적으로 보여 주었다. 그 결과 북·일관계 정상화를 위한 회담은 10월 말에 콸라룸푸르에서 예정대로 개최되었으며, 그 회담의 결과는 큰 성과를 보여주지 못했다.

일본 국민들도 북핵 위기에 놀랄 정도로 담담하게 대응했다. 2002년 10월 이후로 진행되어 온 북핵 위기의 과정에서 북한이 핵무기를 보유하고 있고, 그것을 실험하거나 수출할 것이라는 점을 인지했음에도 불구하고 큰 혼란에 빠져들지 않았다. 더욱이 북핵 위기에 대응하기 위하여 일본 자신의 독자적인 핵무기 보유 결정을 내릴 지도 모른다는 주변국들의 우려도 오히려 무색하게 되었다.

일본의 이러한 태도는 어디에서 연유하는 것일까? 북핵 위기는 일본 국민들 사이에 북한에 대한 신망과 믿음이 극도로 악화된 상태에서 발발했다. 2002년 9월에 개최된 북·일 정상회담에서 북한은 1970년대와 1980년대에 발생한 일본인 납치사건 및 1999년 3월과 2001년 12월에 발생한 일본 영해로의 북한 간첩선 침투에 대하여 사과하고 재발방지를 약속했다. 비록 북한은 그러한 고백을 일본의 대북 인식을 개선시키는 데 도움을 줄 것이라는 판단에서

시도했지만 그 효과는 전혀 반대로 나타났다.[25)]

이러한 와중에서 재등장한 북핵 위기는 일본을 분노시키기에 충분했지만 일본 국민들은 북한의 도발적인 행동은 자산의 강경한 태도보다는 미·일동맹에 의해서만 효과적으로 억제될 수 있다는 믿음을 가지게 되었다.[26)] 북한의 도발적인 언행은 더 이상 일본 국민들에게 영향을 미치지 못하게 되었으며, 그동안의 경험적 사례들을 통하여 이미 북한의 행동방식에 대해서는 대다수의 일본 국민들은 익숙해져있다. 따라서 "일본이 북한의 공격 사정권 내에 있다"는 북한의 경고마저도 일본 국민들에게 먹혀들지 않고 있는 실정이다.[27)]

북·일관계 정상화를 위한 노력이 2002년 후반기에 실패하고, 북핵 위기가 다시금 부각됨에 따라 일본은 미국의 강경한 대북 접근 방안과 맥락을 같이하게 되었다. 일본 국민들은 납치 이슈뿐만 아니라 핵 이슈에 있어 북한에 더 이상 양보하고 끌려 다니지 않기를 강력하게 요구하고 있다. 일본 국민들은 북한을 더 이상 신뢰를 줄 만한 협상 대상국으로 보지 않는 것 같다. 고이즈미 정부도 "핵 및 납치 이슈가 해결되지 않고서는 더 이상 북·일관계 정상화와 대북 경제원조는 없다"고 강조할 정도로 강경한 자세를 견지하고 있다. 이 점은 '선 핵 프로그램 폐기, 후 협상'이라는 미국의 대북 접근 원칙과 맥락을 같이하고 있다.

그렇다면 미국과 일본의 대북 인식에는 전혀 차이가 없는가? 그 대답으로서 반드시 그렇지는 않으며, 오히려 두 가지 점에서 심각한 차이가 있다고 하는 것이 더 적절한 표현일 것이다.

그 하나는 북한 핵무기 프로그램을 폐기하려는 목표는 미·일 양국이 공유하지만 구체적인 수단에는 큰 괴리가 있다는 점이다. 왜냐하면 일본이 우려하는 것은 북한의 핵만이 아니기 때문이다. 북한의 핵시설을 파괴할 목적으로 미국이 군사적 공격을 시도할 경우 일본의 안보는 심각한 위협을 받게 될 가

---

25) 일본 국민들은 북한이 납치한 일본인 13명 가운데 8명이 왜 그렇게 어린 나이에 사망했는지에 대한 의문을 품었으며, 그들의 사망과 관련한 자세한 정보를 공개할 것을 요구했다. 나아가 상당수의 일본 국민들은 일본인 납치자들의 숫자도 수천명에 달할 것이라는 의혹에 공감하고 있다. Matake Kamiya, "A Disillusioned Japan Confronts North Korea", *Arms Control Today*, Vol. 33, No. 4 (May 2003), pp.19~20.

26) 김성철, "일본의 정치외교 전망", 『정세와 정책』, 제78호(세종연구소, 2003. 1), 16~17면.

27) Kamiya, *supra* note 25, p.20.

능성이 크다. 일본의 전역이 북한이 보유하고 있는 노동미사일의 사정권 내에 들어 있기 때문에 한반도에서의 군사적 충돌은 일본의 최우선 관심사항이다. 일본이 미사일방어(MD)에 대한 관심을 증폭시키고 있으며, 북한의 미사일 활동을 탐지하기 위하여 인공위성을 발사한 것도 이러한 연유에서 이다.

게다가 일본은 북한을 억제하고 북핵 위기의 평화적 해결을 위하여 미국의 군사적 압력 필요성을 인정하고 있음에도 불구하고 미국이 북핵 위기를 조기에 해결하기 위하여 군사적 수단을 직접 사용하는 것을 우려하고 있다. 특히 이라크전쟁에 고무된 미국이 이라크의 경우와 마찬가지로 대량파괴무기를 제거하기 위하여 북한의 체제 변화를 추구하려는 시도에 대하여 큰 우려를 표명하고 있다. 왜냐하면 일본은 북한의 체제전복이 아니라 북한을 설득하여 대외적으로 도발적인 행동을 자제하게 하고, 대내적으로 정치 및 경제체제를 점진적으로 개혁하도록 하는 것이 자신의 대북정책 목표이기 때문이다.

다른 하나는 비록 미국이 핵 문제에 집중하고 있지만 일본은 핵 문제뿐만 아니라 납치자 문제도 동시에 해결하기를 바라고 있다는 점이다. 미국은 북한과의 대화가 이루어지면 일본인 납치자 문제를 대화의 의제로 상정할 것이라는 점을 몇 차례에 걸쳐 일본에 확언했음에도 불구하고 일본은 만약 북한이 핵 문제에서 상당한 양보를 할 경우 납치자 문제가 희생될지도 모른다는 불안감을 여전히 가지고 있다. 일본은 북핵 위기가 양자회담이 아닌 다자적 틀 안에서 논의되어야 한다는 주장을 하고 있는데, 그 이면에는 다자회담의 경우 일본이 참여하여 자신의 이해관계를 논의의 대상으로 포함할 수 있다는 기대감이 자리하고 있다.

이러한 맥락에서 볼 때, 일본은 2003년 4월에 자신이 배제된 상화에서 이루어진 3자회담에 대하여 공식적으로는 지지를 보냈으나 내면적으로는 상당한 실망감을 감추지 않았으며, 이러한 실망감은 충분히 이해할 만하다. 야마자끼 자민당 사무총장은 “한국과 일본이 참여하지 않는 다자회담은 받아들일 수 없다”고 노골적인 불만을 표출하기까지 했다. 결국 북핵 위기의 해법과 관련하여 일본은 다자적 접근 방안을 지지하고 있으며, 적어도 남·북한, 미국, 중국, 그리고 일본이 포함된 5자회담을 선호하고 있다는 것을 알 수 있다. 2003년 8월 및 2004년 2월의 6자회담에서 이루어진 일본의 기조발언은 북핵

위기와 관련한 일본의 주장과 전략을 구체적으로 드러내었다.[28)]

4) 러시아: 대북 지지 속의 적극적 반응

1980년대 후반에 들어서면서 러시아의 한반도정책은 큰 변화를 겪게 되었다. 고르바초프 당시 서기장은 북한에 대한 경제적 및 군사적 지원을 대폭 삭감하는 대신 한국과의 관계개선을 추구함으로써 한반도정책에서 친한국 노선을 뚜렷하게 제시했다. 1991년 12월에 구소련이 붕괴된 이후에도 옐친 당시 대통령은 친한국 노선을 계속하여 추구하였다. 러시아는 구소련과 북한 간에 체결되었던 안보조약을 폐기하는 한편 새로 대체된 러·북 안보조약은 러시아의 군사적 지원을 대폭적으로 삭감했다. 한편 1988년에 35억달러에 달했던 러·북 간의 무역은 1990년대 중반에는 1억달러로 감소한 반면, 한·러 간의 무역은 1955년에 32억달러로 급상승했다.[29)]

그러나 그 시점이 한·러관계의 정점이었다. 러시아는 1994년에 체결된 제네바 합의문에서 자신의 이해관계가 무시되고, 대북 영향력 감소로 인하여 한반도 문제를 논의하는 4자회담에서 배제되는 등 정치적으로 한반도 문제에서 주변부화되는 굴욕을 당하게 되었다. 게다가 한·러간의 경제적 관계는 침체기에 빠져들게 되고, 고르바초프 시대에 한국이 제공했던 15억달러의 차관에 대한 반환이 한·러관계의 현안으로 대두되는 등 친한국 정책으로 인한 이득이 과대평가되었다는 인식이 러시아 내에서 대두되었다. 1990년대 후반기에 러시아에는 친한국 노선 대신에 보다 '균형된' 한반도 정책을 요구하는 목소리가 높아지게 되었다.

한편 푸틴 대통령이 2000년에 평양을 방문하고 김정일 위원장이 2001년과 2002년에 두 차례 모스크바로 답방을 하는 등 북·러관계는 큰 진전을 이루었다. 물론 북·러 양국의 새로운 관계는 과거와 같은 러시아의 이념적 지지가 아니라 새로운 '실용주의' 노선에 기반을 두고 있는 것은 사실이다. 왜냐하면

---

28) 진창수, "6자회담과 일본", 『정세와 정책』, 86호(세종연구소, 2003. 9), 16~17면; 전성훈, 앞의 논문, 8~9면.

29) James Clay Moltz, "Russian Policy on the North Korean Nuclear Crisis", Monterey Institute of International Studies, pp.1~2. http://cns.miis.edu/research/korea/rusdprk.htm (검색일: 2003. 7. 16).

러시아가 극동지역에서 추구하는 정치·경제적 이해관계는 북한과의 우호적인 관계가 설정되지 않고는 달성되기 어려운 실정이기 때문이다.

북핵 위기의 해법에 관한 러시아의 입장은 9·11테러사건 이후 진행되고 있는 미·러관계의 맥락에서 분석될 필요가 있다. 비록 9·11사태 이후에 미국이 주도한 '테러와의 전쟁'이라는 명분하에 이루어진 몇 차례의 사례들—아프간전쟁의 수행과정에서 이루어진 러시아의 지원과 체첸 반군 진압에서 보여준 미국의 협조 등—에서 미·러 양국이 우호적인 관계를 유지했지만, 테러와의 전쟁이 장기화되면서 미·러 양국간의 갈등은 증폭되고 있다. 특히 이라크전쟁의 수행을 둘러싼 양국간의 갈등, 즉 이라크전쟁의 개전 결정에 대한 러시아의 반발, 이라크에 이전된 러시아 무기에 대한 미국의 불만 등은 향후 양국관계에 대한 낙관적인 전망을 어렵게 한다.

이러한 맥락에서, 북핵 위기는 러시아에 또 다른 부담으로 작용하게 되었다. 러시아는 이웃국가인 북한과 전략적 동반자인 미국 양국 가운데 하나를 선택해야 되는 딜레마에 빠진 것이다. 왜냐하면 만약 북한이 핵무기 개발을 강하게 추진할 경우 러시아는 미국과 손을 잡아야 할지 모르는 반면, 미국이 강력한 대북제재나 핵시설에 대한 군사적 선제공격을 시도할 경우 러시아는 북한으로 기울어야 할 것이기 때문이다. 이러한 두 가지 시나리오는 모두 러시아의 선택을 어렵게 하는 요소임이 분명하다.

비록 러시아는 북·미 양자회담을 통하여 북핵 위기의 해결 방안을 모색해야 한다는 원칙을 지지하고 있지만, 한반도 문제의 해결에 자신이 직접적으로 간여하기를 바라고 있는 것도 또한 사실이다. 2003년 4월의 3자회담 직후 로슈코프 러시아 외무성 부장관은 "다음 단계에서는 다른 국가들도 참여하는 것이 유익하고 논리적일 것이다"라는 반응을 보이면서 러시아의 참여가 보장된 다자회담의 필요성을 피력했다.[30)]

다자회담에 대한 러시아의 관심은 이른바 북핵 위기의 시발점이라고 불리는 1993년 3월로 거슬러 올라간다. 그 당시의 북핵 위기를 해결하는 데 북·미 양국의 노력이 큰 성과를 보이지 않음에 따라 러시아는 한반도 문제를

30) *Ibid.*, p.3.

포괄적으로 해결하기 위한 다자회담을 요구했다. 러시아는 북·미 양국의 '뒷거래'에 반발했으며, 결국 러시아가 우려했던 대로 북핵 위기는 제네바 합의문으로 타결되었다. 러시아는 제네바 합의문을 자신을 한반도에서 배제시키려는 미국의 전술이라고 보았을 뿐만 아니라 자신에 대한 북한의 배신으로 간주했다. 러시아는 북한의 경수로 건설은 자신이 1980년대 중반부터 담당했으며, 단지 경제적 어려움으로 포기했던 사업이라고 주장했다.[31] 그리고 러시아는 1990년대 중반에 진행되었던 4자회담에서 자신이 배제된 것을 강력하게 비난했다.

미국은 북한의 핵프로그램을 종식시키기 위하여 다자적 접근책을 통하여 압력을 행사하고 있으며, 심지어 강력한 제재를 통한 체제변화까지도 배제하지 않고 있다. 반면 러시아는 북핵 위기의 일정한 부분을 미국의 탓으로 돌리고 있다. 북한 내의 에너지 부족과 미국의 대북 강경책이 그것이다.

구체적으로 말하면, 먼저 북한의 핵무기 개발은 북한의 에너지 부족 문제와 밀접하게 연계되어 있기 때문에 제네바 합의문에 명시된 경수로 공급의 지연을 북핵 위기의 근본적 원인으로 보고 있다. 따라서 경수로가 일정에 맞게 건설되고 중유가 제때 공급되었더라면 북핵 위기는 없었을 것이라는 주장을 했는데, 이러한 인식은 북한의 주장을 상당 부분 반영하고 있다.

다음으로, 미국이 북한을 극단으로 몰아세웠다는 주장이다. 이 주장의 요지는 클린턴 행정부는 점진적으로 대북제재 완화 및 정치적인 관계개선을 추구한 반면, 부시 행정부는 북한을 '악의 축' 대상 국가로 선정하는 등 강경한 대북 불신감을 표명함으로써 북한 내에 있는 온건한 개혁파들의 입지를 약화시키고 강경한 보수파들에게 힘을 실어 주었다는 것이다.[32]

그렇다고 해서 러시아가 북한의 모든 행동을 지지하는 것은 아니었다. 북한이 2003년 1월 10일에 핵확산금지조약(NPT)의 탈퇴를 선언했을 때 러시아의 대북정책은 강경으로 선회했다. 러시아 외무성은 "북한은 세계여론에 귀를

31) 홍현익, "제2의 북한 핵 위기와 러시아", 『정세와 정책』, 제78호(세종연구소, 2003. 1), 20면.

32) Cristina Chuen, "Russian Responses to the North Korean Crisis", Monterey Institute of International Studies, pp.2~3. http//:cns.miis.edu./research/korea/rusdprk.htm(검색일: 2003. 7. 16).

기울이며… 핵무기확산금지와 관련하여 국제적 의무를 준수하길 바란다"는 요지의 담화문을 발표했다. 이와 더불어 러시아는 1월 중순 북핵 위기에 대한 외교적 대처 방안으로서 '패키지 해법'을 북한측에 제시했다. 이 해법은 한반도의 비핵화, 핵확산금지조약의 엄격한 이행, 제네바 합의문의 준수, 그리고 북·미 양자 및 다자회담을 통한 대북 안보 보장 및 인도적 및 경제적 지원 재개를 촉구하고 있다.

러시아는 자신이 다자회담에 참여해야 하는 근거를 다음과 같이 제시하고 있다. 러시아는 북한과 국경을 공유하는 있다는 점, 북·미 양국 가운데 어느 하나와 외교관계를 맺고 있는 한국·미국·일본과는 달리, 러시아는 북·미 양국 모두와 외교관계를 맺고 있다는 점, 러시아는 유엔 안보리 상임이사국 가운데 하나라는 점이 그것이다.

한편 러시아가 가장 우려하는 점은 북핵 위기의 해결과정에서 발생할 수도 있는 북한체제의 붕괴나 아니면 군사적인 충돌로 인하여 러시아로 유입되는 수백만의 난민들을 어떻게 막는가 하는 것이다. 이 같은 난민 문제는 한국이나 중국의 경우에도 유사하게 적용되는 고려 대상이지만, 이들 국가와는 달리 민주화된 러시아는 북한 공산주의 체제를 존속시켜야 하는 민족적 및 이념적 동기가 미약하다는 점에 큰 차이점이 있다.

이라크전쟁을 전후하여 드러난 미·러 간의 갈등은 미국으로 하여금 북핵 위기의 해결을 위한 다자회담에 러시아의 참여를 탐탁치 않게 생각할 수 있다. 그러나 러시아가 제외된 상태에서 이루어진 북핵 위기의 해결방안은 그 실효성이 의심을 받을 수가 있다. 왜냐하면 미·러 간의 관계 악화와 미국의 강경한 한반도 정책이 서로 결부될 경우 러시아로 하여금 비록 제한적일지라도 대북 군사적 지원 및 유엔 안보리에서 거부권 행사를 불러일으킬 수 있기 때문이다. 이러한 점이 북한으로 하여금 러시아의 참여 필요성을 실감나게 했다는 점은 무척 역설적이다. 결국 북핵 위기의 해결을 위한 다자회담과 관련하여 러시아의 역할은 충분조건은 되지 않을 수가 있지만 필요조건의 요건은 최소한 갖춘 셈이다.

4. 북한의 대응

북핵 위기가 어떻게 해결될 것인가? 현재 답보상태에 있는 6자회담이 결실을 볼 것인지, 혹은 1994년의 제네바 합의문과 같이 북·미 양국에 의하여 또 다시 극적으로 타결될 것인지, 아니면 북핵 시설에 대한 미국의 군사적 공격으로 마무리가 될 것인가? 북한의 대응이 초미의 관심을 끌고 있다.

1) 북한의 전략적 딜레마

북한은 지난 수년간을 거쳐 오면서 점점 더 어려운 처지에 빠져들고 있다. 연료 및 식량의 부족 문제는 이제 북한에게는 만성적으로 되었으며, 극적인 반전이 없이는 그 해결은 생각할 수 없을 정도가 되었다. 부시 행정부가 들어서면서 대미관계가 냉각기에 접어들었으며, 특히 9·11사태 이후에는 그 관계가 더욱 심각한 상황으로 이어졌다. 이러한 상황의 악화는 북한으로 하여금 더 많은 관심과 자원을 경제적 문제가 아니라 군사적 대비의 필요성에 돌리게 만들었다. 외교적으로 고립된 북한이 마약과 밀수를 통한 자금의 확보에 나서는 것은 예측을 크게 벗어나지 않는 행동이다.

북한에 가장 큰 경제적 타격을 가한 것은 일본인 납치자 문제를 해결함으로써 일본으로부터 수십억 달러에 해당하는 원조를 받고자 했던 자신의 계획이 무산되었다는 점이다. 북한은 납치자 문제에 대하여 공식적인 사과를 했을 뿐만 아니라 생존 납치자들의 방일을 허용하기도 했다. 그러나 일본의 반응은 냉담했으며, 뒤이어 터진 북한의 고농축 우라늄 프로그램 발언은 북·일관계의 정상화를 더욱 멀어지게 만들었다.

북한은 2000년의 남북한 정상회담 등 남한과의 관계 개선을 통하여 결정적인 경제적 이득을 확보했으며, 한·미 간의 갈등을 유도했다. 그러나 북한에 대한 일방적 선심에 실망한 남한 내의 국내적 분위기와 부시 행정부가 들어선 후 가시화되고 있는 대북 강경 분위기는 한국의 대북 유화정책에 제동을 걸었다. 북한은 2002년에 남한이 제시한 남북한 도로 및 철도 연결 프로젝트를 허용하고 이산가족 상봉을 재개하는 등 남한의 지원을 받기 위한 노력을 재점화하려는 시도를 했으나 그 진척 속도는 무척 느린 상태이다. 특히 핵 문제의 재

등장은 이러한 분위기에 찬물을 끼얹는 셈이 되었다.

북한의 국제적 고립은 자신의 경제난을 풀어나가는 데 있어 가장 큰 약점으로 등장했다. 북한의 유일한 우방국인 중국도 북한의 핵프로그램에 우려를 표명하며 무조건적인 지지를 거부한 상태이며, 일본은 정상화 속도를 늦추고 대북 경제지원을 꺼려하고 있다. 남한도 지난 해 대선을 전후하여 진행되었던 반미 분위기 확산을 경계하고 있으며, 2003년 5월의 한·미정상회담에서 노무현 대통령은 "향후 남북한의 교류 및 협력은 북핵 문제의 진행과 결부될 것이다"라는 발언을 했고, 나아가 북한의 비난에도 불구하고 이라크에 한국의 비전투병 파병을 승인하기까지 했다.

이처럼 북한의 경제난은 뾰족한 해결책을 찾지 못한 채 표류하고 있으며, 주변국들의 지지도도 점차 줄어들고 있는 실정이다. 북한의 경제난 지속과 외교적 고립감이 북한의 지도층에 얼마나 충격을 주었는지는 명확하지 않지만, '미국의 공격이 임박했다'는 위기의식을 최근에 계속하여 북한 내부에 불어넣고 있다는 사실은 북한의 지도층이 느끼는 내부적 불안감이 이미 상당한 수위에 도달했다는 것을 암시적으로 보여주고 있다.

북핵 위기는 북한이 선택한 최후의 수단일 수 있다. 만일 이러한 선택이 성공을 거둔다면 북한은 경제난 및 안보적 불안감을 한꺼번에 해결할 수 있는 기회를 가질 수 있다. 대미관계 개선을 통하여 한꺼번에 이러한 난관을 극복한 전례는 이미 1994년 제네바 합의문에서 경험을 했다. 북한은 이번의 북핵 위기도 그 당시와 비슷한 결말로 이어지기를 기대할 것이다. 그러나 만일 이러한 선택이 실패한다면 북한의 처지는 회복이 불가능한 상태로 추락할 것이다. 비록 미국의 군사적 공격이 이루어지지 않는다고 해도 북한은 자신의 체제 변화, 나아가 붕괴 가능성을 염두에 두어야 할 것이다. 북한이 성공하기, 아니 적어도 실패를 맛보지 않기 위해서는 주변국들의 이해관계를 잘 파악하여 이들 국가간의 갈등을 이용하는 것, 그리고 자신의 의도를 최대한으로 모호하게 하여 그러한 갈등을 증폭시키는 수밖에 없다.

2) 북한의 의도: 강경책은 협상의 수단인가

북한의 의도는 크게 두 가지 측면에서 분석되고 있다. 그 하나는 북한은 핵무기를 한반도 통일을 위한 수단으로서 보고 있으며, 핵무기는 북한체제의 생존에 필수적이고 협상의 대상이 되지 않는다는 관점을 반영하고 있다.[33] 다른 하나는 북한의 핵무기 프로그램은 협상의 수단이며, 적절한 보상을 받으면 포기할 수 있다는 입장을 대변한다. 어느 것이 올바른 분석인지 파악하기는 무척 어렵다. 그 이유로서 북한 내부의 정책결정과정에 대한 신빙성이 있는 자료는 구하기가 무척 어렵다는 점, 그리고 북한은 협상력을 극대화시키고 핵무기 프로그램에 대한 국제적 반응을 극소화시키기 위하여 그 의도를 숨기려는 강한 동기가 있다는 점을 들 수 있다.

북한의 의도를 파악하기 힘들다는 점은 이미 1994년 제네바 합의문 체결 당시에 진행된 협상에서 잘 드러났다. 그 협상에서 북한은 중유와 경수로 2기를 확보하는 대신에 핵무기 개발의 동결에 동의를 했다. 그 합의문은 북한이 이미 확보한 플루토늄의 보유 여부를 밝히지는 못했다. 그 협상에서 북한이 달성하고자 하는 주요한 목표는 협상력을 극대화시키기 위하여 가능한 한 오랫동안 자신의 핵무기와 관련하여 모호성을 유지하는 데 있는 것으로 보였다. 그 당시에 북한이 미국의 즉각적인 사찰을 거부했는데, 그 이유는 그 사찰의 결과 북한의 플루토늄이 충분하지 못한 것으로 판명이 나면 북한의 협상 지렛대는 힘을 잃게 되는 것이며, 반대로 핵무기를 개발할 수 있을 정도로 충분한 플루토늄이 발견되면 미국은 협상에 동의하지 않을 것이기 때문이었다. 그 결과 제네바 합의문은 경수로의 주요 부품들이 인도되기 전에 북한의 핵 역사를 검증하는 특별사찰이 이루어지는 것으로 타결되었다. 이로써 북한은 그 당시 기준으로 향후 8년간 자신의 핵능력의 모호성, 즉 대미협상 지렛대를 유지할 수 있었다.

현재의 북핵 위기는 미국이 북한의 고농축 우라늄 프로그램의 증거를 북한에 제시했을 때, 북한이 그것을 인정하고 북·미 간의 직접협상을 요구했던 2002년 10월에 시작되었다. 부시 행정부는 북한의 불량한 행동에 대하여 양보는 없을 것이라는 태도를 취했으며, 먼저 고농축 우라늄 프로그램을 폐기할 것을 요구했다. 미국은 대북 국제적 압력을 행사하기 위하여 다자회담의 개최

33) 유호열, "북핵문제와 북미관계", 『정세와 정책』, 제85호(2003. 8), 6~7면.

를 요구했다. 이에 대하여 북한은 자신의 주권, 안보 보장, 그리고 경제개발에의 장애물 제거를 미국으로부터 인정받고자 했다. 북한은 자신의 핵확산금지조약 탈퇴에도 불구하고 '현 시점에서' 핵무기를 만들 의도는 없다고 주장하지만, 북한의 고농축 우라늄 프로그램이 제네바 합의문을 속일 목적인지, 그 합의문 붕괴에 대비하여 새로운 협상의 지렛대를 만드는 것인지 분명하지 않다.

이처럼 북한의 핵 의도가 명확하게 드러나지 않은 상황에서 대응전략을 구상하기란 쉽지 않은 일이다. 만약 북한이 핵무기 능력을 확보할 결연한 의지를 가지고 있다면 그 대응전략은 그것을 방지하는 방안을 모색하거나 아니면 적어도 북한의 핵무기가 동북아 안보 및 비확산 체제에 미치는 영향을 최소화하는 데 그 목표를 두어야 할 것이다. 그러나 만약 북한이 핵무기 프로그램을 자신의 체제안보 보장과 경제적 지원의 대가로 포기할 용의가 있다면 사정은 달라질 수밖에 없다. 그 목표는 핵무기 능력을 제거하는 검증 가능한 협상을 구상해야만 할 것이다. 북한의 의도에 관한 불확실성은 부시 행정부 내의 갈등, 미국과 한반도 주변국들 간의 갈등, 그리고 한반도 주변국들 간의 갈등을 일으키는 데 큰 기여를 하고 있다.

2002년 10월에 북핵 위기가 촉발된 이후 북한이 2003년 8월 및 2004년 2월의 6자회담을 수용한 시점까지 북한의 태도는 주변의 상황에 따라 큰 변화를 보였다. 특히 이라크전쟁은 북한의 태도 변화에 큰 분수령으로 작용한 것으로 보인다. 이라크전쟁이 사실상 임박했던 시점인 2003년 2월 이전에는 북한은 유화적인 협상을 선호하는 태도를 보였지만, 이라크전쟁이 종전된 이후에는 북한의 협상 의지는 다소 퇴색된 모습으로 나타났다. 왜냐하면 북한이 2003년 4월의 3자회담과 8월 및 2004년 2월의 6자회담을 수용한 것은 협상의 의지가 있다기보다는 미국의 강경한 분위기에 못 이겨 마지못해 받아들인 것처럼 보이기 때문이다.

2002년 10월에 북한이 자신의 고농축 우라늄 프로그램을 밝힌 직후 북한은 이 문제와 관련하여 미국과의 협상에 나설 용의가 있다는 발표를 했다. 그 요지는 미국이 대북 불가침을 보장한다면 미국의 안보 우려도 해결될 수 있을 것이며, 그리고 미국의 약속은 행정부의 약속만으로는 충분하지 않으며, 의회가 비준하는 공식적인 불가침조약이 되어야 한다는 것이었다. 북핵 위기를 통한 협상의 구체적인 타결 조건이 제시된 셈이다.

북한이 북핵 위기를 협상으로서 타결할 의도를 갖고 있었다는 것은 북핵 위기의 발단과 그 이후에 진행된 북한의 행동에서 잘 드러났다. 만일 북한이 핵무기 보유에 관심을 갖고 있었더라면 왜 고농축 우라늄 프로그램을 발설했을까 하는 의문이 들지 않을 수 없다. 왜냐하면 만일 북한이 그 프로그램을 계속 추진하였더라면 인도와 파키스탄의 사례가 보여주듯이 북한은 빠른 시간 내에 충분히 핵무기 보유국이 되었을 것이기 때문이다. 게다가 이에 대한 미국의 반응이 예상외로 강경하게 나오자 북한은 국제원자력기구의 사찰단을 공개적으로 추방하고 핵시설을 재가동하는 등 북핵 위기를 더욱 악화시키는 방향으로 나아갔다. 북한이 취하는 이러한 조치들은 자신의 핵무기 보유를 정당화시키는 노력이라기보다는 미국을 협상테이블로 끌어들이려는 압박의 성격을 띠고 있었다.

그 후에도 북한의 협상 노력은 지속되었다. 2003년 3월의 미국 항공기에 대한 근접 비행과 2003년 2월의 노무현 대통령의 취임식 전날에 있은 실크웜(Silkworm) 지대함 미사일 발사 실험 등은 미국과의 협상을 겨냥한 일련의 행동들이었다. 특히 실크웜 미사일은 북한의 미사일 실험 중지 대상에 포함되지 않은 단거리 미사일이라는 점에서 북한이 대미 협상력을 높이기 위하여 그리고 파국상태에 들어가지 않기 위하여 얼마나 계획적인 행동을 신중하게 하고 있는지를 잘 보여주고 있다.[34)]

북한이 자신의 체제안전 보장에 최우선적인 여망을 갖고 있다는 것은 과거의 행동과 발언과도 일치하는 부분이 많다. 제네바 합의문의 협상과정 중에도 경제제재 완화, 관계정상화, 대북 핵무기 불사용에 대한 공식적인 보장이 중심적인 협상의 의제들이었다. 2002년 10월 이전에도 북한은 부시 대통령의 이른바 '악의 축' 발언과 자신이 선제공격의 대상으로 될 수도 있다는 발언에 큰 우려를 나타냈다. 더욱이 이라크전쟁에서 미국이 거둔 결정적인 승리는 자신의 체제안전에 대한 북한의 우려를 더욱 증폭시켰다.

---

34) Morton I. Abramowitz and James T. Laney, "Meeting the North Korean Nuclear Challenge", *Report of an Independent Task Force*(The Council on Foreign Relation, May 19, 2003), p.21.

북한의 고농축 우라늄 프로그램은 부시 행정부가 들어서기 훨씬 이전에 시작된 것으로 부시의 강경노선과는 직접적인 연계성이 없는 것은 사실이다. 북한은 클린턴 행정부 시기인 1998년과 1999년의 협상에서도 미국이 제네바 합의문을 준수하지 않는다고 불만을 토로했다는 점에서 이미 그 시점에는 대미 협상력을 높일 수 있는 새로운 지렛대를 마련할 필요성을 인식했을 것으로 보인다. 고농축 우라늄 프로그램이 그것이다. 그렇지만 이 당시에는 그 연구가 완만한 속도로 진행되었겠지만 자신의 체제안전이 더욱 위협을 받는 시점에 이르게 되어서는 가속도를 붙였을 것이다.[35] 이러한 맥락에서 볼 때, 지난해 10월의 북핵 위기는 협상을 통하여 자신의 체제안전을 보장받고자 하는 북한의 의도가 정점에 이른 시점이라고 할 수 있다.

북한의 태도는 이라크전쟁이 종전된 지난 3월 말을 기화로 큰 변화를 보였다. 2003년 3월 21일에 발간된 노동신문은 '선군사상'을 주장하는 장문의 논문을 2페이지에 걸쳐 특집으로 싣고 군사력 강화가 경제성장에 우선해야 한다고 강조했다. 게다가 북핵 위기를 바라보는 북한의 공식적인 발표문은 현저한 변화를 보였다. 2003년 4월 10일 북한의 언론은 "이라크의 패배는 무기사찰단의 입국을 허용했기 때문에 필연적이었으며, 전쟁을 회피하기 위해서는 자신의 자위적 수단을 확보하는 방법 이외에는 없다"는 점을 암시했다. 2003년 4월의 3자회담 기간 동안 북한은 한 걸음 더 나아가서 북한의 핵 프로그램은 순수한 평화적이라는 변명을 포기하고 강력한 억지력의 확보 필요성을 역설했다.

이처럼 북한의 행동과 발언은 강경 일변도로 나아가고 있지만 북한의 의도는 명확하지 않다. 비록 중국의 압력에 의하여 이루어졌다고 하더라도 북한이 3자회담을 받아들였다는 점, 그리고 비록 미국이 받아들이기 어려운 조건들을 담고 있지만 그 회담에서 북핵 위기의 포괄적 해결을 위한 제안을 했다는 점은 북한의 행동이 강경노선으로 완전하게 바뀌었다는 주장을 무색하게 할 정도로 유연성을 내포하고 있다. 그리고 비록 성공적인 결실을 맺지 못하였음에도 불구하고 북한이 2003년 8월 및 2004년 2월의 6자회담을 받아들였다

35) James T. Laney and Jason T. Shaplen, "How to Deal With North Korea", *Foreign Affairs*, Vol. 82, No. 2(Mar./Apr. 2003), pp.20~21.

는 점은 북핵 위기가 협상용으로 나아가고 있다는 상징적 신호로서 받아들일 수 있다는 것을 시사하기에 충분하다.

향후 북한의 행동을 전망하기 위해서는, 특히 북한이 대미 온건노선을 취할 것인지, 아니면 비타협적인 강경한 자세를 견지할 것인지를 예측하기 위해서는 다음과 같은 변수들을 관심 있게 지켜볼 필요가 있다. 첫째는 한반도 주변국들이 미국의 일방주의적 행동에 어느 정도의 지지를 보낼 것인가 하는 점이다. 둘째는 첫째 질문과 상당한 연관성을 가지고 있는데, 북한의 의도가 얼마나 구체적으로 드러나는 것인가 하는 점이다. 비록 북한의 의도가 협상력을 높이는 것일지라도 그것이 구체적으로 들어날 경우 그 협상력은 위력을 잃게 되고, 미국의 행동은 정당성을 찾을 수 있게 된다. 그 결과 주변국들은 미국에 대한 반대를 하기 어려운 처지에 놓일 것이다. 북한의 모호한 의도가 자신에게는 최대의 강점이 되고 미국에게는 가장 감당하기 어려운 과제가 될 것이다. 이러한 맥락에서, 향후 북한의 태도는 모호성을 지키는 데 그 역량을 결집할 것으로 보인다.

5. 결 론

북핵 위기를 해결하기 위한 다자적 해법이 성공을 거두기 위해서는 최소한 다음과 같은 두 가지의 조건이 우선적으로 충족되어야 한다. 첫째 조건은 강력한 중재자가 필요성이다. 이 중재자는 북·미 양국이 거부할 수 없는 대안을 마련해야 하며, 그리고 그 대안을 받아들일 경우 북·미 양국 모두에게 이득을 주며, 만약 그 대안을 받아들이지 않을 경우 북·미 양국은 상당한 손실을 감수하게 될 것이라는 인식을 제공할 수 있어야 한다. 둘째 조건은 모든 관련된 국가들이 파국을 면하는 것이 자신들의 이해관계와 부합된다는 인식의 필요성이다. 그러나 최근의 북핵 위기에서 드러났듯이 중재자의 역할이 제한적이며, '무임 편승'국들이 많다는 것은 바람직하지 못한 결과를 낳을 수 있다. 게다가 미국은 다자해법을 자신의 입장을 강화시키는 수단으로 생각하는 경향이 있는 반면, 북한은 다자해법이 '선 핵 프로그램 파기, 후 대화'라는 미국의 원칙을 무너뜨렸다는 데 만족하는 모습을 보이고 있다는 점은 다자해법이 갖는 한계점을 잘 보여준다.

이렇게 보면 다자적 해법은 마주보고 달리는 팽팽한 국면을 일시적으로 완화시키는 역할을 하고 있지만 본질적인 처방을 주는 해법이 아님을 알 수 있다. 다자회담에 참여하는 국가들이 갖고 있는 다양한 이해관계의 상충은 북핵 문제의 본질을 왜곡시킬 수 있는 가능성을 넓히는 부작용이 있다는 사실을 직시할 필요가 있다. 다자회담은 단지 수단일 뿐이며 이제는 보다 본질적인 해법을 모색할 시점이다. 그 해법의 요지는 북핵 위기의 해결을 위한 중재자를 선정할 때 중국 등 한반도 주변국들이 아니라 북·미 양국이 모두 받아들일 수 있는 제3의 인물을 선정하여 타협안을 만들어 내고, 그 후에 한반도 주변국들로부터 추인을 받는다는 것이다. 지난 번 북핵 위기에서 카터 전 미국 대통령의 역할에 버금갈 정도의 인물, 예를 들면 클린턴 전 대통령, 코피 아난 유엔 사무총장 등이 그 역할을 맡을 수도 있다. 그리고 그 중재 진행 방식은 초기에는 공개적인 것보다는 비공개적인 절차를 밟음으로써 북·미 양국의 체면을 살려주는 것이 무엇보다도 중요하다. 물론 그 타협안의 주요 내용은 미국이 북한의 체제안전을 보장하는 대가로 북한은 핵프로그램을 폐기하는 것으로서 1994년의 제네바 합의문과 유사한 내용이 되겠지만, 한반도 주변국들, 나아가 가능하다면 유엔이 보증을 선다는 점에서 일보 전진한 내용이 될 것이다. 물론 이러한 해결책의 성공 여부는 현재의 북핵 위기를 해결하는데 주도권을 쥐고 있는 미국의 강경세력과 어느 정도 융합될 것인가에 달려 있음은 분명하다.

참고 문헌

Bibliography

김경일. "6자회담과 다자주의". 『국제정치연구』, 제6집 2호(2003. 12).

김종완. "9·11이후 미국의 대외정책 전환과 그 의의." 『정세와 정책』, 78호. 세종연구소, 2003. 1.

송대성. 『미국의 반테러전쟁과 한반도 평화』. 세종연구소. 2003. 12.

유호열. "북핵문제와 북미관계." 『정세와 정책』, 제85호. 세종연구소, 2003. 8.

전기원. "베이징 회담과 북핵문제 : 평가와 전망". 『동북아연구』, 제8권(2003. 12).

전봉근. "제네바합의문의 문제점과 보완 방안." 『정세와 정책』, 제79호. 세종연구소, 2003. 2.

전성훈. "제2차 6자회담 분석과 전망". 『통일정세분석 2004-06』. 통일연구원, 2004. 3.

진창수. "6자회담과 일본." 『정세와 정책』, 제86호. 세종연구소, 2003. 9.

홍현익. "미국의 북핵 해결 전략과 한국의 대응 방안." 『정세와 정책』, 제84호. 세종연구소, 2003. 7.

Abramowitz, Morton I. and James T. Laney. "Meeting the North Korean Nuclear Challenge". *Report of an Independent Task Force. The Council on Foreign Relation*, May 19, 2003.

Armacost, Michael, et al., "Addressing the North Korea Nuclear Challenge". Policy Paper. Asia/Pacific Research Center, Institute for International Studies, Stanford University, April 15, 2003.

Bandow, Doug. "All the Players at the Table: A Multilateral Solution to the North Korean Nuclear Crisis". *Policy Analysis*, No. 478. The Cato Institute, June 26,

2003.

Brookes, Peter. "How to Deal With Pyongyang". Commentary. The Heritage Foundation. April 3, 2003.

Chuen, Cristina. "Russian Responses to the North Korean Crisis". http://cns.miis.edu./research/korea/rusdprk.htm(검색일: 2003. 7. 16).

Gill, Bates and Andrew Thompson. "A Test for Beijing: China and North Korean Nuclear Quandary". *Arms Control Today*, Vol. 33, No. 4, May 2003.

Kagan, Robert. "Multilateralism, American Style". Project for the New American Center. http://www.newamericancentury.org/global－191302.htm(검색일: 2003. 7. 18).

Kamiya, Matake. "A Disillusioned Japan Confronts North Korea". *Arms Control Today*, Vol. 33, No. 4, May 3002.

Lampton, David M. "China: Fed Up with North Korea". *Washington Post*, June 4, 2003.

Laney, Lames T. and Jason T. Shaplen. "How to Deal With North Korea". *Foreign Affairs*, Vol. 28, No. 2, Mar./Apr. 2003.

Moltz, James Clay. "Russian Policy on the North Korean Nuclear Crisis". Monterey Institute of International Studies. http://cns.miis.edu./research/korea/rusdprk.htm (검색일: 2003. 7. 16).

Niksch, Larry. "North Korea's Nuclear Weapons Program". CRS Issue Brief for Congress. Congressional Research Service, The Library of Congress, Updated August 27, 2003.

Pomfret, John. "China Cracks Down on North Korean Refugees". *Washington Post*. January 22, 2003.

Preez, Jean du and William Potter. "North Korea's Withdrawal From the NPT: A Reality Check". Monterey Institute of International Studies. http://cns.miis.edu/pubs/week/030409.htm(검색일: 2003. 7. 16).

Rozman, Gilbert. "Japan's Relations with the U.S. and Its North Korean Option". E－Notes. Foreign Policy Research Institute, December 3, 2002. http://www.fpri.org./enotes/asia.20021203.japanusrelationsnor...(검색일: 2003. 7. 21).

Sanger, David E. "North Koreans and U.S. Plan Talks in Beijing". *New York Times*, April 24, 2003.

______________. "Bush Envoy Briefs Panel After Talks on A-Bombs." *New York Times*. March 3, 2004.

Weiner, Rebecca. "Proliferation Security Initiative to Stem Flow of WMD Material". Research Story of the Week. Monterey Institute of International Studies, July 16, 2003. http://cns.miis.edu/pubs/week/030716.htm(검색일: 2003. 8. 4).

Ⅱ. 북·미평화협정 체결의 가능성과 한계*

1. 서론: 평화협정 체결의 상징적 의미

1953년 7월에 체결된 정전협정은 약 3년간 지속되어 온 한국전쟁을 사실상 종료시켰을 뿐만 아니라 그 이후 약 반세기가 지난 현 시점까지 한반도에서 전쟁의 재발을 방지하는 데 크게 기여했다는 점을 부인하기 어렵다. 그렇지만 한반도는 냉전기간 동안 전쟁의 발발 가능성이 상당히 높은 지역으로서 중동지역과 함께 '세계의 화약고'라고 불릴 정도로 세계인의 주목을 받았다는 점에서 정전협정이 갖는 한계점은 명확히 드러나기도 했다. 특히 한반도는 중동지역과는 달리 전쟁의 공식적인 종료를 의미하는 평화협정을 체결하지 않고 정전협정을 통하여 평화를 유지하고 있었기 때문에 그 불안감의 정도는 훨씬 심각했다. 일시적인 휴전상태를 의미하는 정전협정은 어느 한 측이 다시금 시도할 수 있는 군사적 도발을 억지할 수 없다는 점에서 정전협정이 보장하는 평화는 불확실한 특성을 가질 수밖에 없다.[1]

그럼에도 불구하고 한반도의 평화상태 — 비록 불안정한 측면을 보이고 있지만 — 가 오랜 기간 지속된 현상은 미·소 강대국의 전략적 이유에서 찾을 수 있다. 강대국이 약소국의 국지전에 개입할 경우 그 전쟁은 강대국간의 전쟁으로 비화될 수도 있기 때문에 미국과 소련은 약소국간의 전쟁 발발을 가능하면 초기부터 막으려고 노력했으며, 그리고 일단 전쟁이 발발한 경우에는 가급적 빠른 시간 내에 그 전쟁의 확산을 종식시키고자 하는 데 이해관계의 일치를 보였다.[2]

---

* 이종선, "북미평화협정 체결의 가능성과 한계", 『세계지역연구논총』, 14(2000. 12), 163~182면.

1) 정전협정과는 달리 평화협정은 전쟁의 종료를 목적으로 하는 교전당사자간의 문서에 의한 명시적인 합의를 말하며, 그리고 교전당사자들의 주장과 이익을 정확한 용어와 조문으로 정리할 수 있다는 점에서 가장 일반적이며 만족스러운 전쟁의 종료방법이라고 할 수 있다. 그리고 그 협정의 체결권자가 국가원수인 것이 일반적이고 군사령관은 그 협정을 체결할 권리가 없으며, 그리고 그 협정은 반드시 비준을 필요로 한다는 점이 주요한 특징으로 지적되고 있다. 이 점에 관해서는 김명기, "평화체제 구축에 관한 이론적 개관", 곽태환 외, 『한반도 평화체제의 모색』(경남대학교 극동문제연구소, 1997), 4~6면 참조.

이처럼 냉전기간 동안 미·소 강대국이 보여주었던 이념적 대립의 지속은 한반도에서 남북한의 전면적인 전쟁의 발발 가능성을 낮추는 데 기여했을 뿐만 아니라 남북한 양 당사자에게 안보적 자신감을 불어넣음으로써 전쟁의 필요성을 상당 부분 감소시키는 효과를 낳았다는 점은 주목을 받을 만하다. 1990년대 들어서면서 전개되고 있는 전 세계적인 탈냉전의 추세와는 달리 남북한의 군사적 충돌 가능성은 줄어들지 않고 한반도의 평화가 더욱 불안한 상황으로 전개되고 있는 현실이 소련을 중심으로 한 사회주의권의 붕괴에 기인했다는 점은 다소 역설적이다.

냉전시대와는 달리 북한이 강대국인 소련의 통제를 받지 않고 독자적으로 전쟁을 감행할 수 있다는 점은 남한과 미국을 당혹하게 하고 있는 반면, 북한은 남한과 미국이 자신을 침공할 경우 지원을 받을 수 있는 세력이 없어졌다는 점에서 안보상 위협감을 더욱 심각하게 느끼고 있다. 탈냉전의 시대에도 남북한이 여전히 군사력 증강에 관심을 가질 수밖에 없는 이유는 남북한이 모두 이러한 안보딜레마(security dilemma)를 벗어날 수 없기 때문이다.[3] 탈냉전 시대의 남북한이 공통적으로 인식하고 있는 이러한 안보적 불안감을 해소함으로써 각각 자신의 체제에 대한 자신감을 확보할 수 있게 하는 방안은 무엇인가? 평화협정의 체결이 탈냉전시대에 주요한 이슈로서 등장하는 것은 이러한 안보딜레마를 극복할 수 있는 주요한 방안이기 때문이다. 평화협정의 체결은 한반도의 공고한 평화상태를 보장하기에는 불충분하지만,[4] 한반도의 긴장

2) 미·소 간의 이러한 전략적인 이해관계를 이용하여 약소국이 군사적인 승리가 어려운 전쟁일지라도 일단 먼저 도발한 이후 강대국의 중재에 의지하여 정치적인 해결을 모색하는 경향도 발생했으며, 그 사례로서 이집트와 이스라엘 간에 발생한 1973년의 라마단 전쟁을 들 수 있다. 약소국의 분쟁 방지와 강대국의 역할에 관한 이론적 고찰에 관해서는 John Lewis Gaddis, "The Long Peace: Elements of Stability in the Post War International System", in Sean M. Lynn-Jones, ed., *The Cold War and After: Prospects for Peace*(Cambridge, Mass.: The MIT Press, 1991), pp.34~38 참조.

3) 이러한 안보딜레마는 심리적 요인으로서 미·소간 냉전시대의 지속에도 큰 영향을 미쳤다. 이 점에 관해서는 Charles W. Kegley, Jr. and Eugene R. Wittkopf, *World Politics*(New York, NY: Worth Publishers, 1999), pp.88~89 참조.

4) 전쟁의 공식적인 종식은 평화협정의 체결로서 가능하지만 양 당사자의 갈등을 본질적으로 해소하려는 정치적 노력이 함께하지 않는 한 평화협정의 체결에도 불구하고 전쟁은 또다시 재발된다는 점은 역사적으로 잘 드러나고 있다. Hugh Miall, Oliver Ramsbotham and Tom Woodhouse, *Contemporary Conflict Resolution: The Prevention, Management and Transformation of Deadly Conflicts*(Cambridge, UK: Polity Press, 1999), pp.152~155.

상태를 완화하고 나아가 한반도 통일로 가는 중간단계로서 기능을 할 수 있다. 그 결과 평화협정의 체결은 남북한 모두에게 정치적이며 상징적인 의미를 제공함으로써 남북한 모두가 탈냉전시대에 가지고 있는 심리적 불안감을 해소시킬 수 있는 역할을 하기에는 충분하다.

이처럼 평화협정 체결의 이론적 필요성은 남북한 양측의 관심 대상으로 부각되고 있으나 그 실천적 단계에 이르면, 즉 평화협정의 체결당사자, 체결방법, 체결의도와 목적, 그리고 체결의 시급성 등에 관해서는 남북한 양측은 상당한 의견의 차이를 보이고 있다. 그 중에서 체결당사자에 초점을 맞춘 북·미평화협정 체결은 북한이 지속적으로 추구해 온 반면 남한으로서 받아들이기 어려운 사안이었음을 고려해 볼 때, 북·미평화협정의 체결 가능성은 그동안 희박한 것으로 간주되었다. 그러나 6·15공동선언 이후에 전개되고 있는 남북화해의 시대에도 그 가능성은 여전히 낮게 평가되어야 하는가에 대한 의문은 남을 수밖에 없다. 본 논문은 북·미평화협정과 관련한 기존의 연구에 기반을 두고 그 실현 가능성을 충족시키는 조건들에 대한 분석에 초점을 맞춤으로써 향후 북·미평화협정의 진행 방향을 전망함에 그 목적이 있다.

2. 평화협정을 보는 남북한의 시각

정전협정의 전환 및 평화협정의 체결 문제는 한반도의 평화를 달성한다는 측면뿐만 아니라 궁극적으로 한반도 통일에 있어 주도권의 확보에도 밀접히 연관되어 있기 때문에 협상의 대상이 되기 힘들 정도로 본질적인 차이를 보이고 있다. 그 결과, 남북한은 평화협정의 체결을 위한 방안의 내용과 방식을 논의함에 있어 상대방에 대하여 양보를 고려하지 않고 있으며, 이러한 상황은 한반도의 긴장을 더욱 악화시킴으로써 평화협정 체결의 필요성을 더욱 부각시키는 역설적인 현상으로 나타나고 있다.

먼저, 평화협정에 관한 북한의 시각을 분석하기 위해서는 '평화'라는 용어에 대한 개념을 규정할 필요가 있다. '평화'의 개념을 어떻게 정의할 수 있을까? 갈퉁(Johan Galtung)의 개념상 분류에 의하면, 평화는 두 가지의 관점에서 파악되고 있다. 그 하나는 일반적으로 '전쟁이 없는 상태' 혹은 '폭력이 행사되지 않는 상태'를 의미하는 소극적 평화를 지칭하는 개념이다. 다른 하나는 이러한 소극적 개념보다 더 광범위한 시각으로서 단순히 전쟁이 없는 상태라는 개념을 넘어서 전쟁을 발생케 하는 원인들까지 제거해야만 비로소 평화가 보장될 수 있다는 개념이다. 이러한 맥락에서 적극적 평화는 '억압과 착취가 없고 이권과 사회정의가 보장된 상태'를 의미하는 것으로서 단순한 폭력의 부재로서 이루어지는 것이 아니며, 구조적 폭력의 제거를 통하여 실현될 수밖에 없다는 분석이 가능하다.[5)]

남북한은 평화의 개념을 다르게 해석하고 있다. 한반도에서 대규모의 군사적 충돌이 없는 상태인 소극적 평화에 대하여는 남북한은 큰 의견의 차이를 갖고 있지 않다. 그러나 적극적 평화의 개념을 적용하면 남북한은 본질적으로 상이한 시각을 갖는다. 남한은 북한의 대남적화 통일정책이 한반도의 평화를 위협하는 가장 큰 요인이라고 간주하고 있으며, 따라서 북한이 대남적화 야욕을 포기할 경우 한반도에서 적극적 평화는 달성될 수 있다고 보고 있다. 이와는 달리 북한은 한반도의 평화를 위협하는 가장 큰 요인을 주한미군의 주둔에서 찾고 있으며, 주한미군이 철수하면 한반도에서 적극적 평화가 실현될 수 있다고 보고 있다.

이러한 북한의 평화관은 공산주의식 계급적 평화 개념에 입각해 있으며 부르주아 평화주의 개념을 비난하고 있다. 계급적 평화 개념은 제국주의의 타파를 통하여 평화를 실현하고자 하는 믿음에 뿌리를 두고 있다. 좀 더 구체적으로 그 내용을 살펴보면 첫째, 침략과 전쟁은 제국주의의 본성이므로 협상보다는 투쟁에 중점을 두어야 하고, 둘째, 제국주의와의 투쟁은 그 핵심적인 세력인 미제국주의와의 투쟁이 가장 기본적이며, 그리고 셋째, 제국주의자가 있는 상태에서 평화는 노예적 굴종의 평화이며 진정한 평화가 될 수 없다는 점을 강조하고 있다. 반면 부르주아 평화주의 개념은 제국주의를 타도하지 않아도 세계평화가 달성될 수 있다는 신념에 기초하고 있다.[6)] 따라서 북한은 오직

---

5) 여기서 구조적 폭력은 폭력을 야기하는 빈곤, 기아, 정치적 탄압 등을 포함하는 포괄적인 개념으로서 사용되고 있다. 신정현, "구조폭력과 평화연구: 요한 갈퉁의 개념화를 중심으로", 이호재 편, 『한반도평화론』(법문사, 1989), 169~183면 참조.

6) 제성호, "북한의 대미평화협정 체결 전략: 내용, 의도 및 문제점", 민족통일연구원, 「한반도 평화체제 구축방안 모색」 세미나시리즈 95-01(1995. 6), 24~28면 참조.

미제국주의자와의 투쟁을 통해서 제국주의자들(주한미군)을 철수시키지 않고는 한반도에서 진정한 평화를 보장할 수 없다는 논리를 전개하고 있으며, 그 결과 한·미상호방위조약과 동맹체제를 지속하면서 한반도 평화가 달성될 수 있다고 믿고 있는 남한을 부르주아 평화주의자들로 지칭하면서 그 논리를 강하게 비판하고 있다. 이러한 맥락에서 볼 때, 북한이 주장하는 주한미군의 철수는 한반도의 평화를 구축함에 있어 필수적인 요소로서 타협의 대상이 될 수 없는 사안인 셈이 된다.

한반도 평화를 보는 북한의 기본입장은 주한미군의 철수를 통한 남북한 연방제 실시, 나아가 한반도의 공산화와 밀접한 연관성을 가지고 있다. 그러나 1980년대 말부터 진행된 소련 및 동구권의 붕괴, 동독의 서독에의 흡수 등 탈냉전시대의 도래와 함께 재편되는 국제질서는 북한의 한반도 평화관에 큰 영향을 미치게 되었다. 북한의 평화관 및 한반도 통일관은 북한의 체제 안정성이 확고하게 보장된 상황에서 등장한 것이었는데, 탈냉전의 상황에서 주한미군의 철수 및 연방제 실시는 체제 안정성면에서 현저한 우위를 보이고 있는 남한에게 유리하게 작용할 소지가 있다는 점에서 북한의 평화관은 본질적인 한계점을 드러내기 시작했다.[7] 연방제를 통한 남북한의 원활한 인적 및 물적 교류는 북한의 남한에의 흡수 가능성을 시사하기에 충분했다. 그 결과, 주한미군의 철수를 주장하는 북한의 논리는 한반도 통일을 위한 연방제 방안 등에 우선순위를 두었던 이전의 관점보다는 자신의 체제보존 및 유지에 초점을 맞추게 됨으로써 북한의 한반도 평화관은 불가피한 변화의 시점을 맞게 되었다.

다음으로, 한반도의 평화와 관련하여 남한이 갖고 있는 시각은 북한의 시각과 비교하여 볼 때 몇 가지 특징적인 차이점을 보여주고 있다. 먼저, 평화협정에 대한 기본적 입장과 관련된 것으로서 이 점은 남북한간에 큰 차이를 보이고 있다. 남한은 한반도에서 평화를 구축하기 위하여 점진적이며 단계적 접근원칙을 추구하고 있다. 이 원칙의 기저에는 남북한은 지난 반세기 동안 정치적 및 군사적 대결상태를 지속했기 때문에 상호 불신과 반목이 증폭되었다는 점이 자리하고 있다. 따라서 남한은 한반도에서 평화를 달성하기 위하여

7) 백학순, "남북한 통일정책 비교", 한국국제정치학회 학술회의 「남북한관계의 새로운 패러다임과 언론의 역할」(1999. 8), 4~6면.

상호간의 신뢰를 회복하고 민족적 화해와 협력을 이룩하는 것에 첫 번째 우선순위를 두며, 이를 위해 다각적으로 각 분야의 인적 및 물적 교류를 통하여 상호간의 체제와 이념의 격차를 줄여나가는 방안을 모색하고 있다.

한반도 평화의 개념에 대한 남한의 시각은 본질적으로 상호 신뢰의 회복을 가장 중시하고 있으며, 이에 대한 확신이 없으면 한반도의 평화는 실현되기 어렵다는 데 그 핵심이 있다고 할 수 있다. 이러한 점에서 1953년 7월에 합의된 정전협정과 1992년 2월에 합의·발효된 남북기본합의서는 남북한 화해와 협력의 단계에서 상호간에 발생할 지도 모르는 갈등을 완화시키는 데 큰 기여를 할 수 있다고 보고 있다.

특히 남한은 한반도에서 정전협정이 준수되고 남북한이 기본합의서 및 부속합의서 — 화해분야 부속합의서, 불가침분야 부속합의서, 교류협력분야 부속합의서 — 를 제대로 이행할 경우 한반도의 공고한 평화상태는 창출될 수 있다고 보고 있다. 특히 남북기본합의서 제5조는 "남북한이 현 정전체제에서 공고한 평화체제로 전환할 때까지 정전협정을 유지하고 성실하게 준수해야 한다"는 것을 명시하고 있다는 점에서 남한은 최소한으로 남북기본합의서만이라도 제대로 잘 지켜진다고 하면 한반도에서 평화는 충분히 유지될 수 있다고 주장한다.

남한이 평화협정의 체결 이전에 남북한의 화해·협력 및 긴장완화를 강조하는 배경에는 지난 반세기 동안 한반도에서 평화 — 비록 불안한 상태일지라도 — 가 유지되었던 것은 기존에 합의된 정전협정이나 남북기본합의서 등 몇 가지 문건 때문이 아니라 한국군과 주한미군의 연합방위체제에 의한 대북 전쟁 억지력과 그에 따른 남북한의 군사적 균형 때문이었다는 판단에 기반을 두고 있다. 따라서 정전협정이 아닌 또 하나의 문건이 합의·채택된다고 하더라도 그 새로운 합의서는 한반도의 평화와 관련하여 남한에게 큰 신뢰를 제공하지 못하고 있는 실정이다. 그 동안 북한은 합의문건의 채택과 그 이행 실천은 별개의 문제라는 태도를 취해 왔다. 이러한 맥락에서 남한은 새로운 합의서를 채택하기보다는 기존에 합의된 정전협정 및 남북기본합의서의 이행과 실천에 더 많은 중요성을 부여하고 있으며, 그렇게 되면 남북한의 긴장완화와 신뢰구축은 결과적으로 이루어지게 된다고 보고 있다. 따라서 평화협정에 대한 남한의 시각은 기존에 타결된 합의문들의 성실한 이행과 실천에 의해 남북한간에 공고한 평화상태가 구축될 경우 그러한 상황에 대한 법적인 확인 및 선언의 형식을 띌 것이며, 이 경우 지난 반세기 동안 유지되어 온 정전협정은 자동적으로 폐기되는 것이 바람직하다는 것이다.[8)]

남한의 평화관은 1980년대 후반부터 적극성을 띠기 시작했는데, 그러한 상황의 전개는 탈냉전의 국제적 분위기 및 남북한의 현저한 경제력 차이에서 큰 영향을 받았다. 이러한 남한의 적극적인 태도는 흡수통일에 대한 북한의 우려를 자아내어 자포자기식 남침을 유도할 가능성을 높였다. 그 결과, 남한의 대북정책은 유화정책에 초점을 맞추게 되었으며, 한반도 통일 문제는 남한의 우선순위에 있어 시급한 현안으로부터 벗어나게 되었다.

3. 북한의 평화협정 체결 주장의 배경 및 특징

북한은 평화협정의 체결을 주장함에 있어 그 방식면에서 국제적 환경과 대내외적 정세를 고려하여 상황에 따라 남·북간 협상, 북·미간 협상, 그리고 3자회담 등 변화를 보였지만 그 의도면에서는 주한미군의 철수에 그 목적을 두었다는 점에서 어느 정도 일관성을 유지하고 있다.

1) 배 경

북한은 1960년대 및 1970년대 초반에는 무력적화통일 및 주한미군 철수를 목표로 한 남북한간 평화협정 체결에 초점을 맞추었다. 북한의 남북한 평화협정 체결 주장은 정전협정 60항에 따라 개최된 1954년 제네바 정치회담에서 최초로 제기되었다는 주장이 있지만,[9)] 그 주장의 구체성은 1962년 10월에 개최된 최고인민회의 제3기 제1차회의에서 김일성이 행한 연설에서 찾을 수 있다. 그 연설의 핵심은 미군철수, 남북한 평화협정 체결, 그리고 남북한 병력의 10만 이하 축소를 통한 통일의 실현이었다.[10)] 그러나 김일성의 '先 미군철

---

8) 제성호, "한반도 평화체제 구축을 위한 한국의 전략", 곽태완 외, 『한반도 평화체제의 모색』(경남대 극동문제연구소, 1997), 31~34면.

9) 김구섭, "한반도 평화협정 체결가능성과 한계", 『'95 통일논총』(민주평화통일자문회의, 1996), 208면.

수 後 남북한 평화협정 체결' 주장은 1970년대 초반에 '先 남북한 평화협정 後 미군철수' 주장으로 변형되었다. 김일성은 1972년 1월 『요미우리신문』과의 기자회견과 1972년 6월 『워싱턴포스트』와의 기자회견에서 한반도의 긴장완화와 무력행사의 방지를 위한 남북한 평화협정 체결을 주장했다.[11] 그 주장은 남북한 평화협정을 먼저 체결하고 그 조문에 상호불가침 선언을 하며 그 다음 미군철수와 남북한 군축 실현을 한다는 것으로 우선순위에서 큰 변화를 보였다. 그 변화는 북한이 1960년대 후반부에 추진했던 통일혁명당 건설 등의 대남혁명노선과 무장게릴라 침투 등의 군사강경노선의 실패에 기인했다고 할 수 있다. 이러한 북한의 제의는 당시 남한으로부터 주목을 받지 못했으며, 그리고 1990년대 후반에 도달한 이 시점에서 남한이 남북한 평화협정 체결을 주장하고 북한이 큰 관심을 보이지 않고 있는 현실은 역사적 아이러니를 보여주고 있다.

북한은 이후 북·미평화협정 체결로 방향을 선회했다. 북한은 1974년 3월에 개최된 최고인민회의 제5기 3차회의에서 "미합중국 국회에 보내는 편지"를 채택하여 처음으로 북·미평화협정 체결을 제의했다.[12] 남북한 평화협정 체결에서 북·미평화협정 체결로의 방향 선회는 그 당시의 국제적 상황과 직접적으로 맞물려 있었다. 1973년 1월에 미국과 북베트남 간의 '파리협정'이 체결됨으로써 베트남에 주둔한 미군의 철수가 시작되었다. 이러한 국제적 분위기에 고무된 북한은 남한에서의 미군주둔 및 군통수권 문제를 제기하면서 미국이 정전협정의 실제적 당사자라는 관점에서 북·미평화협정의 체결을 제안했다. 북한은 평화협정 체결 문제를 유엔에 상정함으로써 북·미평화협정의 공세를 가속화하였다.[13] 이러한 북한의 제의는 미국의 반대에 부닥쳤다. 키신저 미

10) 국토통일원, 『남북한통일제의자료총람』 제1권(국토통일원, 1985), 694~706면.

11) 고유환, "평화체제 구축에 대한 북한의 전략: 북·미협정", 곽태환 외, 『한반도 평화체제의 모색』 (경남대 극동문제연구소, 1997), 64~65면 참조.

12) 이 편지에 나타난 주요 내용은 북·미 상호불가침, 조선내정에 대한 미국의 불간섭, 미군철수, 조선반도의 외국군사기지화 금지 등을 전제로 북·미평화협정 체결을 위한 논의의 제기한다는 점이다. 이석수, "북한의 대미 평화협정 체결 주장과 평가", 한국세계지역연구협의회 학술회의 「21세기 한반도 평화공존과 평화체제 구축」(1999. 5), 4~5면 참조.

13) 유엔 총회는 1975년 11월에 북한측 결의안 3390(B)를 통과시켰다. 그 주요 내용은 유엔사령부의 무조건 해체, 주한외군의 철수, 정전협정의 평화협정으로의 대체, 남북한의 동

국무장관은 1975년 9월 유엔 총회에서 행한 연설에서 정전협정의 대체 필요성을 거론하면서 '확대회의'의 가능성을 나타냈다. 키신저는 남·북한, 미국, 중국, 일본, 그리고 소련까지 포함하는 새로운 협정의 체결을 제시하면서 북한의 북·미평화협정 체결 제의를 거절했다.

1980년대 들어서면서 북한의 평화협정 체결의 공세는 다른 양상을 띠게 되었다. 버마 아웅산폭발사건으로 남북한관계가 경색된 가운데 북한은 1984년 1월에 남북한과 미국이 참가하는 3자회담을 제의했다. 이 제의의 주요 내용은 북·미평화협정이 체결되고 미군이 철수한 이후 남북한 불가침선언과 군비축소 문제를 다룬다는 것이었다. 북한은 3자회담의 제안을 통해서 주한미군의 철수를 평화협정 체결의 선결조건으로 제시했던 1970년대의 주장에서 일보 양보를 하여 평화협정 체결과 주한미군의 철수 문제를 분리했다는 점에서 일견 전향적으로 보였다. 그러나 평화협정이 체결되면 그 결과로서 주한미군은 철수할 수밖에 없고, 남북한 불가침 선언은 미군철수에 대한 남한의 우려를 불식시키기 위한 방안이었으며, 그리고 남한은 북·미평화협정의 옵서버에 불과하다는 점에서 남한의 반대에 직면했다. 그 당시에 남한은 남북한불가침협정의 체결로 한반도의 평화정착을 제도화한 이후에 주변 4대국으로부터 국제적인 보장을 받는다는 정책을 일관성 있게 추진하고 있었다.

1980년대 후반에 들어서면서 북한은 사회주의권의 붕괴 조짐을 인식하고 남북한 공존 문제를 공식으로 언급하면서 대남 유화정책으로 방향을 바꾸기 시작했다. 북한은 1988년 11월에 '평화보장 4원칙'과 이에 기초한 '포괄적 긴장완화방안'을 제시했다.[14] 그리고 북한은 1991년 9월과 12월에 각각 그 동안 줄곧 반대해 오던 유엔 동시가입을 실현하고 남북기본합의서에 서명했다. 그리고 1992년 2월에는 '남북사이의 화해와 불가침 및 교류협력에 관한 합의서'를

등한 군비축소 등으로서 제3세계에 대한 남북한의 소모적인 외교전을 촉발시킨 계기가 되었다. 고유환, 앞의 논문, 66~67면 참조.

14) 북한의 '평화보장 4원칙'은 2개조선에 반대하는 통일지향, 주한미군의 철수, 남북한 군축, 남북한과 미국을 포함하는 당사자 협상이며, 그리고 '포괄적 긴장완화방안'은 핵무기 및 주한미군의 단계적 철수, 남북무력의 단계적 감축, 미군 무력의 철수와 남북무력의 감축에 대한 통보와 검증, 북한·미국· 남한 사이의 3자회담, 정치적 및 군사적 대결 상태의 완화, 남북 사이의 고위급 정치군사회담 등을 포함하고 있다. 고유환, 앞의 논문, 69~71면 참조.

채택하는 등 남북한 불가침선언을 먼저 채택한 후 북·미평화협정 체결을 도모하는 방식으로 기존의 전략을 수정하게 되었다. 탈냉전시대의 북한으로서는 북·미평화협정 체결이 단순한 한반도 문제에 있어 대남한 우위를 보이기 위한 정치적 선전의 차원을 떠나 생존과 직결된 시급한 사안으로 부각된 셈이다.

1993년 3월에 북한이 핵확산금지조약(NPT)의 탈퇴를 선언함으로써 북한 핵 문제는 북·미 간의 최대 현안으로 등장했다. 북한핵 문제의 해결을 위한 북·미 간의 회담에서 북한은 북·미평화협정 체결을 제의했다. 북한은 1994년 4월 외교부 성명을 통하여 '새로운 평화보장체계' 수립을 위한 협상을 진행할 것을 제의했다. 북한은 새로운 체계의 필요성을 "유엔군사령부측이 1991년 3월에 한국군 장성을 군사정전위원회의 유엔측 수석대표로 임명함으로써 정전협정은 한반도 평화를 보장할 수 없는 빈종이장이 되고 정전위원회는 사실상 주인이 없는 기구로서 유명무실하게 되었다"는 점, 그리고 북한핵 문제를 비롯한 일련의 문제들은 "정전협정의 당사자인 북한과 미국을 적대적인 쌍방으로 규정하고 있는 정전체제의 지속과 관련된다"는 점을 그 논리적 근거로서 들었다. 북한은 정전협정을 사문화시키고 정전기구들을 무력화시키는 행동을 보임으로써 북·미평화협정의 필요성을 인식시켰다. 즉 북한은 군사정전위원회 북한측 대표와 중국군 대표의 철수, 중립국감독위원회 체코 및 폴란드 대표단 철수, '조선인민군판문점대표부' 설치, 군사분계선 무단침범, 중감위 사무실 폐쇄, 유엔군측 군정위 및 중감위 요원 등의 공동경비구역 출입금지, 그리고 군사분계선과 비무장지대의 유지 및 관리임무 포기 선언 등의 조치를 취했다. 이와 더불어 북한은 1996년 2월에 북·미평화협정 체결이 어렵다면 그 중간 조치로서 소위 '잠정협정'을 체결하자고 미국에 제의를 했다. 그러나 이러한 북한의 제안에 대하여 남한과 미국이 그 동안 북한이 주장해 온 북·미평화협정의 변형이라고 지적하고 반대의 의사를 명백히 보임에 따라 북한은 1996년 4월에 판문점공동관리경비구역에서 무력시위를 하기도 했다. 정전협정의 사실상 파기를 기도하는 북한측 의도는 이후에도 지속되었으며, 특히 북한이 1999년 6월에 해상분계선을 침범함으로써 빚어진 남북한 해상충돌은 북한의 정전협정 무력화 시도의 정점을 이루었다. 이러한 북한의 행동은 한반도의 불안정한 평화상태를 국제적으로 부각시킴으로써 평화협정의 필요성과 시급성을 부각시키고자 하는 효과를 노리고 있다.

2) 특 징

북한의 평화협정 체결 주장은 탈냉전시대에 들어서면서 그 이전과는 큰 차이를 보이고 있다. 첫째, 북한은 주한미군의 철수를 평화협정 체결과 직접적으로 연관지우지 않음으로써 그 실현 가능성을 높이고 있다는 점을 특징으로 들 수 있다. 북한은 주한미군과 관련하여 공식적으로는 '무조건 철수'를 주장하면서도 상황에 따라 '조건부 인정'을 시사하는 이중적인 태도를 보였다. 구체적인 사례를 살펴보면, 북한은 주한미군의 철수 대신 지위변경이라는 표현을 사용하여 주한미군의 주둔을 허용하는 대신 미군이 유엔의 평화유지군 역할을 하도록 한다는 제안을 한 바 있다.[15] 이러한 제안의 이면에는 미군의 지위가 변경되면 미군은 분쟁의 조정자 역할을 하기 때문에 특정 국가를 적으로 삼지 못하게 되고, 한·미동맹은 그 성격을 달리할 수밖에 없으며, 그 결과 남북한간에 전쟁이 재발하더라도 미군은 더 이상 남한편을 들지 못하는 상황이 도래하게 된다는 측면이 있다.

둘째, 북한은 단순히 평화협정 체결을 제의했던 냉전시대와는 달리 그 제안을 뒷받침하는 적극적인 조치를 취하고 있다는 점이다. 정전협정의 무력화를 노리는 북한의 시도는 판문점에서의 군사력 시위에서부터 남북한의 해상충돌로 이어질 정도로 집요하게 전개되고 있다. 정전협정의 무력화를 통하여 북한이 추구하는 것은 한반도의 평화상태가 공고한 것이 아니라 불안정한 상태로서 언제라도 남북한의 군사적 충돌은 가능하다는 것을 대내외적으로 과시함으로써 북·미평화협정 체결의 필요성을 정당화하는 데 있다고 할 수 있다.

셋째, 북한은 냉전시대와는 달리 평화협정 체결을 성공적으로 달성할 수 있는 수단을 갖추고 있다는 점이 특징으로서 지적될 수 있다. 이미 북한은 평화협정 체결을 공허하게 일방적으로 제시하는 것이 아니라 북·미회담을 통하여 공식적으로 제안할 수 있는 수단을 갖추었다. 북한의 '벼랑끝 전략'(brinkmanship strategy)은 탈냉전시대의 북한이 생존할 수 있는 바탕을 마련해 주었다. 이러

---

15) 조성렬, "한반도 평화정착과 주한미군", 한국세계지역학회 하계학술회의「세계화와 지역주의: 공존이 가능한가?」(2000. 7), 9~10면.

한 전략은 북한핵 문제를 해결하기 위한 북·미 간의 협상에서 그 위력을 발휘했으며 미국은 1994년 10월에 제네바 합의문의 타결을 통하여 정치적 및 경제적으로 대북한 양보를 한 바 있다.[16] 그리고 북한은 1998년 8월에 미사일을 시험발사함으로써 미사일 문제를 새로운 북·미 현안으로 제기하여 북·미회담을 정례화하고 미국으로부터 대북한 양보를 이끌어 내려고 시도하고 있다. 냉전시대의 북한이 평화협정 체결을 위한 북·미협상을 제안을 할 경우 그 제안은 실질적인 토의 단계에는 이르지 못하고 선전적인 공세에만 그치는 경향이 있었지만, 탈냉전시대의 북한은 핵 문제, 미사일 문제 등의 현안을 제기하면서 미국으로부터 북·미협상을 요청받을 정도로 그 지위가 달라진 것은 주목할 만하다.[17] 비록 남한이 4자회담의 제안을 통하여 북·미협상을 한반도 평화와 관련한 문제를 제외한 북·미 쌍무문제만을 논의하도록 제한하고 있지만, 북한이 북·미평화협정 체결을 대가로 미사일 문제 등 북·미 현안을 양보할 가능성을 배제할 수는 없는 실정이다.

이처럼 북한의 평화협정 체결 공세는 그 강도를 심화시키고 있음에도 불구하고 남한 및 미국이 느끼는 체감효과는 상대적으로 심각하지 않다는 점은 주목을 받을 만하다. 냉전시대와는 달리 탈냉전시대에 북한은 자신의 안보적 위기감을 외부의 지원에 의존하지 않고 자신의 힘으로 극복해야 하는 절박한 상황에 직면했으며, 그 결과 평화협정 체결에 있어 공세적으로 전환하고 있다. 이러한 시도는 한반도 통일을 추구했던 냉전시대의 주장과는 달리, 체제의 생존을 우선시하는 탈냉전시대의 분위기를 반영하고 있다.

4. 북·미평화협정 체결 주장의 문제점

평화협정과 관련한 남북한의 논의는 냉전시대에도 지속되었지만 탈냉전시대에 들어서면서 북한은 북·미평화협정 체결에 초점을 맞추고 있으며, 그

---

16) 제네바 합의문이 북·미관계에 미친 영향에 대한 포괄적 고찰을 위해서는 이종선, "미·북관계개선의 효과 및 한계", 『21세기 정치학회보』, 제9집 1호(1999. 6), 181~183면 참조.

17) 사무엘 김, "북미협상과 북한의 전략", 곽태환 외, 『북한의 협상전략과 남북한관계』(경남대 극동문제연구소), 163~165면; B.C. Koh, "North Korean Policy Toward the United States", Dae-Sook Suh and Chae-Jin Lee, eds., *North Korea After Kim Il Sung* (Boulder, Co.: Lynne Rienner Publishers, Inc., 1998), pp.95~98.

리고 구체성을 띠게 되었다. 평화협정과 관련한 주요 문제점으로서 평화협정이 한반도의 평화를 실질적으로 가져올 것인지의 여부, 평화협정 체결의 당사자로서 남한의 참여 여부, 그리고 평화협정 체결이 주한미군의 철수를 야기할 것인지의 여부 등을 들 수 있다.

1) 한반도 평화의 실질적 보장 여부

북한은 지난 1970년대부터 북·미평화협정 체결을 지속적으로 주장해왔다. 남한의 입장에서 볼 때, 1953년에 체결된 정전협정만으로는 한반도의 안보가 불투명하기 때문에 한반도에서 공고한 평화상태를 구축하기 위해서는 어떤 방식으로든지 평화협정의 체결로서 한국전쟁을 마무리짓는 것이 법리적으로 타당할 것이다. 그러나 남북한은 한반도의 평화에 대한 본질적인 입장, 달성방안 등에 대하여 큰 차이점을 갖고 있기 때문에 남북한 모두를 만족시키는 접근방법을 모색하기란 여간 어려운 것이 아니다.

먼저, 북한은 북·미평화협정 체결로서 주한미군이 한반도에서 철수하면 한반도 평화에 위해가 되는 요소가 사라진다고 보고 있는 반면, 남한은 한반도 평화에 대한 최대의 저해요인을 북한의 대남 적화야욕이라고 주장하고 북한의 무력남침 포기를 강조하고 있는 실정이다. 이처럼 한반도 평화를 보는 시각은 큰 차이를 보이고 있다. 따라서 북한이 주장하는 북·미평화협정 체결은 북한의 남침에 대한 남한의 우려를 불식시킬 수 없는 약점을 지니고 있는 반면, 남북한 상호교류 및 화해와 긴장완화를 통한 한반도 평화 구축방안도 흡수통일에 대한 북한의 우려를 완전히 해소시키지 못하는 한계점을 지니고 있다. 탈냉전시대에 들어서면서 북한으로부터 남한이 받는 위협이 상대적으로 약화되었음에도 불구하고 북한의 자포자기식 무력도발 가능성이 주는 위협의 정도는 오히려 증대되었다고 해도 지나친 말이 아닐 것이다. 탈냉전시대가 도래했음에도 불구하고 남북한관계에서 남한이 주도권을 확보하지 못한 것은 흡수통일에 대한 북한의 우려를 불식시키지 못한 때문으로 보인다.[18] 평화협

18) 흡수통일에 대한 북한의 우려는 남한의 흡수통일 배제 원칙의 선언과 대북한 지원과 포용정책의 전개에도 불구하고 줄어들지 않고 있으며, 북한은 이러한 남한의 대북정책을 북한체제를 약화시키기 위한 장기적인 전략의 일환으로서 파악하고 있다. 이 점에 관해서는 백종천, "한반도 냉전구조의 해체방안", 한국세계지역연구협의회 학술회의 「21세

정 체결의 필요성과 관련된 쟁점은 북한이 대남 적화통일의 기반을 조성할 수 있는 계기를 마련할 수 있다는 남한의 우려 뿐만 아니라 냉전의 종식 이후에 안보적 취약성을 느끼고 있는 북한의 우려도 동시에 해소할 수 있는 측면을 고려해야 한다는 주장은 이러한 시각을 반영하고 있다.

이를 위해 남한은 북·미평화협정을 단지 비판하는 차원을 벗어나 다른 방안이 모색하여 북한에 제시할 필요가 있다. 그 방안의 본질은 북·미평화협정의 체결보다는 현존하는 정전협정 및 남북기본합의서의 준수가 북한의 이해득실에 더 유익할 수도 있다는 인식을 심어주는 데 있다. 이러한 관점에서 대폭적이며 포괄적인 대북한 정치적 및 경제적 양보가 그 실천적 방안으로서 고려되고 있다. 이러한 점에서 남한의 햇볕정책은 남한 내부의 비판적인 시각에도 불구하고 지속적으로 추진될 수밖에 없는 실정이며, 그 핵심은 흡수통일에 대한 북한의 우려를 제거하고 북한으로 하여금 정전협정 및 남북기본합의서의 성실한 이행을 촉구한다는 점에 있다고 할 수 있다.

따라서 남한은 미국과 일본의 대북한 접근을 용인하는 차원을 떠나 미·일의 대북한 접근을 오히려 주선하는 방안도 고려할 수 있다. 그 결과 남한 및 미·일의 대북한 포용정책은 북한을 개방시킴으로써 북한의 무력도발 의도를 약화시킬 수 있는 효과를 볼 수 있다. 그러나 이러한 낙관적인 시각에도 불구하고 북한이 남북한관계를 대결구도로 고착시키면서 한반도 주변국들로부터 정치적 및 경제적 이득을 받아내려는 전략을 고수할 경우 남한은 여전히 대북한 포용정책을 지속해야 할 것인가의 여부, 그리고 어느 시점까지 북한에 대한 양보를 지속할 지에 대한 의문에 봉착할 수 있다.

2) 남한의 참여 여부

평화협정과 관련한 논의 가운데 가장 주목을 받는 부문은 북한이 남북한 평화협정에는 관심을 보이지 않고 북·미평화협정에만 힘을 기울인다는 점이다. 북한이 한반도 평화를 달성하기 위한 방안으로서 북·미평화협정 체결을 주장하는 배경에는 1953년 정전협정의 체결 당시에 그 협정의 체결당사자가

기 한반도 평화공존과 평화체제 구축」(1999. 5), 9~10면 참조.

북한과 미국이었기 때문에, 그리고 미국이 한반도에서 군사력을 장악하고 있기 때문에 정전협정의 평화협정에로의 전환은 북·미 간에 이루어져야 한다는 논리를 펴고 있다. 이 같은 북한의 '실질적 당사자론'은 한반도 평화의 구축에 남북한이 당사자가 되어야 한다는 입장을 견지하고 있는 남한의 주장과는 본질적인 차이를 보이고 있다.

먼저, 1953년 정전협정의 체결 당시에 남한의 이승만 대통령은 북진통일을 주장하고 있었기 때문에 북진통일을 가로막는 휴전협정의 체결에는 반대하는 입장이었다. 그 결과, 정전협정의 서명자는 유엔군사령관, 조선인민군 최고사령관, 중국의 인민지원군 사령관으로 되었다. 이러한 상황에 입각하여, 북한은 정전협정의 전환 문제를 논의함에 있어 중국이 이미 북한에서 철수했기 때문에 북한과 미국이 정전협정의 실질적 당사자라고 주장하고 있다. 그러나 북한의 주장은 현실성이 희박한 논리에 근거를 두고 있으며, 남한배제 원칙을 고수하려는 '하나의 조선' 정책의 연장으로밖에 볼 수 없다.

북한의 논리가 갖는 한계점은 정전협정의 당사자였던 유엔군사령관인 클라크 장군이 당시 16개국의 유엔 참전국을 대표하는 자격으로 서명했으며, 미국을 대표하여 서명한 것이 아니었다는 주장에 대한 반박을 하기 어렵다는 점에서 찾을 수 있다. 이렇게 되면 북한은 북·미평화협정을 체결한다고 하더라도 나머지 15개국과 각각 평화협정을 다시금 체결해야 되며, 그리고 중국—사실상 러시아도 포함하여—도 남한 및 유엔 참전국들과 각각 평화협정을 체결해야 하는 상황에 처하게 되기 때문에 관련국들이 모두 참여하는 국제회의를 소집하여 정전협정의 전환 문제를 논의하는 것이 바람직할 것이다. 그러나 정전협정이 체결된 지 약 50여년이 지난 이 시점에 그러한 협정을 체결하기 위하여 국제회의를 소집한다는 것은 현실성이 결여된 주장임을 부인하기 어렵다.[19] 더욱이 비록 남한이 정전협정의 서명국이 아니었음에도 불구하고 한국전쟁 당시에 작전통제권을 유엔으로 이양하고 한국군이 유엔군사령관의 통제하에 있었기 때문에 남한은 북한측과의 평화협정을 체결할 권리를 사실상 확보하고 있는 셈이다. 이러한 관점에서 볼 때, 정전협정의 전환 문제를 북·

---

19) 신정현, "한반도 평화체제구축과 국가안보", '99년도 상반기 한국북방학회 학술토론회 「평화체제 구축과 국가안보: 패러다임 변화와 지속」(1999. 6), 22~24면.

미평화협정 체결로써 해결하려는 북한의 주장은 본질적으로 논리적 및 현실적 모순점을 안고 있다고 할 수 있다. 그렇다면 이러한 모순점을 타개하기 위해 어떠한 방안을 모색할 수 있는가? 그 대안으로서 ① 남북한 당사자론, ② 남북한 + 미국, 중국 당사자론, ③ 남북한 + 미국, 중국, 일본, 러시아 당사자론을 고려할 수 있다.

이러한 방안 가운데 첫 번째 방안이 남한의 입장에서 볼 때, 가장 타당하다고 판단되지만, 북한의 남한 거부감 및 한반도 문제의 국제화 심화를 고려해 볼 때, 남북한만에 의한 평화협정 체결은 그 실효성면에서 위력을 상실해 가고 있다.[20] 두 번째 방안은 이미 4자회담의 방식으로 진행되고 있지만 북한은 남북한 대화에는 여전히 소극적이며 북·미회담에만 관심을 집중하고 있다. 이 방안은 남북한 평화협정 체결에 대한 미·중 양국의 적극적인 의지를 필수적으로 요구하고 있는데, 미·중 양국의 이해관계가 일치된다는 보장이 없는 점이 그 한계로서 작용하고 있다. 더구나 북한이 북·미회담을 통하여 북·미평화협정 체결 주장을 제기하면서 한·미 간의 공조체제를 약화시키려는 시도를 하기 때문에 남북한 평화협정 체결 및 미·중 양국의 보장을 바라고 있는 남한의 시도는 그 성공 여부가 불명확한 실정이다. 그리고 세 번째 방안은 한반도 문제에 이해관계를 가진 주변국들 모두의 참여를 보장함으로써 관련국들의 불만을 어느 정도 해소할 수 있다는 점에서 바람직한 면모를 보이고 있다.[21] 그러나 한반도 문제에 관여하는 국가들의 숫자가 많아질수록 그 국가들의 이해관계를 조정하기가 더욱 어려워지기 때문에 그 해결 가능성은 더욱 줄어들 수 있다.

---

20) 위의 논문, 22~26면; Selig S. Harrison, "U.S. Policy Toward North Korea", in Dae-Sook Suh and Chae-Jin Lee, eds., *North Korea After Kim Il Sung*, pp.68~69.

21) 한반도 문제를 해결함에 있어 러시아는 자신이 '정전협정의 서명자'가 아니라는 이유로 4자회담에서 소외된 데 대하여 불만을 표출하면서 관련국들 모두가 참여하는 다자간 국제협의체제를 주장하고 있다. 김창진, "4자회담에 대한 러시아의 입장과 역할", 민족통일연구원, 『4자회담과 한반도 통일 전망』 세미나시리즈 96-06(1996. 11), 100~102면; Valery I. Denisov, "Russia and the Problem of Korean Unification", *Korean Unification Strategies for the 21st Century*, Conference Report(Seoul: The Institute for Far Eastern Studies, Kyungnam University, 1996. 5), pp.11~12. 한편 정전협정과 무관하다는 점에서 한반도 문제에 대한 일본의 참여에 대하여 비판적인 시각이 있다. 신정현, 앞의 주 20)의 논문, 24면 참조.

결국 평화협정 체결은 남북한 당사자가 중심이 되고 다른 관련국들은 보조적인 역할을 담당하는 방안의 모색이 가장 바람직하며 실현 가능성이 높다고 할 수 있다. 따라서 남한은 북한이 남한배제 원칙을 고수하고 있다고 하더라도 북한을 설득하여 남북한 대화의 장으로 나오게 하는 방안의 모색에 역점을 두어야 하며, 한반도 문제는 남북한 당사자가 해결하려는 의지를 한반도 주변국들에게 보여 줄 필요가 있다. 그러나 이러한 남한의 노력은 북한의 의도 및 주변국들의 복잡한 이해관계 속에서 '군중 속의 고독한 외침'으로 전락할 가능성도 배제할 수 없음을 인식해야 한다.

3) 주한미군의 철수 여부

북한은 주한미군이 남한에 존속하고 있으며, 그리고 미국이 남한에서 작전통제권을 사실상 행사하고 있는 상황에서 남한과의 대화는 무의미하며, 그리고 남한은 평화협정 체결의 당사자로서의 자격이 없다는 논리를 펴고 있다. 북한의 주장은 남한이 1950년 7월 14일에 한국군의 작전지휘권을 유엔사령관으로 이양된 이래 현 시점까지 환수를 못하고 있기 때문에 군사통수권이 없는 남한과는 한반도 평화 문제와 관련하여 실질적 논의를 할 수 없다는 관점에서 평화협정의 당사자 자격과 한국군의 작전지휘권 이양 사실을 연계시키고 있다.

먼저, 작전통제권 문제와 관련하여, 한국전쟁 당시에 유엔군사령관에게 이양되었던 한국군의 작전지휘권은 그 이후에 큰 변모를 보였다는 점을 지적할 필요가 있다. 1954년 11월 17일 한·미합의사록에 의해 그 작전지휘권은 작전통제권으로 축소되었으며, 그리고 그 작전통제권도 1978년 11월 17일 한·미연합군사령부가 창설되는 과정에서 유엔군사령부로부터 한·미연합군사령부로 재이양되었다. 그리고 남한은 그 작전통제권 중에서 1994년 12월 1일에 평시작전통제권을 환수했기 때문에 한·미연합사령부는 이제 전시작전통제권만을 행사할 수 있는 제한된 권한만을 가지고 있는 셈이다. 더구나 한·미연합사령부는 미국의 기관이 아니라 한·미 양국의 합의에 의해 설치된 공동의 방위기구이기 때문에 미국이 남한의 군사통수권을 행사한다는 북한의 주장은 상당 부분 논리적 모순점을 안고 있다고 할 수 있다.

그러나 미국의 작전통제권 보유는—비록 제한적 특성을 가지고 있지만—

북한의 북·미평화협정 체결 주장에 그 근거를 제공한 것만은 부인할 수 없다. 이러한 논리에 따르면, 만약 한국군이 작전통제권을 미군으로부터 완전히 회복한다면 북한의 남한배제 원칙은 그 논리적 기반을 상실함으로써 남한의 대북한 협상력을 제고하며, 나아가 남북한 대화도 가능하게 될 것이라는 주장도 가능하다. 그렇지만 이러한 시각과는 달리 미군의 전시작전통제권 보유가 한반도의 평화 유지에 큰 기여를 했다는 주장도 있다. 이러한 주장은 북한의 도발에 대하여 남한이 그동안 보여 주었던 자제력은 한국군에 대한 전시작전통제권을 미군이 보유했기 때문에 가능했으며, 만약 미군이 그 권한을 보유하지 않고 한국군에게 이양했더라면 북한의 사소한 도발마저도 남한의 즉각적 대응으로 인하여 남북한의 전면전으로 확전되었을 가능성이 높았다는 점에 논리적 기반을 두고 있다.[22] 이러한 점에서 북한이 북·미평화협정의 근거로서 미군의 부분적인 작전통제권 보유를 든다는 것은 그 논리적 근거가 미약할 뿐만 아니라 남한 내에서 자주방위권 논란을 야기시킴으로써 탈냉전시대의 북한이 직면한 안보적 불안감을 해소하는 데 오히려 부정적인 영향을 미칠 수 있다.

다음으로, 주한미군의 주둔과 관련하여, 북한은 북·미평화협정 체결의 전제조건이나 아니면 그 결과로서 주한미군의 철수를 지속적으로 제기해 왔다. 그러나 탈냉전시대의 도래와 함께 주한미군에 대한 북한의 인식도 변화하고 있다는 점을 지적할 필요가 있다. 탈냉전시대의 북한은 냉전시대와는 달리 주한미군이 남한에의 흡수통일을 저지하는 역할을 하며, 그리고 주한미군의 평화유지군으로서 남북한의 완충적 역할을 하기를 기대하고 있다.[23] 북한은 1996년 봄 그리고 2000년 6월 등 수차례에 걸쳐 평화유지에 대한 미국의 역할에 반대하지 않는다는 주장을 제기함으로써 주한미군의 철수와 관련하여 변화의 조짐을 보였던 것은 이러한 관점에서 이해할 수 있다.[24] 이러한 북한의

---

22) 박건영, "탈냉전기 동북아 역학관계와 한미동맹의 바람직한 미래", 『국가전략』, 제3권 2호(1997 가을·겨울), 198~201면. 북한의 남한배제 원칙의 기저에는 한·미 군사전략이 본질적으로 방어적이며 억지에 의존하고 있고, 한국군의 작전통제권을 미국이 보유하기 때문에 한국군의 무력분쟁 선제도발의 가능성은 희박하다는 점이 자리하고 있다. 류재갑, "주한미군과 한반도 통일", 『평화연구』, 제10권 1호(1997. 9), 171~173면 참조.

23) 박건영, 위의 논문, 194~197면; 이철기, "남북한 군축과 한반도 평화체제 구축", 한국국제정치학회 학술회의「남북한 관계의 새로운 패러다임과 언론의 역할」(1999. 8), 6면.

태도 변화는 미군철수의 주장에 대한 포기를 의미한 것이 아니라 단지 전술상의 변화로서 미군철수의 주장보다 평화협정 체결에 우선순위를 둔 것으로 파악할 수도 있다. 그렇지만 탈냉전시대에 북한이 인식하는 안보적 위기감을 고려해 볼 때, 주한미군의 주둔에 대한 북한의 시각은 변화할 수밖에 없다는 주장도 부인하기 어렵다. 주한미군의 철수를 요구하는 북한의 모습이 한반도 통일에 최우선을 두었던 냉전시대의 얼굴이라면, 주한미군의 주둔을 용인하는 북한의 또다른 모습은 체제보존 및 유지가 더욱 중요시되는 탈냉전시대의 얼굴을 대변하고 있다.

미국은 일본의 군사대국화 및 중국의 적대적 팽창을 견제하기 위한 수단으로서 주한미군의 역할을 중시하고 있으며, 그리고 한반도 통일 이후에도 주한미군의 지속적인 주둔을 고려하고 있는 실정이다. 그리고 남한도 북한의 자포자기식 도발의 가능성이 점증하고 있는 점을 고려하여 주한미군의 주둔 필요성을 인정하고 있다. 이러한 시각에서 북·미평화협정의 체결로 인하여 유엔사령부가 해체되고 주한미군의 주둔과 관련한 정당성 문제가 제기될 경우 미국은 동북아 전략을 수행하는 데 큰 어려움에 봉착할 수도 있다는 점을 우려하고 있다. 물론 주한미군의 문제는 한·미 양국간의 문제로서 북·미평화협정과 무관하다고 주장할 수는 있지만,[25] 평화협정이 체결될 경우에 주한미군의 지위도 큰 변화를 겪을 수밖에 없는 실정이다.

탈냉전시대에 접어들면서 주한미군의 철수 문제는 남북한의 문제로 더 이상 인식되지 않고 한반도 주변국들의 이해관계가 첨예하게 대립되는 문제로 등장하게 되었다. 한반도 주변국들은 주한미군의 주둔에 대하여 적극적인 찬성을 보이지는 않지만 그렇다고 해서 적극적인 반대도 표명하지 않는 태도를 보이고 있다.[26] 더욱이 북한도 주한미군의 주둔에 대하여 무조건적인 철수

---

24) 이 같은 북한의 변화는 아시아·태평양 평화위원회 부위원장 이종혁에 의해 제기되었으며, 그리고 이러한 취지는 조선민족문제연구회 회장인 박성덕 교수의 발언, "미국은 한반도의 평화 유지자로서 직접적이고 강력한 책임을 가지고 있다"에 의해 확인되었다. *The Korea Herald*(May 1, 1996). 그리고 지난 남북정상회담에서 김정일 국방위원장은 "주한미군이 비상상황의 조정자 역할을 해줄 수 있는 것"이라는 발언을 했다. 「중앙일보」(2000. 6. 20).

25) 문정인, "국제질서 개편과 남북관계의 재평가 : 전략적 공세주의를 위한 제언", 『통일경제』, 제5호(1995. 5), 67~70면.

를 나타내지 않고 용인하는 듯한 입장을 취하고 있다. 이러한 점에서 볼 때, 주한미군의 철수 문제는 북한이 북·미평화협정 체결을 통하여 추구하는 대상의 영역을 벗어났으며, 북한은 주한미군의 철수 문제를 북·미협상의 과정에서 우위를 점유하기 위한 수단으로서, 한·미 간의 갈등을 조장하기 위한 방안으로서, 그리고 남한배제 원칙을 고수하기 위한 방편으로서 제기하고 있다고 할 수 있다.

5. 결론: 북·미평화협정 체결의 전망

정전협정의 전환 및 평화협정의 체결은 남북한이 한반도 평화를 공고히 구축해 나감에 있어 반드시 거쳐야 할 과정임은 분명하다. 남한의 입장에서 볼 때, 정전협정이 성실히 준수되고 남북한의 상호불신이 점점 해소되는 단계에 도달할 경우 평화협정의 체결 없이 한반도 평화는 보장될 수 있는 여지가 있지만, 현 시점에서 남북한이 그러한 단계에 도달하기까지는 상당한 시일이 걸릴 수밖에 없으며 그 과정에서 오히려 남북한의 상황이 더욱 악화될 가능성도 배제할 수 없는 실정이다. 따라서 남한은 평화협정이 굳이 체결되어야 한다면 북·미평화협정이 아니라 남북한 평화협정이 되어야 한다는 주장에 초점을 맞추고 있다. 물론 남북한 평화협정이 체결된다고 하더라도 그 협정의 성실한 이행 여부는 또 다른 문제로 남게 되기 때문에 그 협정의 체결이 한반도의 평화를 보장하기에 불충분한 것도 또한 사실이다. 그러나 북한이 남북한 평화협정의 체결에 대하여 부정적인 시각을 견지할 경우 한반도에서 평화협정의 체결은 실현되기 어려운 실정이며, 이러한 현상은 한반도의 평화가 정전협정에 의존하여 불안정하게 유지될 수밖에 없다는 점을 암시하고 있다.

그러면 북·미평화협정의 체결은 향후 어떠한 방식으로 진행될 것인가? 이론적으로 구성될 수 있는 몇 가지 시나리오를 통하여 북·미평화협정의 전

26) 중국도 주한미군의 주둔에 대하여 반대하지 않는 입장을 보이고 있다. 그 이유는 주한미군이 철수할 경우 일본 내에서 주일미군의 철수 요구와 함께 일본의 자주군사노선의 강화를 요구하는 목소리가 높아질 가능성이 크기 때문이다. 중국은 주한미군의 주둔을 통하여 동북아에서 안보상 무임승차를 하려는 경향을 보이고 있다. 박건영, 앞의 논문, 194~198면.

개방향을 전망하고자 한다. 먼저, 북·미평화협정의 향후 진행에 영향을 주는 요인으로서 주한미군에 대하여 북한이 취하는 태도 변화의 정도를 들 수 있다. 북한이 북·미평화협정의 체결을 통하여 주한미군을 철수시키고 한반도를 공산화를 추구하려는 의도를 가지고 있다면 남한이 북·미평화협정의 체결에 대하여 분명한 반대를 표명하는 것은 당연한 일이다. 그러나 북·미평화협정과 관련하여 탈냉전시대에 들어서면서 북한이 변화를 보이고 있다는 점은 주목을 받을 만하다. 북한이 주한미군의 철수보다는 오히려 주한미군을 유엔평화유지군으로 전환하는 등 지위 변경을 통하여 자신의 안보적 불안감을 해소하려는 시도를 하고 있다는 주장은 북한이 탈냉전시대에 느끼는 안보적 불안감을 고려해 볼 때 상당한 설득력이 있는 것으로 보인다. 이러한 시각은 주한미군의 존속이 보장된다면 북한의 체제안정에 긍정적인 작용을 할 수 있는 북·미평화협정의 체결이 북한의 자포자기식 남침을 막으며 나아가 북한의 개방을 유도할 수도 있는 계기로 삼을 수 있다는 주장과 연계될 수 있다. 이러한 논리는 만일 북한의 태도 변화가 본질적인 측면을 수반한다면 북·미평화협정의 체결 가능성은 한층 높아지게 된다는 것을 함축한다. 그러나 이러한 북한의 태도가 본질적인 변화가 아니라 북·미평화협정의 체결을 위한 전술적인 변화를 내포하고 있을 경우 문제는 달라질 수밖에 없다.

다음으로, 북·미평화협정은 남북한관계의 긴장 정도에도 영향을 받는다고 할 수 있다. 남북한의 긴장상태가 유지되는 한 남한의 안보를 자극할 수 있는 북·미평화협정의 체결은 추진력을 얻기 어려운 실정이다. 반면 이러한 시각은 남북한관계가 화해 분위기로 나아갈 경우 북·미평화협정의 체결을 둘러싼 상황은 큰 변화를 맞을 수밖에 없다는 점을 암시한다. 만약 남북한관계의 긴장완화가 군비축소 등 보다 본질적으로 전개된다면 남한의 대미 안보 의존도는 과거에 비해 상대적으로 약화될 수밖에 없으며, 이렇게 되면 북한의 남침을 억지하는 역할로서의 주한미군에 대한 긍정적인 시각이 이전과는 다소 다른 방향으로 진행될 소지가 있다. 그 결과 한반도에서 유지되어 온 미국의 영향력은 심각한 도전을 받게 되며, 미국은 이러한 상황을 타개하기 위한 방안으로서 북·미평화협정의 체결을 서두를 가능성이 있다. 남북한관계의 긴장완화는 미국의 입장에서 볼 때 남한의 안보적 우려를 더 이상 중요한 변수로 부각시키지 않는 효과를 보이며, 이러한 상황의 전개는 북·미평화협정의 체결을 위한 적절한 환경을 조성하는 셈이 된다. 북·미평화협정이 체결되더라도 주한미군만 존속한다면 그 지위가 다소 변화더라도 남한의 안보는 심각한 타격을 받지 않으며, 그리고 미국은 북한에서 정치적 영향력을 행사할 수 있는 계기를 마련함으로써 한반도에서 미국의 영향력은 다시금 소생하게 되는 결과를 낳는다. 결국 남북한의 긴장완화는 북·미평화협정의 체결에 긍정적인 영향을 미치는 셈이 된다.

마지막으로, 북·미평화협정의 체결은 주한미군에 대한 북한의 태도 변화 및 남북한관계의 긴장 정도뿐만 아니라 한반도 주변국들의 태도에도 영향을 받는다는 점을 지적할 필요가 있다. 한반도 주변국들은 미국이 북·미평화협정의 체결을 통하여 대북한 영향력을 선점하고 강화하려는 시도에 대응하기 위하여 북·미평화협정의 체결에 부정적인 영향을 미칠 수 있다. 그 결과, 북·미평화협정은 미국의 의도와는 달리 순조롭게 진척되지 못하고 오히려 한반도를 둘러싼 주변국들의 갈등을 촉발시키는 계기로서 작용할 수 있다. 이러한 시각은 북·미 양국이 평화협정의 체결에 앞서 한반도 주변국들의 우려를 불식시키는 방안을 마련할 경우에만 북·미평화협정의 체결은 성공적인 결실을 맺을 수 있다는 점을 보여주고 있다.

이러한 몇 가지 시나리오를 가정할 경우 북·미평화협정은 북한 내부의 본질적인 변화, 남북한관계의 긴장완화 그리고 한반도 주변국들의 대응방향 등 그 협정의 순조로운 체결을 위해서 충족시켜야 할 변수들이 많이 자리하고 있다. 이러한 관점은 탈냉전시대에 들어서면서 북·미평화협정의 체결을 주한미군의 철수 및 남한의 안보적 위협을 직접적으로 연계하는 다소 단순한 논리로부터 북한의 안보적 위협과 대북한 영향력 행사를 위한 수단으로써 북·미평화협정의 체결을 보는 미국의 시각, 그리고 이를 견제하기 위한 한반도 주변국들 간의 갈등의 측면을 강조하는 논리로 전환함을 시사하고 있다. 그렇지만 이러한 시나리오는 북한이 한반도 공산화의 포기를 지향하기 위한 보다 본질적인 변화를 통하여 남한의 안보적 우려감을 해소시켜야 한다는 점을 가정하고 있음을 유의할 필요가 있다.

참고 문헌

Bibliography

국토통일원, 『남북한통일제의자료총람』, 제1권(국토통일원, 1985).

고유환, "평화체제 구축에 대한 북한의 전략: 북·미협정", 곽태환 외, 『한반도 평화체제의 모색』 (경남대 극동문제연구소, 1997).

김구섭, "한반도 평화협정 체결가능성과 한계", 『'95통일논총』 (민주평화통일자문회의, 1996).

김명기, "평화체제 구축에 관한 이론적 개관", 곽태환 외, 『한반도 평화체제의 모색』 (경남대 극동문제연구소, 1997).

김창진, "4자회담에 대한 러시아의 입장과 역할", 민족통일연구원, 『4자회담과 한반도 통일전망』 세미나시리즈 96-06 (1996. 11).

류재갑, "주한미군과 한반도 통일", 『평화연구』, 제10권 1호(1997. 9).

문정인, "국제질서 재편과 남북관계의 재평가: 전략적 공세주의를 위한 제언", 『통일경제』. 제5호 (1995. 5).

박건영, "탈냉전기 동북아 역학관계와 한미동맹의 바람직한 미래", 『국가전략』, 제3권 2호(1997 가을·겨울).

백종천, "한반도 냉전구조의 해체방안", 한국세계지역연구협의회 학술회의 「21세기 한반도 평화공존과 평화체제 구축」 (1999. 5).

백학순, "남북한 통일정책 비교", 한국국제정치학회 학술회의 「남북한 관계의 새로운 패러다임과 언론의 역할」 (1999. 8).

사무엘 김, "북미협상과 북한의 전략", 곽태환 외, 『북한의 협상전략과 남북한관계』(경남대 극동문제연구소, 1997).

신정현, "평화체제 구축과 국가안보", '99년도 상반기 한국북방학회 학술토론회 「평화체제 구축과 국가안보: 패러다임 변화와 지속」 (1999. 6).

______, "구조 폭력과 평화연구: 요한 갈퉁의 개념화를 중심으로", 이호재 편, 『한반도 평화론』 (법문사, 1989).

이석수, "북한의 대미평화협정 체결 주장과 평가", 한국세계지역연구협의회 학술회의 「21세기 한반도 평화공존과 평화체제 구축」 (1999. 5).

이종선, "미·북관계개선의 효과 및 한계", 『21세기 정치학회보』, 제9집 1호(1999. 6).

이철기, "남북한 군축과 한반도 평화체제 구축", 한국국제정치학회 학술회의 「남북한 관계의 새로운 패러다임과 언론의 역할」 (1999. 8).

제성호, "한반도 평화체제 구축을 위한 한국의 전략", 곽태환 외, 『한반도 평화체제의 모색』(경남대 극동문제연구소, 1997).

______, "북한의 대미평화협정 체결 전략: 내용, 의도 및 문제점", 민족통일연구원, 『한반도 평화체제 구축방안 모색』 세미나시리즈 95-01(1995. 6).

조성렬, "한반도 평화정착과 주한미군", 한국세계지역학회 하계학술회의 「세계화와 지역주의: 공존이 가능한가?」(2000. 7).

Denisov, Valery I., "Russia and the Problem of Korean Unification". In *Korean Unification Strategies for the 21st Century*, Conference Report(Seoul: The Institute for Far Eastern Studies, Kyungnam University, 1996. 5).

Gaddis, John Lewis, "The Long Peace: Elements of Stability in the Post War International System". In Sean M. Lynn-Jones, ed., *The Cold War and After: Prospects for Peace*(Cambridge, Mass.: The MIT Press, 1991).

Harrison, Selig S., "U.S. Policy Toward North Korea". In Dae-Sook Suh and Chae-Jin Lee, eds., *North Korea After Kim Il Sung*(Boulder, Co.: Lynne Rienner Publishers, Inc., 1998).

Kegley, Charles W., Jr. and Eugene R. Wittkopf, *World Politics*(New York, N.Y.: Worth Publishers, 1999).

Koh, B.C., "North Korean Policy Toward the United States". In Dae-Sook Suh and Chae-Jin Lee, eds., *North Korea After Kim Il Sung*(Boulder, Co.: Lynne Rienner Publishers, Inc., 1998).

Miall, Hugh, Oliver Ramsbotham and Tom Woodhouse, *Contemporary Conflict Resolution: The Prevention, Management and Transformation of Deadly.*

제 4 장

한반도 통일

Ⅰ. 미·북관계 개선과 한반도 통일
Ⅱ. 한반도 통일방식과 대외적 과제

Ⅰ. 미·북관계 개선과 한반도 통일

1. 서 론

냉전이 종식되는 과정에서 동유럽의 사회주의국가들이 몰락함에 따라 아시아에 남아있는 사회주의 국가들, 즉 중국, 베트남 그리고 북한의 존망은 탈냉전 시대의 국제질서 재편과 관련하여 초미의 관심으로 대두되었다. 이들 국가 중에서 중국과 베트남은 시장자본주의의 경제체제를 받아들이는 등 냉전 이후의 국제질서에 적응하기 위해 노력을 하고 있는 반면 북한은 자본주의식 개방을 통한 체제의 생존을 추구하기 보다는 사회주의 체제의 고수를 표명하면서 중국 및 베트남과는 달리 체제의 개방에 대해서는 소극적으로 대처하고 있다. 북한이 과연 이러한 소극적 전략으로서 탈냉전의 위기를 극복할 수 있는가 그리고 북한의 이러한 대처 방안에 이론적 기반을 제공하는 논리는 무엇인가 등에 대한 논의는 북한 문제를 연구하는 학자 및 정책결정자에게 상당한 흥미로움을 유발시키고 있는 것도 부인할 수 없다.

그러면 북한의 생존전략이 중국 및 베트남의 그것과 근본적으로 다른 이유는 무엇인가? 이러한 의문은 북한문제를 남북한간의 맥락에서 아니라 한반도 주변4강, 즉 미국, 일본, 중국, 그리고 러시아의 역학관계에서 파악하는 것이 현실적인 설득력을 더 갖는다는 주장에 대한 분석을 우선적으로 필요로 한다고 할 수 있다. 한반도 주변4강, 그 중에서 특히 미국은 소위 북한에 대한 연착륙(soft landing)정책을 통해서 북한의 입지를 강화시켜 주고 있으며 북한도 이러한 미국의 태도를 이용하여 미·북관계 개선을 시도를 하고 있다는 분석은 이러한 시각을 반영하고 있다.

미·북관계 개선을 어떻게 평가해야 하는가? 본 논문은 탈냉전 시대의 미·북관계 개선을 분석함에 있어 한반도 주변4강의 대북한 유화정책에 초점을 맞춤으로써 미·북관계 개선이 한반도 통일에 미치는 영향을 분석함에 그 목적을 두고 있다. 이를 위해 본 논문은 먼저 탈냉전 시대에 있어 미·북관계의 변화요인을 살펴보며, 다음으로 미·북관계 개선의 진척과 그 특징을 검토하고, 다음으로, 미·북관계 개선을 통하여 북한이 얻었던 정치적 및 경제적 효과를 설명하며, 마지막으로 미·북관계의 전망과 한반도 통일에 미치는 영향을 분석하고자 한다.

2. 탈냉전과 미·북관계의 변화요인

탈냉전시대의 북한은 두 가지의 심각한 위기상황, 즉 외교적 고립과 경제난에 직면했으며, 이러한 위기상황에 대한 효과적인 대처는 북한체제의 존립과 밀접한 관련성을 갖게 되었다. 탈냉전시대의 미·북관계는 이러한 맥락에서 이해될 필요가 있다.

먼저, 외교적 고립의 탈피와 관련하여 살펴보면, 1980년대 후반 소련의 영향을 받은 동유럽 국가들의 개혁은 점점 가속화되어 다당제, 자유선거 채택 그리고 자본주의식 시장경제를 도입하게 됨으로써 사실상 1990년 말까지는 모든 동유럽 국가들이 공산주의 통치의 종말을 고했다는 점이 지적될 필요가 있다. 이러한 동유럽 공산국가들의 몰락은 북한의 체제존립을 간접적으로 예견하는 것으로서 북한에 준 충격은 실로 심각했으며, 그 후 잇달아 전개된 독일의 통일, 소연방의 붕괴 등으로 인하여 북한은 냉전적 국제질서가 근본적으로 재편될 수밖에 없는 상황과 이로 인한 한반도를 둘러싼 4강체제의 역학구조의 변화를 현실적으로 인식하게 되었다.

특히 사회주의권의 변혁으로 인한 한국과 소련과의 수교(1990년 9월) 및 한국과 중국과의 국교정상화(1992년 8월) 등은 북한의 입장에서 볼 때 국제질서의 재편이 지극히 불리한 방향으로 진행되고 있다는 것을 의미했다. 냉전시대의 북한은 대내외적 곤경을 중·소의 경제 및 군사원조에 의지하여 극복하여 왔으나 탈냉전 시대에는 더 이상 양국으로부터 원조에 의존하는 데는 한계에 봉착하게 되었다. 특히 러시아는 사회주의 이념에 기초하기 보다는 상호이익에 근거하여 대북한 외교정책을 전개하고 있기 때문에 러시아로부터 북한에 수입되는 석유, 석탄, 그리고 생산시설 등은 1990년대 들어서면서 급격히 감소했으며 또한 1961년 체결된 러·북동맹조약은 실질적으로 그 효과를 상실한 처지가 되었다.[1)] 이러한 관점에서 볼 때, 러시아는 더 이상 북한의 우방국

1) 1961년 7월 평양에서 체결된 러·북동맹조약은 그 공식 명칭이 '러·조 우호협력 및 상

으로서 역할을 하지 못하고 있는 실정임은 명백하다고 할 수 있다.

한편 중국도 사회주의체제를 고수하고는 있지만 한국과 수교를 한 이상 북한을 무조건 지지를 한다는 것은 기대하기 곤란한 형편이다. 한·중수교의 초기에는 중국이 대한국관계를 비정치적 분야와 민간 차원의 교류에 국한시키고 대북한관계에서는 정치·군사 부문에서의 교류를 통한 전통적인 혈맹관계를 유지해 왔다. 그러나 한·중관계의 상호의존도가 증대하는 과정에서 중국의 대한반도 정책은 정치·경제의 분리 정책에서 정치·경제의 일치 정책으로 전환하지 않을 수 없게 되었다.[2)]

이러한 맥락에서 보면 러시아와 중국 양국은 대북한 정책을 추진함에 있어 냉전시대와는 달리 이념적인 변수가 더 이상 중요한 역할을 하지 못하는 상황에 처해있다는 점에서, 그리고 한국의 입장을 고려해야 한다는 부담을 갖고 있다는 점에서 피상적인 이해관계의 일치성을 보이고 있다. 그러나 중국은 북한이 안보적인 면에서 중대한 완충지대 역할을 하기 때문에 북한체제의 존속은 중국에 있어 필수적인 사안인 반면 러시아는 경제적 이익의 우선주의에 입각하여 행동하기 때문에 안보적인 이해관계가 중국만큼 심각하지 않다는 데 차이를 보이고 있다.[3)] 따라서 탈냉전의 상황에서 북한에 대한 외교적 지지를 나타내는 국가들은 중국을 포함하여 베트남, 쿠바 등 사회주의 국가들 몇몇 뿐인 셈이다. 과거 냉전시대와 비교해 보면 탈냉전 시대의 북한을 둘러싼 국제정세는 급격히 악화되었다고 할 수 있다.

다음으로, 경제난의 타개와 관련하여 살펴보면, 동유럽의 사회주의 국가들의 붕괴는 북한에 이념적 및 외교적 타격을 가했을 뿐 아니라 원자재, 식량

호원조조약'으로서 동 조약의 제1조인 소위 '자동군사개입조항'은 한반도에서 분쟁이 발생할 경우 러시아는 북한을 지원한다고 되어 있다. 그러나 탈냉전 시대에 들어서면서 이 규정을 해석함에 있어 러시아는 자동적 개입이 아니라 북한이 도발하지 않은 경우에 한정하고 있다. 더 나아가 러시아는 러시아 법률과 국제적 공약에 의해 제공되는 모든 절차를 적절히 고려한 후 러시아 자신의 정보와 상황 분석에 근거하여 이 문제에 대한 결정을 내릴 것이라고 공언했다. 이 점에 관해서는 Mikhail L. Titarenko, "Korean Peninsula in the System of Russia's National Interests", *Sino-Soviet Affairs*, Vol. 64(Winter 1994/95), pp.65~66 및 고재남, 『러시아의 대북한 정책과 한국의 대응』 정책연구시리즈 95-8(외교안보연구원, 1996. 6), 39~43면 참조.

2) 금희연, "중국의 대한반도 시각 변화와 4자회담", 『월간 통일경제』, 제20호(1996. 8), 68~71면.

3) 외교안보연구원, 『1996년도 국제정세 전망』(1995), 12면.

등의 수급에 결정적인 영향을 줌으로써 북한경제에 현실적인 타격을 가했다. 북한의 경제성장률은 1990년대 들어서면서 계속하여 마이너스 성장을 기록함으로써 사실상 북한의 경제는 회복되기 어려운 상황에 도달했다.4) 그러면 이러한 경제난의 심각성은 어디에서 연유하는가? 첫째, 이미 동유럽에서도 실패로서 경험한 바 있는 중앙계획식 북한경제가 안고 있는 구조적 비효율성을 들 수 있다. 사회주의식의 경제 운용은 집단 소유와 분배에 근거하기 때문에 각 개인의 생산 의욕을 고취시키지 못함으로써 경제성장률의 저하는 이론적으로도 예상되어 왔다. 둘째, 수송과 전력 등 사회간접자본시설에 대한 투자 미비로 말미암아 원자재나 완성된 상품의 공급은 어렵게 되었고 경·중공업에 에너지를 충분히 공급하지 못함으로써 산업시설을 활용할 수 없어 경제성장은 둔화될 수 밖에 없었다. 셋째, 냉전시대의 후원자였던 중국과 소련은 자체적 경제난과 대북한 이념적 혈맹관계의 약화로 인하여 과거 구상무역의 형태로서 북한에 공급하던 원유공급을 감축하고 1990년대 들어서서 무역거래시 경화결재를 요구했다. 넷째, 이러한 경제적 요인 외에 북한의 경제를 더욱 악화시킨 것으로서 과도한 국방비 지출을 들 수 있고 이데올로기와 정치가 경제보다 우선하는 북한에서 특히 주체사상의 고수로 인하여 외국의 자본과 기술의 유입은 지극히 어려운 실정이었다. 이러한 관점에서 보면 북한의 경제난은 일시적이 아니라 만성적인 현상으로서 구소련의 와해가 촉매제로 작용했다는 것을 알 수 있다.

북한으로서는 악화된 경제를 살리지 않고는 북한 내부의 불만을 해소할 수 있는 방안을 사실상 찾을 수가 없으며 경제난 극복은 미국 등 서방국의 자본과 기술의 도입을 통한 북한의 개방화와 직접적인 연관이 있다고 할 수 있다. 이러한 상황에서 북한은 미·북관계 개선을 현실적이며 또한 유일한 대안

---

4) 1990년대 이후 북한의 경제성장률은 −3.7%(1990년), −5.2%(1991년) −7.7%(1992년), −4.2%(1993년), −1.8%(1994년), −4.6%(1995년), −3.7%(1996년)를 기록한 반면 1990년대 이전에는 한국에 비해서는 상대적으로 높지는 않았지만 경제성장률은 마이너스 성장을 기록하지 않았다. 1985년부터 1989년까지 북한의 경제성장률은 2.7%(한국 7.0%, 1985년), 2.1%(한국 12.9%, 1986년), 3.3%(한국 12.8%, 1987년), 3.0%(한국 12%, 1988년), 그리고 2.4%(한국 6.7%, 1989년)를 기록한 바 있다. 한국무역협회, 『주요북한경제지표 1996』, 5면 및 외교안보연구원, "미국의 대북한 경제제재: 완화 가능성과 의미", 『주요국제문제분석』(1996. 7. 3), 8면 참조.

으로서 고려할 수밖에 없었다.

그러나 문제는 북한의 경제난을 해결하기 위한 북한의 개방화는 북한체제의 존립에 역작용을 줄 수 있다는 데 있다. 왜냐하면 경제난 해결을 위한 개방정책은 단기적으로 북한의 경제에 긍정적으로 작용하겠지만 적어도 중·장기적으로는 그동안 폐쇄정책을 고수해 온 북한 체제를 일거에 와해시킬 수도 있는 계기를 제공함으로써 '수술은 성공했지만 환자는 사망한' 상황으로 진행될 수 있기 때문이다. 북한은 미국 등 대서방국가들과의 관계개선의 불가피성을 인식하고 있지만 이로 인해 파생할 수 있는 내부적 체제 붕괴의 요인을 없앨 수 있는 방안을 쉽게 찾을 수 없다는 점에서 딜레마를 겪고 있다.

한편 미국으로서 탈냉전시대에 접어들면서 미·북관계 개선을 용인한 배경은 무엇인가? 첫째, 미국은 북한의 핵무기 개발을 효과적으로 차단하지 못할 경우 북한이 동북아시아의 국제정치적 역학관계에 부정적인 영향을 줄 수 있다는 점을 우려했다. 그 배경에는 북한의 핵무기 보유는 일본을 자극하여 군사적 대응능력을 제고시킬 것이며, 일본의 군사 대국화는 또한 중국의 경제 개방화에 차질을 줄 수 있다는 시각이 자리하고 있다. 더구나 북한의 핵무기 보유가 인정될 경우 초래될 남북한의 군사적 불균형 심화로 인해 미국이 한국에 대해 재래식 무기의 증강 및 핵우산의 강화 등을 우선적으로 제공해야 할 것이며, 이는 탈냉전 시대에 미국내에서 일어나고 있는 국방비 삭감 분위기와 맞물려 있기 때문에 쉽게 해결되기 어려운 상황임을 지적할 필요가 있다.[5)]

그러나 더 중요하게 지적되어야 할 점은 미국은 더 많은 군사비를 동북아에 투자한다고 해도 일본과 중국이 군사 대국화를 지향한다면 탈냉전 시대에 미국이 향유하고 있는 군사적으로 유일한 강대국의 지위가 약화될 수 있기 때문에 북한의 핵무기 보유는 반드시 막아야 한다는 필연성이 미·북관계 개선의 배경에 깔려있었다는 것이다. 이와 더불어 미국은 군사적 사안보다 경제적

---

5) 특히 핵우산과 관련하여 지적되는 것은 탈냉전 시대의 지역적 분쟁에 있어 미국의 관심은 소련이 배후에 있었던 냉전 시대와는 달리 제1차적 이해관계가 있는 것으로 평가될 수 없기 때문에 미국 핵무기 위협의 신뢰성 상실과 부적절성은 현저하게 드러났다. 따라서 동맹국들은 핵우산에 의존하기 보다는 핵무기에 대한 직접 보유 의욕이 높아지게 되었다. 이 점에 관해서는 Charles T. Allan, "Extended Conventional Deterrence: In From the Cold and Out of the Nuclear Fire", *The Washington Quarterly*, Vol. 17, No. 3(Summer 1994), pp.208~214 참조.

이해관계가 우위를 차지하고 있는 탈냉전의 국제 질서 속에서 적어도 안보문제의 중요성을 지속적으로 부각시켜야만 미국의 우월적 리더십이 발휘된다는 관점에서 북한 핵문제는 미국으로서 바람직스러울 수 있다는 이중적인 특성은 북한의 요구에 대해 유화적일 수밖에 없는 미국의 입장을 잘 설명한다고 할 수 있다.[6)]

둘째, 미국은 북한의 핵무기 개발이 용인된다면 1970년대 등장했던 세계적인 핵확산운동이 재발할 수 있다는 점을 우려했다. 1991년 미국이 이라크의 핵무기 보유를 사전에 저지하기 위해 걸프전에 참전했을 정도로[7)] 핵확산 방지는 탈냉전 시대에 있어 유일한 군사 강대국인 미국의 관심사임을 고려해 볼 때, 미국은 핵확산을 저지할 수만 있다면 북한의 요구를 가능한 한 수용할 수밖에 없었다.

셋째, 북한이 핵무기 개발 위협을 통한 벼랑끝 전략을 시도하지 않았더라도 탈냉전 시대에 있어 미·북관계 개선은 충분히 예상될 수 있었다는 시각도 주목을 받을 만하다고 할 수 있다. 미국은 미·북관계 개선을 통해서 북한, 나아가서 한반도에 영향력을 행사하려는 중국과 일본의 역할에 제동을 걸 수 있는 한편 북한을 고립시킴으로써 동북아에서 불필요한 긴장을 지속시키는 것보다는 오히려 북한을 미국이 주도하는 협상테이블로 나오게 함으로써 향후 미국의 대중·일 외교에서 지렛대로 삼을 수 있다는 전략적 고려도 함께 작용했으며 장기적으로는 북한의 시장이 개방될 경우를 대비하여 북한의 시장을 선점할 수도 있다는 다목적인 계산의 현실주의적인 맥락에서 미국의 대북한 유화정책을 파악할 수 있다.[8)]

이러한 미국의 시각은 한국의 대북한 유화정책과 비슷한 일면을 보여주었다. 한국은 북한이 급박하게 붕괴될 경우 도래할 수 있는 엄청난 통일비용에 대한 우려로 인하여 북한이 대외적으로 개방하여 자본주의식 생활에 어느

---

6) 박재규,『북한 핵문제와 남북한 관계의 전망과 대응』연구보고서 94-1(No. 11)(경남대 극동문제연구소, 1994. 5), 16면.

7) 만일 1991년 걸프전이 아니었더라면 1994년 초에는 이라크가 핵국가가 되었을 것이라는 주장이 제기되어 관심을 끌었다. 이 점에 관해서는 Leonard S. Spector, "Neo-Nonproliferation", *Survival*, Vol. 37, No. 1(Spring 1995), p.73 참조.

8) 박재규앞의 보고서, 17~18면.

정도 적응한 후에 점진적으로 한반도 통일이 이루어지는 것이 바람직하다는 생각을 갖고 있으며 더욱이 북한이 국제사회에서 고립감을 해소하지 못하면 자포자기식 대남도발도 충분히 예상되기 때문에 한국의 대북한 정책은 본질적으로 강경노선으로 치닫기 어려운 측면도 있다는 점이 지적될 필요가 있다. 한국이 점진적인 개방을 통하여 북한을 국제사회의 일원으로 나서게 하려는 노력을 하게 되고 급작스런 개방이나 폐쇄정책의 추구는 상황의 예측을 불명확하게 하기 때문에 북한을 자극할 수 있는 사안에 대해서는 신중한 태도를 취하게 되는 것은 이러한 맥락에서 이해될 수 있다. 이러한 논리의 기저에는 한반도 통일은 한국이 북한을 흡수하면서 이루어지며 상당한 기간 동안 남북한은 현상(Status Quo)을 적어도 유지하면서 북한의 체제 변화를 유도해야 한다는 논리가 내포되어 있다는 점을 부인하기 어렵다.

3. 미·북관계 개선의 진척과 특징

미국과 북한이 1994년 10월 제네바에서 기본합의문에 서명함으로써 북한이 1993년 3월 핵확산금지조약의 탈퇴를 선언한 이후 약 20개월간 지속되어 온 북한 핵문제는 일단 해결의 실마리를 잡았다. 제네바합의는 미국이 북한에 대해 경수로, 중유, 그리고 미·북관계 개선이라는 정치적 및 경제적 보상을 제공하는 대신에 북한으로 하여금 플루토늄 생산능력의 포기와 국제원자력기구(IAEA) 핵안전조치협정의 완전한 이행을 약속하도록 했다는 점에서 그 특징을 찾을 수 있다.[9] 제네바 합의문은 미국이 북한핵 동결을 확보하는 대가로 북한에 미·북관계개선을 보장하는 각서의 의미를 함축하고 있기 때문에 제네바 합의가 순조롭게 이행된다면 대북 경수로 공급이 완료되는 2003년이 되면 과거 핵을 포함한 북한의 핵투명성은 확보될 수 있다는 점에서 긍정적으로 평가될 수 있다.

향후 약 10년간의 합의문 이행계획표에 의하면 먼저, 북한은 기본합의문 서명 이후 1개월 내에 흑연감속로와 관련한 시설 등을 동결하는 한편 경수로

9) 제네바 합의문의 전문에 대해서는 이춘근, 『북한핵의 문제: 발단, 협상과정, 전망』(세종연구소, 1995), 304~311면 참조.

공급계약이 체결되는 시점에 비동결시설에 대한 IAEA사찰이 재개되고 다음으로, 경수로 사업의 상당부문이 완료되는 시점에 그러나 핵심부품이 인도되기 이전에 핵안전조치협정과 관련한 모든 조치를 이행하며 마지막으로, 경수로 건설이 완공되는 시점에 핵시설을 해체하기로 되어있다. 이러한 점에서 볼 때 제네바 합의문에 의하면 경수로 지원의 진척 상황에 따라 북한 핵의 투명성은 단계적으로 확보된다는 것을 의미한다. 바꾸어 말하면 경수로 지원에 대한 진척 상황이 순조롭게 진행되지 않으면 북한은 핵동결의 의무, 즉 특별사찰, 핵시설 해체 등의 합의사항 이행을 하지 않아도 된다는 것을 함축하고 있다.

따라서 만일 제네바합의가 순조롭게 이행된다면 종국적으로 북한 핵문제 해결을 볼 수 있지만 합의 도달보다 합의 이행에 더 많은 노력이 요구될 것이라는 주장과 함께 회의적인 시각도 폭넓게 자리하고 있다. 북한 핵문제의 종국적 해결에 대해 비판적 시각은 북한과의 합의가 제네바합의 이전에도 몇 번 있었지만 북한은 한번도 이행을 하지 않았다는 점[10] 그리고 제네바 합의문에 합의 이행의 관건이 되는 경수로 지원 문제에 대한 구체적인 언급이 명확히 규정되어 있지 않다는 점을 지적하고 있다.

한편 미국은 북한에 대해 경제제재의 완화, 양국간 연락사무소 개설, 미·북관계 정상화 및 북한에 대한 핵무기 불사용의 공식 보장 등을 대가로 제공했다. 북한 핵문제의 종국적 해결은 경수로 지원 및 미·북관계 개선과 맞물려 있음을 제네바 합의문은 명시하고 있는 셈이다. 따라서 제네바합의 이후 가장 큰 관심사는 경수로협상의 타결 여부였으며 제네바합의에서 사실상 한국형 경수로를 북한이 수용했다고 판단하고 대부분의 비용을 부담하기로 되어 있던 한국, 한국형 경수로를 집요하게 거부했던 북한, 그리고 이러한 남북한 사이에서 북한과 경수로협상을 타결해야만 했던 미국 간에는 한국형 경수로를 둘러싼 갈등이 지속되었다.

---

10) 북한과의 합의 이행에 대한 회의적인 시각은 첫째, 미국과 소련의 압력에 의해 북한이 NPT에 서명하여 비핵화에 합의했을 때(1985년 12월), 둘째, 남·북한간에 한반도 비핵화 공동선언에 합의했을 때(1992년 12월), 셋째, 북한이 NPT의무인 IAEA 핵안전조치협정에 서명하여 IAEA 핵사찰을 받아들이겠다고 했을 때(1993년 1월) 북한이 단 한번도 이행한 적이 없다는 전력에서 기인한다. 윤덕민, "제네바 합의와 한국형 경수로 지원 전망", 『월간 통일경제』, 제5호(1995. 5), 22~23면.

결국 미·북간에 1995년 6월 13일 콸라룸푸르에서 타결된 경수로 협상은 그 동안 교착상태에 빠졌던 북한 핵문제 해결에 돌파구를 마련했다는 점에서 한반도 긴장완화에 큰 도움을 주었다. 왜냐하면 만약 미·북 간의 경수로협상이 결렬되었다면 북한이 핵동결을 일부해제, 핵연료 재처리에 나설 가능성이 있었고 이렇게 되면 제네바합의 자체가 깨질 수 있는 소지를 안고 있었기 때문이다. 만약 북한이 그런 방향으로 갔다면 국제사회는 대북제재로 나가지 않을 수 없는 상황으로 들어가게 되고, 이는 한반도의 긴장을 고조시키기에 충분했다.

그러나 제네바 합의문은 핵투명성의 구체적 조건, 형태 및 시점에 대하여 명백한 규정을 명시하지 않음으로써 과거 핵 규명을 유보했다는 점, 합의 이행의 보장 수단이 결여되었다는 점 그리고 한국의 과도한 비용부담에 비해 역할을 모호하게 했다는 점에서 향후 합의문 이행과 관련하여 갈등의 기반을 제공했다는 비판을 받을 소지가 있음이 지적되고 있다.[11] 더구나 경수로 지원과 남북대화의 재개에 대한 불명확한 규정은 향후 미국, 북한 및 한국 간의 갈등을 증폭시킬 수 있으며 이런 점에서 제네바 합의문 타결에도 불구하고 합의문 이행의 진척 상황이 북한핵 문제와 관련 있는 국가들에게 주요한 관심사로 부각되었음은 명백하다고 할 수 있다.

제네바 합의문 타결을 둘러싼 비판적 시각에도 불구하고 이후 미·북관계는 상당한 진전을 보였다. 북한은 제네바 합의문에 따른 5MW원자로 봉인, 50MW 및 200MW원자로의 건설 중단 및 방사화학실험실 폐쇄 등 핵동결조치를 실시했다. 한편 미국도 연락사무소 개설회담의 시작(1994년 12월)과 함께 대북 경제제재의 일부 완화를 발표(1995년 1월)했으며 또한 미·북간 직통전화 개설(1995년 4월) 등 미·북간 관계개선이 이어졌다. 게다가 경수로협상이 콸라룸푸르에서 타결(1995년 6월)됨으로써 북한 핵문제는 새로운 단계로 접어들게 되었다. 미·북 간의 경수로협상 타결은 북한 핵문제에 있어 그동안 소극적인 입장을 견지해 왔던 일본, 중국 및 러시아로 하여금 경쟁적으로 대북한 유화정책을 추진하게 할 수 있다는 점에서 한반도 문제의 국제화를 현실적 이해관계

---

11) 윤덕민, “북한핵개발과 대북협상”, 『전략연구』, 제3권(1994), 47~51면.

속에서 심화시킨 계기가 되었다. 다시 말해서 경수로협상 타결은 미·북관계 뿐만 아니라 한반도를 둘러싼 주변4강, 즉 미국, 일본, 중국 및 러시아의 역학 관계에도 중요한 영향을 미치는 계기가 되었다.

미국은 제네바 합의문에서 북한에 대해 너무 많은 것을 양보하지 않았나 하는 비판에 직면했다. 이러한 부정적 시각은 북한핵을 동결하는 대가로 지불해야 하는 비용이 너무 많은 데서 연유하고 있다. 특별사찰에 대한 4~5년간의 유보, 매년 50만톤 중유의 대북한 공급 및 2003년까지 경수로 공급과 함께 대북한관계 정상화 등은 과도한 대가로서 미국 의회 내에서 비판을 받았다.[12] 그러나 미국의 대북한 정책의 기조가 한반도에서의 전쟁 회피와 북한의 핵무기 생산금지에 있다고 볼 때 북한을 궁지에서 벗어나게 하고 에너지 문제를 동시에 해결해 줄 수 있다는 점에서 제네바 합의문을 긍정적으로 평가하는 시각도 설득력을 더하고 있다.

한편 한국의 입장에서 볼 때 미·북 간의 제네바 합의문 채택은 두 가지 상반된 시각을 보여주었다. 먼저, 북한이 미·북관계 개선을 통하여 정치·경제적 이득을 확보하면 북한체제는 더욱 강화될 소지가 있기 때문에 한국 및 동북아 안보에 더욱 심각하게 위협이 된다는 주장을 들 수 있으며, 이 같은 인식은 북한에 대한 지원보다는 정치적 및 경제적 고립화를 통한 조속한 정권 붕괴를 선호하는 경향을 보이고 있다.

다음으로, 이러한 강경책과는 달리 미·북관계 개선은 정보의 교류를 원활하게 함으로써 결국 북한의 고립주의에 종지부를 찍을 수 있게 하기 때문에 한반도 긴장관계의 완화와 동북아의 평화체제 구축에 공헌할 수 있다는 시각

12) 공화당 내에서는 대부분이 제네바 합의문에 대해 회의적인 시각을 갖고 있었으며 심지어 민주당 내에서도 동 합의문에 대한 비판적인 의견이 있었다. 미국 의회 내에서 제기된 문제점을 정리하면 다음과 같다. 첫째, 미국은 북한이 그동안 핵문제에 대한 약속을 준수하지 않았음에도 불구하고 북한에 대해 과도한 '당근'을 제공한 이유가 무엇인가? 둘째, 미국의 우방국인 한국과 일본 등으로부터 충분한 지지와 협조를 받았는가? 특히 한·미동맹에 장기적으로 미치는 영향은 무엇인가? 셋째, 북한핵 동결에 대한 총 비용은 경수로 건설, 연료봉 보수, 대북한 중유공급 및 북한 핵시설의 궁극적 폐기를 포함할 경우 55억~60억달러가 추정되는 바, 지불주체가 명확하지 않다. 미국의 부담은 어느 정도인가? 넷째, 핵문제의 중요성 못지않게 더 큰 맥락에서 한반도에서의 긴장완화도 중요한데, 미국은 어떤 방안을 가지고 있는가? 이 점에 관해서는 Daryl M. Plunk, "U.S.－North Korean Talks and North Korean Policies", Paper Presented at the East and West Center, Yonsei University, May 30, 1995, Seoul, Korea, pp.3~4 참조.

도 있다. 한국의 입장에서도 북한의 핵무기 보유를 막고 장기적으로 한반도 통일을 위해서는 경수로 비용의 상당한 부분을 부담하더라도 한국형 경수로와 한국의 중심적 역할이 수용된다면 북한에 대한 지원은 장기적으로 바람직한 것으로 고려될 수 있다. 왜냐하면 한반도의 통일이 이루어질 경우 북한에 투자된 비용과 시설은 통일한국의 자산으로서 역할을 충분히 할 수 있기 때문이다.

제네바 합의문과 경수로협상의 타결 이후 미국은 대북한관계 개선을 추구함에 있어 향후 미국 의회내의 비판세력을 설득함과 아울러 한국의 대북한 유화정책이 지속적으로 추진될 수 있는 여건을 조성하는 데 중점을 둘 수밖에 없는 실정이다. 클린턴 행정부는 제네바합의 이후 미국 의회 내에서 우려하고 있는 경수로 건설과 관련된 비용의 대부분을 미국이 아니라 한국이 부담한다는 것을 명시적으로 미국 의회에 보여줄 필요가 있었으며 이러한 점에서 경수로협상 타결은 그 역할을 충분히 했다고 할 수 있다. 이와 더불어 콸라룸푸르에서 미국과 북한은 향후 경수로 건설과 관련한 회담이 북한과 한반도에너지개발기구(KEDO)에 의해 이루어지도록 합의함으로써 미국은 사실상 대북한 관계에서 유일한 당사자로서 위치를 회피했다.

한편 콸라룸푸르 경수로 합의문에서 향후 협상은 북한과 KEDO 간에 이루어지도록 규정함으로써 KEDO의 이사국인 한국의 입장이 반영될 수 있는 여지를 남겼으며 적어도 단기적으로는 경수로 건설의 비용 부담에 대한 한국 내부의 비판적 시각을 약화시키고 한국내 대북한 온건론자들의 입장을 강화시키는 역할을 했다는 시각도 있다는 점이 지적될 필요가 있다. 그러나 이러한 미국측 의도의 지속 여부는 향후 북한과 KEDO의 협상이 얼마나 순조롭게 진행되는가의 정도에 따라, 그리고 미국의 대북한관계 개선의 진척정도에 따라 결정될 것이기 때문에 중·장기적으로 미국의 입장은 반드시 낙관적이지만은 않다고 할 수 있다. 경수로 건설은 미·북관계 개선과 연계되어 있기 때문에 대북 경수로 지원사업이 순조롭게 진행되기 위해서는 미국은 북한으로 하여금 미·북 연락사무소 개설에 대한 확신을 주어야 하며 그리고 경수로공급협정 체결 이후 미국은 북한핵 투명성 정도와 연계하여 대북제재의 추가적인 해제와 미·북 원자력협정을 체결해야 할 뿐만 아니라 이후 미·북간 정치군사협상과 미·북관계 정상화를 위한 협상도 추진해야 할 부담을 지게 되었다.

물론 미·북관계 정상화는 경수로 건설의 핵심부품이 북한에 이전되고 특별사찰이 실시되며, 사용후 핵연료가 제3국으로 이전되는 시점에서 이루어질 것이기 때문에 그 과정에서 장애 요인이 많이 발생할 여지가 있다. 특히 미·북관계 개선에 있어 대두된 가장 큰 이슈가 북한의 핵 투명성 문제와 인권 개선의 문제라고 볼 때, 북한의 인권 문제는 미·북 국교정상화를 전후하여 부여될 북한에 대한 최혜국대우 문제와 관련하여 계속 논란의 여지를 남길 것으로 전망되고 있다.13)

4. 미·북관계 개선의 효과

북한은 미·북관계 개선을 통해서 한국을 배제하는 전략을 지속할 수 있는 여건을 마련하고 경수로 지원 및 미국의 대북한 경제제재의 완화를 이끌어 냄으로써 정치적 및 경제적 이득을 상당히 얻었지만 이러한 효과가 향후 지속될 전망은 불투명한 실정이다.

먼저, 정치적 효과에 대해서 살펴보면, 미·북관계 개선을 통해 북한이 미국으로부터 체제의 정통성을 확보하고 미국의 자본과 기술을 유치하여 경제난을 타개한다면 한국에 대한 경제적 및 외교적 열세를 일거에 만회할 수 있는 계기를 마련할 수 있다.14) 게다가 경수로 건설 비용을 둘러싼 한국, 미국, 그리고 일본 간의 갈등은 현실화되기 마련이기 때문에 시간이 지남에 따라 북한은 부수적으로 외교적 이득을 얻을 수 있다. 특히 북한측 입장에서 볼 때 미·북관계 개선은 한·미 간의 공조체제에 갈등을 제공함으로써 한국을 외교적으로 소외시키는 효과도 얻고 있다. 그렇게 되면 북한이 향후 남북한 관계에서 정통성과 주도권을 확보할 수 있을 뿐만 아니라 탈냉전시대에 들어서면서 북한에게 불리하게 전개되었던 동북아의 국제질서를 반전시킬 수 있는 여

13) 미국은 북한의 인권문제를 향후 미·북수교의 과정에서 협상카드로서 사용할 가능성이 있으며 또한 북·일수교시 일본에게 주도권을 놓치지 않기 위해 일본의 대북한 협상에 제동을 걸 수 있는 여지로서 남겨놓고 있다는 주장이 있다. 김계동, "북한의 대미정책", 『국제정치논총』, 제34집 2호(1994. 12), 95~96면.

14) 김계동, "경수로협정 타결과 남북한관계", 『월간 통일경제』, 제14호(1996. 2), 11~12면.

지를 확보한 셈이다.

이와 더불어 북한으로서는 특별사찰의 수용, 핵시설 해체 등 제네바합의를 이행하는 문제가 경수로 건설의 진전과 연관되어 있는 이상 한국형 경수로 문제를 다시 쟁점화하는 등 의도적으로 특정 조건을 부과하면서 경수로 건설을 지연시킴으로써 합의 이행의 시점을 자신에게 유리한 시기로 조정할 수 있다. 더구나 북한은 경수로 주요 부품이 이전되는 시기 전까지인 향후 4~5년 동안은 자신들의 핵시설 동결 이외에는 특별히 이행할 사안이 없는 반면, 미국측은 이 기간 동안 경수로 건설을 위한 세부적인 사항을 진척시켜야 되고, 중유공급 문제를 해결해야 하며 그리고 상호 연락사무소 개설 등을 이행해야 하기 때문에 결국 북한은 제네바합의 이후 경수로가 완공되는 10년 또는 그 이상의 기간 동안 핵카드를 유지할 수 있는 전략적인 이점을 갖게 된다는 분석이 가능하다.

이와 같이 미·북관계 개선을 통하여 북한이 얻을 수 있는 정치적 효과를 고려해 볼 때 경수로협상의 파기는 북한이 선택할 수 있는 대안 중에서 가장 가능성이 희박한 것으로 판단된다. 따라서 북한으로서는 대북 경수로 지원이 ‘트로이 목마’가 되는 것을 막는 방안만 확보한다면 제네바합의의 순조로운 이행을 통해 미·북관계 개선을 강화하는 것이 탈냉전시대에 있어 생존하기 위한 최선의 전략이 되는 셈이다.

북한이 제네바합의를 통해 핵무기 개발을 동결하고 경수로협상에서 한국형 경수로를 사실상 받아들인 이면에는 이러한 정치적 이해관계가 작용했으며, 북한으로서는 이러한 상황을 최대한으로 이용하여 경수로협상의 타결 이후 부속의정서 등의 협상에서 KEDO에 큰 문제를 제기하지 않았다. 바꾸어 말하면 북한의 입장에서 향후 경수로 건설의 진척에 있어 정치적 기대효과가 예상보다 작다고 판단할 경우 경수로 건설과 관련하여 타결된 합의문이 단지 휴지 조각으로 변할 가능성은 항상 존재하는 셈이다. 게다가 중요한 것은 이러한 정치적 기대 효과를 판단하는 주체는 한반도 주변국가들이 아니라 변덕스런 북한의 지도층이라는 점이다.

다음으로, 경제적 효과에 대하여 살펴보면, 1994년 10월에 타결된 제네바합의문에서 북한은 핵무기 개발을 동결하는 대신 경수로와 중유를 공급받고 미·북관계 개선을 약속받았다. 북한은 핵활동을 동결하며 경수로 2기가 완공되는 시점에 핵시설을 파기하는 한편 경수로 건설의 상당부분이 완성되고 주요한 핵부품이 인도가 되기 전에 2개의 핵폐기물 시설에 대한 IAEA의 사찰을 받는다는 것이다. 그 대신 북한은 2003년까지 약 1천MW 용량의 경수로 2기를 공급받으며 25MW 원자로의 가동 중단과 50MW 및 200MW 원자로의 건설 중지를 보상받기 위해 경수로 건설이 완공되기 전까지 1995년도에는 15만톤, 그리고 1996년도부터 매년 50만톤의 중유를 무상으로 공급받기로 되어 있다. 미국은 대북 경수로를 재정적으로 지원하기 위하여 KEDO를 설립할 것을 공언했으며 클린턴 대통령은 1994년 10월 20일에 경수로 지원과 중유 공급을 보장한다는 서한을 김정일에게 전달했다.[15)]

북한은 과거 냉전시대에는 소련과 중국으로부터 매년 100만톤 이상의 원유를 수입하였으나 1991년 이후에는 거의 중단됨에 따라 심각한 원유난을 겪고 있는 상황에서 1996년부터 매년 50만톤씩 중유를 공급받는다는 것은 경제난에 획기적인 기여를 할 것으로 판단된다. 그러나 이러한 중유 문제에 대하여 중유비용의 분담 문제에 있어 한·미·일 간에 구체화된 협약이 미비할 뿐만 아니라, 이 문제는 경수로사업의 진척과도 연관되어 있기 때문에 향후 갈등의 소지는 충분히 내포되어 있다고 할 수 있다.[16)]

미국은 지난 1950년 이래 북한을 적성국, 테러지원국, 인권침해국 등으로 규정하고 무역, 투자, 금융, 그리고 재정 등 거의 모든 분야에서 대북한 경제교류에 제한을 두었다.[17)] 그러나 1980년대 후반 미국은 한국이 사회주의 국가

---

15) 제네바 합의문 내용 및 경수로 건설과 중유 공급을 보장하는 클린턴 대통령의 서한에 관해서는 Zachary S. Davis, et al., "Korea: Procedural and Jurisdictional Questions Regarding Possible Normalization of Relations With North Korea", CRS Report for Congress(November 29, 1994), pp.10~13 참조.

16) 박영호, "대북 경수로 지원 문제에 대한 미국의 입장", 『월간 통일경제』, 제14호(1996. 2), 21~23면.

17) 미국의 대북한 경제제재의 근거는 1950년 한국전쟁으로 인한 적성국교역법(Trading With the Enemy Act), 그 시행령인 해외자산통제규정(Foreign Assets Control Regulation), 수출관리법(Export Administration Act), 그리고 해외원조통제법(Foreign Assistance Control Act) 등에서 찾을 수 있다. 한편 이러한 포괄적인 제재 외에 미국이 북한에게 최혜국대우지위(Most-Favored-Nation Status)를 거부하고 일반특혜관세(Generalized System of Preferences)를 부여하지 않음에 따라 북한의 대미수출은 제한을 받고 있다. 이 점에 관해서는 Davis, et al., *supra* note 15, pp.21~31 참조.

들과 관계 개선의 의지를 피력하고 북한에 대한 전향적 조치를 천명함에 따라, 그리고 북한을 국제사회의 일원으로 끌어들일 필요성을 절감한 나머지 해외자산통제규정 및 수출관리법 등의 일부를 개정하여 대북한 제재조치의 극히 제한적인 일부를 완화하였다. 그러나 북한의 핵무기 개발 의혹으로 말미암아 이같은 대북 화해조치는 더 이상 진척되지 못하고 중단되었다.

한편 제네바협상은 합의문이 타결된 이후 3개월 내에 미국이 무역 및 투자 제한을 완화하기로 되어 있는데, 미국은 1995년 1월 20일에 제네바 합의문을 준수하기 위해 제1단계 대북 경제제재 완화조치를 제한된 범위 내에서 단행하였다. 그 내용은 ① 여행, 언론취재와 통신, ② 금융거래, ③ 특정 품목(마그네사이트)에 대한 교역 허용, 그리고 ④ 원자력 분야 사업 등 4개 부문에 걸쳐 있으며, 관련 법규의 개정 없이 대통령의 행정명령만으로 이루어졌기 때문에 상징적인 조치로서 받아들여졌다. 한편 경제제재 완화 이후 1995년 2월에는 모토롤라, 시티뱅크, 스탠튼그룹 등 미국의 11개 다국적 기업의 대표단이 대북한 진출을 위한 타당성 조사를 나진·선봉지역과 평양 등에서 실시했으며, 특히 스탠튼그룹은 1995년 10월말까지 네번이나 나진·선봉지역을 시찰하고 미 재무부로부터 대북 경제활동에 관한 인가를 받아 가동이 중단되어 온 나진·선봉지역에 있는 화력발전소와 정유공장을 북한과 공동운영 중인 것으로 알려지고 있다.[18] 게다가 1995년 4월 10일에 AT&T사는 일본의 국제전신전화회사를 중계자로 하여 미국, 일본, 북한을 연결하는 상용전화를 개통하였다.

이 같은 미국의 대북한 경제적 진출은 경수로협상의 타결 등으로 더욱 촉진되었다.[19] 미국은 북한의 식량난 악화로 인한 급속한 붕괴가 미국의 국익에 도움이 되지 않는다는 판단하에 북한을 국제사회의 일원으로 나서도록 개방을 유도하는 정책을 현실화했다. 이러한 인식은 1996년 2월 2일 미국의 대북한 식량지원 방침으로 드러났으며, 1996년 3월 5일 해외자산통제규정의 일부 개정으로 이어져서 대북한 인도적 지원을 위한 유엔 및 국제적십자사로의 기

18) 최수영, "미·일 대북 지원정책의 효과", 『통일연구논총』, 제5권 1호(1996), 129~130면.
19) 1995년도 미국의 대북한 수출은 5백만 6천달러로 급증하였으며, 이 가운데 옥수수가 421만달러(84.1%) 그리고 디젤유가 48만 3천달러(9.7%)를 차지했다. 이는 북한의 식량위기가 한반도 안정에 부정적 영향을 미칠 수 있다는 미국의 정책 전환과 맥락을 같이하고 있다. 최수영, 위의 논문, 131~132면.

금 공여와 관련한 모든 거래가 허용되었다.[20]

이처럼 미국의 대북한 경제적 진출은 활발해지고 있으나 적성국교역법 등에 의한 전반적 수출금지는 여전히 유효한 상태이기 때문에 미국 기업의 대북한 진출 및 북한의 대미수출이 활성화되기 위해서는 대폭적인 경제제재의 완화가 필요한 실정이다. 그러나 미국의 대북 식량난 지원과 제2단계 경제제재의 완화는 한국측과의 시각차 해소를 필요로 할 뿐만 아니라 공화당이 주도권을 갖고 있는 미 의회의 견제를 극복해야 한다는 점에서 클린턴 행정부의 대북한 지원을 통한 북한의 경제난 타개는 상당한 시일이 걸릴 수밖에 없다. 게다가 제2단계 경제제재 완화조치가 시행된다고 하더라도 미국 기업의 직접투자 금지, 수출신용 제공 금지 등의 조치가 유효하기 때문에 미국의 제재수단에 있어 핵심적인 요소는 여전히 그 위력을 발휘하게 된다고 할 수 있다.[21]

이러한 맥락에서 볼 때, 북한이 미·북관계 개선을 통해서 직접적으로 얻고자 했던 중유 확보와 경제제재 완화는 제한된 범위에서 그 목적을 달성하고 있다. 그러나 북한은 미·북관계 개선을 통한 이러한 직접적인 경제적 효과뿐만 아니라 간접적인 경제적 효과도 추구하고 있다는 점을 주목할 필요가 있다.

북한과 일본은 식민지통치에 대한 배상문제 등에 관하여 합의를 도출하기 쉽지 않기 때문에 양국이 수교협상에 이르기까지 난관이 예상되지만, 미·북관계 개선으로 북·일수교를 위한 국제적 제약요인은 상당부분 해소된 이상 미국이 북한에 연락사무소를 설치하는 시점에 일본은 북한에 연락사무소나 무역대표부를 설치할 가능성은 충분히 예상할 수 있다.[22] 이렇게 되면 북한은

---

20) 미국은 1995년 9월에 유엔 및 민간봉사기관을 통해 2만 5천달러를 그리고 1995년 10월에 유엔아동기금(UNICEF)을 통해 추가로 20만달러를 북한에 제공했으며, 이어 세계식량기구(WFP)를 통해 1996년 3월에는 200만달러 그리고 1996년 6월에 620만달러를 북한에 지원한 바 있다. 미국의 대북한 식량지원은 북한 식량난의 심각성에 대한 미국정부의 우려를 반영하고 있다. 최수영, 위의 논문, 130~131면.

21) 미국의 제2단계 경제제재 완화의 내용은 ① 미국 해외 현지법인의 대북투자 허용, ② 대북 수출허용 품목 확대, ③ 선박 및 전세기의 북한입국 허용, ④ 미국 은행을 통한 송금 허용, ⑤ 미국인 여행자의 북한내 신용카드 사용 허용 등 본격적인 교류 확대에 대비한 지원적인 성격을 띠고 있다. 미국의 대북 제재조치의 현황에 관해서는 김국신, "미국의 대북 지원정책 결정배경과 향후 전개방향", 『통일연구논총』, 제5권 1호(1996), 73~75면 참조.

22) 김용호, 『북한의 경제외교 전개방향과 우리의 대응책』 정책연구시리즈 95-10(외교안보연구원, 1996. 7), 19~20면.

미국뿐만 아니라 일본의 자본과 기술을 도입하여 경제난을 타개하는 데 새로운 계기를 마련할 수 있는 셈이 된다.[23] 게다가 미국과 일본은 자본과 기술의 제공을 통한 대북한 영향력 확보를 위해서 경쟁관계에 돌입하기 때문에 북한이 얻을 수 있는 경제적 혜택은 기대 이상으로 상승할 수가 있다. 따라서 북한은 개방에 따른 체제 손상을 막기 위해 적어도 한국의 대북한 경제적 진출에 대하여 일정 기간 동안 제동을 걸 수가 있다.

결국 북한이 추구하는 최선의 시나리오는 한국의 대북한 진출을 제한된 범위 내에서 받아들임으로써 미국과 일본으로 하여금 자본과 기술의 대북한 투자에 있어 정치적 제약요인을 약화시키고, 나아가서 대북한 영향력 확보를 위한 미국과 일본의 각축을 유도함으로써 북한이 경제적 이득을 최대한으로 취하면서 한국에 대한 배제전략을 지속적으로 견지하는 것이라고 할 수 있다. 다시 말하면 북한의 전략은 탈냉전시대에 있어 개방이 불가피하다면 개방을 통하여 전략적으로 한·미·일 간의 갈등을 유발함으로써 경제적 효과를 극대화하는 데 있다고 할 수 있다.

5. 결론: 미·북관계의 전망과 한반도 통일

북한은 미·북관계 개선을 통하여 체제안정을 바라고 있으나 이 과정에서 북한 내부로부터 나타날 수 있는 체제안정에 주는 역작용은 어느 정도 감수할 준비가 되어 있으며, 그러한 희생의 대가로 한반도 주변국들로부터 경쟁적인 유화정책을 확보했다. 따라서 북한은 한국을 배제한 상태에서 미·북관계 개선을 성공적으로 달성할 수 있다면 제네바 합의문을 이행한다는 명목으로 경수로 건설이 완공되는 2003년까지는 체제 생존을 유지하고 남북한 관계에서 일방적 열세를 만회할 수 있는 기반을 마련했다고 할 수 있다.

이러한 관점에서 볼 때, 북한으로서 가장 바람직한 상황의 전개는 미·일과의 수교를 이룸으로써 경제적 및 정치적 난국을 타개하는 것이며, 최악의 상황은 제네바합의를 파기하고 다시 그 이전의 상태로 복귀하여 핵무기개발계획

23) 북한으로서는 미국보다 일본에 접근하는 것이 현실적으로 더 이득이 많다는 주장도 있다. 서대숙, "북한의 외교정책과 일본", 『월간 통일경제』, 제4호(1995. 4), 83~84면.

을 추진함으로써 한반도에서 긴장상태를 지속시키는 것이라고 할 수 있다.

만일 전자의 상황이 도래한다면 한반도는 주변4강의 교차승인이 현실화됨으로써 한반도 문제에서 남북한이 독자적인 목소리를 낼 수 있는 기반이 약화되며, 주변4강의 대한반도 등거리정책으로 인하여 북한의 대남 침공이나 북한의 체제붕괴 위험은 감소하는 반면 남북한 관계는 상당기간 동안 긴장이 지속될 것으로 예측할 수 있다. 이렇게 되면 대북한관계 개선에서 우위를 점한 미국의 대한반도 영향력이 강화되고 한반도에서 현상(Status Quo)의 유지를 바라는 주변4강의 이해관계가 공통점을 찾는 반면 남북한관계의 개선을 추구함으로써 궁극적으로는 한반도 통일을 바라는 한국의 이해관계는 상대적으로 그 중요성이 약화되는 결과를 낳게 된다.

반면 만일 후자의 상황이 도래한다면 북한의 자포자기식 대남 도발의 욕구를 부추킴으로써 한국은 북한의 군사적 도발 방지에 최우선 순위를 두어야 하며, 한반도 주변4강은 북한의 붕괴로 인한 동북아에서 태동될 새로운 국제질서의 재편에 관심의 초점을 두게 될 것이기 때문에 한반도 문제에 대한 주변4강의 이해관계가 심각한 갈등이 드러나게 된다. 이렇게 되면 한반도 문제에서 한·미동맹의 강화가 주요한 이슈로서 제기될 것이기 때문에 한반도 문제에 있어 미국이 주도적인 역할을 할 여지가 많다고 할 수 있다.

따라서 동북아에서 미국이 주도권을 확보하기 위해서는 제네바합의의 순조로운 이행을 통해서 대북한 영향력을 강화하는 방안이 있을 수 있다. 그러나 만일 주변국들의 견제로 미국이 동북아에서 주도권을 확보하지 못한다면 주변국들과 한반도에서 다소 균형된 영향력을 공유하든지 아니면 제네바합의의 파기를 유도함으로써 다시금 한반도에서 영향력을 확보할 수 있는 여지를 확보한 셈이다. 한국으로서는 미국이 한반도 문제에서 핵심적인 위치를 보장받고 있다는 점을 깊이 인식할 필요가 있다.

미국은 통일한국에서도 여전히 정치적 영향력을 행사하기를 원한다는 관점에서 한·미동맹 체제의 지속을 요구할 것이지만 북한이란 특정 적대국이 사라진 상황에서 그 성격은 큰 변모를 보일 수밖에 없다. 그 이유는 북한의 위협이 사라진다면 주한미군의 존재 이유는 지역안보를 제외하고는 한국과 미국 양 국민들에게 정당화하는 데 어려움을 느끼게 되기 때문이다. 그러나 일본은 강대해진 통일한국에 대한 두려움으로 인하여 미군의 지속적인 한반도 주둔을 통해 적절한 균형자로서의 역할을 담당할 것을 바라고 있다. 반면 중국은 장기적으로 한반도에서 미군의 존재를 자국이 모색하는 새로운 동북아 정치질서에 방해물로 인식할 수도 있지만 일본의 군사적 및 정치적 대국화를 견제한다는 의미에서 단기적으로는 통일한국에 미군이 주둔하는 것을 반대하지 않을 것이다.[24] 이와 함께 러시아는 자본주의 체제로의 전환이 가져 온 후유증을 극복하고 나면 한반도에서 과거 냉전시대에 누렸던 영향력을 되찾기 위해 주변국들의 세력균형을 통해 대한반도 정책에 적극적으로 간여할 것이다.

이와 같이 미국이 한반도에서 핵심적인 조정자 역할을 한반도 통일 이전이나 혹은 이후에도 할 것이라는 맥락에서 볼 때, 한국으로서는 미·북관계 개선에 대한 정책적 선택, 즉 미·북관계 개선을 지원해야 하는가 아니면 억제해야 하는가의 기로에 선 셈이며, 이는 단지 대북 경수로 지원이라는 차원을 떠나 통일 이후의 동북아 역학관계에도 영향을 주는 사안이기 때문에 중·장기적인 국제정치적 시각에 입각한 분석을 필요로 한다.

먼저, 미·북관계 개선을 지원해야 하는 경우는 한국이 대북 경수로 지원에 있어 분담금의 적극적 지원 등 미·북관계 개선에 있어 우호적인 분위기를 조성한다는 것을 의미하며, 이는 북한의 대남 군사적 도발의 억제 및 갑작스런 붕괴를 막는다는 한국의 전략적 목적을 충족시킬 수는 있다는 점에서 바람직하다고 할 수 있다. 그러나 이 방안은 북한의 생존능력을 고양하고 나아가 한국과 대등한 능력을 갖출 수 있는 기회를 북한에 제공한다는 의미에서 통일한국의 수립에는 상당한 시간을 요하게 된다는 우려할 만한 점도 갖는다는 것을 지적할 필요가 있다. 따라서 한국으로서 주변4강의 대북 유화정책에 동조할 경우 이에 부수되는 긍정적 및 부정적 영향을 명확히 파악하는 것이 중요하다고 할 수 있다.

다음으로, 미·북관계 개선을 억제해야 하는 경우는 대북 경수로 지원 등에서 소극적 및 부정적으로 대응함으로써 그리고 미국의 대북한관계 개선을 남북한관계 개선과 연계시킴으로써 제네바합의의 순조로운 진행을 막는다는

---

24) Fei-Ling Wang, "Chinese Perception of the U.S.-ROK Alliance", Tae-Hwan Kwak and Thomas L. Wilborn, eds., *The U.S.-ROK Alliance in Transition*, pp.90~91.

것을 의미하는데, 이는 종국적으로 북한의 대남 군사적 도발과 갑작스런 붕괴를 조장한다는 점에서 그리고 한국과 주변4강의 외교적 갈등을 초래한다는 점에서 한국으로서는 신중하게 고려해야 할 사안이라고 할 수 있다. 단지 한국이 이 방안을 모색해야 할 시점은 한반도 문제가 미·북수교로 진행되는 시점에서 북한이 여전히 한국배제 전략을 고수하여 남북한관계 개선을 거부할 때, 핵무기 동결과 관련하여 제네바 합의문이 명시한 구체적 이행의무를 북한이 거부할 때, 그리고 한반도 주변4강이 대북 유화정책이 심화됨으로써 한국이 한반도 문제에서 심각한 고립감을 느낄 때이다.

북한이 미·북관계 개선을 추진하는 근본적인 배경은 북한이 경제적 및 외교적 난국을 타개함으로써 체제의 안정을 도모하는 점에서 찾을 수 있기 때문에 만일 현재 진행되고 있는 미·북관계 개선이 김정일체제의 안정에 위해가 된다면 북한으로서는 언제든지 그것을 포기할 수 있다는 논리가 가능하다. 그러나 미·북관계 개선을 포기할 경우 북한의 체제는 정치적 및 경제적 관점에서 대내외적인 곤경에 처할 것은 명백하다는 점에서, 미·북관계 개선을 통해 한반도 문제의 국제화는 심화되었다는 점에서, 그리고 북한의 핵카드는 이미 그 효용성이 상당히 상실되었다는 점에서 북한이 제네바 합의문 채택 이전의 상태로 복귀를 결정하는 것은 사실상 쉽지 않은 실정이다.

이러한 맥락에서 볼 때 한국은 미·북관계 개선에 있어 외교적 주도권을 확보하는 것이 중요하며 미·북관계 개선이 가져오는 단기적인 이해관계의 이득과 손실을 떠나 중·장기적으로 미·북관계 개선이 한반도 통일에 미치는 영향을 고려하여 대응방안을 모색하는 자세가 요구된다고 할 수 있다.

참고 문헌

Bibliography

고재남. 『러시아의 대북한 정책과 한국의 대응』 정책연구시리즈 95-8. 외교안보연구원, 1996. 6.

금희연. "중국의 대한반도 시각 변화와 4자회담". 『월간 통일경제』, 제20호, 1996. 8.

김계동. "북한의 대미정책". 『국제정치논총』, 제34집 2호, 1994. 12.

______. "경수로협정 타결과 남북한관계". 『월간 통일경제』, 제14호, 1996. 2.

김국신. "미국의 대북지원 정책 결정배경과 향후 전개방향". 『통일연구논총』, 제5권 1호, 1996.

김용호. 『북한의 경제외교 전개방향과 우리의 대응책』 정책연구시리즈 95-10. 외교안보연구원, 1996. 7.

박영호. "대북 경수로 지원 문제에 대한 미국의 입장". 『월간 통일경제』, 제14호, 1996. 2.

박재규. 『북한핵문제와 남북한관계의 전망과 대응』 연구보고서 94-1(No. 11). 경남대 극동문제연구소, 1994. 5.

서대숙. "북한의 외교정책과 일본". 『월간 통일경제』, 제4호, 1995. 4.

외교안보연구원. 『1996년도 국제정세 전망』, 1995.

____________. "미국의 대북한 경제제재: 완화 가능성과 의미". 『주요국제문제 분석』, 1996. 7. 3.

윤덕민. "북한핵 개발과 대북협상". 『전략연구』, 제3권, 1994.

______. "제네바 합의와 한국형 경수로 지원 전망". 『월간 통일경제』, 제5호, 1995. 5.

이춘근. 『북한 핵문제: 발단, 협상과정, 전망』. 세종연구소, 1995.

최수영. "미·일 대북 지원정책의 효과". 『통일연구논총』, 제5권 1호, 1996.

한국무역협회. 『주요북한경제지표 1996』, 1997.

Allan, Charles T., "Extended Conventional Deterrence: In From the Cold and Out of the Nuclear Fire". *The Washington Quarterly*, Vol. 17, No. 3, Summer 1994.

Davis, Zachary S., et al., Korea: *Procedural and Jurisdictional Questions Regarding Possible Normalization of Relations With North Korea*, CRS Report for Congress, November 29, 1994.

Niksch, Larry A., "The Agreed Framework: View from Washington", In Kwak, Tae-Hwan and Thomas L. Wilborn, eds., *The U.S.-ROK Alliance in Transition*. Seoul: Kyungnam University Press, 1996.

Plunk, Daryl M., "U.S.-North Korean Talks and North Korean Policies", Paper Presented at the East and West Center, Yonsei University, Seoul, Korea, May 30, 1995.

Spector, Leonard S., "Neo-Nonproliferation". *Survival*, Vol. 37, No. 1(Spring 1995).

Titarenko, Mikhail L., "Korean Peninsula in the System of Russia's National Interests", *Sino-Soviet Affairs*, Vol. 64(Winter 1994/1995).

Wang, Fei-Ling., "Chinese Perception of the U.S.-ROK Alliance", In Kwak, Tae-Hwan and Thomas L. Wilborn, eds., *The U.S.-ROK Alliance in Transition*, Seoul: Kyungnam University Press, 1996.

Ⅱ. 한반도 통일방식과 대외적 과제*

1. 서 론

2000년 6월 15일에 평양에서 이루어진 남북한 정상회담은 남북한 내부뿐만 아니라 전 세계적인 관심을 자아내기에 충분할 정도로 폭발성을 지니고 있었다. 그 정상회담은 냉전의 종식에도 불구하고 여전히 냉전적인 군사질서가 남아 있는 한반도에서 화해의 분위기를 싹트게 했다. 그 결과, 한반도 통일에 대하여 그동안에 인식되어 왔던 추상적이며 관념적인 생각을 보다 구체화하며 현실화시키는 계기를 마련해 줌으로써 통일한국에 대한 요구와 기대감을 제고시켰다.

그러나 이러한 사태의 전개는 반드시 긍정적인 결과만을 가져온 것은 아니다.[1] 6·15정상회담은 남한 내부에서 보수 및 진보, 그리고 통일 및 반통일을 둘러싼 대립을 촉발시키는 데 공헌했으며, 이러한 갈등은 약 3년 반이 지난 현 시점에도 여전히 치유되지 않고 상존하고 있을 뿐만 아니라 오히려 증폭되었다는 주장을 부인하기 힘들 정도로 악화되었다.

만일 한반도 통일을 둘러싼 논쟁이 적절한 절차를 거쳐 합의에 도달하지 못하고 남한 내부의 갈등을 지속시킨다면 남북한 정상회담의 역사적 중요성은 반감될 수밖에 없으며, 나아가 한반도 통일에 대한 회의감 및 실망감을 증폭시킴으로써 한반도 통일의 이슈는 남한 내부의 주요한 관심으로부터 벗어날 가능성이 매우 높다고 할 수 있다. 한반도 통일의 논의에 있어 그 속도와 폭을 조절할 필요성은 이러한 맥락에서 제기되고 있다.

사실상 한반도 통일에 대한 관심은 1990년대 들어서면서 남한 내부뿐만 아니라 국제적으로 부각되었다. 냉전시대의 남북한이 미국과 소련의 영향권을 벗어나 독자적인 세력을 유지한다는 것은 어려운 상황이었다. 특히 한반도 통일은 냉전의 기반을 붕괴시키는 역할을 하기 때문에 더욱 생각하기 힘들었다.

---

* 이종선, "한반도 통일방식과 대외적 과제", 『동북아연구』, 8(2003. 12), 69~95면.

1) 김태환, "신국제질서의 제약요인과 남북화해협력관계의 지속성", 민주평통 제10차 정책포럼 「햇볕정책 평가와 과제, 중장기 비전」(2001. 11. 9), 41~42면.

이러한 점에서 볼 때, 냉전시대에 남북한이 표명한 한반도 통일의 원칙 및 전략은 현실성이 결여되었으며 다소 선전적인 효과를 노린 선언에 불과한 것이라고 할 수 있다.

그러나 동유럽 및 소련 등 사회주의권의 몰락은 한반도 통일의 논의에 새로운 활력을 불어넣었다. 북한의 붕괴는 현실적으로 예측 가능한 사안으로 등장했다. 독일의 통일이 보여주듯이 한반도 통일의 실현은 가능성이 매우 높은 현실로서 인식되었다. 그럼에도 불구하고 이 시점에서 전개된 한반도 통일에 대한 논의는 한반도 통일이 통일한국에 부정적인 영향을 미칠 것이라는 점에 초점을 맞추었다. 그러한 논쟁의 전면에 통일독일이 겪고 있는 경제적 어려움을 강조한 이른바, 통일비용의 측면이 제기되었다.

더구나 더욱 역설적인 현상은 남한이 한반도 통일의 사안에 적극적으로 나설 경우 북한은 전쟁을 감행해서라도 버틸 것이라는 주장이 설득력 있게 제기됨으로써 남한은 다소 소극적으로 한반도 통일의 문제에 접근하게 되었다. 그 결과, 한반도 통일의 논의가 그 불씨를 살리지 못하고 남한 내부의 관심으로부터 멀어지는 결과를 맞게 되었다.

이처럼 1990년대 이후 전개되고 있는 한반도 통일의 논의가 그 생명력을 유지하지 못하고 있는 현실에서 한반도 통일을 저해하는 요인 및 촉진시키는 요인들을 보다 심층적으로 살펴보며, 그리고 그 대안을 모색하는 일은 그 중요성을 아무리 강조해도 지나치지 않다고 할 수 있다.

본 논문은 한반도 통일방식에 초점을 맞추고 그러한 관점에서 예상되는 대외적 과제를 포괄적으로 분석함에 그 목적을 두고 있다. 구체적으로, 첫째, 한반도 통일의 절차는 어떻게 될 것인가, 즉 한반도 통일의 방식을 검토하며, 둘째, 한반도 통일에 영향을 미치는 내부적 요인으로서 남북한 변수를 분석하고, 셋째, 한반도 통일에 영향을 주는 대외적 요인으로서 주변국들의 태도를 살펴봄으로써 바람직한 대응방안을 모색하고자 한다.

2. 한반도 통일의 방식

한반도 통일은 어떠한 방식으로 이루어질까? 통일한국의 미래상은 통일이 이루어지는 과정과 불가분의 관계를 가질 수밖에 없으며, 그리고 그 과정에 결정적인 영향을 받을 것으로 보인다. 통일과정에 대하여 명확한 논점을 제시하기는 어렵지만 역사적으로 다른 지역에서 이루어진 통일의 유형을 분석하여 한반도에 적용해 볼 수는 있다. 그 유형은 무력통일, 흡수통일, 그리고 협상을 통한 통일을 들 수 있다.

1) 무력통일

한반도 통일을 위한 무력적 수단은 1950년 6월에 북한에 의해서 이미 한 차례 사용되었지만 실패하였다. 당시의 남한은 이념적인 혼란을 겪고 있었고, 북한의 침략을 억지할 수 있을 정도의 군사적 역량이 불충분했으며, 그리고 더욱 중요한 요소로서 남한이 침략을 당할 경우 미국의 군사적 지원에 대한 신뢰성이 불투명한 실정이었다. 이러한 요소들은 당시에 북한의 전쟁 결정에 긍정적인 기여를 했음은 부인하기 어렵다.

1990년대 이후에 진행되고 있는 탈냉전의 상황에서 북한이 무력적 수단을 다시 사용할 가능성이 있는가? 이러한 물음에 대한 반응은 대부분 부정적인 특징을 보이고 있다. 당시와 비교해 볼 때, 전 세계적으로 이념적인 요소는 큰 변수가 되지 못하기 때문에 북한은 당시의 중국과 소련이 보여주었던 것과 같은 사회주의권의 국제적 지원을 받기 어렵고, 남한의 군사력은 미군의 주둔으로 적어도 균형을 유지하거나 오히려 우위를 점하고 있으며, 그리고 한·미 동맹은 북한의 침략을 원천적으로 억제하는 역할을 하고 있다. 이러한 맥락에서 볼 때, 북한이 또다시 전쟁을 일으킨다는 것은 합리적인 사고의 틀을 벗어난 행동이라고 할 수 있다.

그러나 역사적으로 볼 때, 전쟁의 결정이 반드시 합리적으로만 이루어진 것은 아니며, 군사적인 승리를 보장받지 못한 상황일지라도 정치적으로 전쟁을 시도한 사례들도 있다.[2)] 이러한 맥락에서 볼 때, 북한은 시간이 자신에게

---

2) 구체적인 사례로서 1950년 한국전에 개입한 중국과 1973년 이스라엘과의 10월전쟁을 시도한 이집트를 들 수 있다. 중국의 사례는 Hao Yufan and Zhai Zhihai, "China's Decision to Enter the Korean War: History Revisited", *The China Quarterly*, No. 21 (March 1990), pp.107~108; 그리고 이집트의 사례는 Saad el Shazly, Lt. General, *The Crossing of the Suez*(San Francisco, CA.: American Mideast Research, 1980), pp.159~160 참조.

불리하게 진행되고 있다는 판단이 들 경우, 군사적 승리의 확신이 없는 상황에서도 전면전을 시도할 가능성은 충분히 있는 셈이다. 이른바 '자포자기식' 전쟁이 그것이다. 이러한 방식의 전쟁은 이론적으로 무척 우려되는 시나리오임은 분명하다. 만일 북한의 지도층이 경제적 난국을 타개하지 못하고 주민들의 지지를 잃게 되며 그리고 지도층의 급격한 변화가 초래된다면 강경한 보수세력이 권력을 잡을 가능성이 높다. 이러한 세력은 주민들의 관심을 다른 데로 돌리기 위한 '희생양' 정책으로서, 그리고 다른 대안이 없는 상황에서 남한에 대한 군사적 도발을 감행할 가능성이 매우 높다.

더구나 북한은 남한의 군사적 역량, 미군의 군사적 개입 가능성 등에 대한 합리적 분석에 기반을 둔다고 하더라도 전쟁을 감행할 가능성은 상존하고 있다. 이른바 '제한전'이 그것이다. 전면전의 경우 미국의 지원을 받는 남한을 군사적으로 점령한다는 것은 거의 불가능한 일이다. 그러나 북한이 우세를 유지하고 있는 해양적 수단 및 비정규적 수단에 의한 제한적 도발의 경우 미국의 지원 명분이 약하기 때문에 정규전에만 초점을 맞추고 있는 남한 내부의 혼란을 유발하기에 충분하다.[3]

이러한 측면들은 탈냉전시대에도 한반도에서 전쟁의 가능성은 여전히 있다는 점, 즉 북한은 무력적 수단을 사용할 수도 있다는 점을 지적하고 있지만, 북한에 의한 한반도 통일의 가능성이 높다는 것을 의미하지는 않는다는 점을 주목할 필요가 있다.[4] 북한에 의한 무력통일은 1950년의 한국전에서 그 가능성을 보였지만 그 이후의 냉전시대와 탈냉전시대에 들어서면서 그 가능성은 극도로 줄어들고 있다.

그렇다면 북한의 도발이 있을 경우 남한의 역습에 의한 한반도 통일 가능성이 증가한다는 주장에 대한 판단은 어떻게 할 수 있을 것인가? 이 경우에 있어 북한이 핵무기 및 미사일을 보유하고 있다는 점을 가정하면 남한이 군사적으로 북한을 점령한다는 것은 쉽게 생각하기 어려운 문제이다. 북한의 극단적

---

3) 이춘근, "남북한 군사갈등과 통일문제", 부산외대 제17차 학술세미나 「남북관계, 그 새로운 전망」(1999. 11. 12), 53~57면.

4) Jonathan D. Pollack and Chung Min Lee, *Preparing for Korean Unification: Scenarios and Implications*(Santa Monica, CA.: RAND, 1999), pp.67~70.

인 반발은 1950년대의 한국전쟁과는 달리 한반도 전체의 공멸화를 초래할 가능성이 높으며, 그리고 그러한 상황이 한반도 통일로 이어진다고 하더라도 한민족에게 무슨 의미를 부여할 것인가에 대한 의문은 남한에 의한 한반도 무력통일은 시도되어서는 안될 뿐만 아니라 선택의 문제로서도 고려되어서는 안된다는 점을 명확히 보여주고 있다.

그렇다면 북한의 무력적 도발이 남한과 미국에 의해 저지되었을 경우 남한이 더 나아가 무력적 수단에 의해 한반도 통일을 시도한다면 미국이 어떠한 반응을 보일까? 이러한 물음은 미국이 한반도 통일에 대하여 어떠한 생각을 하고 있는가의 물음과도 직접적으로 연관되어 있다. 더 근본적인 질문은 통일한국이 미국의 국가이익과 부합되는 지의 여부이다. 미국으로서는 한반도 통일이 자국의 국가이익과 합치된다면 굳이 반대할 필요가 없을 것이다. 그러나 한반도 통일은 동북아의 세력균형을 파괴할 소지가 충분히 있다는 점, 그리고 통일한국에서 주한미군의 주둔이 허용될 수 있는가의 여부는 주목을 받을 만하다.

한편 북한의 소멸에 대한 중국의 반발은 충분히 예상할 수 있다. 중국과 이념적 동맹국이며 영토적 국경을 접하고 있는 북한이 남한에 의하여 무력통일될 경우 중국은 1950년 한국전 수준으로는 아닐지라도 북한을 지원하기 위해 개입할 것으로 보인다. 이러한 상황에서 미국이 중국의 반대를 무릅쓰고 한반도 통일을 지지할 것인지는 의문시될 수밖에 없다. 중국과 전쟁을 감행할 정도로 한반도 통일이 미국의 국가이익에 주요한 위치를 점유하고 있는가를 고려해 보면 미국이 한반도 통일보다는 분단상태의 한반도에 더 많은 관심을 가질 수밖에 없다는 점을 충분히 이해할 수는 있다.

1950년 한국전 당시에 중국의 군사적 개입 이후 트루먼 대통령과 맥아더 장군이 보여준 논쟁은 향후 한반도 통일의 기회가 올 경우 미국이 어떠한 태도를 취할 것인가에 대한 중요한 시사점을 제공할 것으로 보인다. 한국전의 조속한 종식, 즉 결과적으로 한반도 통일을 위한 만주폭격을 주장한 맥아더에 대하여 트루먼은 중국 및 소련과의 전면전, 즉 제3차 세계대전의 발발이 미국의 국가이익에 도움이 되지 않는다는 정치적 논리로서 대응했다.[5] 이러한 역

5) Richard Whelan, *Drawing the Line: The Korean War, 1950~1953* (Boston, Mass.: Little, Brown and Company, 1990), pp.275~279.

사적 교훈은 한반도 통일이 미국의 동북아 및 세계적 전략과 맥을 같이 하고 있기 때문에 남한에 의한 무력통일의 기회가 오더라도 그것은 미국의 정치적 고려에 영향을 받을 수밖에 없다는 점을 암시하고 있다.

이처럼 남북한 당사자에 의한 한반도 무력통일은 실현 가능성이 어려우며, 더구나 무력적 수단에 의한 한반도 통일은 한반도와 한민족 전체의 생존과도 직결되어 있기 때문에 시도되어서는 안된다는 점을 지적할 필요가 있다. 이제 또다시 한국전쟁이 발발한다면 그 전쟁은 한반도에서 1950년의 한국전쟁과는 비교할 수 없을 정도로 엄청난 인적 및 물적 손실을 초래할 것이며, 그 결과 한반도 전역은 복구 및 회생이 거의 불가능하게 될 것이라는 인식을 남북한 당사자가 공유할 필요가 있다.

2) 흡수통일

독일의 통일은 한반도의 통일에 대한 기대감을 일으킨 역사적인 사건이었음은 분명하다. 독일의 분단과 한반도의 분단이 냉전의 산물이었다는 유사성을 고려해 볼 때, 냉전의 종식과 더불어 이루어진 독일의 통일이 한반도 통일로 이어질 것이라는 판단에는 큰 무리가 없다.

그러나 여기서 조심스럽게 접근되어야 될 부분은 독일의 통일에는 국제적 요인 못지않게 국내적 요인도 큰 영향을 끼쳤다는 점이다. 독일의 통일이 국제적 요인에 의해서만 설명될 경우 한반도 통일도 독일과 유사하게 진행되었을 것이라는 주장에는 논리적 비약이 없다고 할 수 있다. 이러한 시각은 독일의 통일과 한반도의 통일 간에는 국내적 요인의 역할에 있어 큰 차이를 보였기 때문에 한반도 통일은 독일 통일과는 다른 노선으로 진행될 수밖에 없었다는 점을 함축하고 있다.[6]

소련에서 고르바초프의 개혁과 개방, 그 결과 가능해진 동유럽의 변화는 독일과 한반도에 유사한 영향을 미쳤지만, 독일의 경우 통일의 결정적 동인으로 작용한 동독인들의 통일 열망, 그리고 이러한 상황에 의연하게 대처했던 서독 정부의 결정이 주요한 국내적 요인으로 작용한 반면, 한반도의 경우 그

---

6) Pollack and Lee, *supra* note 4, pp.57~59.

러한 국내적 요인은 적절하게 작동하지 않았을 뿐만 아니라 오히려 국제적 요인의 긍정적인 역할을 제어하는 결과를 가져온 기능을 하기도 했다.[7] 독일식 흡수통일은 국제적 요인에 의해 자연적으로 주어진 것이 아니라 그러한 기회를 잃지 않으려는 독일인들의 노력이 있었기에 가능한 것이었다는 분석이 가능한 셈이다.

동독인들이 자신들만의 첫 자유선거에서 조속한 통일을 정책으로 표방한 정당에 표를 몰아주지 않았더라면 베를린장벽의 붕괴가 독일의 통일로 이어졌을까? 베를린장벽이 붕괴되었더라도 서독인들에 대한 열등감과 두려움이 동독인들의 마음에 자리하고 있었더라면 그렇게 빠른 시간에 독일 통일이 이루어질 수 있었을까? 독일 통일은 두려움의 대상이 아니라는 것을 주변국들에게 확신시키고 오히려 유럽의 질서에 긍정적으로 작용할 것이라는 낙관적 전망을 보여주기 위해 동·서독이 미국, 소련, 프랑스, 영국과 맺은 2+4협상이 없었더라면 독일의 통일이 순조롭게 진행되었을까? 그리고 동독의 경제회복을 위한 서독의 지원이 점진적인 속도로 추진되어야 한다는 경제논리가 경제, 통화 및 사회적 통합을 즉각적으로 실시하여 동독인들의 무차별적인 서독 이주를 방지함으로써 통일독일의 초기 혼란을 막고자 했던 정치논리에 의해 압도당하지 않았더라면 독일의 통일이 순조롭게 진행될 수 있었을까? 이러한 가정들은 독일의 통일에 있어 국내적 요인의 중요성을 아무리 강조해도 지나치지 않다는 점을 시사하고 있다. 독일의 통일에 있어 국제적 요인이 필요조건이라면 국내적 요인은 충분조건에 해당되는 셈이다.

베를린장벽의 붕괴라는 통일의 호기가 도래하기 20여년 전부터 동·서독은 대화의 채널을 유지시켰으며, 그 결과 독일은 갑자기 도래한 그 기회를 놓치지 않았다는 사실을 주목할 필요가 있다. 비록 독일의 분단이 주변국들의 이해관계에 의해 이루어졌다고 하더라도 독일은 분단상태를 타개하려는 노력—비록 통일의 시점은 충분히 예측하지 못했더라도[8] 적어도 통일을 이루기

7) 라인하르트 부흐홀츠, “독일과 한국의 통일: 그 유사점과 차이점”, 『목포대 통일논총』, 제16집(1998. 12), 1~2면.

8) 베를린장벽이 무너지기 3주 전만 하더라도 서독 콜 수상은 독일의 통일이 5~10년이 걸릴 것으로 예측하기도 했다. 라인하르트 부흐홀츠, 위의 논문, 2면.

위한 조건을 충족시키려는 노력 — 을 지속적으로 추진해 왔다.

한반도 통일과 독일의 통일이 갖는 상이점은 이러한 측면에서 발견될 수 있다. 유감스럽게도 남북한 당사자는 독일의 통일이 한반도에 미치는 영향을 긍정적인 측면보다는 부정적인 측면에서 접근했으며, 그 결과 한반도 통일의 논의가 보다 심층적으로 현실감 있게 진행될 수 있는 기회를 놓친 셈이다. 남북한은 독일의 통일이 한반도 통일로 이어지도록 하는 적극적인 조치를 취하기보다는 남북한의 각자 체제를 안정시키기 위한 대내적인 단속에 더 많은 관심을 기울인 측면이 많아 보인다.

먼저, 통일독일이 재건되는 과정에서 구 동독의 지도층이 몰락하는 현실을 지켜본 북한의 지도층은 남한으로의 흡수통일에 대한 거부감을 나타내었다. 북한은 대내적으로 사상적 통제를 강화함으로써[9] 정치적 난국을 극복하고자 했으며, 그리고 대외적으로는 일본의 자본과 기술을 지원받음으로써 경제적 난국을 타개하고자 했다. 그러나 일본의 경제적 지원을 받기 위한 분위기를 조성하기 위해 남북한의 긴장관계를 완화시킬 필요성이 있었다. 따라서 1990년대 초반에 이루어진 남북한의 관계개선은 북한의 본질적인 변화를 반영한 것이라기보다는 일본과의 관계개선을 목표로 하는 북한의 전술상의 변화로 볼 수 있다.[10] 이처럼 북한은 남한에 흡수통일되는 최악의 상황을 막기 위한 방안으로서 남한과의 대화와 교류를 단절해야 하는 조치들을 취해야 했음에도 불구하고 일본의 자금 지원을 받기 위해 남한과의 관계개선을 적절한 수준에서 유지해야 하는 딜레마에 처하게 되었다. 결국 이러한 딜레마를 극복하지 못한 북한은 이른바 '핵카드'에 의존하게 됨으로써 한반도에서 독일식 흡수통일은 거의 불가능한 시나리오로 남게 되었다.

다음으로, 통일독일이 남한에 미친 영향은 흡수통일의 경우 남한이 경제

9) 1993년 북한의 김정일은 동유럽 공산주의의 붕괴는 제국주의자들과 반혁명세력들 간의 합작품이며, 제국주의의 이념적 문화와 우익사상의 전파에 기인한다는 분석을 했다. Chong－Sik Lee, "Prospects for North Korea", Prepared for the International Workshop "The Durability and Direction of the Four Remaining Socialist Countries: China, Vietnam, Cuba and North Korea" by the Korean Association of International Studies and the Research Institute for National Unification, May 27~28, 1994, Seoul, Korea, pp.1~2.

10) Chong－Sik Lee, *ibid.*, p.13.

적 난국에 봉착하게 될 것이라는 우려를 부각시켰다는 점이다. 통일독일의 경우 1970년대 초반부터 동·서독 간에 교류가 단절되지 않고 이루어져 왔음에도 불구하고 서독이 동독에 대하여 엄청난 지원을 할 수밖에 없었다는 점을 고려해 볼 때,[11] 통일한국의 경우 남한이 북한에 지원해야 할 비용은 상상을 넘어선 액수가 될 것임은 자명하다. 통일비용의 산출은 그 액수가 전문가마다 차이가 나지만 대략 2천억달러에서 5천억달러로 추정하고 있다.[12] 특히 1990년대 후반부터 남한에 밀어닥친 이른바 'IMF 위기'로 인한 경제적 어려움은 통일비용의 지원에 대한 민족적 합의를 더욱 어렵게 하는 요인이 되었다. 북한의 경제를 어느 정도 일으킨 이후에 통일을 해도 좋으며, 그리고 현 단계에서는 평화공존에 초점을 맞추는 것이 현명하다는 주장이 힘을 얻게 된 것은 이러한 이유에서이다.

남북한은 한반도 통일을 위한 내부적인 준비가 되지 않은 상태에서 갑자기 국제적 호기를 맞았던 것이다. 한반도 통일이 독일식 흡수통일의 형태를 띠기 어려운 것은 이러한 점에서이다. 이러한 시각은 북한의 지도층이 붕괴된다고 해도 남한에 의한 흡수통일은 힘들 것이라는 점을 반영하고 있다. 남북한은 냉전기간 동안 통일을 위한 준비단계를 거치기는커녕 국제적 환경에 의해 주어진 분단을 더욱 고착화시키는 노력을 경주해 왔다고 해도 틀린 말은 아닐 것이다.[13]

독일식 흡수통일은 동독의 자유로운 투표의 결과 이루어진 산물이었다고 할 때, 북한의 자유로운 투표에 의해 한반도 통일이 이루어질까? 북한의 지도층이 무너지더라도 새로운 지도층이 등장할 것이며, 그리고 이들은 남한에 흡

---

11) 독일과 한국의 통일비용은 유사점보다 차이점이 많다. ① 동·서독의 접근은 '60년대 말, '70년대 초에 시작되었다. ② 이산가족의 상호방문이 단절된 적이 없었다. ③ 동독에는 언론의 자유는 없었으나 서독의 소식은 TV나 라디오 등의 매체를 타고 전파되었다. ④ 동·서독 간의 인구비례는 1 : 4이지만 남북한간의 인구비례는 1 : 2이다. ⑤ 북한의 사회기반시설 및 경제상태는 통일 이전 동독의 상태보다 훨씬 더 취약하다. 라인하르트 부흐홀츠, 앞의 논문, 3면.

12) 곽태환·주승호, "21세기 한국의 외교·안보정책: 통일과 그 이후", 『통일문제연구』, 제29호(1998. 4), 171~172면.

13) 세계적인 탈냉전이 한반도 탈냉전으로 연계되지 못한 이유는 '냉전의 한국화'라는 개념으로 설명될 수 있다. 백종천, "한반도 냉전구조의 현황과 과제", 『국가전략』, 제5권 2호(1999년 가을/겨울), 9~18면.

수통일되는 것보다는 자체적인 생존을 강구할 것으로 보인다. 북한이 흡수통일될 경우 북한 주민들이 남한사회에서 어떻게 취급을 받을 것인가에 대한 확신이 서지 않을 경우 북한은 '최선'이나 '차선'이 아니라 '최악'을 피해 '차악'을 택할 가능성이 높기 때문이다.[14] 그리고 북한이 극단적인 무정부상태로 나아갈 경우에도 북한은 남한에 의한 흡수통일보다는 적어도 상당 기간 동안 국제적인 관리체제로 나아갈 가능성이 높다고 할 수 있다. 한반도 통일이 동북아 세력균형과 밀접한 연관성을 갖고 있기 때문에 주변국들 간의 합의가 이루어지지 않은 상태에서 북한이 남한에 흡수된다는 것은 엄청난 충격일 수 있기 때문이다.

이러한 관점에서 볼 때, 한반도 통일이 흡수통일로서 이루어질 경우에 충족되어야 할 대내외적 요인들에 대한 분석은 흡수통일이 현실적으로 지극히 어려운 일이라는 점을 보여주고 있다. 흡수통일에 대한 북한의 거부감, 남한에서 논의되고 있는 통일비용, 그리고 냉전적인 요소를 아직도 탈피하지 못한 동북아의 국제질서를 고려해 볼 때, 한반도에서 독일식 흡수통일이 이루어질 수 있다는 생각은 비현실적인 시나리오에 불과하다는 것을 알 수 있다. 이처럼 흡수통일은 남북한이 모두 거부하고 있으며, 현실성이 미약한 한반도 통일의 방식임에도 불구하고 남북한 당사자들에게는 가장 우려할 만한 시나리오로서 인식되고 있다는 사실은 흡수통일이 한반도 문제의 해결 방안으로서 완전히 배제되지 않았다는 점을 단적으로 시사하고 있다.

3) 협상통일

협상통일은 '70년대 중반에 베트남에서 이루어진 무력통일, 그리고 '90년

---

14) 쿠바의 경우에도 현재의 사회주의 체제가 미국식 자본주의 체제로 바뀔 경우 쿠바인들은 그동안 익숙했던 사회주의의 방식을 벗어나야 하며, 그리고 미국에 거주하는 '부유하고, 거만하며, 그리고 부패한' 쿠바인들의 지배를 받아야 한다는 인식과 두려움을 쿠바인들에게 불어넣음으로써 비록 쿠바가 직면하고 있는 경제적 어려움에도 불구하고 '차악'을 택하도록 강요하고 있다. Howard J. Wiarda, "The Future of Marxist-Leninist Regimes: Cuba in Comparative Perspective", Prepared for the International Workshop "The Durability and Direction of the Four Remaining Socialist Countries: China, Vietnam, Cuba and North Korea" by the Korean Association of International Studies and the Research Institute for National Unification, May 27~28, 1994, Seoul, Korea, pp.22~27.

대 초반에 독일에서 경험된 흡수통일과는 달리 분단의 양측이 협상을 통하여 새로운 형태의 체제를 창설한다는 점을 특징으로 들 수 있다. 무력통일이나 흡수통일은 역사적 사례가 보여 주듯이 어느 일방의 소멸로서 분단의 문제를 해결하는 다소 극단적인 수단—비록 그것이 무력적으로 이루어지든지 아니면 평화적으로 이루어지든지 그 차이는 있을 수 있지만—에 의존하는 반면, 협상통일은 분단의 문제를 해결하는 데 있어 어느 한 측의 입장이 강요되지 않고 새로운 대안을 모색한다는 점에서 다소 점진적인 수단을 강구한다고 할 수 있다.

따라서 협상통일은 평화적인 방법으로 통일을 달성하는 바람직한 방법임은 분명하지만 협상의 과정에서 양측의 인내와 상당한 시간을 필요로 한다는 점에서, 그리고 비록 협상통일이 성공적으로 이루어졌다고 하더라도 통일 이후에 그러한 협상과정에서 나타난 갈등이 다시금 등장할 가능성이 높다는 점에서 약점을 지니고 있다. 예멘의 통일 사례는 이러한 협상통일의 가능성과 한계점을 동시에 보여주고 있다.

'90대 초반에 선포되었던 예멘 통일은 흡수통일이 가져올 심각한 사회·경제적 후유증을 우려하고 있는 남한에 흡수통일의 대안으로서 제시되기에 충분했다. 그러나 '90년대 중반에 전개되었던 남·북예멘의 전면적인 내전상태는 이러한 기대감을 한순간에 무너뜨리는 데에도 큰 기여를 한 것은 사실이다. 분단의 극복만을 위한 협상통일은 결국 또다시 무력통일의 과정을 거칠 수밖에 없다는 교훈을 예멘의 사례는 제시했다. 한반도 통일도 어설픈 과정을 거치고 갈등을 그대로 내면화시킬 경우 비록 한반도가 협상통일의 방법으로 분단을 극복했다고 하더라도 예멘의 사례와 같은 무력통일의 방안이 도입되지 않을 것이라는 보장은 하기 어려운 셈이다.[15]

예멘의 사례는 협상통일의 경우 통일을 달성하는 과정에서 분단 양측의 갈등을 해소하려는 노력의 중요성을 웅변적으로 보여주고 있다. 협상통일이 한반도에 성공적으로 적용되기 위해서는 예멘의 사례에 대한 심층적인 분석

15) 예멘의 통일과정과 통일 이후의 문제점에 관해서는 김국신, "예멘 통일방식이 한반도 통일에 주는 시사점", 『예멘 통일의 문제점』 세미나시리즈 94-03(민족통일연구원, 1994. 5), 18~28면 참조.

을 통하여 예멘과 한반도의 유사성과 차이성에 대한 분석이 보다 심층적으로 이루어질 필요가 있다.

통일한국이 무력통일이나 흡수통일을 배제하고 협상통일의 방식으로 이루어질 경우 제기될 수 있는 가장 본질적인 문제는 대내적인 합의, 즉 남북한의 통일정책을 어떻게 조화시킬 수 있는가, 그리고 대외적인 합의, 즉 분단을 종식시키려는 남북한의 결정을 주변 강국들이 어느 정도 용인할 것인가의 여부를 들 수 있다. 이러한 두 가지 문제들은 통일의 과정에서 반드시 거쳐야 하는 필수적인 문제이지만 서로 복합적으로 얽혀 있기 때문에 쉽게 해결되기 어려운 구조적인 한계성을 지니고 있다.[16] 그 결과, 협상통일은 바람직한 방안임에는 틀림없지만 그 달성은 상당한 시간과 인내를 요구하고 있다는 점에서 그 실현 가능성은 다소 희박한 측면을 보이고 있다.

그렇다면 한반도 통일은 어떻게 이루어질 것인가? 본 논문은 무력, 흡수, 그리고 협상이 서로 혼합된 상태에 의한 통일에 주목하고자 한다. 이를 위한 최소한의 조건은 남북한의 전면적인 무력충돌은 피해야 한다는 점, 협상에 의존해야 한다는 점, 그리고 이러한 과정에서 남한에 의한 흡수통일이 자연스럽게 이루어져야 한다는 점이다.

3. 한반도 통일과 남북한 변수

한반도 통일이 협상에 의해 평화적으로 달성될 수 있을까? 이러한 물음은 한반도의 분단상황에 대한 남북한의 시각에 대한 분석을 필수적으로 요구하고 있다. 한반도 통일의 시급성을 강조할 경우 수단의 무력성 여부는 중요시되지 않을 수 있지만 평화적 수단을 강조할 경우 통일의 시점은 그 시급성을 잃게 될 수밖에 없다. 이렇게 되면 협상통일은 통일이 갖는 이러한 딜레마에 대한 남북한의 인식이 합의에 도달할 경우에만 비로소 그 논의가 시작되는 셈이다. 만일 어느 일방이 조속한 통일에만 관심을 갖고 있다면 협상통일은 이루어지기 어려우며, 그리고 만일 비록 조속한 협상통일이 성공을 거둔다고 하더라도 통일 이후에 무력충돌의 위험성이 또다시 부각될 정도로 통일에 대한

16) Pollack and Lee, *supra* note 4, pp.49~51.

남북한의 시각은 판이하다는 점을 인식할 필요가 있다.

협상통일은 본질적으로 평화적 수단을 강조하기 때문에 평화에 대한 개념을 우선적으로 검토할 필요가 있다. '평화'의 개념을 어떻게 정의할 수 있을까? 갈퉁(Johan Galtung)의 개념상 분류에 의하면, 평화는 두 가지의 관점에서 파악되고 있다. 그 하나는 일반적으로 '전쟁이 없는 상태' 혹은 '폭력이 행사되지 않는 상태'를 의미하는 소극적 평화를 지칭하는 개념이며, 다른 하나는 이러한 소극적 개념보다 더 광범위한 시각으로서 단순히 전쟁이 없는 상태라는 개념을 넘어서 전쟁을 발생하게 하는 원인들까지 제거해야만 비로소 평화가 보장될 수 있다는 개념이다. 이러한 맥락에서 적극적 평화는 '억압과 착취가 없고 사회정의가 보장된 상태'를 의미하는 것으로서 단순한 폭력의 부재로서 이루어지는 것이 아니며, 구조적 폭력의 제거를 통하여 실현될 수밖에 없다는 분석이 가능하고 할 수 있다.[17)]

이러한 갈퉁의 개념을 남북한에 적용할 경우 한반도의 평화 개념은 남북한 양 당사자에 의해 서로 다르게 해석될 수밖에 없다. 한반도에서 대규모의 군사적 충돌이 없는 상태인 소극적 평화에 대해 남북한은 큰 의견의 차이를 보이고 있지 않다. 그러나 적극적 평화의 개념을 적용하면 남북한은 본질적으로 상이한 시각을 갖는다. 남한은 북한의 대남적화 통일정책이 한반도의 평화를 위협하는 가장 큰 요인이라고 간주하고 있으며, 따라서 북한이 대남적화 야욕을 포기할 경우 한반도에서 적극적 평화는 달성될 수 있다고 보고 있다. 이와는 달리 북한은 한반도의 평화를 위협하는 가장 큰 요인을 주한미군의 주둔에서 찾고 있으며, 따라서 주한미군이 철수하면 한반도에서 적극적 평화가 실현될 수 있다고 보고 있다.

이처럼 남북한은 한반도 통일을 저해하는 요인에 대한 인식의 본질적인 차이를 가지고 있음을 상기할 필요가 있다. 왜냐하면 대남적화 통일정책의 노선을 포기한 북한의 모습과 주한미군이 철수한 남한의 모습은 극히 상상하기 힘든 시나리오일 수 있기 때문이다. 어느 일방의 대폭적인 양보나 아니면 양

17) 여기서 구조적 폭력이란 갈퉁의 개념으로서 폭력을 야기하는 빈곤, 기아, 정치적 탄압 등 포괄적으로 사용되고 있다. 신정현, "한반도 평화체제 구축과 국가안보", '99년도 상반기 한국북방학회 학술토론회 「평화체제 구축과 국가안보: 패러다임 변화와 지속」(1999. 6. 11), 19~22면.

측의 양보에 기반을 둔 새로운 통일방안의 모색이 협상통일의 출발점이라고 한다면, 협상에 의한 한반도 통일의 달성은 처음부터 그 한계성을 드러내고 있다고 할 수 있다.

그렇지만 남북한의 통일관에는 변화의 여지가 전혀 없는 것은 아니다. 남북한 내부의 변화와 한반도 주변정세의 변화는 남북한의 통일관에 영향을 미침으로써 협상통일을 성공적으로 이끌기 위한 요인이 될 수 있다는 점도 간과해서는 안된다는 점을 지적할 필요가 있다.

한반도 통일을 보는 북한의 기본입장은 1960년대 이래로 주한미군의 철수를 통한 남북한 연방제 실시, 나아가 한반도의 공산화와 밀접한 연관성을 가지고 있다. 특히 한국전쟁 이후 50여년간 지속되어 온 한반도 긴장을 종식시키기 위한 평화협정의 체결은 주한미군의 철수를 자연적으로 이끌어 낼 수 있다는 점에서 북한의 주요한 관심사항이었다. 특히 북·미평화협정이 타결될 경우 그 협정은 남한을 고립시킴과 동시에 한반도 문제에서 북한이 주도권을 장악할 수 있는 계기를 마련해 줄 것으로 보였기 때문이었다.

그러나 1980년대 말부터 진행된 소련 및 동구권의 붕괴, 동독의 서독에로의 흡수 등 탈냉전시대의 도래와 함께 재편되는 국제질서는 북한의 한반도 통일관에 큰 영향을 미치게 되었다. 이러한 상황의 변화는 한반도 통일과 북한의 체제 존속 가운데 후자가 더 큰 비중을 갖게 된 것을 시사하고 있다.

북한이 주장하는 주한미군의 철수 및 연방제는 국제질서에서 사회주의가 상당한 비중을 차지하며, 그리고 북한의 군사력이 남한과 비교하여 우위를 누리고 있거나 아니면 적어도 동등한 상황이었던 냉전기간 동안 그 정치적 위력을 발휘했다고 볼 때, 사회주의 동맹국들이 와해되고 남북한의 군사력 차이가 남한에 유리하게 형성된 탈냉전의 상황에서 북한의 주한미군 철수 및 연방제 주장은 본질적인 한계점을 드러내기 시작했다.[18] 왜냐하면 연방제를 통한 남북한의 원활한 교류는 정치적으로나 군사적으로 남한이 북한을 흡수할 가능성을 높이기에 충분했기 때문이다. 그 결과, 북한은 주한미군의 철수를 통한 한반도 통일을 추구하는 위한 연방제 방안 등에 우선순위를 두었던 이전의 관

18) 백학순, "남북한 통일정책 비교", 한국국제정치학회 학술회의 「남북한관계의 새로운 패러다임과 언론의 역할」(1999), 4~6면.

점보다는 자신의 체제보존 및 유지에 초점을 맞추게 됨으로써 북한의 한반도 통일관은 불가피한 변화의 시점을 맞게 되었다.

주한미군의 주둔을 용인하는 듯한 북한의 태도는 이러한 시각에서 분석하는 것이 타당할 것으로 보인다. 주한미군이 북한에 적대적 성격만 제거된다면, 주한미군이 동북아시아에서 평화유지자 내지는 조정자로서의 역할을 인정한다는 북한의 견해는 이러한 입장을 반영한 것으로 보인다.[19] 북한은 당분간 체제의 안전을 보장받기 위한 잠복기를 보내고 있는 셈이다. 주한미군의 주둔에 대한 북한의 변화는 그동안 북한이 취해 온 통일정책의 일관성을 훼손하는 역작용을 제공하고 있는 반면, 그 주둔이 남한에 의한 정치적 및 군사적 흡수통일을 제약하여 북한의 체제를 보호해 줄 것이라는 완충적 역할을 동시에 고려한 전략적 선택이라고 할 수 있다.

이러한 북한의 태도 변화는 주한미군의 철수를 주장해 온 기존의 노선에 대한 포기를 의미하는 것이 아니라 단지 전술상의 변화로서 미군철수의 주장보다 평화협정의 체결에 우선순위를 둔 것으로 파악할 수 있다. 그렇지만 탈냉전시대에 북한이 인식하는 안보적 위기감을 고려해 볼 때, 주한미군의 주둔에 대한 북한의 시각은 변화할 수밖에 없다는 주장도 부인하기 어렵다. 주한미군의 철수를 요구하는 북한의 모습이 한반도 통일에 최우선을 두었던 냉전시대의 얼굴이라면, 주한미군의 주둔을 용인하는 북한의 또 다른 모습은 체제보존 및 유지가 더욱 중요시되는 탈냉전시대의 얼굴을 대변하고 있다.

이처럼 북한의 주한미군의 철수 및 연방제 주장이 한반도 주변의 국제적 정세에 민감한 영향을 받고 있다는 점을 고려해 볼 때, 21세기에 접어들면서 형성되고 있는 새로운 동북아질서도 북한의 통일관에 영향을 주기에 충분하다는 분석도 가능하다.[20]

21세기에 들어서면서 1990년대 중반에 북한이 경험한 극심한 경제난은 점점 극복되어 가고 있고, 중국과 러시아는 지난 1990년대와는 달리 한반도

---

19) 박건영, "탈냉전기 동북아 역학관계와 한미동맹의 바람직한 미래", 『국가전략』, 제3권 2호(1997 가을), 194~197면 및 이철기, "남북한 군축과 한반도 평화체제 구축", 한국국제정치학회 학술회의 「남북한관계의 새로운 패러다임과 언론의 역할」(1999), 6면.

20) 남만권, "한반도 긴장완화의 저해요인에 대한 고찰", 『국가전략』, 제8권 3호(2002년 가을), 35~38면.

문제에 적극적으로 개입하여 북한을 지원하고 있으며, 그리고 1990년대 중반 이후 대북정책에 대하여 남한, 미국, 그리고 일본이 유지해 온 일관성은 큰 시각차이를 드러내고 있는 실정이다. 남한의 햇볕정책은 초기의 내부적 지지에도 불구하고 남남갈등을 야기하는 등 국민적 합의를 이끌어내는 데 어려움을 겪고 있고, 미국의 부시 행정부는 클린턴 행정부와는 달리 북한에 대하여 강경한 입장을 견지하고 있기 때문에 남한의 포용정책과는 거리감이 있으며, 그리고 일본은 과거사 및 교과서 왜곡 등의 문제로 인하여 남한, 북한 그리고 중국으로부터 비난을 받고 있는 등 새롭게 전개되고 있는 동북아 정세는 북한이 과거와 같이 공세적인 통일관으로 복귀할 것이라는 전망에 상당한 논리적 근거를 제시하고 있는 셈이다. 이러한 분석은 한반도의 협상통일은 더욱 어려워진다는 점, 즉 남북한의 통일정책은 그 접점을 모색하기가 더욱 어려워진다는 점을 함축한다고 할 수 있다.

한편 한반도 통일과 관련하여 남한이 갖고 있는 시각은 북한과 비교하여 볼 때, 몇 가지 특징적인 차이점을 보여주고 있다. 먼저, 평화협정에 대한 기본적 입장과 관련된 것으로서 이 점은 남북한간에 큰 차이를 보이고 있다. 남한은 한반도에서 평화를 구축하기 위하여 점진적이며 단계적 접근원칙을 추구하고 있다. 이 원칙의 기저에는 남북한은 지난 반세기 동안 정치적 및 군사적 대결상태를 지속했기 때문에 상호 불신과 반목이 증폭되었다는 점이 자리하고 있다. 따라서 남한은 한반도에서 평화를 달성하기 위하여 상호간의 신뢰를 회복하고 민족적 화해와 협력을 이룩하는 것에 첫 번째 우선순위를 두며, 이를 위해 다각적으로 각 분야의 인적 및 물적 교류를 통하여 상호간의 체제와 이념의 격차를 줄여나가는 방안을 모색하고 있다.

한반도 평화의 개념에 대한 남한의 시각은 본질적으로 상호 신뢰의 회복을 가장 중시하고 있으며, 이에 대한 확신이 없으면 한반도의 평화는 실현되기 어렵다는 데 그 핵심이 있다고 할 수 있다. 이러한 점에서 1953년 7월에 합의된 정전협정과 1992년 2월에 합의·발효된 남북기본합의서는 남북한 화해와 협력의 단계에서 상호간에 발생할 지도 모르는 갈등을 완화시키는 데 큰 기여를 할 수 있다고 보고 있다.

특히 남한은 한반도에서 정전협정이 준수되고 남북한이 기본합의서 및 부속합의서 — 화해분야 부속합의서, 불가침분야 부속합의서, 교류협력분야 부속합의서 — 를 제대로 이행할 경우 한반도의 공고한 평화상태는 창출될 수 있다고 보고 있다. 특히 남북기본합의서 제5조는 "남북한이 현 정전체제에서 공고한 평화체제로 전환할 때까지 정전협정을 유지하고 성실하게 준수해야 한다"는 것을 명시하고 있다는 점에서 남한은 최소한으로 남북기본합의서만이라도 제대로 잘 지켜진다고 하면 한반도에서 평화는 충분히 유지될 수 있다고 주장한다.

남한이 평화협정의 체결 이전에 남북한의 화해·협력 및 긴장완화를 강조하는 배경에는 지난 반세기 동안 한반도에서 평화 — 비록 불안정한 상태일지라도 — 가 유지되었던 것은 기존에 합의된 정전협정이나 남북기본합의서 등 몇 가지 문건 때문이 아니라 한국군과 주한미군의 연합방위 체제에 의한 대북 전쟁 억지력과 그에 따른 남북한의 군사적 균형 때문이었다는 판단에 기반을 두고 있다. 따라서 정전협정이 아닌 또 하나의 문건이 합의·채택된다고 하더라도 그 새로운 합의서는 한반도의 평화와 관련하여 남한에게 큰 신뢰를 제공하지 못하고 있는 실정이다. 게다가 북한은 그 동안 합의문건의 채택과 그 이행 실천은 별개의 문제라는 태도를 취해 왔다.

이러한 맥락에서 남한은 새로운 합의서를 채택하기보다는 기존에 합의된 정전협정 및 남북기본합의서의 이행과 실천에 더 많은 중요성을 부여하고 있으며, 그렇게 되면 남북한의 긴장완화와 신뢰구축은 결과적으로 이루어지게 된다고 보고 있다. 따라서 평화협정에 대한 남한의 시각은 기존에 타결된 합의문들의 성실한 이행과 실천에 의해 남북한간에 공고한 평화상태가 구축될 경우 그러한 상황에 대한 법적인 확인 및 선언의 형식을 띨 것이며, 이 경우 지난 반세기 동안 유지되어 온 정전협정은 자동적으로 폐기되는 것이 바람직하다는 것이다.[21)]

이러한 남한의 통일관은 1980년대 후반부터 적극성을 띠기 시작했는데, 이러한 상황의 전개는 탈냉전의 국제적 분위기 및 남북한의 현저한 경제력 차이로부터 큰 영향을 받았다. 그러나 이러한 남한의 적극적인 태도는 흡수통일

---

21) 제성호, "한반도 평화체제 구축을 위한 한국의 전략", 곽태환 외, 『한반도 평화체제의 모색』 (경남대 극동문제연구소, 1997), 31~4면.

에 대한 북한의 우려를 자아내어 자포자기식 남침을 유도할 가능성을 높인다는 점에서, 그리고 급작스런 통일은 통일비용을 증가시킨다는 점에서 신중하게 다루어져야 할 필요성을 요구받았다. 그 결과, 남한의 통일정책은 대북한 유화정책을 통하여 북한의 체제붕괴를 최소한 방지하려는 데, 그리고 또 다른 한국전쟁의 발발을 방지하는 데 초점을 맞추게 됨으로써 한반도 통일 문제는 남한의 우선순위에 있어 시급한 현안으로부터 벗어나게 되었다.

이처럼 남북한은 통일에 대한 시각에서 큰 차이를 보이고 있으며, 그리고 냉전의 종식 이후 10여년에 걸친 기간 동안 한반도를 둘러싼 국제적 환경이 한반도 통일에 유리하게 전개되었음에도 불구하고 남북한이 그러한 기회를 적절하게 이용하지 못했다는 점은 한반도 분단의 극복이 남북한 당사자들의 협상에 의해 성사될 것이라는 예측을 지극히 어렵게 하고 있다. 결국 한반도의 분단이 극복된다면 그것은 우연한 사건에 의하여 이루어질 가능성이 무척 크다는 것을 암시하고 있는 셈이다.

이렇게 되면 무력통일이나 흡수통일의 가능성이 협상통일의 그것보다 훨씬 더 큰 비중을 가진다는 것을 의미한다고 할 수 있다. 무력통일은 한민족 전체의 안녕을 위하여 반드시 회피되어야 한다면 그러한 사태의 전개를 막으려는 노력이 경주되어야 함은 당연한 일이다. 북한을 외교적으로나 경제적으로 궁지에 몰아넣는 것을 막아야 한다는 주장, 나아가 북한을 지원해야 한다는 주장은 이러한 배경에서 그 설득력을 갖는다고 할 수 있다.

그러나 이러한 논리는 남북한이 무력적 수단에 의해 한반도 통일을 추구하지 않으며, 그리고 한반도 통일은 후세에 맡긴다는 인식을 공유하고 실천할 의지를 보일 경우에만 가능하다는 것을 지적할 필요가 있다. 남한은 이러한 상황의 전개에 대하여 크게 잃을 것이 없는 반면, 북한이 이러한 논리에 동조할 지는 미지수이다. 지난 50여년간 군사력의 증강에 몰두해 온 북한이 그 군사력의 이용 범위를 북한 내의 체제유지에만 한정할 경우, 그리고 한반도 통일에 모든 일의 초점을 맞추어 온 북한이 통일의 시기를 상당 기간 동안 연기해야 할 경우 북한의 체제 존속은 심각한 타격을 받을 것이기 때문이다.

이처럼 북한으로 하여금 무력통일을 포기하게 할 방안을 모색한다는 것은 무척 어려운 일이다. 대북한 포용정책을 지속적으로 전개하거나 아니면 그 지원의 강도를 높일 수는 있지만, 이러한 정책이 북한의 무력통일 의지를 본질적으로 약화시키기 어렵다는 데 문제의 심각성이 있다고 할 수 있다. 무력에 의한 한반도 통일은 바람직하지 않다는 사실이 현실적으로 한반도에서 시도될 가능성을 완전히 배제하는 것은 아니라는 점을 직시할 필요가 있다. 결국 남한이 군사력을 증강시켜 북한의 무력통일의 의지를 꺾거나 아니면 북한이 지도층의 변화를 통하여 자발적으로 무력통일의 포기를 선언하도록 하는 방안을 모색할 수밖에 없다. 전자의 경우와 같이 남한이 군비증강을 통하여 북한을 압도한다는 논리는 남한의 능력을 넘어선 것으로서 가상적인 시나리오에 불과하며, 후자의 경우는 북한의 체제변화의 시점에서 선거에 의한 평화적인 방법으로 남한을 선택할 수 있도록 북한 주민들에 대한 남한의 인식을 제고할 수 있는 방안을 강구할 필요가 있다. 이러한 관점에서 볼 때, 강요에 의하지 않는 평화적 흡수통일은 무력통일의 대안으로서 그 역할을 충분히 하는 셈이다.

4. 한반도 통일과 대외적 도전

한반도 통일은 동북아시아에 관여하고 있는 주요 강국들인 미국, 일본, 중국, 그리고 러시아의 관계에 큰 변화를 가져올 정도로 충격적인 사건으로 부각될 것임은 부인하기 어렵다. 이러한 시각은 북한의 존속이 이 지역의 안정에 기여했다는 역설적인 분석을 가능하게 한다. 테러국가, 핵무기 및 미사일 개발로 인하여 세계적인 비난을 받고 있는 국가, 예측을 거부하는 전체주의 국가 등 이른바 불량국가로서 통칭되고 있는 북한이 이 지역의 안정에 기여한 측면을 어떻게 보아야 할 것인가?

먼저, 북한의 존속은 해양세력인 미국과 일본의 군사적 및 경제적 영향력이 대륙으로 진출하는 것을 저지하는 완충적인 역할을 함으로써 대륙세력인 중국과 러시와의 충돌을 잠재적으로 봉쇄하고 있다는 점을 지적할 필요가 있다. 냉전의 종식 이후에 이념적인 관점에서 그러한 충돌 가능성은 다소 약화되었지만 이 지역에서의 주도권을 장악하려는 국가들 간의 갈등을 완화시키는 데 큰 기여를 하고 있는 셈이다.

다음으로, 북한의 존속은 세계적인 핵확산을 방지하려는 핵무기 보유국들의 주장에 정당성을 부여하는 역할을 하고 있다. 핵무기 보유국들, 그 가운데 특히 미국은 불량국가가 핵무기를 보유할 경우에 초래될 수 있는 위험성을 제시하는 근거로서 북한을 들고 있다. 북한은 비핵국들의 핵무기 보유 주장을 상대적으로 약화시키고 핵무기 보유국들의 상대적 우위를 유지시켜 주는 기능을 하고 있는 셈이다. 더구나 미국의 미사일방어(MD)망 구축의 정당화 근거로서 북한의 핵무기 및 미사일 개발을 들고 있는 실정이다. 냉전의 종식 이후에도 미국의 국방비 증액이 지지를 받고 있는 이유를 북한의 존속에서 찾을 수 있다는 주장도 큰 무리가 없다고 할 수 있다. 만일 북한이 핵무기 및 미사일 개발을 추구하지 않았더라면 혹은 북한이 핵무기 개발과 관련한 투명성을 명확히 했더라면 북한의 존속 문제가 현재와 같이 전 세계적인 관심의 대상이 될 수 있었을까 하는 의문은 이러한 맥락에서이다.

다음으로, 북한의 존속은 중국의 안보비용을 줄이는 데 기여를 하고 있다. 만일 냉전시대 이래로 한반도가 분단되지 않고 남한이 중국과 국경을 접하고 있었더라면 중국이 그 국경선을 유지하는 데 지불해야 될 비용은 상상을 초월할 정도였을 것이라는 점은 충분히 예측할 수 있다.[22] 경제적인 강대국으로의 부상을 꿈꾸고 있는 중국의 경제개혁과 개방정책은 북한의 존속으로 가능하다는 주장은 이러한 시각을 반영하고 있다. 한편 일본도 남북한 분단으로 인하여 간접적인 이득을 보고 있기는 중국과 마찬가지이다. 남한이 북한의 위협을 직접적으로 방어하는 동안 일본은 군사력 증강에 투자해야 할 비용을 상당 부분 남김으로써 경제대국으로 성장하는 여건을 마련할 수 있었다.

다음으로, 남북한의 분단은 통일한국이 경제적, 인구적, 그리고 군사적으로 강대국이 되어 동북아에서 역사적으로 전개되어 온 세력균형을 붕괴시킬 수 있는 기회를 상실하게 했다. 남북한이 각자의 체제 유지에 관심을 집중함으로써 주변국들에 대한 도전보다는 이들 국가의 지원을 받기 위해 노력을 하는 가운데 주변국들은 남북한을 동북아의 세력균형을 유지하는 데 적절한 카드로서 사용했다.

---

22) Scott Snyder, "Sino－Korean Relations and the Future of the U.S.－ROK Alliance", *NBR Analysis*, Vol. 14, No. 1(June 2003), pp.61~62.

이러한 맥락에서 볼 때, 남북한 분단이 종식될 것이라는 전망은 동북아의 경쟁적 공간을 심층적으로 변화시킬 것은 당연하다고 할 수 있다. 비록 한반도 통일이 직접적으로 이루어지지 않는다고 하더라도 그러한 경쟁은 치열하게 전개될 것으로 예측될 수 있다. 한반도 통일에 수반될 수도 있는 부정적인 영향을 두려워한 나머지 주변국들은 북한에 대한 지원을 강화할 것이기 때문이다. 북한을 존속시키기 위한, 그 결과 한반도 분단을 지속시키기 위한 주변국들의 경쟁은 군비통제나 핵확산 방지, 아니면 인도주의적 목적으로 이루어지는 구호물자의 지원 등의 모습으로 이루어질 수 있다. 한반도 주변국들은 남북한 분단의 지속을 통하여 이 같은 이해관계를 갖고 있음에도 불구하고 이러한 노력이 한반도 분단을 영속화시킬 수는 없으며, 단지 지연시키는 데 공헌하고 있다는 점을 지적할 필요가 있다.

마지막으로, 한반도 통일 이후에 전개될 동북아 세력균형의 양태에 대한 조망은 한반도 주변국들이 한반도 분단에 집착하는 이유에 대한 분석을 가능하게 한다. 한반도 통일이 가져올 동북아의 새로운 질서는 중국과 일본, 한국과 일본, 그리고 미국과 중국 간의 경쟁이 새롭게 잉태시킬 것이며, 그리고 이러한 경쟁은 적어도 동북아의 불안정성을 촉진시키고 나아가 최악의 경우에는 지정학적 및 경제적 분쟁지역을 조성할 가능성이 있다는 점을 주목할 필요가 있다.[23)]

통일한국의 등장은 미국과 중국에게 미묘한 갈등의 소지를 제공할 가능성이 있다. 통일한국과 중국이 국경선을 직접적으로 공유함에 따라 주한미군의 주둔이 초미의 관심으로 부각될 것으로 보인다. 미국과 중국도 군사적으로 정면으로 맞서는 셈이기 때문이다. 1953년의 한·미동맹에 의해 주둔이 허용된 주한미군의 미래상은 어떻게 될 것인가? 한·미 양국의 합의에 의해 그 조약은 종료되거나 수정될 수 있지만 몇 가지 고려해야 할 중요한 사항이 있다.

우선적으로 고려되어야 할 점은 주한미군의 주둔을 지속시킬지의 여부에 대한 미국 내의 반응이다. 이 점에 관하여 미국의 여론은 일치되지 않고 있다.[24)]. 아시아대륙 진출을 위한 교두보를 확보하기 위하여, 그리고 지역적 안

---

23) 이태환, “통일한국의 안보외교”, 이태환 편, 『통일한국의 외교안보: 전망과 대책』(세종연구소, 1999), 51~53면.

정성을 유지하기 위하여 미군의 통일한국 주둔을 찬성하는 의견이 있으며, 일본도 이를 지지하고 있다. 이와는 달리 주한미군의 주둔에 대한 반대의 논리를 펴는 목소리도 설득력 있게 들린다는 점을 지적할 필요가 있다. 냉전의 종식 이후에 미국 내에서 점증하고 있는 국방비 삭감 분위기는 이러한 주장에 힘을 실어 주고 있다. 북한의 위협에 대처하기 위해 주둔하고 있는 주한미군은 그 위협이 사라진 이상 더 이상 한반도에서 주둔할 이유를 찾을 수 없다는 것이다.

다음으로, 중국은 지정학적인 문제에 대해 명확한 입장을 표명하고 있다. 중국이 대만, 홍콩, 그리고 남사군도의 경우 타협의 여지가 없을 정도로 강경한 태도를 보이고 있는 점을 고려해 볼 때, 주한미군이 한반도에 존속한다는 사실, 즉 정치적 및 군사적 위협이 중국의 접경지대에 존속한다는 사실을 중국이 받아들일 것이라고 믿는 것은 순진한 발상이라고 할 수 있다. 중국은 한반도가 영토적 관할권에 속하지 않지만 외국군대의 주둔에 대하여 거부권을 행사할 권리는 갖고 있다고 보는 것이 적절한 판단일 것으로 보인다. 따라서 중국은 통일한국에서 주한미군의 철수를 주장하거나 아니면 적어도 상당한 숫자의 병력을 감축할 것을 주장할 것은 당연한 일이다. 그러나 주한미군의 상당한 감축은 군사적 전투능력을 사실상 무의미하게 할 가능성이 높다고 할 때, 상징적인 의미 이상의 것일 수 있다.

다음으로, 일본은 통일한국으로부터 철수한 미군이 상당한 기간 동안 일본에 주둔할 수밖에 없기 때문에 주일미군의 범죄가 증가하여 일본 내의 여론을 악화시킬 가능성이 크다는 점을 충분히 인식하고 있으며, 그리고 통일한국으로부터도 미군이 철수하는 마당에 주일미군의 존속 이유는 무엇인가에 대한 논리적 근거를 제시하는 것이 쉽지 않기 때문이다.[25]

마지막으로, 러시아는 통일한국에서 주한미군의 주둔에 대하여 어떠한 반응을 보일까? 이러한 의문은 유럽에서 북대서양조약기구(NATO)의 동유럽

---

24) William J. Taylor, Jr., *Great Power Interests in Korean Reunification*(Washington, D.C.: CSIS, 1998), pp.14~16.

25) Michael H. Armacost and Kenneth B. Pyle, "Japan and the Unification of Korea: Challenges for U.S. Policy Coordination", *NBR Analysis*, Vol. 10, No. 1(March 1999), pp.6~8.

확장에 대한 러시아의 반응을 통하여 간접적으로 풀릴 수 있다. 러시아는 서방의 경제적 지원을 확보하기 위하여 NATO의 확대에 반대하지 않았다는 사실은 만약 미국이 러시아에 상당한 정도의 경제적 지원을 제공한다면 한반도에서 주한미군의 주둔을 허용할 가능성이 높다는 사실을 시사하고 있다. 러시아는 시장경제 체제를 도입한 이후에 초래된 산적한 국내문제를 해결하기 위해 국내정치에 우선순위를 둘 수밖에 없기 때문에 자연히 동북아, 특히 한반도에서의 역할은 제한될 수밖에 없다. 그러나 러시아는 한반도 문제의 해결과정에서 소외감을 인식하고 있기 때문에 러시아의 국내문제가 어느 정도 해결의 기미를 보일 경우 아니면 러시아의 대외적인 자존심을 회복할 것을 요구하는 민족주의 의식이 강하게 나타날 경우 통일한국에 주둔하는 주한미군에 대하여 철수를 요구하는 등 정치적 영향력 확보를 위한 대응도 충분히 예측될 수 있다.[26]

5. 결 론

이러한 맥락에서 볼 때, 통일한국의 등장이 동북아의 세력균형에 영향을 미친다는 사실은 부정하기 어려운 일이다. 한반도 주변국들이 한반도 통일에 초미의 관심을 가지는 것은 당연하다. 그렇지만 한반도 통일이 이루어지는 방식에 따라 주변국들의 반응도 달라질 것이며, 그에 따라 통일한국의 대외적 과제도 달라질 것으로 보인다. 만일 한반도 통일이 남북한의 협상에 의해 이루어질 경우 주변국들의 관여 폭과 범위는 상대적으로 위축될 것이다. 그러나

---

26) 러시아는 자신의 국내문제가 해결의 기미를 보이지 않던 1990년대 중반에도 북한핵 문제를 해결하기 위한 4자회담(남·북한, 중국, 미국)에 불만을 나타내고 8자회담(남·북한, 중국, 미국, 일본, 러시아, 유엔, IAEA)을 제기했다. Valerly I. Denisov, “Russia and the Problem of Korean Unification”, in Korean Unification Strategies for the 21st Century, Conference Report (Seoul: The Institute for Far Eastern Studies, Kyungnam University, 1996. 5), pp.11~12. 그리고 21세기에 들어서면서 푸틴 러시아 대통령은 중국과 북한을 방문하는 등 활발한 외교활동을 보이고 있기 때문에 한반도 문제에서 잃었던 정치적 영향력을 회복한다는 관점에서 통일한국에서 미군이 주둔한 것에 대하여 반대의견을 표명했다. Joseph P. Ferguson, “Russia's Role on the Korean Peninsula and Great Power Relations in Northeast Asia”, *NBR Analysis*, Vol. 14, No. 1(June 2003), pp.48~50.

흡수통일의 경우 주변국들의 관여 정도는 상대적으로 강할 것이며, 그리고 무력통일의 경우 통일한국은 주변국들로부터 가장 강력한 저항에 직면할 것으로 보인다.

따라서 협상에 의한 통일은 주변국들의 목소리를 크게 반영하지 않아도 된다는 점에서 가장 바람직한 통일의 방식으로 간주될 수 있으나 시일이 많이 소요될 뿐만 아니라 그 실현 가능성이 무척 낮다는 점을 단점으로 지적할 수 있다. 반면 무력통일은 주변국들의 관여 정도를 무척 높이는 결과를 낳을 뿐만 아니라 남북한의 공멸을 가져올 수도 있다는 점에서 가장 바람직하지 않는 통일방식으로 간주되지만 그 실현 가능성은 상당히 높다는 점은 우리의 우려를 낳기에 충분하다. 이러한 맥락에서 볼 때, 흡수통일은 협상통일과 무력통일이 갖고 있는 장·단점을 어느 정도 보완해 준다는 점에서 바람직한 면과 실현 가능성을 모두 갖추고 있으나, 이러한 통일방식은 독일의 경우에서 드러나듯이 북한체제의 민주적 변화를 기본적으로 가정하고 있다는 점이 약점으로 지적될 수 있다. 결국 통일한국으로의 성공적 이행은 기존의 협상, 무력, 흡수의 단순한 분류와는 다른 복합적인 형태를 띨 것으로 보인다. 그리고 이러한 가운데 가장 관심을 두어야 하는 부분은 주변국들의 이해관계이며, 주변국들의 역학관계가 한반도 통일의 시기를 결정하는 데 중요한 요소로서 부각될 것임은 분명하다.

참고 문헌

Bibliography

곽태환·주승호. “21세기 한국의 외교·안보정책 : 통일과 그 이후”. 『통일문제연구』, 제29호(1998. 4).

김국신. “예멘 통일방식이 한반도에 주는 시사점”. 『예멘 통일의 문제점』 세미나시리즈 94-03(민족통일연구원, 1994. 5).

김태환. “신국제질서의 제약요인과 남북화해협력관계의 지속성”. 민주평통 제10차 정책포럼 「햇볕정책의 평가와 과제, 중장기 비전」(2001. 11. 9).

남만권. “한반도 긴장완화의 저해요인에 대한 고찰”. 『국가전략』, 제8권 3호(2002년 가을).

라인하르트 부흐홀츠. “독일과 한국의 통일: 그 유사점과 차이점”. 『목포대 통일논총』, 제16집(1998. 12).

박건영. “탈냉전기 동북아 역학관계와 한미동맹의 바람직한 미래”. 『국가전략』, 제3권 2호(1997년 가을/겨울).

백종천. “한반도 냉전구조의 현황과 과제”. 『국가전략』, 제5권 2호(1999년 가을/겨울).

백학순. “남북한 통일정책 비교”. 한국국제정치학회 학술회의 「남북한 관계의 새로운 패러다임과 언론의 역할」 (1999).

신정현. “평화체제의 구축과 국가안보”. 1999년도 상반기 한국북방학회 학술토론회 「평화체제의 구축과 국가안보: 패러다임 변화와 지속」(1999. 6).

이철기. “남북한 구축과 한반도 평화체제 구축”. 한국국제정치학회 학술회의 「남북한 관계의 새로운 패러다임과 언론의 역할」(1999).

이춘근. “남북한 군사갈등과 통일문제”. 부산외대 제17차 학술세미나 「남북관계, 그 새로운 전망」(1999. 11).

이태환. "통일한국의 안보외교". 이태환 편, 『통일한국의 외교안보: 전망과 대책』(세종연구소, 1999).

제성호. "한반도 평화체제 구축을 위한 한국의 전략". 곽태환 외, 『한반도 평화체제의 모색』(경남대 극동문제연구소, 1997).

Armacost, Michael H. and Kenneth B. Pyle. "Japan and the Unification of Korea: Challenges for U.S. Policy Coordination". *NBR Analysis*, Vol. 10, No. 1(March 1999).

Denisov, Valerly I. "Russia and the Problem of Korean Unification". In *Korean Unification Strategies for the 21st Century*, Conference Report. Seoul: The Institute for Far Eastern Studies, Kyungnam University, 1996. 5.

Ferguson, Joseph P. "Russia's Role on the Korean Peninsula and Great Power Relations in Northeast Asia". *NBR Analysis*, Vol. 14, No. 1(June 2003).

Lee. Chong-Sik. "Prospects for North Korea". Prepared for the International Workshop "The Durability and Direction of the Four Remaining Socialist Countries: China, Vietnam, Cuba and North Korea" by the Korean Association of International Studies and the Research Institute for National Unification, May 27~28, 1994, Seoul, Korea.

Pollack, Jonathan D. and Chung Min Lee. *Preparing for Korean Unification: Scenarios and Implications*. Santa Monica, CA.: RAND, 1999.

Shazly, Saad el. Lt. General. *The Crossing of the Suez*. San Francisco, CA.: American Mideast Research, 1980.

Snyder, Scott. "Sino-Korean Relations and the Future of the U.S.-ROK Alliance". *NBR Analysis*, Vol. 14, No. 1(June 2003).

Taylor, Jr., William J. *Great Power Interests in Korean Reunification*. Washington, D.C.: CSIS, 1998.

Whelan, Richard. Drawing the Line: *The Korean War*, 1950~1953. Boston, Mass.: Little, Brown and Company, 1990.

Wiarda, Howard J. "The Future of Marxist-Leninist Regimes: Cuba in Comparative Perspective". Prepared for the International Workshop "The Durability and Direction of the Four Remaining Socialist Countries: China, Vietnam, Cuba and North Korea" by the Korean Association of International Studies and the Research Institute for National Unification, May 27~28, 1994, Seoul, Korea.

Yufan, Hao and Zhai Zhihai. "China's Decision to Enter the Korean war: History Revisited". *The China Quarterly*, No. 21(March 1990).

찾아보기

[ㄱ]
갈퉁(Johan Galtung) 203, 261
강·온노선의 갈등 116
강경한 보수파 116
경수로 243
경수로 건설 8, 107
경수로 건설비용 118, 237
경수로 노형 65
경수로 지원 234, 238, 245
경수로공급협정 62
경수로협상 58
경제난 228
경제제재 완화 72, 241, 234, 242
고농축 우라늄 프로그램 166, 175, 192, 194
고르바초프의 개혁과 개방 254
고이즈미 수상 11
9·11사태 186, 189
구조적 폭력 261
국방비 230
국제원자력기구 7, 12, 55, 167, 179
국제원자력기구(IAEA) 핵안전조치협정 233
김대중 정부 31
김정일 사망 32
김정일체제 52
김정일체제의 생존전략 119

[ㄴ]
난민 문제 188
남북기본합의서 206, 214, 265
남북한 경제협력 및 교류 118
남북한 정상회담 249
남북한 평화협정 208, 214, 220
남북한관계 개선 108, 244, 245, 256
남북한의 군사적 충돌 17
남북한의 분단 268
남한의 통일관 265
납치자 문제 4, 10, 12, 15, 21, 22
냉전의 종식 254
노동미사일 9, 19
노무현 정부 31

[ㄷ]
다자적 접근방법 20
다자주의 173
다자협정 22
다자회담 3, 165, 186, 187, 196
당근과 채찍 수단 19
대남적화 야욕 204
대남적화 통일정책 204
대량살상무기 확산방지구상 177

대량파괴무기 확산방지구상(PSI) 169
대북 강경론자 15
대북 경수로 공급 233
대북 경수로 지원 66, 118, 119, 239
대북 온건론자 15
대북 유화정책 13, 94, 124, 173
대북한 경수로의 건설 120
대북한 포용정책 266
대포동 미사일 사건 8
대포동 미사일 시험발사 8, 28
독일식 흡수통일 255, 257
독일의 분단 254
독일의 통일 250, 254, 255
동북아 세력균형 258, 269
동북아의 국제질서 3, 258
동북아의 평화체제 구축 106, 236
동북아의 핵확산 16
동중국해의 영토분쟁 29
두 개의 한국 정책 5

[ㄹ]
러·북관계 개선 85
러시아 17, 123, 227, 245, 270
리비아의 핵포기 선언 170

[ㅁ]
맥아더 장군 253
무력통일 251, 254, 259
무역대표부 115, 242
무임 편승국 195
미·러관계 186
미·베트남 관계정상화 119
미·베트남 수교 120
미·북 고위급회담 55
미·북 국교정상화 238
미·북 연락사무소 237
미·북 원자력협정 237
미·북관계 개선 51, 85, 108, 111, 114, 115, 117, 119, 120, 122, 124, 125, 127, 227, 232, 234, 238, 239, 242, 243, 245, 246
미·북관계 정상화 234
미·북수교 128, 246
미·북평화협정 88, 125
미·일 방위협력지침서 9
미·일관계 12
미·일동맹 7, 12, 20, 29, 30, 31, 35, 38, 39, 183
미·일의 대북한관계 개선 121
미·일의 대북한정책 121
미국 227
미국과의 미사일회담 80
미국의 군사적 개입 17
미국의 대북 군사적 공격 179
미국의 대북 선제공격 19
미국의 대북정책 172
미국의 대북한 유화정책 232
미국의 대북한 정책 106
미국의 대한반도 영향력 244
미국의 미사일방어 268
미군의 유해 송환 문제 119, 120
미사일 문제 10
미사일 방어 34, 35, 178
미사일 시험발사 27

미사일회담 119

[ㅂ]

박근혜 정부 33, 36
베를린장벽의 붕괴 255
베트남 103, 227
벼랑끝 전략(brinkmanship strategy) 52
보상비 6
부시 행정부 18, 173
북·러관계 3
북·미 미사일회담 9
북·미 불가침협정 19
북·미평화협정 13, 203, 208, 210, 211, 212, 214, 215, 220, 262
북·일 국교 정상화 6
북·일 정상회담 8, 11
북·일관계 개선 21, 22, 107, 120
북·일관계 정상화 8, 14, 16, 18, 23
북·일국교 정상화 14
북·일수교 협상 120
북·일정상회담 14, 182
북한 227, 244
북한 핵문제 3, 7, 15, 22, 123
북한 핵시설 사찰 7
북한의 개방화 230
북한의 고립주의 106, 236
북한의 대남 군사적 도발 245
북한의 대미관계 정상화 122
북한의 무력통일 267
북한의 미사일실험 115
북한의 벼랑끝 전략 211
북한의 붕괴 17, 126, 244, 250
북한의 생존전략 108
북한의 소멸 253
북한의 인권 문제 238
북한의 체제변화 173, 233
북한의 핵 투명성 문제 238
북한의 핵무기 개발 37, 231
북한의 핵무기 보유 231
북한의 핵무기 프로그램 191
북한의 핵카드 246
북한정권의 붕괴 35
북한체제의 존립 125, 231
북한핵 동결 233
북한핵 문제 212
북핵 위기 166, 172, 179
분담금 97
불량국가 171
붕괴촉진론 90
비확산 35

[ㅅ]

4자회담 30, 216
사회주의 체제 121, 227, 229
사회주의 체제의 붕괴 121
사회주의식의 경제 230
3자회담 33, 36, 39, 165, 184
선군사상 194
선제공격 193
세계의 화약고 201
센카쿠열도 32
소극적 평화 204
시장자본주의 체제 103, 227
시진핑 33, 36

식민지 배상금 4
실종자 문제 11

[ㅇ]
아베 34
아베 수상의 대북 강경노선 13
아세안+3 회의 36
악의 축 11, 187, 193
안보딜레마 202
안정협조론 90
연락사무소 115, 119, 120, 122, 234, 242
연방제 205, 262, 263
연착륙(soft landing)정책 227
예멘 통일 259
오바마 33
5자회담 184
온건한 협상파 116
외교적 고립 228
요다 총리 32
요코다 메구미 13
위성발사 9
유엔 안보리 175
6·15정상회담 249
6자회담 3, 12, 30, 31, 38, 165, 184
이데올로기 230
이라크전쟁 171, 192, 194
이명박 정부 33
일본 정부의 대북 강경정책 12
일본의 경제적 지원 256
일본의 교전규칙 34
일본의 군사 대국화 231
일본의 대남북한 등거리 외교 120
일본의 대북 여론 9
일본의 대북 유화정책 12
일본의 대한반도 정책 4
일본의 자본과 기술 256
일본의 핵무장론 15
일본의 헌법 37
일본인 납치자 문제 27, 34, 38, 189
일본인 실종자 11
일제 식민통치기간 6

[ㅈ]
자본주의식 시장경제 228
자포자기식 무력도발 126
자포자기식 전쟁 252
작전통제권 217
적극적 평화 204
적성국교역법 242
전면전 252
전시작전통제권 217
전역미사일방어망 구축 9
정규전 252
정전협정 92, 127, 201, 206, 214
제네바 합의문 8, 30, 105, 106, 166, 173, 187, 191, 193, 212, 233, 234, 235, 236, 239, 243, 246
제네바합의 233
제한전 252
주변4강의 역학관계 78
주일미군 17
주한미군 17, 204, 209, 213, 244, 253, 269

주한미군의 주둔 219, 263
주한미군의 철수 119, 127, 211, 221, 262, 263, 270
중국 17, 103, 227, 245, 270
중국의 경제개혁과 개방정책 268
중국의 대북정책 181
중국의 대북한관계 121
중재자 195
집단자위권 37

[ㅊ]
최혜국대우 238

[ㅋ]
클린턴 행정부 237, 242

[ㅌ]
타구치 야에코 7
탈냉전 202, 227, 251
탈냉전시대 103, 238
테러와의 전쟁 18, 171
통일독일 255, 256
통일비용 232, 250, 257, 258
통일한국 37, 106, 119, 244, 245, 250, 253, 257, 260, 268, 270, 271
트루먼 대통령 253
특별사찰 105, 234, 236, 238, 239

[ㅍ]
평시작전통제권 217
평양선언 11, 13, 14, 20
평화 261
평화적 흡수통일 267
평화체제 127
평화헌법 32
평화협정 202, 264
평화협정의 체결당사자 203

[ㅎ]
한·러관계 185
한·미 간의 공조체제 126, 128, 238
한·미·일 간의 갈등 243
한·미동맹 176, 211, 244, 251, 269
한·미상호방위조약 205
한·일 국교 정상화 5
한·일관계 정상화 4
한·중수교 229
한국군의 작전지휘권 217
한국의 대북한 유화정책 232
한국의 대북한 정책 233
한국형 경수로 58, 108
한반도 교차승인 83
한반도 긴장관계의 완화 106, 236
한반도 비핵화 15
한반도 주변4강 227, 244, 246
한반도 주변국 103, 124, 271
한반도 통일 36, 126, 128, 191, 207, 212, 227, 233, 237, 244, 246, 249, 251, 253, 254, 256, 257, 258, 259, 262, 264, 271
한반도 통일방식 249, 250
한반도 통일의 절차 250
한반도 평화체제 문제 21
한반도에너지개발기구(KEDO) 8, 9,

59, 107, 167, 237
한반도의 분단 254
핵무기 191
핵무기 개발 53
핵무장론 14
핵시설 동결 239
핵시설 해체 234
핵실험 27, 37
핵안전조치협정 234
핵우산의 강화 231
핵카드 103, 239, 256
핵투명성 58
핵확산금지조약(NPT) 52, 105, 167, 172, 187, 210, 233
핵확산운동 232
햇볕정책 17, 30
협상통일 258, 259, 260
확장된 억지능력 29
확장된 억지전략 31
후쿠다 수상 14
흡수통일 207, 213, 251, 256, 258, 259
희생양 정책 252

[저자 약력]

이 종 선

연세대학교 정치외교학과 졸업
연세대학교 대학원 정치학과 졸업(정치학석사)
미국 Ohio State University 대학원 정치학과 졸업(정치학박사)
국회입법조사연구관
(현)인제대학교 정치외교학과 교수
한국정치학회 이사
한국국제정치학회 이사

저 서
미국외교정책(박영사, 2009, 공저)
외교정책의 이론과 이해(오름, 1998, 공저) 외 다수

저자협의
인지생략

한반도 통일과 외교해법

2015년 12월 28일 초판 인쇄
2015년 12월 30일 초판 발행

저 자 **이종선**
발행인 **조병철**
발행처 三宇社
경기도 고양시 일산동구 장백로 20
102동 426호(백석동, 동문굿모닝힐1차)
전화 02)718-8553(대) FAX 02)718-8554
등록 1994. 9. 23. 제396-2001-000025호

정가 20,000원 ISBN 978-89-91083-74-5